JN302340

命がけで南極に住んでみた

ゲイブリエル・ウォーカー
Gabrielle Walker
仙名紀〔訳〕

柏書房

ANTARCTICA
AN INTIMATE PORTRAIT OF A MYSTERIOUS CONTINEN

ANTARCTICA: An Intimate Portrait of a Mysterious Continent
by Gabrielle Walker
Gabrielle Walker © 2012 (first published in Great Britain)
and 2013 (first published in the United States)
Japanese translation rights arranged with Gabrielle Walker
c/o Inkwell Management, LLC, New York
through Tuttle-Mori Agency, Inc., Tokyo

日本の読者のみなさんへ

「ひとたび目を遠くに転じると、茫漠とした一大氷野が無限に広がっている。……いよいよ上陸すべく船を進めると、昨日の強烈な南風で野氷が吹き飛んでしまい、氷堤（棚氷）の側まで船を近づけることができた。テントの入口は南風を避けて北面となし、頂上には日章旗を翻した。……摂氏零下一三度であった」（表記の一部は、現代ふうに直してある）

日本の白瀬矗《のぶ》・陸軍中尉（一八六一～一九四六）は、一九一二（明治四五）年一月中旬、広大な南極の平原に上陸したときの様子を、こう記した。当時は南極の探検が花盛りで、さまざまなドラマが展開されていた。一月一七日の遅い時刻に、イギリスの探検家ロバート・ファルコン・スコット（一八六八～一九一二）は南極点に到達した。だが恐れていた通り、ノルウェーのロアルド・アムンゼン（一八七二～一九二八）に残念ながら先を越されていたことを確認するハメになった。アムンゼン隊はすでに、ウェールズ湾の基地への帰途についていて、この地理学上の壮挙を世界に発表しようと意気込んでいた。

白瀬中尉は、その激烈な競争をまったく知らなかった。もっとも白瀬隊も、アムンゼンの船「フラム号」が南極に到達していたことは目撃して知っていた。白瀬の目標はもっとささやかなもので、南極点に到達しようなどという野望ではなく、ソリでいくらか探検して回り、世界にほとんど知られていない最後の未知の大陸に、日本の名刺を残しておくことだった。

白瀬隊が本格的な南極探検を始める前に中断してしまったのは、彼の落ち度ではない。彼らは資金を調達し、探検熱心な人びとをあおって、世論を結集しようと努力した。だがその前年、最初に南極大陸へ上陸しようとしながら、悪天候に阻まれて撤退した。

それでもへこたれず、もう一度、南極に戻ってきたおかげで、報われた面もあった。白瀬隊は雪原に足跡を残し、短い滞在期間ながらソリのスピード記録を更新し、帰国して英雄の歓迎を受けた。

これが、日本と南極大陸との長い付き合いの始まりだった。その後もこの本の各章に出てくるようなさまざまな活動に、日本も参加してきた。私は残念ながら、四つある日本の研究基地をまだ訪れたことはないが、遠からず出かけたいと望んでいる。

だが私が訪問した各国の基地でも、白い南極大陸の解明に日本が大きな貢献をしていることに感謝して、その業績を評価している点を聞き及んでいる。私が南極点を訪れたとき（第四章）、日本の国旗が寒さと強風のなかで力強くはためいていた。日本は南極条約に署名した当初の一二か国の一つだから、歴史的な国際協調の一員だ。

私がフランスとイタリアの共同基地コンコーディアを訪問したとき（第五章）、彼らは地下深い場所から氷のコアを取り出して分析していたが、そのとき日本の研究者たちが何年か前、「ドームふじ」の基地ですばらしい氷床コアを採集した話をよく聞かされ、その研究成果も取り入れたい、と語っていた。また天文学者たちによると、ドームふじは広大な南極中部高原の中心的な存在になっている、と熱っぽく話していた。標高が高く乾燥している場所だし、日本の物資輸送網も完備しているから、夜間の恒星や惑星を観測するうえで、世界でも指折りの施設だという。

私は第三章で、宇宙からのメッセンジャーである隕石を探すアメリカの学者について触れている。隕石は地球がどのようにして誕生したかの情報を教えてくれるかもしれないし、ほかの惑星の破片が含まれている可能性も秘めている。この隕石ハンティングの先鞭を付けたのも、日本だ。一九六九年に、南極で最初の隕石を見つけたのは日本の探検隊だった。それ以後、日本は南極で一トン半にも及ぶ隕石を収集した。そのなかには月や火星からの隕石も含まれていて、世界中からうらやましがられている。

日本の貢献は、過去のことに限定されているわけではない。日本の二つの小さな基地「みずほ」と「あすか」はもはや稼働していないが、東オングル島にある昭和基地は規模も重要性も増している。中央部のドームふじ基地も、活性化する気配だ。

昭和基地は、南極の基地としてはかなり歴史が古い。一九五七年に設立され、夏には一三〇人を収容できる。長く暗い冬には、三〇人ほどに減る。天文学、気象学、生物学の研究がおこなわれているし、その他、各地への遠征拠点にもなっている。

現在、ドームふじを訪問できるのは夏の間だけで、施設は深い雪に埋もれていることが多い。もともとは、地下深層の氷床コアを調べるのが目的だった。これによって地球の過去の気象データを分析し、将来の役に立てる。だがいまでは天文・宇宙観測の拠点に重点が移されつつある。ここは標高三七〇〇メートルとかなり高い場所で、この施設は南極の氷原にあるドームとしては世界で二番目の高さにあるからだ。乾燥していて気温も低いため、雲や湿度が少なくて視界が良好なため、観測に好都合だ。夏期のテストによると、世界でもベストといえるほどの好条件に恵まれている。そのため、天文学者たちはドームふじに新たな天体望遠鏡の設置を考えているし、冬期にも観測を可能にする計画を推し進めている。冬は闇夜が続くので、継続的に惑星や恒星の観測が可能だからだ。

一方、いま南極では、環境変化に伴う大陸と周辺の研究をさらに推進しようという機運が高まりつつある。解けつつある氷がどのような影響を人類に与えるのか。その調査の一環として、砕氷船も動員され、毎年その要員や設備が日本から昭和基地にもたらされている。その船の名が、いみじくも「白瀬」だ。一〇〇年も前に南極に足跡を印した白瀬中尉が、もし後輩の探検家や研究者たちが奮闘している姿を眺めたとしたら、さぞかし誇りに思うに違いあるまい。

はじめに

南極のように特異な場所は、地球上にはほかに例がない。野生の状態が原始のままに保たれている地域はほかにもあるが、人類が常住したことのない大陸は、南極だけだ。この大陸の内部には、人間が生きていける素材は何一つない。食料はなく、身を隠す場所はなく、衣類の原料はなく、燃料はなく、飲み水もない。あるのは、氷だけだ。

世界の果てともいえる地球の最南端に、どうやら未知の大陸があるらしい、ということを人類は古くから感づいていた。古代ギリシャ人は感覚的に、北半球とバランスを取るために、南にも大きな大陸があるに違いないと信じていた。詩人や小説家たちはイメージを膨らませ、熱帯の南の島々か南極の地下の穴の世界には、別の種族が住んでいる、と想像した。

夢想は、いくらでもできる。大航海時代の冒険家たちは、西洋の新世界や東洋の古い世界の知識をヨーロッパに持ち帰ったが、南端に向かっての探検は成果を上げなかった。南極周辺の広大な氷の塊に阻まれて、突破できなかったためだ。

一八一九年にはじめて南極海を取り巻く島々が目視されて好奇心は募ったが、その先に何があるかを突き止めようという真剣な取り組みは、それから一世紀近くもおこなわれなかった。探検の英雄たちの時代が訪れ、スコット、アムンゼン、シャクルトンらが、命を賭して南極点の到達に挑んだ。

南極大陸はヨーロッパやアメリカ本土より広い面積を持ちながら、現在でも接近しやすい沿岸部の四九か所に仮設基地があるだけだ。夏期には氷の上の研究施設に三〇〇〇人ほどの科学者が滞在し、三万人ほどの短期観光客たちが、主として南極西部の南極半島を船で訪れる。だが冬期になると、全大陸に一〇〇〇人ほどの研究者が滞在するだけだ。

この大陸の広大さは、まことに摑みがたい。遠くに望める山や島は、何時間か歩けば到達できそうに思える。そこで歩き出すのだが、五日が経ってもいっこうに近づいたように思えない。初期の探検家たちも、同じような感覚に悩まされた。南極大陸が広大だ、という理由だけではない。アラスカは、氷河が巨大であるために全体が小さく見える。アルプス周辺では、山々が重なっているため、アルプスは相対的に小さく見える。ところが南極では比較するものがないために、判断基準が定められない。樹木をはじめ、植生がまったくない。内陸部には、動物もいない。目に入るのは氷河、雪原、赤茶けた岩だけだ。

南極大陸は広大な面積を持ちながら、法的にはどこの国の領土でもない。南極条約にはこの地域に関心を寄せる四九か国が調印し、開発を禁じ、「平和・科学活動」だけに専念することに賛同している。したがって南極大陸は科学面だけの占有地で、二〇か国あまりが将来の資源開発の橋頭堡《きょうとうほ》になることを念頭に置きながらも、現在の基地では有意義な研究活動だけに集中している。各国政府は南極研究に予算を注ぎ込んでいるが、その成果は南極大陸だけにとどまらず、全世界に及ぶ。南極で発見されたことは、私たちの世界観を変えているからだ。

このような理由のほかにさまざまな理由も加わって、私はこの二〇年あまり南極に魅せられている。私は五回にわたって南極を訪れているが、主なスポンサーはアメリカ国立科学財団が取り仕切っている膨大なプログラムで、そこから招待を受けている。そのおかげで私は四か月もアメリカのマクマード基地（非公式ながら、南極の首都ともいえる）に滞在し、南極点を何度も訪ねた。あちこちに点在するアメリカの研究施設も訪れた。アメリカ以外にも、イタリア、フランス、イギリス、ニュージーランドの各基地から、歓待を受けた。観光船に乗って南極を訪れたこともあるし、イギリス海軍の砕氷・科学研究船にも同乗した。南極の雪原や氷床で私が運転した車両は、トラクター、除雪車、雪上スクーター、三角タイヤにキャタピラを巻いた奇妙な乗りものなどで、上空では、ヘリ、ハーキュリーズ輸送機、スキーを履いたツインオッター機などを利用した。

　これらの体験を通して私は南極について多くのことを学び、南極は決して雪とペンギンだけではないことを実感した。ここはまるで、火星の上を歩いているような感じだ。また、宇宙空間を覗くユニークな窓の役割も果たしている。時間が忘れ去ってしまった丘陵地のようでもあり、雪原の下には奇妙な氷底湖が数多く眠り、滝も落ちているし、水が上方に向かって流れたりしている。地球のほかの場所では見られない、地球史の秘めた標本箱でもある。ロマンや冒険、ユーモアも横溢《おういつ》しているが、研究には猛烈な経費もかかる。文化はないし、先住民族もいない。現代の人間が、新たに書き足すべき一章だ。南極を訪れる人にとって、ここはまっさらの白紙だといえる。

　一見すると不毛の大地だが、それが魅力の根元だ。南極が人びとを惹きつけるのは、ムダなものがいっさい省かれているためだ。南極で働いている人たちに、どうしてここにやってくる気になったかと尋ねてみると、自らを再発見したいというよりも、世間を忘れたいからだと答える。私たちが慣れ親しんでいる通常の社会における人間関係のしがらみが、南極には存在しない。おカネにこだわる必要がない。だれもが同じ衣類を着て、大きな基地ではテントであっても小屋であっても宿泊施設であっても、みんなが安くて場違いなトラベロッジ並のワンルームで暮らしていて平等だ。食事も、これまただれもが同じ。携帯電話や預金通帳、運転免許証の有無、カギの存在など忘れ、子どもたちのことも頭から離れる(たいていの基地では、一八歳以下は滞在が許可されていない)。このように暮らしが単純化されていることが、何よりも魅力的だ。

だが、氷の上で過ごす時間に関しては、それほど単純化はできない。たとえわずかな期間でも南極で過ごしてみると、世間に対する考え方が変わってしまう。アメリカの巨大なマクマード基地から俗世間に舞い戻る窓口は、ニュージーランドのクライストチャーチだ。ここの地元の人たちは、何か月も氷の上で暮らしてきた「南極人」たちを、奇異の眼差しで見る。ホテルにチェックインしたとき、部屋のカギを受け取るのと同時に新鮮なミルクを所望する(南極には乳牛がいないから)。あるいは、レストランを出るとき支払いを忘れる。任務を終えて植物園を訪れると、花をはじめて見たかのように、何時間も飽かずに眺めている。

私はこの本で、これまでに前例のないやり方で南極の諸相を組み立て、織りなしてみようと試みた。具体的にいえば、南極にいるとどのような感覚を持つようになるのか。なぜ南極は、どのような民族の人びとでも惹きつけるのだろうか。南極は科学研究の場所とされているが、国際政治で政争の道具にされかねない地域であり、地球の過去の秘密を記録している場所であり、人類の将来を予見できるかもしれない水晶玉でもある。これらさまざまな要素が理解でき、それらの相関関係が分かれば、そこではじめて、この特異な大陸の全貌が摑める。

要するに私の狙いは、人類がまだ十分に理解していない地球上の未知の地域の、自然史をまとめるところにある。

南極は、二つの大きな氷床からできている。本書の第I部で扱うのは、南極東部の沿岸を覆う大きいほうの氷床だ。このあたりは氷結湖がたくさんある美しい「湖沼地帯」だが、火星を思わせる風景のため、「地球のなかの火星」とも呼ばれる。この地域の沿岸では、一年を通して生息している、「南極のエイリアン」とでもいうべき生物たちにお目にかかれる。彼らは、極限の気候に驚くべき適応ぶりをみせて進化した。血液が凍らない魚がいるし、海氷の下で冬の間も泳ぎ続けるアザラシ、天使のような羽を持ちながら、近づくとツバを吐きかけるユキドリ（シロフルカモメ）、それにペンギンたちだ。ペンギンは子孫を残すために、極限の飢餓と逆境に耐える。

第Ⅱ部は、東部氷床の奥地、高原地帯に入る。この地域では天文観察がさかんにおこなわれ、氷床の上に据え付けられた強大な天体望遠鏡で宇宙を覗いている。ここには、ほかの地域では期待できないほど宇宙の彼方まで望見できるという利点がある。ここで越冬する研究員たちは、宇宙ステーションに滞在しているかのように周囲から孤立している。

この本のハイライトは、地球の気候史を示す古文書とでもいうべき宝物の物語だ。三キロもの厚い氷の底辺近くに閉じ込められている気泡を探査することによって、古代の大気の状況が解明できる。温室効果ガスが増加する現状に人為的な介入があるという点に疑念を持つ者も、南極が示す確たる証拠によって、人類が石油・石炭・天然ガスを燃やすことによって大気の組成を変え、自然の状況をゆがめ、潜在的に危険な状況を作り出していることが、疑いもなく判明した。

第Ⅲ部は、南極大陸西部。中心は南極西部の氷床と、南アメリカに向かって延びている南極半島だ。この南極半島は、地球上のどこよりも温暖化が進んでいる地域の一つ。南極西部氷床は滑りやすい岩の上に乗っているため、氷が海に崩落する可能性が高い。二つの氷床のなかでは小さいほうだが、すべてが解けたら世界全体の海水面を三メートル半も押し上げると見られる。完全に解け切らずに部分的に解けただけでも、南極に無関心なままではいられない。沿岸部に近いロンドン、アメリカ・フロリダ州、上海などは洪水の危険にさらされかねないし、沿岸に住む何億人もがいまでさえあやうい生活を送っているうえに、新たな打撃をこうむる。
　南極に詳しい人たちは、南極大陸の領土争いが顕在化することは懸念していないが、周辺の島《とう》嶼《しょ》部の帰趨《きすう》に関しては心配している。どれほどすばらしい技術を手にしていても、どれほど発明に自信があっても、どれほどの権力を持っていても、南極はあまりにも巨大な大陸だ。もし人類が自らの姿を南極という鏡に映してみたら、自分たちがいかにちっぽけな存在であるかに気づく。そのみすぼらしい感覚が、叡智を磨く方向への第一歩につながる。

「訳者注＝East Antarcticaは、「東南極」と表記するのが一般的かもしれないが、方角を示す単語が重なると「トウナン」と読めてしまう。「東・南極」と点を入れるのもイヤなので、ここでは「南極東部」と書く。著者名Gabrielleを既訳本では「ガブリエル」としているが、発音通り「ゲイブリエル」にした」

プロローグ

スティーヴ・ダンバーのヘッドライトで浮き上がったクレバス開口部の内壁は、グレーに見えたそうだ。暗くて寒く、氷壁は切り立っていた。彼が照らし出した氷の割れ目は円錐《えんすい》状に下に向かって伸びていて、先端は暗くて見えない。開口部はマンホールほどの大きさだから、陽光は下までは届かない。

これほど入り口が狭い場合、スティーヴはたいてい開口部を崩して広げ、内部を明るくする。だがこの場合、大量の雪を下に落とすことははばかられた。この割れ目のはるか下には、一人の人間が落下したと思われているからだ。マイナス三〇度の気温で三〇時間あまりが経過しているから、あまり希望は持てないのだが、救出作業を断念するわけにもいかない。

前夜、第一報が入ったのだが、スティーヴのポケベルへの信号が途絶えた時点で、彼は異変を察知した。彼は、マクマード基地で探索・救出の隊長を務めている。彼に課せられた契約上の任務は、アメリカの研究施設で働く科学者や支援スタッフの安全を確保することだ。だがこの大陸における暗黙の不文律として、だれかがどこかで災難に遭えば、彼のポケベルが鳴ってもおかしくない。

このときは、ノルウェー・チームからの呼び出しだった。四人が雪上スクーターに乗って、南極点に向かった。一九九三年のことだ。目的は、ノルウェーの偉大な探検家で、南極点に最初に足跡を残したことで有名なロアルド・アムンゼン（一八七二〜一九二八）が、一九一一年に南極に残した当時のテント小屋を回収すること。それから何十年にもわたって雪が降り積もり、氷も移動している。翌一九九四年にはノルウェーのリレハンメルで、冬期オリンピックが開催されることになっていて、祖国の英雄のテントを発掘して持ち帰り、大いなる国威発揚を狙ったのだった。

意欲は満々だったが、とんでもない災難に直面した。目的地に到達する一〇〇〇キロも手前で、一人がクレバスに落下した。一行は救難信号のビーコン装置を持っていたので、ノルウェー政府を呼び出して通報した。ノルウェー政府はアメリカ政府に連絡し、政府はアメリカ国立科学財団に電話し、そこからマクマード基地に連絡が入り、スティーヴに声がかかった。

緊急事態の場合、救出隊は近場であれば、二〇分ほどで現地に着ける。だがノルウェー隊が遭難した場所は、かなり離れている。スティーヴは七人からなる救助隊を編成し、四五〇キロもの装備を積み、雪上着陸できるスキー履きのハーキュリーズ輸送機で救出に向かった。

ハーキュリーズは重量のある大型輸送機だから、クレバスの事故現場には適切な機種ではない。南極点の現場まで、三時間半かかった。スティーヴは、頼りにできる三人を実行隊員に選んだ。海軍医、アメリカの登山家、それに、マクマード基地に近いニュージーランド基地からも、もう一人の登山家が軽量のツインオッター機で駆けつけた。これらのスペシャリストは装備も持っているし、適切な状況判断ができるし、緊急の場合には動員がかかる。

救出隊がシャクルトン山脈の現地に到着したころ、最初の事故通報からまる一日あまりが経過していた。輸送機のパイロットはノルウェー隊のテントを発見し、三〇メートルまで降下したが、だれもテントから出てこない。よくない徴候だ。南極点のノルウェー・チームとは、数時間前から交信が途絶えている。ツインオッター機の窓越しにスティーヴが観察したところによると、あたりを覆っている雪橋を雪上スクーターでぶちこわして開けたと思われる無数の穴が確認できた。丘の雪を除雪した際に使ったと思われる、数台のトラックも見えた。彼らは周囲に穴をめぐらせたクレバス上部の雪天井を、危険も顧みずにトップスピードでトラックを通過させたものと思われた。テントの脇には、雪上スクーターが三台も乗り捨ててある。そこから六〇メートルほど離れた地点の開口部に、ロープが投げ込まれてあたりに散乱している。ここが、事故現場だ。

最寄りの着陸可能地点は、テントから四キロ近く離れている。着地してゆっくり移動していると、左手に雪橋が盛り上がって穴が空いており、ゲタ履きスキーがすっぽり埋まってしまいそうな危険個所が見つかって肝を冷やした。クレバスが、至るところで口を開けている。応援部隊の派遣を要請できるような場所ではない。着陸できるチャンスはこの一回しかなく、落下した一人を引き揚げて運び戻す試みは、今回をおいてほかにはない。

救出隊はお互いにロープで体を結び合い、雪の裂け目に向かう。スティーヴが先頭に立ち、身の丈ほどもある細長い棒で足がかりを確かめながら進む。氷にピッケルを差し込む腕が、痛んでくる。雪は砂糖のように空気をたっぷり含んでいて、どこまでが雪で、どこからクレバスがはじまるのか、見当もつかない。十分に用心はしているのだが、雪に足を取られたり、片足が目に見えない穴にはまって宙ぶらりんになったりし、結んだロープが強く引っ張られる。

クレバスは、人をあざむく。妊娠線のように雪の上に平行に走っているわけではなく、ジグザグにあらゆる方角に不規則に延びている。まことに、危険きわまりない。たいていのクレバスはまたげる程度で、たとえ片足がはまっても、後続の者は同じ轍《てつ》を踏まずにすむ。だがクレバスの開口部が予測できない場合には、四人とも同じクレバス上の雪橋に乗ってしまうことだってある。

何人もが同じ雪橋に乗れば、重みで全員が落下する。スティーヴは忍耐強く歩を進めながら、責任の重さを痛感していた。彼の後ろに続く三人のだれかがもし転落したら、本来の救出作業どころの騒ぎではない。

全員が、前進を続けた。四キロを進むのに、四時間もかかった。テントから数メートルのところに近づいたところで、二人のノルウェー人がクレバスから這い上がってきて会釈した。彼らは、意気消沈していた。テントのなかにいる一人は、肋骨《ろっこつ》を折り、脳震盪《のうしんとう》も起こしている。彼が、最初に転落した。雪上スクーターの重みで穴が広がり、機械もろとも落下した。だが幸い、クレバスのなかの突起にぶち当たり、スクーターは落下したが、彼は意識を失ったものの、上部に引っかかってとどまった。意識が戻ると、仲間がチェストハーネス（たすき掛けの胴衣）とロープを渡してくれ、引き揚げられた。だが、肋骨を骨折している個所にチェストハーネスを締めるのは、さぞやつらかったことだろう。

ここまで作業が進んだ時点で、彼らはテントを張った。だがそのあとに、さらなる悲劇が追い打ちをかけた。副隊長である将校のヨスタイン・ヘルゲシュタートは、クレバスをまたいで行ける安全な道を捜そうと試みた。だがテントからすぐの地点で氷の穴に姿を消したまま、連絡が途絶えた。

だれかが覗き込まなければならないので、スティーヴは体を雪上スクーターに結び付け、穴に潜りはじめた。二〇メートルも下がると穴は急に狭まり、頭を回そうとすると、ヘッドランプが引っかかる。落下する危険よりも、挟まって動きが取れなくなる恐れがある。両足を思い切り広げ、スパイクを力いっぱい氷壁に打ち込んでみた。だが、ロープは自力では動かせない。穴の上にいる仲間たちは、ロープを緩めてスティーヴを下に降ろそうと試みるが、彼は叫び返し、体を回転させてヘッドランプを下にして深みを照らせるよう指示した。すると、先に仲間が投げ入れた寝袋が目に入った。だが、手はつけられていない。次に、人体も見えた。

氷の隙間は、三〇センチほどしかない。落下したヨスタインの体温で少し氷が解けたと思われる方向に、スティーヴは身を寄せた。だが、あと少しのところで届かない。氷斧《スノーアックス》で周囲を砕いて広げ、彼の腕を取って持ち上げてみた。凍って堅くなっている。

希望は失せた。凍死体を引き揚げることも叶わない。だが、残る三人を救出しなければならない。いったん地上に戻ったスティーヴは、新たな指示を出した。ツインオッター機はそれほど大きくないし、燃料がたっぷり残っているわけではないから、重い遺体を引っ張り揚げる力はない。選択肢としては、このまま放棄するしかない。テントや雪上スクーター、衣類、ハーネス、ロープなどすべてをそのまま残し、自分たちが必要とする装備だけをツインオッターに積んだ。この悲劇を目撃した隊員のなかには、後ろ髪を引かれる者があったが、スティーヴはこのような災害における対処の鉄則をみなにくわしく説明した。

帰路の準備も、決して容易ではなかった。臨時滑走路の周辺にクレバスが潜んでいないかを慎重に調べ、荷重を減らすために遺留品の衣類も一部を捨て、みなが息を詰めるうちに離陸は成功し、機体は南極の白い辺地の上空に浮かんだ。

二〇年近くが経っても、ヨスタイン・ヘルゲシュタートの凍死体は、そのまま眠っている。躊《ちゅう》躇《ちょ》も欲得もない大胆な行動のおかげで、彼は南極大陸にしっかりと抱かれ続けている。南極は、人類に対しても情け容赦しない。私たちは、地球の大部分をなんとか制覇した。人間を寄せつけないような砂漠や森林、山岳もある程度は手なずけた。北極の氷冠はいくつもの氷に囲まれた凍った大洋だが、海氷は薄い皮膚にすぎず、水面下を泳ぐ生物たちは、長いこと人類に食料、燃料、衣類を供給してきた。だが、南極は違う。南極には広大な岩盤があり、何千メートルもの厚い氷に覆われている。地球上で、人類が常住したことのない唯一の大陸だ。人類史のごく最近に至るまで、南極は月と同じほど未知で謎めいた場所だった。

現在でも、大陸のあちこちに散在する一時的な基地は、最低限の生命維持装置しか持たず、人間は見慣れない未知の大陸の端をうごめいているだけだ。生きて行くために必要な物資は、すべて外部から持ち込まなければならない。それでも毎年、何千人もの科学者、探検家、冒険家たちが、好奇心に駆られてこの大陸にやってくる。

だが、好奇心には危険な面もある。なんらかのトラブルが発生した場合には、南極の非公式な首都で、大陸最大の基地があり、補給基地の中心でもあるアメリカ・マクマード基地の電話が鳴る。

命がけで南極に住んでみた

もくじ

0度線
アフリカへ
東経30度
ナエ基地(南アフリカ)
トロール基地
(ノルウェー)
マイトリ基地
(インド)
オルグ・フォン・
イヤー基地(ドイツ)
昭和基地(日本)
東経60度
モーソン基地(オーストラリア)
中山基地(中国)
デイヴィス基地(オーストラリア)
南極東部氷床
南極点
ムンゼン＝スコット基地
(アメリカ)
東経90度
ミールヌイ基地(ロシア)
ヴォストーク基地(ロシア)
ロス棚氷
コンコーディア基地
(フランス＝イタリア)
ケイシー基地(オーストラリア)
スコット基地
(ニュージーランド)
マクマード基地(アメリカ)
ロス島
ス海
東経120度
マリオ・ズケーリ基地(イタリア)
デュモン・ドゥルヴィル基地
(フランス)
オーストラリアへ
東経150度
ニュージーランドへ
80度線

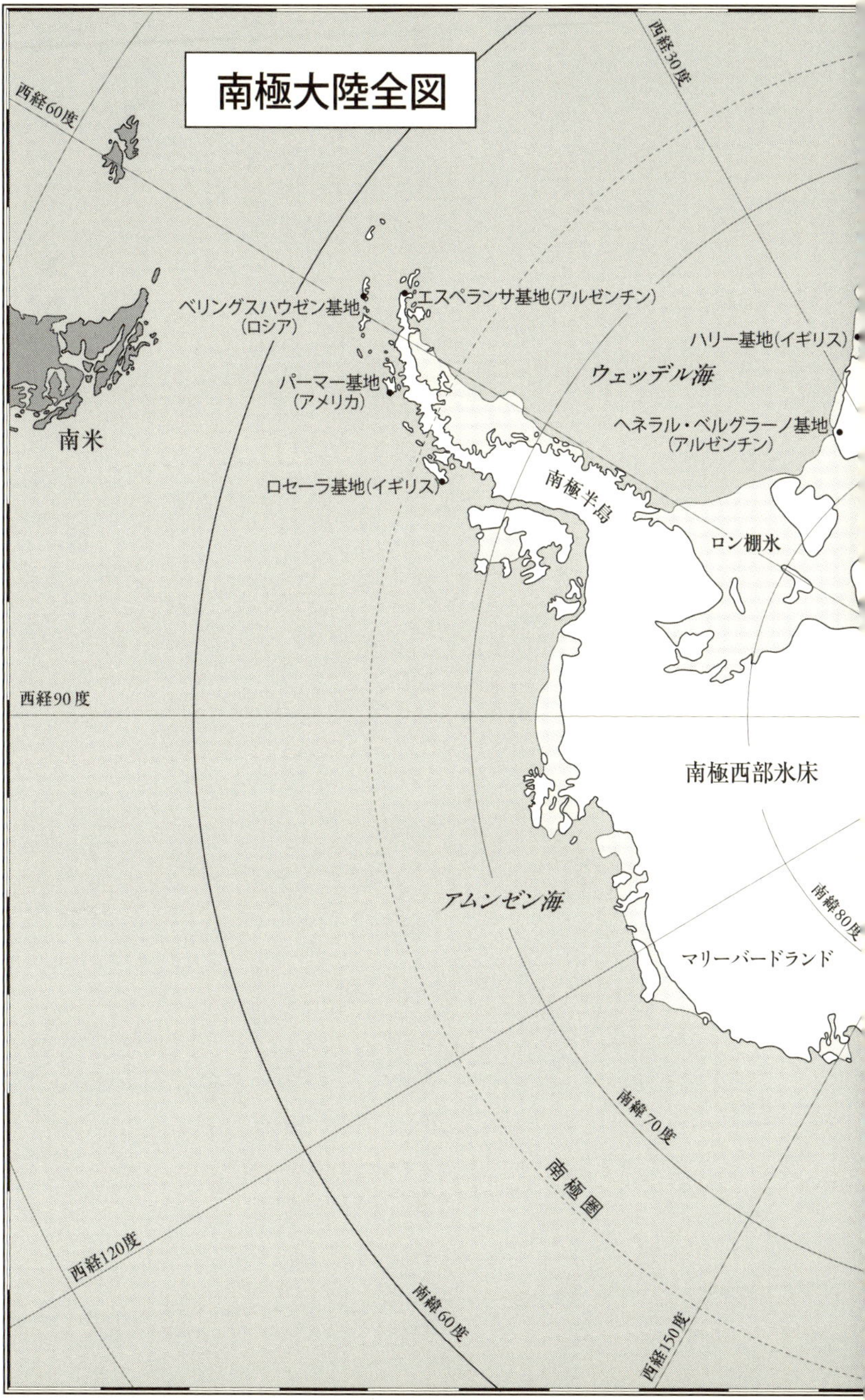
南極大陸全図
西経30度
西経60度
ベリングスハウゼン基地
(ロシア)
エスペランサ基地(アルゼンチン)
ハリー基地(イギリス)
ウェッデル海
パーマー基地
(アメリカ)
南米
ヘネラル・ベルグラーノ基地
(アルゼンチン)
ロセーラ基地(イギリス)
南極半島
ロン棚氷
西経90度
南極西部氷床
南緯80度
アムンゼン海
マリーバードランド
南緯70度
南極圏
西経120度
南緯60度
西経150度

［装丁］　Malpu Design（清水良洋）
［目次・扉デザイン］　Malpu Design（佐野佳子）
［イラスト］　いずもり・よう
［ＤＴＰ］　二神さやか

第Ⅰ部　見知らぬ惑星

――南極東部沿岸

第一章　マクマード基地へようこそ

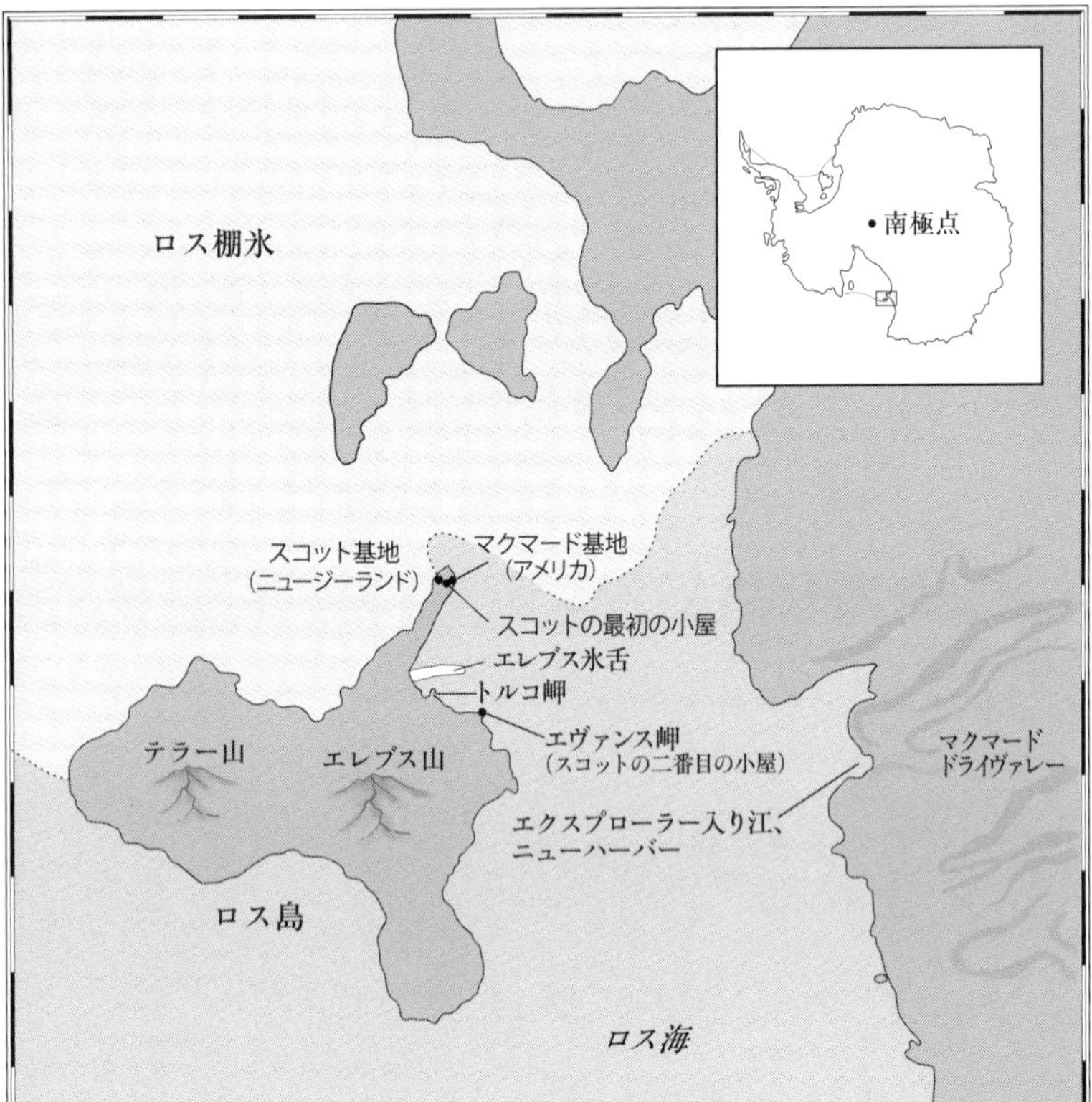

ロス棚氷
南極点
スコット基地
（ニュージーランド）
マクマード基地
（アメリカ）
スコットの最初の小屋
エレブス氷舌
トルコ岬
エヴァンス岬
（スコットの二番目の小屋）
テラー山
エレブス山
マクマード
ドライヴァレー
エクスプローラー入り江、
ニューハーバー
ロス島
ロス海

アメリカのマクマード基地は火山島の上に建設され、ニュージーランドから船でやってくると、南極大陸の入口にある。したがって、初期の探検隊も、ここを早くに発見した。だが最近では、たいてい空から飛んでくる。兵員輸送用のやかましい大型の軍用機で、ベルトを着用して固定された人間の周囲には、ネットをかぶせられた荷物が同居している。

運がよければ、最初の飛行で予定通りに着陸できる。だが天候が悪くなれば、帰路の燃料が保証できる「無事引き返し可能点」に到達する寸前にUターンしてニュージーランドに舞い戻ることもあり、そうなると翌日、快適とはいえない空の旅にふたたび挑戦することになる（巨大ブーメランがUターンする地点は「帰還不能点《ポイント・オブ・ノーリターン》」だが、イメージが悪いので「無事引き返し可能点」に改められた）。

マクマード基地に滞在している人びとは、ここをマクタウン、あるいは単にタウンと呼ぶ。マクマードはアメリカ研究本部の運営本部で、支部は南極大陸に広くネットワークを張っている。南極は見渡す限り雪と氷の平原だと期待して最初に降り立った場所がマクマードだったとしたら、ちょっと期待外れになるかもしれない。

海氷の上の滑走路を走って駐機し、大型バスに乗り換えるが、この車輪は身長よりも高い。障害物があるとも思えないが、やたらに揺れる。窓から外をうかがおうとしてもガラスは曇り、首を伸ばしてもよく見えない。だが周囲には人がたむろして、むんむんしている。だれもが、規則によって過剰に重ね着しているからだ。機械の不具合などが生じた場合に備えて、厚着が義務化されている。

落ち着くべき場所に到着して、バスの高いステップを転げるように降りると……殺風景な風景が展開する。マクマードにはさして氷も見当たらず、ロマンティックなムードなど感じられない。

どちらかというと、砂埃の上に機能本位で建てられた炭鉱の町のような雰囲気だ。建物は無愛想で周囲の自然にはなじまず、道の脇にはトラックなどの車両が停まっていて、重い材木が積まれている。黒い火山灰などの塵埃《じんあい》が、舞い散っている。工業都市めいたムードを打ち消すようなごんだ風情は、ほとんど見られない。樹木や草花はないし、子どもの姿もない。地付きの動物以外は持ち込み禁止だから、例外的な生物としては成人した人間だけだ。

私は最初にマクマード基地に来たときのことをぼんやりとは覚えているが、なぜかそれほど鮮明な記憶は残っていない。頭上にヘリが何機も飛び交っていたし、トラックが絶えず忙しく資材を運んでいた。人びとは小走りにあわただしく往来し、ニュージーランドのクライストチャーチで支給されたオレンジ色の大きなバッグを引きずっている。規則で決められた、赤いパーカーと風よけズボン、防寒下着、飲みものボトル、手袋とミトン、多目的のスカーフなど、必携の品々を持ち歩かなければならないからだ。雪上スクーターに乗って、海氷の状況を調べに行く者もいる。この轟音は、バイク並みだ。私たち南極への新参者は、いろいろな書類に必要事項を記入して提出しなければならない。それに基づいて、私たちはいつ、どこに、なぜ、だれと滞在するか、などの細かい規定に従わなければならない。

一連の事務手続きを終え、午前一時になって指定された部屋に行って寝ることが許された。だが私は明るい白夜のなか、こっそり抜け出て町外れまで歩いて行き、「観測の丘」に登った。これは灰を積み上げた丘で、子どもが描く火山のような格好をしている。

そこまで行く道のりは岩だらけだが、きちんと整備されていて、一時間ほどでてっぺんまで到達できた。頂上には、木でできた十字架が立っている。これはスコットが南極点に到達した帰路に帰らぬ人となったことを偲《しの》んで、一九一二年に隊員仲間が建てた記念碑だ。亡くなった五人の名前と、アルフレッド・テニソンの「ユリシーズ」の詩の一節、「調べ抜き、探し求め、努力を重ね、決して屈しない」が刻まれている。

スコット隊は、二度の探検の拠点をロス島に築いた。とくに有名な二回目の探検は、この近くにあるエヴァンス岬の沿岸が起点だった。最初の探検は、マクマード基地の目の前にある半島の先端、ハット岬が出発点だった。この丘からほど近く、定期の物資補給のために砕氷船が停泊しているのが見える。屋根の低い当時の瀟洒《しょうしゃ》な木造小屋はいまも健在で、まるできのう建てられたかのようにしっかりしている。氷による保存効果は大きいが、南極の英雄的な探検競争がそれほど遠い過去の物語ではないことを思い起こさせる。

私は十字架にもたれてすわり、この小さな小屋の周辺で展開された数々のドラマに思いを馳せた。長い野外活動から重い足を引きずって小屋に戻ってくる隊員たちは、明るい照明と暖かい歓迎を期待しているが、ドアに貼り付けられているメモには、圧倒的に悲報が多かった。

私の左手には、「バリア」と呼ばれる大きな氷の塊の障害物がある。いまではロス棚氷と呼ばれており、フランスほどの面積がある大棚氷で、端の巨大な崖が海にせり出している（水面下にはもっと大きな氷の塊が沈んでいる）。この大棚氷が船で南下することを阻んでいるため、初期の探検隊は南極点に到達するためには何百キロも氷の上を進まなければならなかった。スコット隊のある隊員は、「風の発生源で、漂流を続けるやっかいもの」と表現した。この地点から一五〇キロほど離れたロス棚氷で、スコットと四人の隊員は、寒さと飢えのために命を落とした。

東の方角、数百メートルの彼方には、スコットの競争相手だったロアルド・アムンゼンが設営したキャンプがあった。これはロス島のように堅固な岩の上ではなく、バリア大浮氷の上に建てられた。周辺は接岸できない急峻な崖だったが、一か所だけ入り江が見つかり、アムンゼンはクジラ湾と名づけ、ここを拠点としたのだった。

スコットは南極点への一番乗り競争で、アムンゼンと切磋琢磨《せっさたくま》している状況を、それほど差し迫ったものだとは考えていなかった。だが隊員たちが、補給物資のデポをバリアに築いていたときにアムンゼンの船「フラム号」が停泊しているのを目撃した。二つの探検隊は食料や計画を分かち合ったものの、スコット隊は基地にニュースを持ち帰り、先陣争いのライバルがいることを認識した。スコットは、かなりの衝撃を受けた。彼は公言こそしなかったものの、最初に南極点に到達する栄光は自分が獲得できるものと信じて、それを励みにしていたため落胆は大きく、各隊員の日記には、スコットは夜も十分に眠れなかったほど大きなショックを受けた、と伝えている。

越冬に際しては、どこの基地やキャンプでも二つのチームを編成し、それぞれに食料も確保して準備を進める。アムンゼンも、小規模ながら予備軍を同行させていた。だれもが自分の役割を認識し、闇と寒さが続く期間の装備を万端、整える。スコットは三倍もの人員を用意したが、そのなかには資金を提供したために特権として参加した者が二人いて、任務は特定されていなかった。過剰な訓練に励むのは、ジェントルマンらしくない行動だと思われていた。したがってスコット隊は、ロス島を出発したときから、来たるべき悲劇のタネを内包していた。

アムンゼン隊のほうは、正しい選択をして競争に勝ったのだが、スコットが精魂を込めて建てた小屋はいまでもマクタウンに残っていて、科学研究の貴重な対象になっている。スコットの隊員たちは冬の間、それぞれの専門分野についてお互いに科学的な講義をし、探検においては科学的な成果を上げられるよう心がけ、スコット自身もこう述べている。

「南極点に到達することが至上目標であるにしても、せっかく南極圏内に入りながら、科学的な成果が上げられなければ、一級の探検だとはいいがたい」

現在では、南極研究の中心は科学面だ。マクマード基地に滞在する科学者の数は冬場は二五〇人ほどだが、夏場になると一二〇〇人くらいまで増える。全員がアメリカ国立科学財団から招聘された科学者で、そこに研究報告をする。

南極条約は一九五九年に一二か国が調印し（その後、さらに三七か国が批准し、計四九か国）、予備的なものを含めて軍事・商業活動はいっさい禁じられている。野生動物は保護され、南極に持ち込んだものはすべて持ち去らなければならない。この大陸においてしかるべき存在を示そうとする場合には、当該国の政府は条約に署名し、科学研究の施設を設置する必要がある。

科学研究はここに滞在するための口実で、本音としては国旗を掲げたいし、なんらかの理由によって南極が戦略的に重大になった場合には常駐する魂胆がある、とささやかれるケースがないわけではない。しかしあらゆる分野にわたって、科学研究費のぶんどり合戦はかなり熾烈だ。研究が有用であることを、たび重なるテストで実証しなければ、資金は割り振ってもらえない。

また研究を補佐してくれる者を募る際には、それまでの仕事と郷里を投げ打ってこの貧相な町に移り住み、週に六日間の長時間労働と、何か月も滞在することを了承してもらわなければならない。多くの者が、尻込みする。南極外の現在の仕事のほうがやりがいを感じられるし、将来性が見込めるからだ。南極基地では、研究が生命線だ。科学が、すべてに優先する。夕食後に厨房で科学者が講演するときには、おおむね立ち見が出るほどだ。

南極は孤立しているにもかかわらず、あるいは孤立しているからこそ、科学を追究するにはもってこいの場所だ。これまでにも、南極における深い洞察は、世界の科学界に貢献してきた。南極に点在する野外研究調査や基地における分析によって、各国の学者は困難で不慣れな環境にもめげず、さまざまな研究対象——たとえば月や火星、銀河系の中心や宇宙の起源などに、新たな光を投げかけてきた。だがそれらを追究していくと、宇宙のことばかりでなく、足元の氷のマントが人類の歴史にも深く関わり合っていて、ひょっとすると未来にもつながっていくのではないかということに気づく。

研究を続けていく過程で、氷は私たち人類に驚くべきことまで教えてくれることが分かってきた。南極の科学的な面は私たちに数々の重要な側面を教えてくれるが、それだけではない。歴史や政治、自然史やロマンス、冒険についても語ってくれる。そのどれが南極大陸の本質なのかと問われれば、答えはご賢察の通り「すべて」だ。

マクタウンに居住するのは、科学者や契約雇用者ばかりではなく、さまざまな世界のVIPたちもときにやってくる。画家、ミュージシャン、作家などだ。アメリカ国立科学基財団の招待によるもので、南極の素顔を見てもらうためだ。私がはじめて南極に来たときには、地球の驚くべき航空映像で知られるフランスのカメラマン、ヤン・アルテュス＝ベルトランが来訪していた。

ベルトランは私が南極に来る一か月も前から、ヘリでマクマード基地周辺を上空から撮影していた。だが彼は、人びとの好奇心を喚起するよう、動画映像も撮りたいと語っていた。彼はだれもが知りたいような質問をしてその答えを南極で収録し、ドキュメンタリーを作る計画だった。そこで私をすわらせて、取材しはじめた。

「あなたは、どんなことがいちばん怖いですか？　周りの人たちに、たっぷり愛をもたらしていますか？　決して許せないのは、どういうことですか？　最近、泣いたのはいつですか。なぜ、泣いたのですか？　敵がいますか？　人生の意義は、どこにありますか？　いま幸せですか？あなたにとって、おカネはどのような意味がありますか？　どうして貧困に悩む人がいて、どうして私たちはこの現状に我慢できるのでしょう？　死後には、どのような世界があるのでしょうか？　あなたには、嫌いな人がいますか？　なぜですか？」

のちに、私は彼に尋ね返した。

「これまでに、どのようなことが分かりました？」

マクマード基地に滞在している人びとの答えに関して、彼は二つの点でびっくりしたという。第一に、だれもが環境について不満をこぼすことが多いのにもかかわらず、きわめて多くの者が「ハッピーだ」と言っていることだった。もっと驚いたのは金銭感覚で、世界中どこでも、カネは力であり、身を守ってくれ、地位の象徴だと考えられているのだが、マクマード基地ではカネは自由を意味すると捉えられていることだった。

マクマード基地の経費はアメリカ政府が負担し、原則としてアメリカ人の科学者が対象だが、わずかながら外国の協力者も含まれる。彼らは便宜上ここを利用しているだけで、ここを経由して各所の野外活動に向かう。何日間か滞在し、衣類を支給され、義務として必要な訓練を受ける。たとえば、二日間の雪の学校があって、テントの張り方や、携帯用のプリムス・ストーブの扱い方を学ぶほか、大型高周波ラジオの操作法は、飛行機の事故や嵐に巻き込まれた場合の唯一の連絡方法として必須だ。次に、南極を旅するに際して必要な基本講義がある（たとえば、ヘリが墜落しそうになった場合に取るべき姿勢は、私が講義を受けたときにも、「自分の尻を舐めるような体位」だと教えられた。そしてすべての動きが止まるまで、あるいはパイロットが「九死に一生だったな」と言うまでは、その姿勢を保つよう諭された。……少なくとも、何分間かはそのまま静止したほうが無難、だとも念を押された）。

研究者は、基地の倉庫に保管されている膨大な衣類のなかから野外用の装備、寝袋、超低温に備えたウエア、それにプリムス・ストーブなどを渡され、さらにおびただしい冷凍食品のなかから好みの食べものを選ぶ。準備が整ったところで、それぞれの研究テーマにふさわしい場所に、ヘリかスキーを履いた飛行機で出向く。

だが、マクタウンの周辺で可能な研究もある。たとえば海氷の下に棲む変わった生物たちは、この過酷な環境のなかで、古来から暮らし続けている。

たとえば、夕食の皿ほどもある大きなクモ。ぬるぬるしたミミズのような巨大な虫《ワーム》は、私の身長の二倍もある。脚をのたうち、強烈な下あごを持つ奇妙な生物は、私の手ぐらいの大きさがある。アメリカの生物学者サム・バウザーがB級SF映画のファンであることを最初に会ったときから知っていたら、彼が私を驚かすために想像上でこしらえた生きものだと思ったかもしれない。だがこれらに対して、私には体験的な裏づけがある。彼がこのあたりの海氷下で撮影した動画映像を見たことがあるが、私がクレアリー実験室の凍てつくような水族館に両手を入れて引っ張り上げた化けもののような生きものは、彼の動画映像に出てくる怪物とそっくりだった。

サム・バウザーはアメリカ・ニューヨーク州オルバニーにある州立ワズワース・センター〔公衆衛生研究所〕の生物学者で、何年にもわたってマクマード基地の近くにある入り江エクスプロラーズ・コーヴでチームの面々とともに潜っている。これは、単に冷たい海に潜るのとはわけが違う。氷の穴から下を見ても、水面は見えない。氷の厚さが三メートルから五メートルもあるからだ。そこでまずドリルで細い穴を開け、次にむかしの煙突掃除のようなブラシを回して穴を広げ、ソーセージのようにつながった赤い爆薬を仕掛けてバンと氷を割り、潜れるだけの穴を開ける。

海水温は、マイナス二度ほど。塩水だけに、凍らずに液体状態にある最低温度で、真水なら零度で凍ってしまう。海水は上に氷の蓋をされているので、温度は上がらない。手を浸けたら、一〇まで数えるほども我慢できない。そのなかで、サムのチームは最長で一時間も潜っている。

どうしてそのようなことができるのかというと、ヒートテックのような耐寒繊維の衣類を何枚も重ね着し、その上に合成ゴムのネオプレンでできたドライスーツを着ているからだ。だが、手を暖める方法はむずかしい。さまざまなハンドウォーマーも役立つが、オレンジ色の三本指の化けもののような手袋をするとエビのハサミのようになって、機械の操作がやりにくくなる。

口はどうしても露出したままで、直接、水に触れる。最初は痛いが、やがてしびれて感覚がなくなる。潜水を終えて上がってくると、ゴムのように腫れ上がっていて、数分間はしゃべれないし、発音しても意味不明だ。

だがこのような苦行も、サムによると、やる価値があるという。潜水孔から出てきたときの感想は、こうだ。「信じられない光景だ。この足元には広大な海洋が広がっていて、宇宙船の船外に出て宇宙をさ迷っている感じ。もし宇宙飛行士になるのがむずかしければ、その次にすばらしい体験ができるのは、南極でダイバーをやってみることだよ」

水はきわめて澄んでいるので、グリーンの薄明かりのなかで二〇ないし三〇メートル先まで見通せる。視界が良好だから、遠くにいるダイバーも不思議とごく近くにいるように感じられ、小さなティンカーベルのように舞っている。邪魔者はいないのでのんびり漂うことができ、入り口の氷の穴から差し込んでくる斜光は、サムによると「イエスが放つビーム」のようで、出口を明示してくれる。

氷の底面は平らなこともあるし、カテドラルの天井を思わせるような鍾乳石ふうの突起がぶら下がっていたり、鳥の羽先のような氷結模様がついていることもある。自らが吐き出す気泡の下部は、水銀のような銀色に輝いている。

眼下のグレーの海底には、変わった生物がたくさん生息している。フラッシュライトを当てると、色が浮き上がる。近づくと、堅そうに見えるが実際にはもろいのかもしれない金色のヒトデが、五本の長い足を動かして起き上がり、H・G・ウェルズの『宇宙戦争』に出てくる火星人のような格好で逃げて行く。直径が四〇センチもあるウミユリはビン洗いブラシを束ねたような感じで、花弁のような長い腕を大きく動かして泳ぐが、その姿は酔っぱらったタコを思わせる。明るいオレンジ色をしたヒマワリヒトデは、最大四〇本もの腕を持ち、マクマード湾のものは一メートルを超える巨大なものもある。

南極の生物は、すべて巨大だ。たとえば、ウミグモはほかの地域の仲間と比べて一〇〇〇倍も大きい。体長四〇センチもある巨大さで、これが海底にデンと構えている。地上のクモと同じく、通常は八本脚だが、ときに一〇本ないし一二本というのもいる（一八二〇年代にはじめて南極に来た生物学者が描いたスケッチを見た仲間は、間違って脚を余分に描いたのだろう、と考えた）。背が高くてトゲだらけのタランチュラのような感じで、思いがけずも美しい姿だった。

だが、見てくれのよくない生物もいる。親指くらいの太さのヒモムシは、三メートルくらいの長さのものもいて、海底をのたうち回る裸の腸のようで、毒のあるナメクジを連想させて気味が悪い。ヒモムシは世界各地の海で見られるが、南極のものはとくに大きい。これはカサガイを追い駆けるし、魚を捕らえることさえあるという。学名をグリプトノトゥス・アンタークティカスという生物は、ワラジムシかゴキブリのような姿をしているが、人間の掌《てのひら》ほどの大きさがある。甲は堅く、毛深い脚で歩くが、ひっくり返すと脚を激しくばたつかせる。節のある皮状の甲羅の下に恐ろしげな口が覗き、エイリアン映画に出て来る生物のモデルになったともいわれる。

これらの生物は、ほかの地域と比べて南極ではどうして異常に大きいのか。パラドックスのように聞こえるかもしれないが、答えはきわめて気温が低いためだ。これらの生命体の動きは、きわめてゆっくりにならざるを得ない。化学反応も、ひじょうに遅い。動物たちは、ほかの暖かい地域の仲間と比べて長生きする。さらに、冷たい水はより多くの酸素を取り込む。これは、生物の成長を促進する要因だ。生活ペースのテンポが早い都会生活と比べて、スローな寒い地域では生活費が安くてすむかのように、だれもが大きな生活スペースを持てて大きくなれる。

だが一方で、真水の氷点を下回る海水のなかでは、危険も伴う。ただし、クモなどの無《む》脊《せき》椎《つい》動物にとっては、それほど問題はない。これらの生物の体液は濃くなって、海中の冷たい結晶体の侵入を防ぐ。だが魚の場合は、事情が異なる。冷たい海水を呑み込んで必要な塩分を取り込むが、血液は濃くないから、外から容赦なく低温が入ってくる。そのため、別の奇妙な適応性を進化させなければならない。体を大きくして、寒冷な環境に耐えることだ。

この研究成果を発表したのは、マクマード基地の研究員アート・デヴリーズで、一九六〇年代にライギョダマシという大型深海魚を含む何種類かの魚を研究して、論文をまとめた。この大型魚には、マクマード基地の周辺で潜るとすぐに出会う。頭が大きく、あごが突き出ていて、唇が厚い。体長一メートルあまりにも成長し、南極タラと呼ばれることもある（ただし、タラの仲間ではない）。アートの発見によると、この魚の血液は薄いが、不凍液めいた要素を含んでいる（ただし、クルマで使う不凍液とは

違う）。不凍要素は、この魚の胃にも内臓壁にも、肝臓にも頭部にも、体全体に見られる。このような機能を持っているため、水温がマイナス二・二度ほどになっても耐えられる。だが極寒の日にこの魚を捕まえてちょっとでも氷に触れれば、持ち帰る間に堅く凍り付き、魚のアイスキャンディーのような棒になってしまう。

だがサム・バウザーが関心を持っている南極の海洋生物は、そのように大きなものではなく、潜水してやっと肉眼で見える程度の小さな生きものだ。彼は、先端のとがった明かりを海底に立てる。そうすると垂直方向に光が届いて対象が光り、見やすくなる。小さな生物とは有孔虫《ゆうこうちゅう》で、ミニチュアのカシの木のような形をしていたり、平らな円盤で脂肪が垂れたような感じのものもある。いずれも、砂地と見まがうくらいキラキラ輝いている。

サムが有孔虫に魅せられているのは、これらが存在を無視できないほどには大きいが、単細胞生物だという点だ。センテンスの最後に打つピリオドより小さくて、顕微鏡で観察しなければならないと思われるかもしれないが、実際には何ミリかあって爪ほどの大きさのものもあるから、一つずつピンセットでつまむことができる。

外側は堅く保護されていて、器用に行動する。サムは砂を除去して水の入ったガラスのシャーレに、さまざまな大きさのガラスのビーズとともに入れてみた。観察していると、有孔虫は「ニセ足」と呼ばれる粘着性の触手を出してガラス・ビーズを取り込もうとする。触手は動きながら精子のような粘液を出し、ビーズを探りながら鼓動するので、まるで踊っているように見え、お互いがくっつき合う。それぞれが単細胞なのだが、熟練工であるかのように思える。

だがサムが有孔虫を研究している主な目的は、この過酷な環境のなかで有孔虫がどのように適応しているのか、という点だ。南極海の厳格な食物連鎖のピラミッドでは最下段にあるが、有孔虫はその軽量さ以上の役割を果たしている。

彼がその点に気づいたのは、クレアリー実験室にサンプルを持ち帰って簡単な実験をしていたときだった。彼は、こう説明する。

「単細胞生物は食物連鎖の底辺にいる、と考えられている。彼らが食べるのは、別の単細胞生物だけのはずだ。バクテリアにしても藻にしても、同様だ。逆に、どの生物が有孔虫を食べるのか。甲殻《こうかく》類ではあるまいかと考えて、シャーレのなかで一緒にしてみた。

翌朝、観察してみると、事態は想像していたようには進展していなかった。有孔虫は大きくなっていて、甲殻類の残骸が散乱していた。有孔虫は、捕食者なのだった。近くにいるもっと大きな生物の肉を、むさぼり食っていた。コマ落としの映画で見たが、すさまじい光景だった」

有孔虫は、ねばっこいニセ足を使って、砂を取り込むやり方と同じようにして甲殻に吸い付く。近くを通る小さな甲殻類に取り付いて炎症を生じさせ、餌食にしようとする。だが、それほど簡単にはいかない。そこで、別の触手で相手を押さえ込む。相手は、身もだえする。だがニセ足はハエ取り紙のように粘着力があるので、相手がもがくと、ますます動きが取れなくなる。完全に虜《とりこ》になったところで、侵入できそうな個所を捜す。サムはニヒルな笑いを見せて、続ける。

「どこからでも、侵入できるんだ。生きてる相手の肉を、ズタズタに食いちぎっちまう」

これは、常識的な食物連鎖の構図とはまるで違う。普通なら、複数の細胞を持った生物が単細胞生物を食べ、その逆はあり得ない。サムのチームは、ほかの生物も有孔虫の犠牲になるのかどうか調べてみた。小さなヒトデや小さなウニも、捕らえられて餌食になった。

残忍に思えるが、過酷な南極の冬では、自分より大きいものを捕らえて食べ、自らが太るという戦略は、きわめて効果的だ。

サムらのチームは、野生状態でも同じことが起きるのか、海中にカメラを据えて観察している。木のような格好の有孔虫は、根が生えているのかそれとも移動できるのか、も観察したいと考えている。

「歩いたら、面白いねえ。そのほうが、意外性があるからね」

しばらくマクマード基地に滞在していると、不細工で不潔な面ばかりでなく、全体像が見えてくる。夏には滅多に雪は降らないが、ときどき塵《ちり》が舞ってきて、白い氷が黒ずむ。ここで暮らす連中は、こう評する。「衣服をまとったマクタウンも、なかなかよろしい」。

晴天の日にあたりを見回すと、なんともすばらしい光景が展開する。南の方角を見ると、こんもり雪をかぶった島々が、浮かぶロス棚氷に半ば抱かれたような格好で点在する。西のほうを眺めると、凍った海の向こう側で、山脈からギザギザと伸びる雪の稜線が景色を二分している。このすばらしい光景は、初期の探検隊も感嘆したに違いなく、探検のスポンサーにおもねって「王立協会山脈」という散文的な名称を付けた。

南極全体に、珍奇な地名が多い。「実行委員会山脈」は「王立協会山脈」と同じ類だし、氷の崖に突き出た二つの山頂は、一九七〇年に「オフィス・ガールズ」と命名されたが、これも後方支援に対する感謝の気持ちの表れだ。見たままを表現した「茶色半島」や「ホワイト・アイランド」もあるし、発見したときの感情をそのまま表現した「荒涼島」や「失望岬」もある。私が気に入っているのは、「激高海峡」だ。

マクタウンをじっくり見てみると、それなりの魅力を持っている。軍事基地の趣もあるし（アメリカ海軍が管理していた時期もある）、マクマードは大学のようだと感じる人がいるとすれば、食堂が「ガレー（厨房）」と呼ばれているからだろうし、寮やバー、クラフトセンターもある。ここの雰囲気は全体的に緊張感があるものの、永住する場所ではなく、あくまで仮住まいという感覚だ。

ここに集まっている人たちについても、同じようなことがいえる。契約によってやってきている人たちは、重度の夢見るロマンチシストだ。冒険を求め、マクタウンでの石けんの泡やエンジンオイルにまで感動を覚える。職種としては、皿洗い、ヘアドレッサー、バーテンダー、掃除係、重装備のメカニック、鍵師などがある。厨房でポテトの皮を剝いている者のなかに博士号を持っている人もいるし、弁護士が日用品の補給を担当していたりするケースだって、珍しくない。だれもが、マクマード基地の外に出て、自然のままの白い世界に包み込まれたい、と熱望している。

そのようなチャンスは、科学者でなければめったに訪れない。だが不満をこぼす者は、ほとんどいない。マクマードに暮らす者はみな、「ここの自然環境は厳しい」と言う。規則がうるさすぎて嫌気がさす者もいるだろうし、勤務時間が長いだとか、アイスクリームを作る機械が壊れたとか文句を言う者もいる。だがこれは身から出たサビのような皮肉で、ここで不平を鳴らしても、白い目で見られるだけだ。

マクマードは男っぽいところかと思っていたが、来てみたらそれほどでもなかった。ウソっぱちのスローガンは、「南極へおいでよ。木立の後ろには、必ず美女がいるよ」と呼びかけるが、いても「外れ」ばかりか、レベルが落ちるという説もある（だいたい、木立など一本もない）。だがマクタウンには女性もたくさんいて、私はバーやコーヒーショップにいても、町をぶらついていても、女性という違和感も緊張感もなかった。

南極が、むかしからこうだったわけではない。最初に男性が南極に足を踏み入れてから、女性がやってくるまでには一世紀あまりの年月が必要だった。女性は、南極に近づくことさえ禁じられていた。最初に南極大陸に足跡を記した女性は、ノルウェー捕鯨船船長の妻カロリーネ・ミッケルセンで、一九三五年に短期間だけ上陸した。次には一九四七年まで途絶え、この年、南極探検隊員の妻が二人、土壇場で同行することになったが、最初からチリまでと決められていた。このテストケースも、あまりうまくいかなかった。二家族とも仲違いになり、うち一人はのちにこう書いている。

「南極は、女性にはなじめないと思います」

その後また途絶え、ソ連の海洋生物学者マリー・クレノヴァが一九五六年にちょっと訪れただけだ。一九五〇年代には南極大陸の大々的な研究が始められたが、参加したのは男性だけだった。

一九六九年になると、ニュージーランド生まれでアメリカに移住した氷河学者のコリン・ブルが、氷の野外調査チームに女性を一人、加えようと工作しはじめた。だが、アメリカ海軍が難色を示した。これは民間のプロジェクトだが、海軍が物資補給を担当していて、女性を運ぶことを拒否した。

そこでコリンは、女性だけの野外調査チームを企画した。コリンがしつこく要求し続けたため、海軍は拒否する言いわけに困り、ついに南極に女性を送り込むことをOKした。ただし、「南極に縁のある者」という条件をつけた。よかろう。女性の一人は、すでに南極の岩石を研究していたし、二人はご主人が南極で研究に携わっている間、自宅を守っていた。四人目はバイクを分解して持ち込むことにしていて、条件に当てはまらなかったが、海軍ももはやゴネるのをやめ、押し切られた。女性の南極行きは公式に認められたが、最初に南極点で越冬した男性からのコリン宛ての手紙は、「裏切り者のコリンへ」と書き出してあった。

そのような経緯で、四人の女性チーム（もう一人ペンギン研究の女性がいたが、彼女はご主人に同行して別のチームに加わっていた）は南極入りした。このプロジェクトを推進した副司令官の男性は、男性の部下たちに、次のように注意した。

「これらの女性は、みな科学者だ。全員が、既婚者。しかるべく尊敬し、いたずらにからかわないこと」

不都合なことは、何も起こらなかったらしい。複数の女性が報告しているところによると、海軍将校たちはとても親切で、いやらしいことばは使わなかったし、激しく叱ることもなかったという。だが南極に女性が滞在しているというニュースは、野火のようには広がらなかった。ある女性の体験談によると、マクマード基地で、一人の男性が跡を付けてきた。しばらくすると、男性はすわって泣き出した。どうしたのかと尋ねると、男は「あなたは女性かと思いました」と言う。彼女は答えた。「私も、そうだと思いますよ」。

女性進出のテストを境に、一気に改革が進んだわけではなかった。だが南極の氷の世界に挑みたいと考えている多くの女性たちには、突破口が開かれた。現在マクマード基地の男女比は完全に半々ではないにしても、徐々にそれに近づいている。女性の職種も科学者に限られず、大工や鍵師、メカニックなどにも女性がいる。

ひとむかし前の状況を覚えている女性にも出会った。私が二〇〇四年から〇五年にかけて、二度目に南極を訪れたとき、セーラ・クロールはマクマード・オペレーションセンターで働いていた。ここは、南極大陸全体の司令塔のような存在だ。彼女はマクタウンを離れずここに張り付いていたが、彼女の声はアメリカの支部キャンプやこの周辺を飛ぶヘリや航空機のすべてに届いた。もしヘリのパイロットから定期交信がない場合、彼女は警戒信号を発する。緊急態勢に対応できるよう準備にかかり、飛行計画の調整をおこなう（航空機やヘリの飛行計画が事前に手渡されても、飛行計画が変更されないことはめったにない）。

夜間になるとほとんどすべての飛行は終わるから、その時間帯を見計らって私はセーラに会った。夜間の交信内容は、各支部基地からの天候報告や員数の確認、スタッフの健康状況などに限定される。たとえば、こんな具合。

「オペレーションセンターへ。こちら、ビーコンヴァレー。人員は四人。全員、異常なし」

高周波無線で、雑音のなかで誤りを生じさせないように、「9」は「ナイン」ではなく「ナイナー」、「イエス」の代わりに「ロージャー（了解）」、「その通りやります」は「ウィルコ」と答える。すべての会話は、「クリア（終了）」で終わる。

高周波に雑音は付きもので、ときに宇宙空間を飛び交う微粒子の宇宙線が飛び込んでくると、バリバリと耳障りな音がする（セーラの表現によると、「宇宙からラズベリーが飛んでくる」）。海辺の波のような音は、木星電波嵐なのだそうだ。高いピッチの口笛のような音は、隕石が立てる音だという。

セーラがはじめて南極にやってきたのは、一九八五年だった。彼女は四人きょうだいの末っ子で、上とは歳が離れていたから、だれもあまり構ってくれなかった。彼女は、告白する。

「だからあたしは自分の考えで行動し、他人からああしろ、こうしろと言われるのが嫌いだったの」

そこで両親は、セーラと愛犬をアイオワ州の家の近くの湖に連れて行き、一日中カヤックで遊ばせておいた。南極での仕事に応募するまでの一四年間、彼女は国立野外活動指導者学校でインストラクターを務めた。採用されるまでに二年かかった（彼女のボーイフレンドは、二週間で受け入れてもらえたが）。

　はじめて南極の風景を見たときから、彼女は虜になった。

「こんな場所、ほかにはないんですもん。おっきくて、美しくて、裸のままで、ほかにことばは見つからなかったわ。南極は、それだけで完成品なのよ」

　アメリカ海軍が、依然として物資補給を担当していた。マクマード基地にはおよそ一〇〇〇人が滞在していたが、民間の女性は二八人だけだった。女性に希少価値があるだけに、注目率は高い。女性がこの大陸で仕事をしてもいっこうに構わないという意見の男性は、なんら良心の呵責は感じないわけだから、あえて発言はしない。女性だってきちんと仕事はできるし、女性が進出しても騒ぐこともないし、英雄的な決断だともいえない、とこのような人たちは考える。セーラによると、女性が増えて女性との共同作業が多くなり、友人もたくさんできることを喜ぶ男性も多いという。

　彼女は、次のようなエピソードも紹介してくれた。

「何年か経って、ロシアの男性グループがマクタウンにやってきたの。アメリカ国立科学財団の現地代表デイヴ・ブレスネイハンは、彼らを歓迎するカクテルパーティに、私を呼んでくれた。私は、尋ねたわ。『エスコート役をやるわけですか?』って。デイヴの答えは、こうだった。『いや違うよ、セーラ。ロシアは、研究計画に女性の参加を認めていないんだ。きみの仕事内容を彼らに話してやって、彼らにインパクトを与えてやりたいんでね』ですって」

　セーラは、納得した。彼女の持論は、こうだ。

「女が男の世界で闘うのではなくて、男女が一体になって、因習を打破すべきじゃないのかしら」

　セーラは南極体験が長くなるのに伴って、さまざまな面に活躍の場を広げた。野外活動では登山家として、あるいはヘリのメカ、短期間ながら基地にあったホバークラフトの操縦までやって評判が高まった。だが彼女のキャリアのハイライトは、エレブス山の野外キャンプで夏のシーズンにマネジャーを務めたことで、いまでも思い出深くまぶたに浮かび、自慢げに話したい体験だという。

エレブス山はマクマード基地を見下ろしてそびえ、ロス島では基地と面積を二分する。世界で最も南に位置する活火山で、環太平洋火山帯の底辺にある。火山のなかでは珍しく、絶えず大量の溶岩を噴出している。ゆるやかな斜面で、雲を抱いていないときには噴煙が見え、その周辺以外は雪をかぶっている。

標高は三八〇〇メートル近く、セーラのキャンプは頂上に近いところにある。夏のシーズンも終わりのころ、彼女は雪上スクーターで上がれるところまで行き、残りは徒歩で火口までできるだけ近づいた。山頂まで登り詰め、南の方角を眺めた彼女は、思わず涙をこぼした。

「岬に沿って視線を移して行くと、小さなオブ丘が見え、右側にはエレブスの氷の舌が電動ノコのように連なっている。いくらおカネを積んだって、こんな光景は眺められませんからね」

火口の周囲をめぐるのに、三時間かかった。気温は低いが美しく、硫黄がもたらす腐った卵の臭いが強く鼻孔を刺激した。そのため、寒さも加わってくしゃみが出た。眺望のいい場所で、火口の縁と遠方を眺めた。左側の東方面には溶岩の池があり、火口を埋めるほどの赤く大きな海ではないが、黒っぽくかさぶたのように固まった膜に、赤い線が縦横に走っている。火口の周辺には溶岩が黒い弾丸のように散らばっていて、大きさは手のひら大から椅子やクルマの大きさまでさまざまだ。

彼女は続ける。

「一般には、土地を測量して細分化しますけど、間違ってますね。土地全体を、一つのユニットとすべきです。私は、このような場所で生き延びる才覚があるのか。穏やかな日のエレブス山は、こよなく無垢《むく》です。ところが突然、なんの予告もなくドンと爆発する。天然現象です。この大地の猛威と比べたら、人間の存在なんてちっぽけなもんです。縮むんじゃなくて、微少なんです。これが世界なんだから、いいじゃないですか」

彼女のことばは、まるで魔法をかけられたかのようだ。これからの冬のシーズン、彼女は暗いビルのなかに閉じ込められるのを覚悟している。その心理は、不可解だ。だが彼女は眼前にあるおびただしい数のスイッチやマイクをなでるようにして、続ける。

「こういう暮らしが、好きなの。なぜだか、説明できないけど。きっと、環境にまるめ込まれちゃうのがいいのね」

だがそう言ったあと、肩をすくめて悲しそうに微笑みながら続けた。

「本当は、外に出たいけどね」

フレス・ウベルアーガも、南極のパイオニア的な女性だ。一五六センチと小柄だが、活発な黒髪の女性で、巨大な除雪車を運転して滑走路を整備したり、溝を掘ったり、地面を平坦にするような作業を手がけている。バーに行くとよく会えるが、お愛想を言って一杯おごると、彼女が「トリキシー」と名づけているお気に入りの大きな除雪車に乗せて、説明してくれるかもしれない。

スキーを履いて歩く道をならすには、どのようにするのが最適か。雪に埋まった建物を掘り出す際に、自分は埋まらずに進めるにはどうしたらいいのか。表面が平らであるかどうかを本能的に感じ取るためには、「腰がどっしり安定していなければならない」そうだ。眼前の雪がビデオゲーム「スノー・バレル・ブラスト」のような雪崩現象を起こすかどうかは、微妙な角度と平面のバランスで決まるという。フレスの見立てによって近くで雪崩が起きないと思えれば、彼女は除雪車トリキシーの屋根にあなたを乗せて、ガッツポーズした姿の写真を撮ってくれる。

フレスがはじめて南極に来たのは一九七九年、二四歳のときだった。女性の職員は少なく、重量級の車両を運転する女性などいなかった。彼女が最初に手がけた仕事は、海氷上にある滑走路の整備だった。だがまず困ったのは、トイレが使えないことだった。男子トイレしかないのだから。用を足せるよう取り計らってもらえたのは、医務室のトイレだけだった。

彼女はもう三〇年あまりも南極で暮らしているから、どうして女性が南極で歓迎されないのか、とりわけD7という基地分室に定着できないのか、あらゆる理由を聞かされてきた。セーラの場合と同じく、女性を歓迎したくない男性がいる一方で、支援してくれる男性もたくさんいる。こんなことがあった。彼女はある上司に、こう嚙み付いた。

「あんたは、ホントはあたしを殴りたいんでしょ」

彼は真っ赤になって怒り、キレた。

「よくも言ったな。本気か？」

彼女も、叫び返した。

「ええ、本気よ」

「だれかが、殴らなきゃならん時期だな」

いまではフレスはベテランで、マクマード基地の建物や家具の管理者として欠かせない存在になっている。彼女は別に自慢するわけではなく、こう述懐する。

「世界中で、あたしほどたくさんの雪を除雪してきた女性はいないわよ」

彼女は大量繁殖している有孔虫と似たところがあって、小柄でありながら存在感がある。彼女がここで地歩を築けたのは、身を保護する硬い外殻をまとったためではなかろうか。

ここに暮らすほかの人たちも、それぞれこの特異な環境に適応するよう工夫している。ジッパーに複雑な細工をほどこして締めたり、精巧なビーズを飾ったりする。有名なSF映画のパロディーを作る者もいれば、テレビ番組「マペット・ショー」の替え歌を作ったり、奇妙な挨拶を発明して交わし合ったり、食堂や喫茶室でニーチェに関して激論を交わしたり、ゲームショーの司会者について論じたりしている。人間関係は、たちどころに意気投合するかと思えば、疎遠になるのも早い。契約職員のなかには、「氷亭主」や「氷妻」を現地調達する者もいて、ここにいる間だけのパートナーを組む。基地では二四時間インターネットにアクセスでき、外の世界からウィルスが入ることはまずない。

南極という世界の雰囲気は、マクタウンを離れる機会がほとんどない者にとっても、十分に感じ取れる。規則で定められた衣類を身にまとっている限り、寒さに耐えることはそれほど困難ではない。だが割にひんぱんに強風に見舞われることがあり、「レベル1の嵐」になると視界はゼロで、数メートル先の建物に行くのにも危険を伴う。レベル1のとき外出は禁止で、そのときいる場所にとどまっていなければならない。「急げ、そして待て」というのが合いことばで、だれもが肩をすくめてそこにとどまる。多くの者がトランプを始め、ストーブに点火し、あちこちに置いてあるコーヒーメーカーから一杯つぐ。

冬になると、その頻度が増す。闇夜ばかりが続いて風は強まり、寒さが骨にまで染みわたる。冬に嵐がタウンを見舞ったら、その場にとどまるしかない。外にいるときだったら、最寄りの避難所に駆け込む。

南極の動物もしっかり心得ているから、状況がいかにひどくなっても、北(北半球でいえば南)

に向かって移動を開始したりしない。冬が近づくと、南極のウェッデルアザラシは海に入り、何メートルも厚みのある氷の蓋の下に潜る。氷にトンネルのような穴を掘って呼吸できるようにし、何か月も暗闇のなかで泳ぎ、食べ、休む。海水は凍る寸前だが、地上の天候のほうがもっと過酷だ。

冬期のアザラシの生態は、だれも観察したことがない。観察記録は夏の間だけで、メスは氷上に上がって出産し、赤ちゃんは産毛から衣替えし、来たるべき試練に備える。

＊　＊　＊

天空は、とてつもなく広い。ところどころに雲が点在し、地平線の彼方を指し示しているかのようだ。雲を除けば明るいブルーの空で、太陽が輝き、申し分のない快晴。私は南極でお気に入りの車両「マタック」を運転して、散策に出かける。これは通常の赤いピックアップトラックだが、車輪が三角だ。この姿を見ると、いつも笑ってしまう。遠くから見ると、こんなクルマが走れるとは思えない、三角車輪は、ガタガタと不細工に回転する。だが近くに寄ってみると分かるが、二つの車輪にはそれぞれキャタピラが巻いてある。滑りやすい海氷の上では、これが最も適していることが納得できる。

走るスピードは、歩行者よりやや速い程度。私はガラス窓を下ろして、外の景色を眺める。冷気が入ってくるが、震えるほどではない。外気温は零下であっても、それほどひどくはない。私は、パーカを脱いだ。

海氷上に作られた「道路」は、マクマードから枝葉のように各方面に伸びる。いずれも輝くように白く、雪上スクーターやキャタピラトラックで踏み固められている。道の右側には、数メー

トルごとに、赤い旗（まれにグリーン）が竹竿の先に付けられている。何かたくさんの死者が出ているようで、おぞましい感じがする。どうして、こんなにたくさん立てなければならないのだろう。ロス島では突如として嵐が襲ってくることがよくあり、横殴りの強風が吹くから、白い世界では赤旗が目立つのだろう。

天気予報では晴天と出ていても、どれくらいの大きさのクレバスの割れ目なら安全にクルマで通過できるのかを確認しておかなければならない。また、突然の嵐に備えて、クルマを風除けにして緊急用のテントを張るコツも会得しておく必要がある。アイススクリューを堅い氷にねじ込むには、かなりの時間がかかる。私は一人で出歩くことを禁じられているから、助手席にはマイクが乗っている。彼は重量機器を扱う店を持っているが、自由に町を離れられる立場にあり、しかも出歩くのが大好きだ。

私たちは、モンタナ州立大学から研究員として南極に来ているボブ・ギャロットに会うのが目的だった。私は以前、クレアリー研究所で彼に会ったことがある。彼は、何か所かのウェッデルアザラシのコロニーを調べているが、この日の調査地はタークスヘッドという場所で、エレブス氷舌のちょっと先、海氷に突き出た、荒涼とした広い岩場の岬にある。

彼は、一一月はじめのこの時期が、ウェッデルアザラシを観察するには最適なタイミングだという。海から陸に上がっている、ほぼ唯一の時期だからだ。それでも、オスの姿を目撃することはむずかしそうだ。オスは、水中の縄張り争いでひどく敗北したとき以外は、水面に出てこないからだ。だがメスは、出産のために上陸しなければならない。この時期は、出産ラッシュに当たる。

ボブは、なぜウェッデルアザラシに興味を持ったのか、前に話してくれていた。彼は、こう説明した。

「動物は、ストレスがたまった極限状態のとき、生き延びるための興味深い戦略を展開する。どのような時と場合に、生命の最終段階を迎えるのか」

私たちは、遠くのほうでアザラシが横たわっている姿をよく見かける。まるで溶けた廃棄物みたいで、まるまると太った黒い物体が、微動もせずに静止している。アメリカの研究者はマクマード基地に長いこと滞在して研究を継続できる利点を応用して、四〇年近くもウェッデルアザラシの個体に目印のタグを付けてきた。このあたりで見かけるほとんどすべてのウェッデルアザラシのフリッパーには、鮮やかな黄色やブルーのタグが付けられている。本来ならほったらかされているはずの野生動物に、人間が介在している派手な印は目障りだ、ともいえる。だがタグはアザラシを傷つけるわけではなく、泳ぎを妨げることもない。これらの認識タグは膨大なデータベースをもたらし、世界の最南端に生息する哺乳動物の生態観察に役立っている。温血動物としては、極限状況で棲息しているのだから。

私たちがトラックを停めると、ボブが出迎えてくれた。すぐに歩いてコロニーに向かったが、たびたび氷斧を振るって道を開いた。ボブが、警告する。

「アザラシの居住地に行く途中には、氷の割れ目が多い。十分に注意して、私が歩いた足跡を踏んで行けば安全だ」

ボブは、歩きながら説明した。いま、頭数の動態調査をしているという。アザラシたちはどのような暮らしをしているのか、生きるためにどのような犠牲を払っているのか。ウェッデル以外のアザラシはもっと北の流氷地域に棲んでいるから、ここより暮らしやすいし、水中にいても息つぎしやすい。定着氷の下に棲んでいる海洋哺乳動物はウェッデルアザラシだけで、氷は厚いし、穴もほとんど開いていない。穴を開けるには、かなりの努力が必要だ。呼吸する哺乳動物としては、空気が乏しい環境で作業するのはしんどい。そこでウェッデルアザラシはあごの骨を特別に進化させ、大きく口が開けられ

るようになった。上あごの反《そ》った門歯は氷を砕きやすく、冬の間はそれを使って氷に穴を開ける。また、最長で一時間半も息を止めていることができる。だれかが突破口を見つけると仲間に知らせ、新鮮な空気にありつける。

どうして、このように過酷な環境で生きているのだろうか。ボブの見るところ、競争相手が少なければ、乏しい資源をわがものにできるからだろう、という。このあたりで魚をあさる哺乳動物はほかにいない。もっと大きな理由として考えられるのは、赤ちゃんアザラシがほかの生物の犠牲にならずにすむからだろう。北の流氷海域ではシャチやヒョウアザラシが徘徊しているが、定着氷の下にはどちらの姿も見られない。

これら天敵の捕食者にわずらわされずにすむため、ウェッデルアザラシの赤ちゃんの生存率は、同類の仲間のなかではきわめて高い。それでも、生き延びられるのは五頭に一頭ほどだ。ボブは、このように過酷な数字の実態を詳しく調べたいと思っている。どのような条件下にある個体が、より長く生きられるのか。サバイバルレースで勝つのは、どのような個体なのか。

私たちはコロニーに着き、ボブの同僚マーク・ジョンソンも加わった。二頭の赤ちゃんが死んでいて、私がそれに目を奪われている姿に、彼も気づいた。悲惨な光景だった。一頭は、雪のなかに頭を突っ込んでいた。もう一頭はさらに痩せていて、奇妙な形で右側に曲がっていた。マークが説明した。

「ここで死ぬ赤ん坊の八割が、こんな死に方をする。痩せたほうは、餓死。六日で死んだ。かわいそうに。なんとかしてやればよかったのに、と思うかもしれないが。小屋に連れ帰って、寝袋に入れてやるとか……」

悲しい状況だが、私も頭では理解できている。手を差し伸べてやって、死にそうな赤ちゃんを救ってやりたくても（救えたかどうかは分からないが）、あえてやらない。ボブと彼の同僚は、この世界で生と死を分かつものを調べているのだから、手を貸せば自然界の実態をゆがめてしまう。

いまボブのチームが調べている項目のなかには、お母さんと赤ちゃんの体重をチェックし、体の大きさと生存の可能性の相関関係を見つけることが含まれている。雪上スクーターで体重計のソリを引き、今日の仕事に取り掛かる。

ボブが手招きするので眺めると、一頭のアザラシが腹ばいになり、その向こうに生まれたばかりの赤ちゃんが、まだヘソの緒をつけたまま横たわっている。色は薄茶色で、母親の巨体と比べると小さくて痩せている。出産の際の出血の細い筋が雪の上に付き、後産の胎盤が散乱している。それを狙って、大きな海鳥たちが空を旋回している。

私たちが近づくと、赤ちゃんは心配げに母親に寄り添って潜り込もうとした。研究班の二人が赤ちゃんの背後に回ってロープで持ち上げた。はかなげで弱々しく、体重計のソリに乗っけるのにどうしてこれほど大騒ぎしているのか不思議だった。だが彼らが体重の数字を読み上げるのを聞いたら、なんと私の体重の半分もあった。次に、母親の番。フリッパーで不器用によちよち歩く巨体を持ち上げると吠え、その大音声は崖の端まで鳴り響いた。それに呼応する赤ちゃんの声は悲しげで、人間の赤ちゃんの泣き声を思い起こさせた。

だが母親は最終的にはおとなしく体重計に乗り、赤ちゃんと並んだ。読み上げられた母親の体重は、四六八キロ。やがて親子は、静かに氷の上に戻った。びっくりする光景だった。この巨大な動物を捕食する天敵はいないので、氷の上で暮らしていくに当たって進化する必要はなかった。さきほど目撃した痛ましい光景のインパクトは、ほどなく薄まった。

ウェッデルアザラシが発する声には、そのような意味があるのだろう。彼らの音声は、二〇種類ほどあるという。汽笛のような音から、もっと高くてさえずるような声まで。録音したものを聞き比べると、口笛、太鼓、呑み込む音、それに小鳥のチッチに似た声までさまざまだ。毛皮で覆われた動物のものとは思えない、金属的な音も出す。ボブは野外キャンプで、このように不気味な声を耳にするそうだ。

彼の話を聞きながらメモを取ろうとしているのだが、うまくいかない。まだインクが切れるはずがない、とイラついていると、マークがそれを見とがめて言った。

「ここじゃ、ボールペンは使えないよ。インクが凍っちゃうから」

彼はポケットを探ってエンピツを取り出し、貸してくれた。私は遅まきながら、アザラシの体重や大きさを記載する際にみなエンピツを使っていることに思い至った。支給された衣服が暖かいのでうっかりしていたが、外気温はマイナスなのだった。

意識を新たにして、私はアザラシ計量の場を離れ、コロニーのなかでも個体数がまばらな場所に行ってみた。私の近くで一頭のアザラシが、周囲がいくぶん解けかかっている氷の呼吸穴の一つから突然ぬっと鼻面を出した。このメスは、まばたきした。瞳は、紫がかった花のような色だった。白目などない大きな瞳なのは、暗闇でも見えやすくするためなのだろう。ヒゲ先から、ビーズ球のようなしずくが垂れる。しばらくその姿勢で、気を静めるかのように鼻孔から大きく息を吸い込み、鼻を鳴らした。そのたびに、ちょっと息を止める、私も、それにならって息を止めていた。そして、こんども真似して息を吐いた。

メスアザラシは突然、大きく口を開けて吠えた。喉《のど》の奥から「クーイー」という声を出すと、視界から消えた。すごい音がして、しぶきが上がった。アザラシは私が立つ場所から離れてはいたのだが、私は思わず飛び下がって悲鳴を上げた。遠くから眺めていたボブが、笑った。

「一〇〇〇ポンドのロケットが飛び出したような騒ぎだな」

アザラシのひと吠えは、子どもに向けた合図だったようで、子どもは急いで、消えた乳房を求めて跡を追った。

ボブによると、ウェッデルアザラシがこのような環境に適合して生存できた最大の工夫が、「急速授乳」だという。まず、母親は脂肪の形でエネルギーをたっぷり蓄える。だから、皮膚が張り裂けそうなほどまるまると太っている。それを、急いで大量に子どもに分け与える。育児の時期には、血液にもかなり脂肪が含まれていて、ミルクセーキのように濃くてクリームのようになっている。ミルクも、暖められたロウのような状態だ。出産から離乳までの四〇日たらずの間に、母親の体重は半分ほどに減る。ボブは妊娠中のアザラシを指差しながら、こうたとえる。

「いま母親は燃料脂肪の塊のように見えるが、授乳が終わるころには、細長い葉巻みたいになる」

それに反比例して、子どもは生まれたてのときには三二キロほどだが、ひと月のうちに体重が五倍にもなる。

この急速肥満が、生き延びるうえでは効果的だ。大きな母親のもとでは、離乳期を生き延びる可能性が高まり、赤ちゃんの体重が重いほど、大人まで成長する公算も大になる。この法則は、明快でよろしい。適者生存《フィッテスト》というけれど、肥満《ファッテスト》こそが生存のカギを握っているのだから。

この研究チームは、ほかにも重要な発見をしている。離乳期までの第一段階、成獣になるまでの第二段階を無事に通過する確率は、経年産婦ほど好条件になるという。つまり、出産を始めたばかりの六歳くらいのほっそりした母親よりも、何回か出産経験を積んでいるほうが有利だ。研究者の解釈では、母親の年齢が高くなるほど太っているのが普通だから、子どもにたくさんのエネルギーを注入できる（もちろん、歳を取りすぎたらこの利点はなくなる。ウェッデルアザラシは氷を噛むために歯が磨滅して、魚を獲る能力も下がる。したがって、たとえば二二歳の母親は、一四歳のメスほどは太っていない）。

研究チームは、遊びにあまり乗ってこない母子の扱い方で苦労している。先に子どもを体重計ソリに乗せて母親をおびき寄せようとするのだが、子どもはバタバタして泣くだけだし、母親は近づいてきても、ゴロゴロして鼻を雪に突っ込んだまま素知らぬ顔をしている。やがて、全員で退路を絶とうとしても逃げて行ってしまう。動かなくなるので落ち着いたのかと思っても、また逃げる。

「決して自分で乗ろうとはしないんで、あきらめるしかない」

子どもを母親のところに戻してやると、親子はまた仲むつまじく寄り添っている。秤に乗りたがらないときの、気配とは違う。計量だけでも、大変な作業だ。だから、データは大切にしなけりゃならない。私はボブに、どうしてこれほどの努力を続けているのか、と尋ねた。

「エコロジーのすぐれた洞察をするためには、野生動物の日常の生態を観察することが最善の道だ。データは衛星からの映像でも得られるが、いちばんいいのは近くで観察して、『連中はどうしてこのような行動をするのか』を考えることだ。

氷の上で暮らす彼らは、たいてい眠っているか、育児に専念しているかだ。だが同じ動物を繰り返し見ていると、だんだん個性が分かってくる。あれはいいお母さんだとか悪いお母さんだとか、これはやさしいとか神経質だとか。

ときどきパーカのフードをかぶって光をさえぎり、彼らが開けた穴から氷の下を覗いてみる。マイナス二度の海中だよ。いつも思うんだが、生命を支えるにはまことに過酷な環境だ。だが彼らは生きながらえ、しかも繁栄している」

マクタウンに戻りながら、私は思いを馳せていた。次の冬も、お母さんたちは子どもたちを急成長させる努力を重ねる。たとえ、五頭のうち四頭が死んでしまう状況でも。マクマード基地の研究課題は皮肉な現実を伝えることかもしれないが、ここは厳しい大陸だ。人類は、ここでは新参者だ。ここで何千年も、あるいは何百万年も暮らして厳しい環境に順応しながら進化し、繁栄してきた先輩の動物たちから学ぶべきことが、数多くある。

第二章 ペンギンの行進

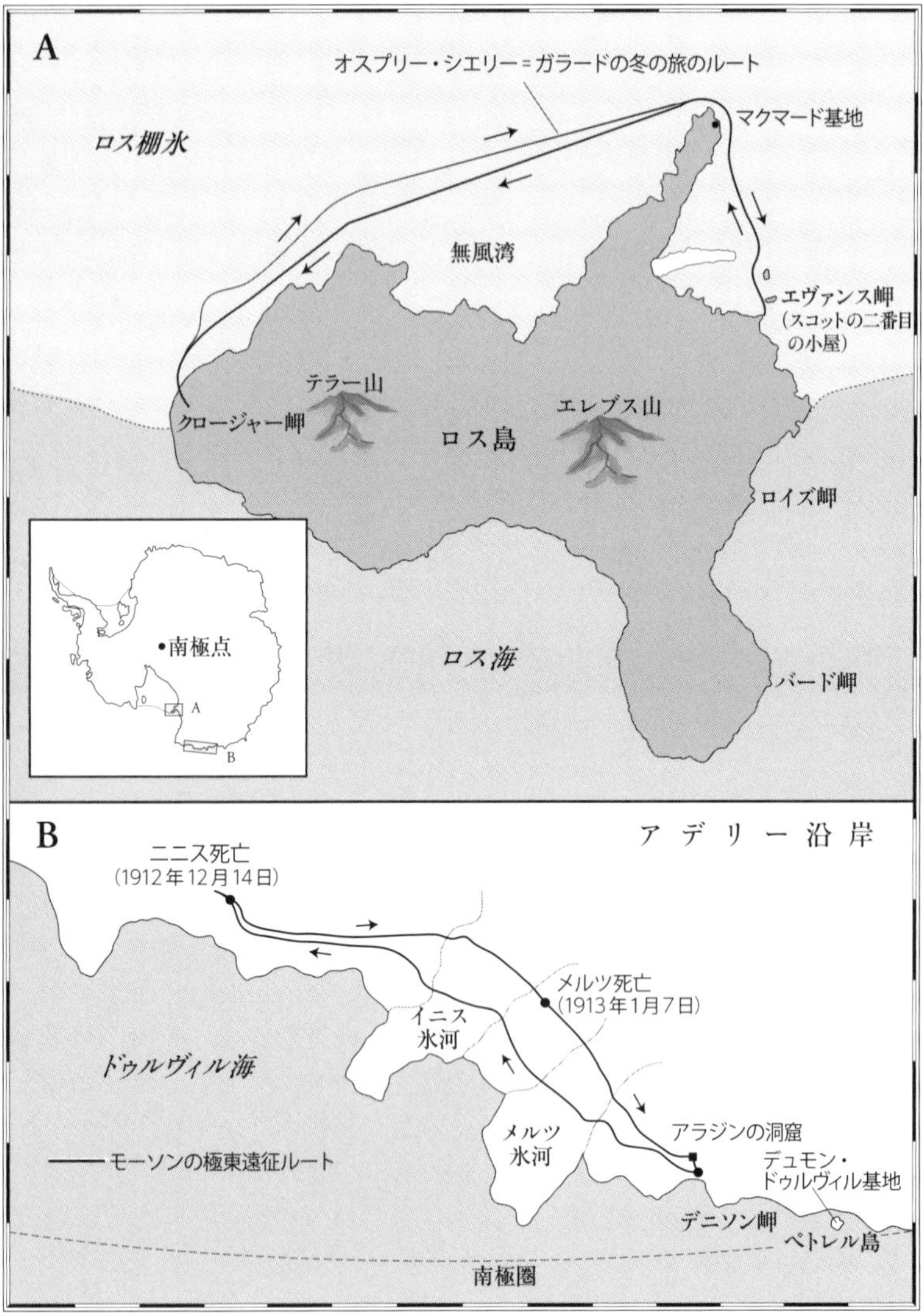
A
オスプリー・シエリー＝ガラードの冬の旅のルート
ロス棚氷
マクマード基地
無風湾
エヴァンス岬
（スコットの二番目の小屋）
テラー山
エレブス山
クロージャー岬
ロス島
ロイズ岬
南極点
A
B
ロス海
バード岬
B
アデリー沿岸
ニニス死亡
（1912年12月14日）
メルツ死亡
（1913年1月7日）
イニス氷河
ドゥルヴィル海
メルツ氷河
アラジンの洞窟
モーソンの極東遠征ルート
デュモン・ドゥルヴィル基地
デニソン岬
ペトレル島
南極圏

デイヴィッド・エインリーは、熟年サーファー気取りなのかとも思えるし、山男でいささか風雪にさらされすぎたようにも見える。六〇代のはじめで、南極に来た当初からここを終《つい》の棲家《すみか》とするつもりでいる。白髪をなでつけもせず、たっぷり日焼けし、氷から離れているときだけは鼻ひげをきちんと整えるが、忙しいシーズンになるとひげダルマのままだ。彼はちょっと無愛想だよ、と私は忠告されていた。「むっつり屋」だという評判もあるし、「粗野だ」ともささやかれる。彼はほとんどの時間をペンギンたちと過ごし、野外の小屋に寝泊まりして、マクタウンにはめったに戻ってこない。

デイヴィッドはカリフォルニア州の出身で、サンノゼにあるエコロジー・コンサルタントの生物学者だ。彼はゆっくりと、どもったような感じでしゃべる。まるで、人間に向かってのしゃべり方は忘れてしまったのではないか、と思わせるほどだ。彼はときに単語の前後にかぎかっこを付けたような感じで発音したり、音を長く引っ張って冗談めかしたりする。実際に、ジョークも多発する。私はすぐに、彼のしゃべり方が気に入った。

私が彼の研究テントに入って行ったとき、彼はちょうどコートを着るところだった。

「じゃあ、出かけよう。どれだけの笑顔が歓待してくれるか、を楽しみに」

「は?」

「ペンギンは、いつもスマイルしてるんだよ。疑うことを知らないからね」

私たちはバニーブーツを履いてテントを出て、海の方角に向かった。デイヴィッドの野外基地はロス島の西端にあって、マクマード基地からヘリに乗ればすぐに到着でき、アデリーペンギンのコロニーに近い。マンガに描かれる典型的なペンギンの姿で、体長六〇~七〇センチほど、頭とフリッパーと背中が黒く、首から胸が白く、目の周りも白い。彼らは短い南極の夏の間に出産・

育児のサイクルをすまさなければならないので、かなり忙しい。アデリーペンギンはかわいくてマンガっぽいところがあるから、だれからも愛される。

だが、私はやや例外的だ。私は、生きた姿に接するまでに、すでにいささか食傷気味だった。友人や家族と南極の話をしはじめると、まずペンギンがらみの話をどっさり聞かされる。ペンギンのTシャツがあり、絵はがきがあり、ジグソーパズルがあり、コップやマグがあり、トランプ、エプロン、パジャマもある。誕生日やクリスマスのカード、それ以外の日常でも、ペンギンのリュック、鉛筆、定規、スカーフ、手袋、ぬいぐるみ、おもちゃ、食事マット、ナイフやスプーンなどに、ペンギンの姿があふれている。もうペンギングッズは結構、といっても、持ってきてくれる人が絶えない。

「ちっちゃいものだから、いいでしょ。だって、かわいいんですもん」

私はうれしそうな顔をして受け取るけれど、南極のシンボルである生きたペンギンに惚れ込むのはやめた。南極とペンギンの連想は、いかにも陳腐で短絡的だ。確かにペンギンは南極のとてつもなくキュートなアイコンなのだが、南極全体は自然のままの、巨大でミステリアスな大陸だ。ペンギンばかりがクローズアップされると、肝心の氷研究のほうがおろそかになりかねない。ペンギンを人格化して、ペット的な小人に見立て、南極大陸も人間が容易にコントロールできるものだと勘違いする恐れがある。それは、望ましいことではない。私も動物が好きなことでは人後に落ちないが、私は友人にも告げるし自戒もしているけれど、動物たちを溺愛はしない。私はこれからペンギンについて語るけれど、それは科学的に見て面白い面があるからだ。それだけのこと。

すばらしい日和《ひより》だった。気温はほとんどマイナスにならず、陽光は海氷に反射して海岸を明るく照らしていた。地面はほとんど裸の溶岩で、近くにエレブス山がそびえ立っていて、いつものように頂上は雲に隠れている。

　デイヴィッドの話では、アデリーペンギンは岩場にコロニーを作りたがる。産んだ卵を氷から守るうえで、役立つからだ。岩場はたいてい海に近く、エサにする魚も獲りやすい。だがここはマクマード湾に近いものの、海は見渡す限り海氷で覆われており、水平線の彼方まで開氷面は見当たらない。氷の表面は押し合ってところどころ盛り上がっており、巨人の赤ちゃんがベビーカーからおもちゃのレンガを放り投げているかのように見える。遠くのほうで、氷の割れ目から太ったウェッデルアザラシが氷上に這い上がってきた姿が見える。七羽のペンギンがヨタヨタ歩き、氷の峰の間では腹這いになってフリッパーを使い、滑って進む。難儀しながら岩場に到達し、急斜面を上ってやっとコロニーにたどり着く。

　私たちは、半ば氷の解けた小さな池を迂回する。岩の間から、解けた水があふれ出ている。周辺には、割れた卵の殻が散乱している。私たちがコロニーに到着すると、情報が鳴き声で伝播されてしばらくはやまず、おもちゃのシンフォニーを演奏しているかのようだ。鳥の糞のグアノの臭いは魚くさくもあり、あたりに漂う。だが私が案じたほど、強烈ではなかった。確かに巣は密集しているが、隙間も十分にあるから、風が悪臭も運び去ってくれるのだろう。

　海氷との間を忙しく飛び交う鳥が多いが、巣のなかの鳥たちは静かであまり動かない。ときどき立ち上がってストレッチし、羽ばたいたりする。すると、ピンクの腹部の下にはいくつもの卵が孵化《ふか》に適した温度で暖められているのが垣間見える。デイヴィッドによると卵はたいてい二個だが、この年は一個が多いという。

　一羽のトウゾクカモメが舞い降りてきて、うろつきはじめた。カモメに似ているがやや大きくて茶色で、くちばしが下向きに湾曲していて、タカを連想させる。私はマクマード基地でも警告

されていて、ぼんやりしていると手からサンドイッチを奪われかねない、と諭された。トウゾクカモメはえげつない鳥で、相手に隙さえあれば襲い、脅し、奪うのが得意だ。したがって、ペンギンの卵も絶好の標的にされる。ペンギンたちはできるだけ卵を隠し、声を上げんばかりに首を伸ばし、トウゾクカモメから目を離さずに監視する。

「どうして、すぐに攻撃しないのかしら？」

と、私は尋ねた。ディヴィッドの答え。

「ペンギンがこわいからさ。トウゾクカモメも、立てばペンギンと同じくらいの背丈はある。だが体は毛でできていて空気ぶくれしているだけだから、体重は九〇〇グラムからせいぜい一キロぐらい。だがペンギンは、七キロから八キロある。それに、ペンギンのフリッパーは硬いから、一撃を食らったらその怖さは忘れられない」

それでも、なんとか隙を見て卵を盗もうと鵜の目鷹の目だ。一羽が視界から消え、やがて右手でけたたましい鳴き声が上がり、別の一羽が上空に加勢に来た。大きな卵を、くちばしでくわえるのは容易ではない。ペンギンたちは、急いで巣に戻った。だが、どの巣から卵が消えたのか、定かではなかった。みなが、それぞれ散った。

もう一二月の半ばで、アデリーペンギンに与えられた時間の半分はすでに過ぎた。この間にパートナーを見つけ、言い寄り、ペアリングを実らせ、卵を孵化させ、短い夏の数か月間に育児を終えなければならない。

彼らがここにやってきたのは、南半球の夏が始まる一一月のはじめで、素早く昨年の相手と再会する。長々と愛をささやき合うが、時間的な余裕はない。もし一日か二日もたもたしていたら、元のパートナーは、別のカップルを作ってしまう。早ければそれから一週間、遅くても二週間のうちに抱卵が始まる。

ペンギンたちが出産に備えて上陸してきたころは、たっぷりエサの魚を食べて太っている。メスは卵を産むと、すぐ開氷域に戻って栄養を補給する。その間はオスが抱卵し、トウゾクカモメの来襲から守る。うまく運べば、メスは二週間ほどで戻ってきて、抱卵を交代する。

ヒナがかえって数週間は、少なくとも親のどちらかがそばについている。だが子どもが大きくなってくると、両親とも同時にエサ探しに出かけ、自分たちの胃を満たすと同時に、噛み砕いた一部を吐き戻して子どもに分け与える。ある程度まで大きくなると、子どもたちは保育園に入り、大人が周囲を警戒する。生後七、八週間で茶色の柔らかい産毛が抜け、おなじみの黒白ツートンカラーのペンギンスーツに衣替えする。黒い部分ははじめブルーだが、すぐに黒くなる。二月の一週目には海に向かい、子どもは独立する。

育児から解放された両親は、何週間か食べることに専念し、ふたたび脂肪を蓄える。その後、浮氷に乗っている間にヒナの羽毛が生え替わる。デイヴィッドによると、ペンギンが笑いたがらない唯一の時期が、この衣替えの時期のようだ。この時期には、体に触られたくないらしい。じっとしかめっ面をしたままで、ほかの仲間も近くに来て欲しくないようだ。古い毛が抜け落ちて新しい毛が生えそろうまで、その状態が続くそうだ。南極大陸に冬が訪れる兆候が現れると、彼らは北に向かう。だが彼らは「南極人」だから、それほど遠くに行くわけではない。開氷面のある沿岸まで、ちょっと引っ越すだけで、氷から離れるわけではない。春になるとまた巣があった元の場所にきっちり戻り、この周期が繰り返される。

少なくとも、これが標準のパターンだ。だがこのところ、ロス島のアデリーペンギンにとっては、試練の時代が訪れている。二〇〇〇年三月、ロス棚氷が割れて、これまでにないほどの巨大な氷山がいくつも誕生した。やがて細分化されたが、それでも最も大きなB15aは、幅四〇キロ、長さが一六〇キロもある。これは、アメリカ・デラウェア州より大きい。

B15aはマクマード湾を塞ぐような位置にあるので、ペンギンたちの冬の居住地と、巨大な白い岸壁に近い夏の巣との行き来を妨げている。考えられる迂回路は二つあって、左側を回ってロス島東部のクロージャー岬にある大きなコロニーに向かうか、右へ曲がって何キロも遠回りしてロイズ岬に達するか、だ。クロージャー岬回りのほうが、はるかにたやすい。

現実には、どちらのルートをたどっているのか。デイヴィッドらが二つのコロニーにいるほとんどのペンギンのフリッパーに標識のタグを付けているおかげで、どちらのコロニーで生まれて、どう移動している個体であるのかを識別できる。そのおかげで、ペンギンたちが生まれた場所に忠実に戻ってくるのかどうかが確認される。デイヴィッドにとっても意外だったのだが、現実には……それほど忠実に戻って行くわけではなかった。ロイズ岬の標識を付けたペンギンが、二〇キロ離れたバードド岬に現れることもあるし、六〇キロも遠方のクロージャー岬に姿を現すこともある。だがその逆の流れは、ほとんど見られない。デイヴィッドは、こう語る。

「移動に関する従来の説は、書き換えなければならない。アデリーペンギンは高度な思考能力を持っていて、ほとんど宗教的な正確さで生まれた場所に戻るのだと考えられていた。だが実際には、それほど厳格ではないことが分かった」

ある意味では、適応性を見せているのだから、すばらしいともいえる。

だが大氷山の存在は、マイナス面ももたらしている。一般的にいえば、海氷は夏の間に割れる。だが巨大なB15aにはその恐れがないから、安心していられる。通常、ペンギンのコロニーは、海岸から一キロ以内の場所に設営される。親がヒナに給餌するのに便利だからだ。ペンギンは、歩くより泳ぐほうがはるかに早い。だが大氷山のために、海岸線は見た目より遠くなってしまった。

アデリーペンギンにとっては、不便になった。デイヴィッドは、こう分析する。

「だから、個体数が大幅に減った。これまでだと、子育てしないペンギンもいたし、若いペンギンにトウゾクカモメを追い払う訓練をしていた習慣も見られなくなった。いまじゃ四歳以下の若いペンギンがほとんどいないし、ここでの営巣をあきらめる個体も増えた」

残っている個体をチェックするために、デイヴィッドは巣を踏まないように気を付けながら歩き回り、オレンジ色のノートに鉛筆でデータを記入していった。そのうち私を手招きして、この年はじめてのヒナをうれしそうに見せてくれた。ペチャクチャさえずっている声に交じってけたたましい声が聞こえたので、素人の私は縄張り争いでも起こったのかと思った。だがデイヴィッドは、笑いながら教えてくれた。

「パートナーが戻ってきて、抱卵を交代すると言っているんだ」

しばらく二羽が鳴き交わす会話が続き、ともに空に向かってくちばしを芝居っけたっぷりに大きく開き、互いにしなやかな首をからませ合って左右に何回も振った。次に踊るような動作で、速やかに抱卵交代の儀式が終わった。卵がちらりと見えたのは、ほんの一、二秒だった。アヒルの卵よりはやや大きく、色は白いがややグレーっぽい。戻ってきたメスが卵の上に乗るが、いったん立ち上がって二つの卵の位置を整えてすわり直す。任務をおえて巣を離れたオスはしばらく周辺にとどまり、いくつか小石を運んできて巣の周りに加えた。デイヴィッドが、解説する。

「小石は、ペンギンにとっての通貨だ。アデリーペンギンの自尊心にとって、大切なんだ」

小石を積めば卵の位置は上に上がるから、解けた水が近くを流れても、濡れないですむ。気温がプラスになれば、雪が溶ける。だが、また凍るから、卵のなかのヒナも凍る可能性がある。小石をたくさん積んであったほうが卵は安全だし、周りの仲間に対しても優越感を持てる。小石はペンギンにとって、デザイナーズブランドか高級車のように価値のあるものだ。小石をたくさん集められれば、見てすぐに分かる成功の証《あかし》だ。

「小石を高く積み上げたペンギンは、資産家なわけだ。さらによそから盗んでくれれば、ケンカが起きる。だが近くにトウゾクカモメがやってきたときには、小石を取り返すどころではないから、パートナーが戻ってくるのを待ちながら、巣を守ることで精いっぱい。だが敵が飛び去って危機が収まれば、勇敢なペンギンはまた小石集めに励む」

いま目の前のオスのペンギンは、一難が去ったのでまた小石集めに戻ったが、それほど熱心に没頭するわけでもない。たいていのペンギンなら一時間ほど精勤するが、このオスはひどく痩せていて、まるまる太ったパートナーと比べると、かなり見劣りする。ほんの数分、おざなりに石

集めをすると、海氷の漂う海につながる斜面を滑り降りて行った。

私たちは、その姿を目で追った。デイヴィッドが評した。

「この大氷山は試練を与えたが、もうみんな慣れたよ」

デイヴィッドの前線テントとペンギンのコロニーとの間にある岩場に、木造の小屋が建っている。外壁は、陽光と風雨のためにかなり傷んでいる。だが内部は、探検英雄時代のほかの建物と同じく、かなりきれいに保たれている。しかし家具や備品はかなり時代がかっているから、歴史的なものだと知れる。壁には肖像画がかかっていて、国王ジョージ五世（在位＝一九一〇〜三六）と王妃メアリーが描かれている。部屋の一角には薪ストーブとオーブンが置かれ、金属製の煙突が立っている。棚にはいくらか錆の出た缶詰が残されているが、書かれた文字や書体が往時を偲ばせる。たとえば、「燻製（現在なら「スモークド」だが、当時は「キッパード」）ニシン」とか、「そのまんま保存のキャベツ」、「アイルランドのブラウンブレッド（"brown"が"brawn"と綴られている）など。

この最後の表記は、この小屋を建てた主であるアーネスト・シャクルトン隊長の出自も反映している。シャクルトンはアイルランド生まれで、一〇歳のときイングランドに移り住むまでアイルランドで育った。大英帝国の学校教育を受けたのだが、アイルランドなまりは抜けなかった。彼の部下たちは隊長のアイリッシュぶりを茶化したが、シャクルトンは生涯アイリッシュ気質に固執した。ある友人は、彼をこう評している。

「もしダメ人間がいるとしたら、彼はその典型だね」

シャクルトンは一九〇二年、スコット隊の「ディスカヴァリー号」での探検にはじめて同行した。このとき、ハット岬に最初の小屋《ハット》が建てられた。スコットは最初に試みた南極点アタック隊の二人の隊員の一人に、シャクルトンを抜擢《ばってき》した。だが計画が杜撰《ずさん》で、さんざんな失敗に終わった。三人はみな壊血病にかかり、重いソリを引きながらベースキャンプから四八〇キロ行った地点から引き返し、かろうじて生還した。スコットはシャクルトンには人望があることを知り、自分のライバルだと感づいた。スコットは今回のアタックが大失敗に終わった責任をだれかに転嫁しようとして、シャクルトンは肉体的にこの探検には向かないとして、彼を本国に送り返した。

だがその屈辱を見返すために、シャクルトンは小さな船ニムロッド号を仕立てて南極点到達にもう一度、挑戦することにした。彼としては、ぜひとも成功させたかった。この計画を知ったスコットが激怒している、と伝え聞いたからだ。

この二人は、水と油のように合わなかった。スコットは、イギリス海軍の将校だが、シャクルトンの父は内科医で息子を海軍に入れる余裕がなかった。そのため、格の劣る通商海事校《マーチャント・ネイヴィー》で航海術を学んだ。スコットはまっとうなキャリア組だが、シャクルトンにはカリスマ的な統率力があった。スコットは将校と水兵の間に一線を画していたが、シャクルトンはリーダーを別格とするような境界線は引かなかった。

シャクルトンが一九〇八年二月にロイズ岬に建てた小屋を見ても、二人のコントラストは明らかだ。シャクルトンの占有スペースは、ほかの隊員と平等だ。二人用の区画は一・八メートル×二メートルの約四〇〇平方フィートで、それぞれに適切な名前が付けられている。ある区画の本棚には高尚な本がたくさん並べられていて、「パークレイン一番地」（当時、ロンドン一の高級住宅街）、別の区画は「酒場」。ここの住人の一人は、いつも下痢に悩まされていたから。科学者たちが使っていた区画はいろいろ風変わりな道具や装置が散乱していたので、「珍古道具店」と呼ばれていた。

シャクルトンだけは、自分の区画を持っていた。彼がプライバシーを持ちたいということもあっただろうが、隊長と一緒だと気づまりだろう、という配慮もあったに違いない。一九〇八年の冬、小屋の雰囲気は良好だった。隊長はかんしゃく持ちだったかもしれないが、感情が収まるのも早かった。だがシャクルトンのすぐれた面は、隊員のだれもが、自分は「余人をもって替えがたい存在」だと思わせるよう仕向ける才能だった。

一九〇八年一〇月二九日、夏が戻ってきて雲一つない快晴の日、シャクルトンは夢を実現するために出発した。同行したのは三人の選抜隊員と支援チーム、一台の電動トラクター、小型馬シベリア・ポニーが数頭。それぞれが、荷物を引っ張った。

バリアと呼ばれる大氷床では地面の凹凸がひどく、トラクターはすぐに難航した。ポニーたちも、同じく難渋した。だが、一行は前進を続けた。支援チームは、帰路に備えてあちこちに食料や補給物資を貯蔵し、一一月七日にロイズ岬に引き返した。シャクルトンと三人の隊員は、以前にスコット隊が到達した南極点への最接近地点を難なく越え、人類未踏の地へと進んだ。「グレイト・アイス・バリア」と呼ばれる割に平らな地点を過ぎると、前方には壮大な山脈がそびえている。一行四人は低い山脈を選んで登りはじめ、「希望山《マウント・ホープ》」と名づけた。シャクルトンは、「すると、前方には南に進む道が開けていた」と記している。テカテカに光る氷河を見つけ、探検資金の大口スポンサーの名前にちなんで「ビアード氷河」と命名した。これが、南極東部の氷床にある大高原への昇り口だった。

一行は苦労しながら氷河を登ったが、全員が高山病にかかり、シャクルトンは行程の消化が予定よりあまりにも遅いことに愕然《がくぜん》とした。当初の計算では一日に三〇キロあまりを踏破する予定で、食料の補給基地もそのペースで配置していた。ところが、現実には一日に八キロがやっとだった。

高原の頂上に立つと、状況はさらに悪化した。クリスマスの日の日記に、隊員のフランク・ワイルドはこう書いている。

「神から見捨てられたこのようにひどい場所でクリスマスを迎えるのが、われわれ以外のほかの隊であればよかったのだが。海抜二八五〇メートルのこのあたりは、人類がこれまで足を踏み入れたこともない、文明から最も隔絶した辺地で……嵐もどきの強風が吹き荒れて雪が舞い狂い、気温はマイナス二九度だ」

クリスマスの日だけは心尽くしの食事をしたが、シャクルトンは残りの食料から計算して、これまで一週間分としていた割当量で一〇日を保たせることにした。彼は、こう書いている。

「南極点への到達が至上命令なのだから、取り得る方法はこれ以外にはない」

英雄探検時代の探検隊が携帯した主な食料は、紅茶、ココア、そしてペミカンだった。ペミカンというのは、乾し肉に油脂を混ぜた携帯食品で、これを暖めて「フーシュ」というシチューを作るのだが、あまり食欲をそそるものではない。これに、砕いたビスケットなどを混ぜることも多い。これは、一口分でも貴重だ。そこで「目をつぶる」儀式が一般的な慣行で、人数分を分け取りする際にいくらか分量に差ができるから交代で後ろを向き、「これ、だれのフーシュ？」と聞いて割り当てる。

遠征が長引くと、フーシュはだんだん薄くなる。隊員たちは、食べものの悪夢を見てうなされるようになる。たとえば、食べものの屋台の前にいる場面とか、お祭りの宴にいて、焼きたてのパンやチョコレート、ローストビーフがふんだんにある。夢のなかで味わえる幸運に恵まれる場合もあるが、口元まで運んだところで目が覚めてしまう不運にも見舞われる。

さて、眼前の登り勾配はなおも続き、苦難は絶えない。きつい登りで、空気は薄いし乾燥しているから喉が乾く。雪を溶かすには貴重な燃料が必要で、水を控えると脱水症状を起こす。シャクルトンは、一時間も重い荷物を引っ張って歩いたあとは、ひっくりかえって休み、元気を取り戻すのに三分はかかる、と記録している。

一九〇九年一月二日、彼らは北極・南極を問わず、極点に最も近い緯度まで到達した。だが食料が乏しくなったため、着実に先を急いだ。一月九日、南緯八九度を突破し、南極点から一六〇キロ圏内に入った。シャクルトンは、南極点の匂いを嗅いだという。遠征隊はゴールに到達できると確信したが、帰路の食料が足りないことは明らかだ。このまま続行すれば、全員の死は避けられない。栄光より、生存が優先する。シャクルトンは、そこで困難な決断をした。

引き返す命令を下したのだった。

いま考えても、正しい選択だった。食料は底をついていたから、次の食料補給基地まで保ちそうになかった。全員が疲労困憊《こんぱい》、飢えて痩せこけていた。彼らは、自分の肉体とも闘っていた。シャクルトンは、こう書いている。

「みな骨と皮になっていたから、堅い雪の上で寝袋に入ると、骨にまでこたえた」

彼らは、時間とも競争していた。みな体が弱っていたからシャクルトンが計算したほど行程がはかどらず、船が氷に閉ざされる前に戻るのがむずかしくなった。あと五三キロという地点で一人が帰らぬ人になり、船の出発時刻まで残り三六時間しか残っていなかった。遺体をもう一人に託し、シャクルトンはワイルドとともに先発し、磁石、寝袋、わずかな食料を持って夜を徹して歩き、二月二八日の午後八時に、ハット岬に到達した。だが小屋に明かりはともっておらず、ドアにメモが張られていた。二月二六日まで待ったが出発した、とあった。

二人は悶々《もんもん》として一夜を過ごしたが、まだ希望は捨てなかった。翌朝になると外の建物に灯をともし、信号の旗を立てた。運よく、ニムロッド号はまだ沖には出航していなかった。信号を見て、救出するために戻ってきてくれた。

乗船したあとワイルドは倒れたが、シャクルトンはバリアに残してきた仲間を救出しなければならなかった。彼は救出隊に同行して、戻ることにした。信じがたい行動だ。彼も疲労困憊の極みにあったはずだし、倒れても不思議ではなかった。しかも船という「文明のなか」に生還できたのだから。ところが彼は船にとどまらず、だれかに代行も頼まなかった。彼は英雄ぶって見栄を張るつもりはなく、自分が隊長なのだから当然の義務だと考えたのだった。

シャクルトンの妻は、夫についてこう言っていた。

「彼は、魔法の火という鞭でたたかれた人間なのよ」

当たっているかもしれない。あるいは、リーダーになった場合には徹底的にリードする、という鞭を受けているのかもしれない。探検の合間に郷里で過ごしていた彼は、安易な方法で金持ちになろうとしてバカなことを考えるつまらない男だった。だが氷の上の彼は、偉大だった。

次のエピソードは、ひょっとすると伝説なのかもしれない。シャクルトンはイギリスの新聞に、次のような広告を出してニムロッド号の探検家同志を募ったという。

危険きわまりない旅の仲間に立候補する男性を求む。報酬は少なく、極寒にさらされる。長期にわたる暗黒の日々。生還の保証なし。成功した暁には、名誉と称賛を得る。

その後もシャクルトンは南極で探検を続けるが、意図した成果は一つも上げられなかった。だが名声は得たし、高い評価も受けた。彼はのちに大胆な救出作戦を敢行したし、目を見張るような冒険も試みた。そして広告にあった文面とは違い、彼の指揮下にあった隊員の命は、一人も失わなかった。

失敗に終わったシャクルトンの南極点到達の試みから三年のうちに、二つの探検隊が記録を塗り替えて、南極点を制覇した。だがうち一つは、帰路で遭難した。

シャクルトンは、「死んだライオンより、生きているロバのほうがマシだ」と妻に書き送っている。だが、彼は決してロバではなかった。南極点まで一六〇キロの地点まで迫りながら、栄光を断念して撤退を決断したのは、容易に真似のできない大英断で、南極探検のなかで最も勇気ある行動の一つだったといえる。

南極点到達にはじめて成功したロアルド・アムンゼンは、だれよりもその点を理解していた。したがって、彼は次のように記している。

「アーネスト・シャクルトンの名前は、南極探検史のうえで特筆大書すべき偉業だ」


シャクルトンの小屋からやや離れた場所に、両側を小高い丘に挟まれて、四〇羽ほどの小規模なペンギンのコロニーがある。膝丈のメッシュのグリーン・フェンスに囲まれた穏やかな一画で、いわば大きなコロニーの支部みたいな感じで、デイヴィッドが重点的に研究している。私は最初、ペンギンの一部が隔離されているのかと思った。実はここに出入りするペンギンたちは、岩場の間に渡した金属製のマットをかぶせた橋を渡るので、そこで自動的に体重が測れる仕組みになっている。

ここでは、食べものが研究対象だ。デイヴィッドが、解説する。

「アデリーペンギンはエネルギーの固まりで、彼らはつねに積極的だ。抱卵していないときは絶えず動いているので、エネルギーの補給が必要だ。実際、よく食べる」

デイヴィッドによると、このあたりのペンギンの皮膚の下には、チップが埋め込まれている。ペットのイヌやネコに使われているのと同じだ。この装置は精巧なもので、ペンギンが橋を横切ると光ビームが途切れて機械がオンになり、頭上のリングがペンギンの磁気IDを読み取る。地面のマットに乗ると体重が測定され、二番目の光ビームを通過すると、装置がオフになって歩み去ったことが分かる。

「このコロニーに入るときと出るときに体重が測られるので、その差から、育児期にはどれだけのエサをヒナに与えたかが分かる。ヒナをいちいち抱えて体重を測るのは、面倒だしかわいそうだからね」

ペンギンが食べるのは魚と、クリルという小さなエビだ。食べたものを吐かせて調べたので、よく分かっている、とデイヴィッドは言う。

「ペンギンにたくさん水を飲ませて逆さまにすると、胃の内容物をすぐにすべて吐く。やったのは、一度だけ。もう、やらない。研究者にとっても動物にとっても、迷惑なことだからね。動物の自尊心を傷つける」

「自尊心？」

「ペンギンらしさみたいな、自尊心を持ってるよ。ボクたちは原則として、ほかのペンギンがやらないようなことはペンギンに対してやらない。連中は、人間を大きなペンギンだと思っているかのように振る舞うからね。もしボクたちがペンギンの巣に近づこうとすれば、ほかのペンギンがやってきたかのように、突っつこうとする。彼らのくちばしはとても鋭いし、フリッパーでスネを強く叩かれるよ。もし彼らを抱きかかえちゃうと、ペンギンらしさは消えちまう。通信機を装備するときにも、ボクたちは両足の間に挟んで作業する。体ごと持ち上げるのは、よほどのときだけだ」

「触ったときの感触は、どんなものかし

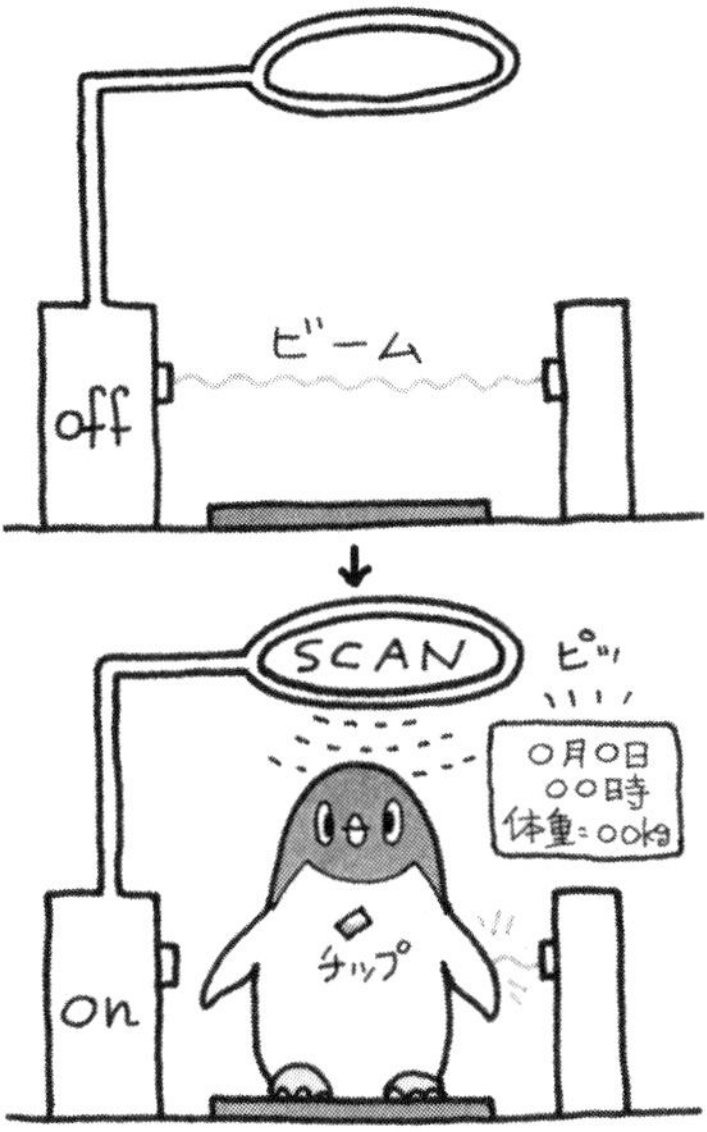

ら？」

　と、私は尋ねた。

「産毛が抜け落ちた直後なら、柔らかい。だが大人になると、鱗《うろこ》のように堅くなる。とても頑丈で、ゴワゴワしてる。全体が、骨と筋肉でできてる感じだ。ほかの鳥たちと違って骨がしっかりしてるし、泳いだり歩いたりするために筋肉も発達してるから、とても抱きにくい。だから両脚を摑み、頭をわきの下に抱き込む。すると目は隠されて、ラグビーボールを抱えている感じになる」

　私は、さらに突っ込んで、個人的な質問をした。

「どうして、こんなにのめり込んじゃったんですか？」

「分からんな。だが海の鳥がむかしから好きで、海も大好きで、……なんというか、その、ロマンに魅せられたんだね」

　彼は、仕事に取りかかった。

「この広い海原のなかに、このような温血動物が住んでいる。つまり、私たちと同じボートに乗り合わせている。だが、彼らのほうがいくらかうまくやっている。人間どもは海を汚しているが、ペンギンたちは問題を解決してうまく適応してる。彼らは、自然を変えようなどとはしないからね」

「人間は、どんなふうに変えちゃっているんでしょうね？」

「たとえば、人間は食物連鎖の上位にいる捕食動物を次つぎに滅ぼしている。クジラ、アザラシ、タラ、マグロ、メカジキ、サメなどは、どんどん減っている。捕食動物が残っていれば、そのおこぼれに与《あずか》って、苦労せずに命を長らえられる動物がある。そうして、システムは安定する。つまり、極端なブレが生じないですむんだ」

デイヴィッドの見るところ、ロス海にはいまでもペンギンもクジラもアザラシもいるし、捕食する魚も健在だ。海洋があるべき姿のまま残っているのは地球上で南極だけで、海におけるエデンの園だという。

「確かに、野生のままの姿が残っていますね」

と、私は相づちを打った。

「そう、野生のままだ。どこを見渡しても、自然の姿ばかりだ。なんの秘密もない。ペンギンには、隠れる場所などない。ペンギンは、なんの疑問も持たない。だが、人間はペンギンに質問を投げかけることができる。さらに想像力を働かせれば、答えが得られるはずだ」

「ほかにも、野生のままの状態で、好ましいものがありますか?」

彼は、しばらくじっと考えてから答えた。

「私は、危険なことは嫌いなんだ。アドレナリンが沸き立つような状況は、好きじゃない。だけど、風が吹き荒れるクロージャー岬は好きだ。あの気候は、地域限定的だからね。静かな場所にすわって、何キロか先の荒れ狂うハリケーンを遠くから眺められるんなら、悪くはない。ロス棚氷の上空で黒雲が割れ、海が白く泡立つ光景を眺めるなら、悪くない」

「ひどい嵐に巻き込まれた経験はありますか?」

「うん、何回もある。静かな場所にいても、急に風速二五メートルの突風に見舞われて足をすくわれたことがある。大学院生だったころ、南極で三日間も嵐が吹き荒れた。やっと風がやんだので、ペンギンの状況を調べるため、防寒服に身を固めて海岸に急いだ。強風のなかでは、ペンギンも吹き飛ばされて骨折することがある。

海岸に行ったところまた強風が戻ってきて、風速五〇メートルになり、あたり一面、真っ白のホワイトアウト状態になった。とても立って歩けないので、這って進んだ。ペンギン・コロニーの勝手はよく知っているので、電話ボックスくらいの観測用避難小屋にたどり着いた。ここには寝袋があるし、軍隊用の携帯食Cレーションも常備してある。だがこれは気分の悪い缶詰だから手をつけず、ケーキだけをぜんぶ食べた。三六時間ほど、ここにとどまっていた。風はまだ秒速五〇メートルも吹きつのっていたが、ホワイトアウト状態は収まったので、一キロほど離れた本小屋まで這って行き……なんとか無事に生き延びた」

「怖かったでしょうね」

「いや、ただ退屈だった」

「元の小屋にいた三人は、心配したでしょうね」

「ああ」

「でも、救出には来てくれなかった?」

「何も見えないからね」

私は、その状況を想像してみた。デイヴィッドは、電話ボックスほどのスペースに、一日半も閉じ込められていた。その間、食べたのはケーキだけ。友人は、生存しているかどうかの確認にも出動してくれなかった。「何も見えないから」という理由で。風雪が強くて、待機するしかなかったという。南極は、我慢できない人には不向きな大陸だ。

スコットら三人の極点アタック隊もクロージャー岬の強風に悩まされたし、しかも冬だった。デイヴィッドも、この物語を知っているに違いない。

「もちろん、知ってるよ。クロージャーにいるときに、読んだ。正気の沙汰じゃないね」

だが、ちょっと言いすぎたと思ってか、ひと呼吸を置いてから言い足した。

「どんな状況になるのか、読めなかったんだろうね。マクマードにいたら、ここの状況はまったく分からないもの。想像もできないよ。私たちがクロージャーからマクマードに電話して、こっちは秒速七〇メートルの烈風が吹いていると言っても、信じてもらえないだろう。マクマードは快晴かもしれないから、想像もできないよ。もしスコット隊の一人バーディー・バウワーズが石で避難小屋を造っていなかったら、全員が死んでいただろうな」

クロージャー岬、一九一一年七月二〇日

最期のときが近づいてきたときの様子は、次のように書き残されている。
「目覚めたのが何時だったか分からない。もの音一つしなかった。穏やかなのはありがたいけれど、ここの環境からいうと不気味だ。やがてひとしきり風のすすり泣きが続き、また静寂が戻った。一〇分ほどすると、地球がヒステリーを起こしたかのように、また烈風が吹きつのった。地球は、八つ裂きにされた。そのうなり声は、想像を絶している」

これでもうおしまいだ、とみなが思ったに違いない。スコット隊の一行、オスプリー・シェリー＝ガラード、仲間のビル・ウィルソン、バーディー・バウワーズは、このクロージャー岬に到達するまでの三週間ほど、筆舌に尽くしがたい苦難の連続をくぐり抜けてきた。何回も、死の縁に立たされた。日記を書き記すほどの気力も、残されていなかった。南極点に到達したかのように石の避難小屋を建て、しばしの休息を取ろうと考えた。ところがそこで、クロージャーで伝説になっているような、最悪の嵐に遭遇した。

災難に、さらに追い打ちがかかった。「テントが吹き飛ばされた」というバウアーズの悲鳴を、シエリー＝ガラードは耳にした。避難小屋の風下に、三人がかりでテントを張ったのだが、強風のため、地面に埋めたペグごと根こそぎなくなってしまった。スコット隊の残留部隊が避難しているエヴァンス岬の小屋からは、一〇〇キロあまりも離れている。テントがなければ、暗闇と人類がそれまでに体験したことのない極寒のなかで、帰還できる望みは絶たれる。

　スコット隊の南極点アタック隊の三人は、南極点を目指す前に、その準備に取りかかっていた冬の時期に、熱心なナチュラリストであるウィルソンは、クロージャー岬に行って皇帝《エンペラー》ペンギンの観察をしたいと申し出て、スコットの許可を得た。納得のいく希望だった。ただしウィルソンの仮説には、誤った面もあった。彼は、エンペラーペンギンは原始的な種だと信じ、この胎児を調べれば鳥と爬《は》虫《ちゅう》類の進化の過程が追究できると考えていた。

　そのころ知られていたペンギンの営巣地は、クロージャー岬だけだった。それ以前にこのあたりに探検隊が春に来たときには、ヒナはすでに孵化したあとだった。エンペラーペンギンは、冬期に抱卵することが知られている。したがって、胎児を調べるのであれば、卵の時期に来る必要がある。

　スコットは許可を与え、シエリー＝ガラードとウィルソンも自発的に同行することにして、三人は喜び勇んで準備に取りかかった。冬に南極を旅した者は、それまでだれもいなかった。したがって、スリリングな期待感があった。だがシエリー＝ガラードは「こんなに奇妙な鳥を調べようとするヤツはこれまでいなかったし、これからもいないだろう」と話していた。ここでどのようなことが待っているのか、だれにも想像できなかった。

　まず、一行は冬の寒さに対して無知・無防備だった。低温は彼らが想像できる範囲を超えていて、うっかり手袋を外したり、素肌を外気にさらしたら、霜焼けや水疱ができることは懸念したものの、テントのなかは十分に暖かいから雪は溶けるし、湿気のある寝袋や衣類が堅く凍るとしても、外に出てからだろうと考えていた。ところがある朝、シエリー＝ガラードはテントを出て立ち上がり、あたりを見回そうとしたところ、気づくのに一〇秒か一五秒かかったのだが、衣類がかちかちに凍っていて体を曲げることもできなくなり、ソリを引きはじめてからもそのような状態は四時間も続いた。それ以後、三人はテントの外に出るときは体を前方に曲げ、ソリを引ける姿勢を取ることにした。

七月六日、ゆらめくロウソクの炎で見た寒暖計は、それまでで最低のマイナス二五度を示していた。この日以来、シエリー＝ガラードは最低気温の記録を更新してもさして違いがない、と思うようになった。

夜は、ひと息つける安息の時間になるはずだった。だが寝袋に入っても激しい体の震えは止まらず、骨折するんじゃないか、と心配になるほどだった。シエリー＝ガラードが書き記しているところによると、遠征の間で最もつらい瞬間は、最初に寝袋に入るとき、次にそこに六時間もとどまっていなければならないことだった。

「歯がガチガチ鳴るというが、体がガチガチ音を立てると、それは体が寒いと悲鳴を上げている意思表示だ」

起床の声が掛かって一日の活動が始まるのは、むしろ救いだった。だが真っ暗ななかで震えながらの作業のため、テントをたたんで出発するまでにたっぷり五時間はかかった。

それに加えて、ずっと暗闇が続く。シエリー＝ガラードは書く。

「日中も、ずっとマイナス二〇度ということはあり得ない。つまり、それより悪くなることはない。これから行く先のことに、思いを馳せればいい。やがて足を踏み入れる場所、ソリを係留する地点、調理道具、プリムス・コンロ、食料品などに心を浮き立たせ、往路に踏み固めた足跡の上に新雪は積もっているものの、同じ道を帰路に際して見つけたり、食品カバンの持ち手を見つけたり、あちこち苦労して探さなくても、磁石を見るために乾いたマッチを見つけられたときの興奮や喜び、などを頭に浮かべる。

しかし現実の状況は、隊員のだれもが想像していたより悪かった。ところがだれも、自分が最初に口に出してそう言いたいとは思わなかった。リーダー格のビル・ウィルソンは、ほかの二人に何回も尋ねた。「引き返したほうがいいのじゃないかね?」。だがそのつど、二人とも「ノー」と答えた。したがってその打診はやめたが、余分につらい思いをさせたことをたびたび詫びた。

彼らはそのような状況のなかで、白一色のウィンドレス・バイト(無風湾)をゆっくり移動し続けた。あまりにも気温が低いため、雪片は砂のような吹きだまりになっていた。二人一組でソリを引くことも、不可能になった。そこで、リレー式に交替した。極寒の暗闇のなかで、一マイルごとに引き手が装具を付け直して入れ替わり、引かない者は手ぶらでもよろよろ歩く。その繰り返し。頼りは裸のロウソク一本だけで、気分も凍り付いてしまう。

やがて、テラー・ポイント(恐怖岬)に来た。海氷が島に押し寄せて山脈のような凹凸を作っているため、一台ずつ上に上げては向こう側に下ろす。クレバスも、少なくない。雪が橋のように穴を覆っていても、暗闇のなかでは気づかない。とにかく突き進むしかなく、もし落ちたらソリの引き具を命綱にして、それをたぐってよじ登れることを期待するだけだ。ようやくエンペラーペンギンのコロニーにたどり着いたときには、身も心もくたくただった。

だがバーディー・バウワーズがみなの士気を鼓舞して氷でイグルー小屋を造り、キャンバスで屋根を張った。また嵐が襲ってくる懸念があったので、みなペンギンの営巣地に急ぎ、五つの卵を採取してミトンで大切に抱え込んだ。シエリー＝ガラードは二個を抱え上げたが、残念ながら二つとも割ってしまった。暗闇のためばかりではない。彼はひどい近眼で、この寒さではメガネをかけていられなかったからだ。

三つの卵を回収してイグルーに戻ったとき、嵐が始まった。屋根の布地は飛ばされ、岩と雪が一行の上に降り注いだ。風は、特急列車のように駆け抜けた。みな寝袋のなかに潜り込み、雪をかじって水代わりにするしかなかった。それから二日間、互いに抱き合い、「プリーズ」と「サンキュー」を繰り返し、嵐の轟音に掻き消されながら、小声で賛美歌を口ずさんでしのいだ。

やっと嵐が収まったので、イグルー小屋からよろめき出て薄明かりのなかでテントのゆくえを探した。信じられないようなことが起きていた。かつて体験したことのないほどの猛烈な嵐だったから、テントなど見つかるわけはないと思えたが……賛美歌のおかげなのか、一キロも離れていない場所で、おちょこになった傘のような姿で見つかった。だが一行は、これで生き延びられると確信した。シエリー＝ガラードは、同行した二人の仲間ウィルソンとバウアーズを、「輝く純金で、混ざりものなし」と表現し、「彼らとともに行動できたことは無上の喜びで、ことばでは言い表せない」と記している。この二人はのちにスコット隊の南極点アタック隊に同行し、目標を達成したあと帰路で帰らぬ人となったため、シエリー＝ガラードとしてはいっそう忘れがたい存在になった。

彼らが持ち帰ったペンギンの卵は、現在ハートフォードシャーのトリングにある小さな自然史博物館に保存されている。嬰児《えいじ》の一つも、「精霊の壺《ジャー・オブ・スピリッツ》」に入れられて棚に安置されている。白くてはかない姿だが、両目はしっかり丸く、くちばしは柔らかそうだが、フリッパーは小さいながら形になっている。残り二つの嬰児を何人もの科学者が研究したが、一九三四年にグラスゴー大学のC・W・パーソンズは、「これらの標本は、ペンギンの嬰児研究にさほどの貢献をするものではなかった」と結論づけた。

シェリー＝ガラードはロマンティックな男で、とくに発見の過程にこだわる。たとえば、次のように書いている。

「科学とは巨大なもので、科学のために冬に旅していれば、そのつらさを悔やむことはない」

したがって彼らが集めた標本に価値がなかったにしても、いささかも悔しがったりはしない。彼は二人の仲間とともに、真冬のエンペラーペンギンの姿をはじめて目撃した。卵を両脚の上に乗せて海氷の冷たさから守り、極寒と強風、暗闇のなかで互いに身を寄せ合っている状況を観察した。シェリー＝ガラードは、こう続ける。

「ことばには言い尽くせないほどの苦労を体験したが、私たちは自然界の驚異を目《ま》のあたりにした。このような経験は、私たち以外、だれもやったことがない。私たちが観察したことによって、仮説が真実になる」

彼とウィルソン、ボウワーズの三人は、ペンギンの世界に入り込んだ最初の人類で、そのためにあやうく命を落とすところだった。常軌を逸するほどの、英雄的な行動だった。

私は翌朝、また一人でアデリーペンギンの様子を見に行った。シャクルトンの小屋の前を通り、ペンギンの糞が重なり合った火山岩にときどきつまずきながら歩を進めた。穴に隠れているトウゾクカモメが羽ばたいて、威嚇する。飛び去るときは、ことさら大きく羽音を立てる。残していった卵が見えるが、そこから私の注意をそらせるための演技なのかもしれない。

私はその卵には目もくれず、ペンギンのコロニーのほうに進む。コロニーは風の当たらない場所にあって、いくぶん暖かかった。ペンギンには近づきすぎないよう、気を付けた。南極条約は、野生動物に接近することを禁じている。――ただし、先方が近づいてきた場合は例外だ（デイヴィッドなど研究者たちは、特例として接触が認められるが、詳細な文書に署名して許可を得なければならない。私がここを訪れるにも彼の許可が必要で、各ペンギンの生活領域を侵さないこと、ペンギンの尊厳を損なわないことを確約しなければならない）。

だが、心配するほどのことはなかった。ペンギンたちはそれぞれの巣で横になって、お互いになんとなくおしゃべりしているだけだ。ときどき巣の周囲を歩くのもいるが、「巣を離れる散歩」のような意味があるそうだ。空っぽの巣に、戻るのもいる。海氷が邪魔しているから、食べものを獲りに行くには、かなり時間がかかる。トウゾクカモメに卵を盗られてついにあきらめ、海に向かった相棒もいるし、かなりの小石をほかのペンギンに失敬されたものもいる。盗難に遭っていないのは、穴の空いた石とか、だれも見向きをしない価値のない石だけだ。だが戻ってきたペンギンは、「廃屋」に戻る。ときには立ち上がって体や首を伸ばしてストレッチするものもいて、ひどく背が高く見えるときもあるが、すぐに輪ゴムのように元に戻って、見慣れたペンギンの姿になる。それから、フリッパーを激しく羽ばたかせる。この儀式的な動作は、あくびの連鎖反応のように、営巣地にウェーブになって伝播《でんぱ》する。

一羽の孤独なペンギンが、とぼとぼとエサを獲りに海に向かっている姿が目に入った。かなり痩せている。おそらく、相棒が戻ってきて抱卵を交替したばかりなのだろう。そうだとすれば、海岸まで急いで行かなければならない。飛び跳ねるように斜面を降り、海氷に向かっている。仕事に出かける、七人のこびとたちを連想させた。胸をそらし、フリッパーを広げてバランスを取っている。左右に大きく揺れながら、懸命に進んでいる。

昨晩、キャンプで夕食を摂ったとき、私はデイヴィッドに彼の見解を尋ねた。オスプリー・シェリー＝ガラードは、ペンギンは「地上で最もあわれな動物だ」と書いている。私も、ペンギンの生息環境は過酷だから、来世でもペンギンには生まれ変わりたくはないと、付け加えた。デイヴィッドの答えは——

「アデリーペンギンの世界が厳しいことは、間違いない。命を脅かす要素が数多くあるからね。氷も海も大波も難敵だし、大きくて重い氷山を避けてコロニーに上陸しなけりゃならない。ヒョウアザラシが命を狙っているし、巣の小石は盗まれるし、トウゾクカモメは虎視《こし》眈々《たんたん》と卵を狙っている。相棒がちゃんと戻ってきて、抱卵を交替してくれるかどうかも不安だ。でも、どうなのかなあ、連中はいつも笑っているように見えるし、ハッピーなのかもしれないよ」

「でも今年だって、氷山が崩壊して、努力が水のアワになっちゃったし」

「君は気の毒がるかもしれんが、親ペンギンはそんなことは考えないよ。子孫を残す努力は、十分にやったんだから。人間は、天然現象が不可抗力であることを、知っている。だから、ペンギンたちにこう言ってやればいいんだ。『がっかりするなよ、生き延びれば、来年またやり直せるんだから』って。それほど、悲しいことじゃない」

白い氷を背景に、ペンギンの後ろ姿の黒い点は豆粒ほどに小さくなった。これからまだ、三〇キロもの行程がある。何やら「知らぬが仏」的な高貴さも感じられるし、人間も重ね合わせて考えてしまう。このひたむきな努力と、残酷な現実。あのペンギンが戻ってきたとき、期待できる状態が待っているのかどうかは分からない。でも、やるべきことはやったんだ。デイヴィッドが最初に語ってくれたことが、頭をよぎる。

「ペンギンは、疑うことを知らないんだよ」

彼らは、ひたすら一歩ずつ前進を続ける。

細かい網の目の間から、ペンギンの大きな黒い瞳がじっと私を見つめている。背の高さは、私の腰くらいまでだ。網に体を押しつけているから、白い毛の一部がこちらまではみ出ている。私はフェンスのこちら側にいて、向こうは出ることができない。私は、フェンスの上から覗き込んだ。頭は黒く、マジックテープのような黒い帯が、背中に伸びている。ペンギンは、ずっと前方を見たままだ。

私の新しい知り合いはエンペラーペンギンで、南極に棲む鳥類のなかでは最も大きく、最も堂々としている。だが現在は、ペンギン牧場に入れられている。場所はマクマード基地からクルマで二時間ほどの海氷の上に建てられた、何棟かのカラフルな小屋のそばにある。私は、いつものお気に入りの車両——例のヘンテコリンな三角車輪のマトラックで、オットセイの観察小屋に出かけるときもこれを使う。この日も申し分のない晴天で、気温は零度そこそこ。風もない。私が立っている小屋のドアには、ワイルドウエストふうのマンガが描かれている。エンペラーペンギンがカウボーイハットをかぶり、楽しそうにウェッデルアザラシにまたがっている。私も、浮かれた気分だったのだが、なんだかこのりっぱなペンギンたちが囚われの身になっているように感じられて、かわいそうな気がしてきた。

ここの主任研究医は、カリフォルニア州サンディエゴ出身の海洋学者ポール・ポンガニスで、私が到着すると出迎えてくれた。彼も南極に長く、デイヴィッド・エインリーと同じくらいのベテランだ。彼もたっぷり日焼けして風雪に耐えてきた顔つきだが、ソフトな白髪はエインリーより豊かで手入れが行き届いているし、人当たりも柔らかい。

ロス海には一〇万カップルに近いエンペラーペンギンがいて、南極全体では三五万羽が生息していると見られている。合わせて、三五万カップルほどがいるに違いない。アデリーペンギンと同じく、エンペラーペンギンも南極だけに暮らしている。南極大陸の氷から遠く離れたところには、棲んでいない。ポールは毎年、エンペラーペンギンの観察キャンプを開設している。海氷のところにやってきて、繁殖に関わっていない独身の個体だけを集めて、このような囲いに入れている。でこぼこした広い場所にフェンスが張られ、一〇羽あまりが飼われている。陽光を浴びて、みなじっと突っ立っている。

私はおびただしい数のペンギンの写真を見てきたが、生きている姿はさらにかわいい。腹部は柔らかな白色だが、いくぶんクリーム色がかっている。頭の両側には白い部分があって、そこからグレデーションで黄金色のぼかしが入る。くちばしの横にはピンクの筋が入っているが、先端になるにつれて、紫っぽい濃いブルーに変わる。首は、驚くほど柔軟だ。縮めると首がなくなるほど短くなるし、頭を上のほうまで伸ばすことができるし、毛繕いしたり背中を掻いたりする場合には、信じられない角度まで曲げることができる。しなやかな首は、まことに優雅だ。片脚で立ってしっぽでバランスを取り、もう一方の脚で頭を掻く器用な動作も、さまになっている。

アデリーペンギンはちょこまかと動くが、エンペラーペンギンは泰然としていて、ストレスやパニックであたふたするのはエネルギーのムダだと心得ているかのようだ。エンペラーペンギンの戦略は、短い夏の間に出産・育児を詰め込むのではなく、もっと早い時期から着手して、暗黒や極寒をものともせず、寄り集まって風に背中を向け、真冬のさなかに卵を孵化させる方法を採る。この循環スケジュールでいくと、ヒナは夏の間に独立し、豊富な食料にありつくことができる。したがって、シエリー＝ガラードや彼の仲間たちは、冬のさなかに厳しい旅をしなければならなかった。春まで待っていたら、卵はぜんぶ孵《かえ》ってしまう。

囲いの中央に丸い穴が掘ってあり、海氷につながっていて薄氷が浮いている。その穴からとつぜん一羽のペンギンが飛び出し、フリッパーを震わせて水をはじいた。足踏みをし、頭も振った。ポールが、解説してくれた。

「あれは、ジェリーだ。あいつが、最も派手に水切りをする。水中では、体の周辺部が最も冷える。フリッパーが、零度くらいかな。こいつはエサを獲るのがうまくて、冷たい魚を胃のなかに貯め込んじまう。そうして、暖めるんだ」

ほかのペンギン仲間も、呼応して頭を振り、フリッパーを広げて太陽に当てる。どの動きも、洗練されている。ちょこまか動くアデリーペンギンをイヌにたとえれば、小型のジャック・ラッセル・テリアに近いが、エンペラーペンギンはいわば大型のグレート・デーンだ。大きくて威厳があるし、エネルギーは必要な場合にのみ集中的に使う。

ペンギンたちが囲いのなかで囚われの身になっている、というのは正しくない。海に潜りたければ、いつでもできる。だが、囲いのなかでは一か所に限られている。何キロかに及ぶこの区画のなかで、ほかには海につながる割れ目がないことを、ポールは確認している。だから、海への出入りができるのはここだけで、私から考えると窮屈だろうと思われる。針金のフェンスにもたれかかっている一羽のペンギンに私が注目していることに、ポールは気づいた。

「あれはザカリーで、ボクのお気に入りだ。ボクがほかのペンギンをかまっていると、ヤツが近づいてきてチョッカイを出し、やかましく鳴いて、突っついたりする」

ザカリーは独自の自我を持っているわけで、なかなかよろしい。だが彼がフェンスを押しているのは心配で、ほかのペンギンたちも外に出たがっているのではないか、という気がする。ところがフェンスを下げてやっても、彼らは別の場所に行って同じ動作を繰り返すだけだ。彼らは、人間のような感情は持たない動物だ。擬人化して感情移入するのは、間違っている。囲いがあろうとなかろうと、ペンギンたちは、自然のままに振る舞っている。

私は雑念を追い払って、意識を集中した。ポールが、これまでの彼のペンギン観察のポイントを要約してくれることになっていた。ペンギンたちは海に潜ったあと、必ずこの穴から戻ってくるのだから、それぞれのペンギンに性能のいい小型バックパック装置を取り付けておいて、戻ってきたときにデータを読み取れば、行動が把握できる。エポキシ樹脂でできた装置を接着剤とマジックテープでペンギンの体に装着し、背中にくくりつけた読み取り装置で、たとえば肺に残っている酸素量や血液中の酸素量を計る。

「バックパックが揺れ動かない限り、ペンギンたちは気にしない。このような調査をしなければ、彼らがどれほどタフなのか見当がつかない。バックパックの重さは一キロにも満たないから、負担にはなっていない」

でも、マジックテープは邪魔じゃないのだろうか。

「それも、大丈夫。毛が生え替わるときには、接着剤もマジックテープもはがれちゃうんだ」

この実験の眼目は、ペンギンが水中でどのような行動をしているかを探ることにある。エンペラーペンギンは、南極に棲む鳥類のなかでは、最も泳ぎが達者だ。なんと水深五〇〇メートルまで潜れるし、一五分間、も息継ぎしなくても大丈夫だ。そのために、異常な進化を遂げた。脈拍を少なくし、新陳代謝も極端にゆっくりにし、人間なら失神するような状況でも潜水していられる。肺に酸素が欠乏しても、わずかな分量で筋肉を動かせる。

ポールが開発したペンギンのバックパック計測装置のおかげで、潜水中の残存酸素量がつねに測定できる。

「ゼロに近くなっても、大丈夫なんだ」

長く潜水している場合は、浮き上がったときに酸素がほとんどなくなっているという。穴に近づいたらスピードを落とし、飛び出したときには酸素はほとんど残っていない。

「ギリギリまで、ちゃんと機能している。人間なら、意識を失ってるよ」

ペンギンには、なぜそれが可能なのか。ポールは、その点を追究したいと考えている。それは、人類にとっても役立つかもしれない。酸素は、強い力を持っている。私たちは酸素を呼吸で取り入れて、筋肉を強力に働かせるために役立てている。だが、むやみに酸素を取り入れても、体細胞は壊れてしまう。人間が心臓発作を起こすと、一時的に酸素は途絶えるが、致命的なのは、二酸化酸素が無制限に逆流してきたときだ。ペンギンは浮上すると、酸素ゼロ状態から瞬時に満タンにできる。ひょっとするとペンギンは何か特殊な老化防止の要素も備えているのかもしれず、そうであれば人間にも応用できるかもしれない。

観測小屋の脇に「観測円筒《チューブ》」の先端があって、海氷のなかにつながっている。これを通じて、エンペラーペンギンの水中世界の一部を垣間見ることができる。海面上で見ると、緑色の大きなプラスティックの煙突のように見える。ポールが木の蓋《ふた》を持ち上げてくれたので、私はおそるおそる足を踏み入れて見た。円筒の内部にははしごの横棒に代わる三角のステップがある。降りて行くにつれて、このあたりの海氷がどれほど厚いのかを実感できた。氷の層に穴を開けたり、氷の上に小屋を建てたり、飛行機が着陸できたり、ということは体験的に知っていた。だがここで一メートル、二メートル、三メートル下っても、まだ水の部分に到達しない。

円筒の底に近い部分に透明アクリル樹脂の窓があり、観察できるようになっている。暗黒と寒さのため、私は震えていた。海面の上から差し込むおぼろげな緑色の光のなかで、私の周囲ではペンギンたちが泳いでいるのがぼんやり認められた。彼らの動きには、びっくりさせられる。陸上での彼らの動きはしなやかで優雅だが、ゆったりしている。だから水中でも、アザラシのようにクネクネとバレエを踊っているのだろうと想像していた。ところが……彼らは魚雷だ。弾丸だ。すごい。私の近くを、切り裂くように飛び去る。その跡には、小さなあぶくだけが残る。流れ星と同じように、いまいたと思ったら、次の瞬間にはもう視界にはいない。

デュモン・ドゥルヴィル（略称はDDU）にあるフランスの南極基地本部は、ペンギン研究者にとっては最適地だ。すぐ近くにアデリーペンギンのコロニーがあるし、エンペラーペンギンもほぼ一年中、この近辺のコロニーに暮らしているからだ。ドキュメンタリー映画『皇帝ペンギン』（二〇〇五年）は、ここで撮影された。フランスの科学者たちは、一九五六年からずっと、ここでエンペラーたちと付き合っている。

この基地は、オーストラリア・タスマニア州の州都ホバートの南二五〇〇キロの地点、南極東部氷床の端にある。たいていは、海路で訪れる。ホバートとDDUをシャトル運航しているのは小型のアストロラーベという船で、評判はよろしくない。船体は明るいグリーン、全長は六〇メートル、氷に押し潰されないよう、船腹がふくらんでいる。だが船の安定性はなおざりにされていて、「吠える南緯四〇度」「狂う南緯五〇度」では、揺れがひどくて翻弄される。片道五日から一〇日かかるが、窓もブリッジも波で洗われっぱなしで、船体はきしみ、ローリングとピッチングの連続。乗っている者はたいていベッドに横たわったまま、できるだけ食べもののことは考えないようにしていなければならない。

幸い、私には別のオプションがあった。フランスとイタリアは協定を結んでいて、夏の間はツインオッター機を飛ばす。通常はイタリアとフランスの基地の間を運行しているのだが、私が聞き取りにくい高周波ラジオで漏れ聞いたところでは、マクマードに立ち寄って、私とほかの何人かをピックアップしたうえで、DDUに向かってくれることになった。

操縦しているのは、ボブ・ヒースという陽気なカナダ人で、黒髪のサンタクロースという感じだ。ヒゲをはやし、でっぷり太っていて腹を揺すって大笑いする。飛行前の心構えを伝える際には、いささか不合理な話をした。

「暑すぎるのと寒すぎるのと、二つの極端な傾向があります。もし暑すぎたり寒すぎたりしたら、そう言ってください。いささかも調節できませんが、同情はしますから」

のちに知ったのだが、彼はフランス語もイタリア語も不自由なくしゃべれるのだが、どちらもひどいなまりがあるので、だれもがおかしがって喜んじゃうのだそうだ。

実際の飛行中、温度は完璧とはいえなかった（この場合は暑すぎたので、寒いときに義務づけられている防寒着を、だれもが脱いだ）。だが、飛行自体は快適だった。セピア色の峰々を越え、ドライ渓谷の壮大な氷河をなぞり、南極東部氷床の白い平原に着陸した。海岸の近くだと思わせる兆候は、海岸線に平行して下の岩になだれ込むクレバスを形づくっている地形から類推できた。沿岸の急斜面になるにつれて氷には斑点模様が入り、ブルーがかってきて、やがて巨大な白い崖になって落ち込む。ドーヴァー海峡の、白い崖を連想させる。

DDUのフランス基地は、島の上にある。海岸から点々と連なる小列島の一つで、大陸の岸から一キロほど離れている。オレンジ、赤、ブルーなど派手な色の建物が何棟も建ち、いずれもでこぼこの岩の上に柱を立てて持ち上げられ、互いに鋼鉄のブリッジでつながっている。このような場所に建設したのは、島の半分ほどには雪がなく、岩盤の上だからかもしれない。岩は、マクマード基地の黒っぽい火山岩より明るい色だ。この基地のたたずまいはなかなか瀟洒《しょうしゃ》で、鉱山町というよりも、リゾートキャンプ地の趣がある。

アメリカ基地はいろいろ規制がやかましいが、ここでは到着時になんら規則の説明もなければ、書類に記入する必要もない。到着したら歓待され、直ちに私用の部屋に案内された。狭いけれど明るくて楽しげで、二つの簡易ベッドと机が一つあるだけ。すぐに、メインビルでの夕食に呼ばれた。

フランス基地で聞いた話によると、南極は人びとの個性をさらに強めるという。文化についても、同様な拡大・強化傾向があるのかもしれない。フランス基地における私の第一印象は、彼らの食べものに対するこだわりだった。ここは小さな基地だ。夏でもせいぜい六〇人くらい、冬になると二〇人か三〇人に減る。それでもシェフが二人いて、一人が料理担当で、もう一人はパン焼きやペーストリー、ケーキづくりを受け持つ。アメリカのマクマード基地では、特別な日を除いて食堂でのアルコールは禁止だが、DDUでは夕食時のテーブルにはワインのピッチャーがいつも置いてある。それに、八人掛けのテーブルごとに一人のウェイターが交替でサービスに当たり、アペリチーフ、アントレ、チーズ、デザートのコースを運んでくる。どうして、このような習慣が定着しているのだろうか。なぜ、セルフサービスじゃいけないんだ？　私の疑問に、フランス人たちは答えた。「このほうが、文明化しているからね」。それ以上の賢答は、期待できないだろう。

アメリカのマクマードは規模が大きいが、中継基地という感じが強い。だがDDUは、最終目的地の終点だ。ここを拠点にして、野外に遠征キャンプを張って出かける者はいない。全員がここに寝泊まりして、研究に励む。この小さな島には、南極で暮らす生物がかなりたくさん集まっているからだ。エンペラーペンギンのほか、浮氷の上には点々とウェッデルアザラシがいるし、トウゾクカモメやシロフルマカモメ（ユキドリ）が頭上を舞っているうえ、アデリーペンギンは足下の至るところにいる。

DDUの基地が建設されたのは、「ペンギンに近づくべからず」とか、「接触する場合には慎重に、しかも許可を得ること」というルールができる以前のことだった。一九五〇年代で、南極条約ができる前だ（条約の署名は一九五九年、発効は一九六一年）。各国とも、基地を建設する場所は自由に選べた。この場所は、アデリーペンギンの大きなコロニーのすぐ近くだ。近辺には無数にたむろしていて、賑やかに鳴き交わしていた。ロイズ岬とは違って、ここには糞の臭いが強く立ちこめている。基地の周辺一帯の空気には、魚の匂いが混じった糞のグアノの臭気ふんぷんだが、これはペンギンたちの新陳代謝が盛んであることも示しているのだろう。

このあたりには、むかしからアデリーペンギンが多かった。フランス基地DDUは、一九世紀のフランスの探検家ジュール・デュモン・ドゥルヴィルにちなんだもので、彼が一八四〇年に南極のこのあたりの海岸線を発見した。建物の外には、彼の胸像が置かれている。あごが張って肩もいかつく、海軍将校の肩章を付けて堂々と海の彼方に視線を送っている（フランス探検船の一隻が「プルクワ・パ（できないわけがない）」という名で、これが初期探検家たちを突き動かした共通の理念だった。ジュールの妻がアデリーという名前で、そのためにこのあたり一帯をアデリーランドと命名した。アデリーペンギンの名も、それに由来する。

それにしても、アデリーペンギンたちがこれほどまでに人間と共存しているのは不思議だ。彼らの巣は、基地の建物周辺の石を集めたものだし、彼らは鉄骨の上や下を歩き、人間が作った雪道を利用して通行する。

翌朝、私はエンペラーペンギンのコロニーに行く途中で、人間とペンギンの親密な相互関係を確認した。私の前方の雪道を、二人のフランス人がゆっくり歩いていた。そのすぐ後ろを、一羽のアデリーペンギンがついてくる。身の丈は人間の膝ぐらいまでしかないが、一人のフランス人のふくらはぎをフリッパーで強く叩いた。彼は叫び声を上げて飛び退き、ペンギンはすまして脚を早めて過ぎ去った。「邪魔だよ」といわんばかりで、ペンギンの目的は達成された。

なかなか、印象的な光景だった。デイヴィッド・エインリーから、このようなことがあるんだよ、とは聞いていたが、この目で見るまでは信じがたかった。アデリーペンギンの話はあとでまたくわしく触れるとして、いまはエンペラーペンギンの研究者たちから話を聞く約束がある。このエピソードは、ちょっと胸にしまっておこう。ペンギンが最初に私の心を捉えたのは、その愛らしさのためではなく、勇敢な行動ぶりだった。

エンペラーペンギンのコロニーは、島の南側で大陸に面した一角にある。冬期の海氷が、夏でも残っている。私に説明してくれるのは、ペンギンの研究に携わっているカロリーヌ・ジルベールという三〇代前半の女性で、彼女はストラスブール大学のウベール・キュリアン研究所に所属している。島の岩場から海氷に移るとき、足元に気を付けるよう忠告してくれた。たいていは十分な厚みがあるのだが、岩と接している個所では、危険な割れ目があり得るからだ。

その点に関しては、あらかじめ聞き及んでいた。朝食のときに、基地の医師ディディエ・ベローが深刻ぶらずに話してくれたところによると、毎年、割れ目に落ちる者がいるのだそうだ。彼はこれから二度目の冬をここで迎えるそうだが、この基地の習慣にしたがって、司令官を務める。彼は病人が出ない限り、やるべき仕事があまりないからだ。だが今年はすでに、重要な役割を果たすハメになった。到着して二時間ほどのうちに、メカの隊員の盲腸摘出手術をやることになったからだ。夏の駐在医は麻酔が専門で、二人の獣医が助手を務めていた（私は自分が手術を受ける患者だったら、と想像してみたのだが、寝ている私を二人の獣医が見下ろして、私が望まない手術を施すことになったらどうしよう、とあらぬ心配をした）。患者の手術は、無事に終了したらしかった。

私たちは境界線の危険地帯を無事に通過し、陸地と同じようにしっかりした海氷の上に立った。コロニーはまだ先だが、何羽かの単独行動ペンギンが、腹這いになって私たちの脇を滑っていった。寝ていても、皇帝であるエンペラーは威厳がある。アデリーがこのように滑ると颯爽《さっそう》として見えるが、エンペラーはもっとビジネスライクに見える。エンペラーは脚、双方のフリッパーを交互に使って、かなりスピードを上げて効率よく前進する。しかも移動中、頭はぶれず、双方のフリッパーの動きも規則正しくて乱れない。

コロニーに着くと、何千羽もが三々五々集まっていて、親はヒナのそばに立っている。声は大きいが、なんとなくくぐもって聞こえる。大人のペンギンは、口うるさいお偉いさんで名士の市参事会員みたいにもったいぶった感じがしないでもない。ふくらんだ腹を突き出して、偉そうに歩くが、下半身がいわばズボン。首周りの黄金色が、市の紋章の首飾りだ。赤ちゃんはハトのような色のグレーの柔らかい毛に覆われ、フクロウに似た大きな目をしている。過保護にされているためか、生意気な感じもする。カロリーヌが自分の観察対象を調べに行っている間に、私はコロニーからちょっと離れた雪の上にすわって待っていた。するとたちまち、ヒナたちが私の周りに集まってきて、好奇心まる出しで見つめている。

カロリーヌが巣を調べて戻ってくると、私の隣にすわって説明してくれた。

「アデリーのほうが好き、という人が結構いるの。それぞれの巣が識別しやすくて、調べやすいから。エンペラーは、個性がそれほどはっきりしてなくて、区別がしにくい。だから、習慣も調べるのが大変。でも、私はエンペラーのほうが好き。こちらのほうが、穏やかだから」

ヒナといっても、もう青年期も終わるころだ。背丈も親と変わらないし、産毛のダウンコートも剝げ落ちかかり、大人のフリッパーに変わりつつある。まもなく、自分でエサを調達しなければならない。冬に向かって、脂肪を蓄える必要がある。何年か経てば交尾・出産できる年齢になり、そのときには脂肪がモノをいう。エンペラーペンギン、とくにオスは、地上で最も過酷な冬を過ごす動物だ。市参事会員とは違って、こちらの出っ腹は、極寒に耐えるために必要不可欠だ。

一年の周期は四月に始まる。冬に入って氷が硬くなるころ、エンペラーペンギンのペアは再会する。氷床の崖の近くで、何か地形的な目印のあるところで出会う。再会を果たすとすぐに意気投合し、子づくりに励む。エンペラーはその年のうちは特定のペアに忠実で一夫一婦だが、アデリーと同じく相手を変えることもある。昨年の相手が一定の時期までに現れなければ、ほかの相手を探す。そうせざるを得ない。時間の制約があるからだ。カップルが成立したペアは、群れからちょっと離れた場所でくちばしを交え、鳴き交わして結び合いを確かめる。

二、三週後に、メスは卵を一個、産む。これによって、メスは貯蓄していた体力をかなり使う。メスは慎重に、この卵をオスの脚の上に置く。このあたりは南極でも北のほうだが、気温はマイナス二〇度ほどになる。もし何分か下の氷に接触していたら、卵内部のヒナの生命は絶たれてしまう。

それを終えると、メスは姿を消す。開氷面が見つかる場所まで行き、失った体重を回復するためにむさぼり食う。残されたオスは、二か月かそれ以上、卵を脚で抱えて過ごす。その間は、断食だ。オスはひたすら相手が戻ってくるまで、希望を持って待ち続ける。夜の闇はしだいに濃く、長くなり、気温は下がる一方だ。嵐と強風は、厳しくなる。オスは背を丸めた不動の姿勢で、逆境に耐える。瞬間的に背筋を伸ばすと白い卵が垣間見えるが、すぐに腹の下のたるみに包み込み、同じ姿勢で暖め続ける。

カロリーヌがいま研究しているテーマは、メスがエサを獲りに海に行き、卵が孵化するまでの間、長い暗黒の冬をオスがどう過ごしているかの観察だ。オスが厳冬と空腹、強風のなかでどのようにして生き延びていけるのか、その驚異的な実態だ。そこで彼女は四年前、交尾をすませた五羽のオスを選んだ。それぞれが抱卵し、メスが出かける前に機械を取り付け、冬期を通して観察を続けた。

実験準備は、かなり周到におこなった。共同作業する医師は、病院の手術用の青いガウンを着てヘアネットをかぶり、消毒ずみのゴム手袋をはめ、消毒したグリーンのシーツを敷いてデータを蓄積するデータロガーを埋め込み、皮膚のすぐ下の体温と、体内の深い部分の体温をともに計測して記録できるようにした。背中には別のロガーを取り付け、外気温と明るさも計った。白い胸の部分には、油性の黒いマジックで番号を記し、背中の羽毛の下には、カラーテープを貼った。こうしておけば、ペンギンがどちらを向いていても、望遠鏡で数字か色で確認できる。

この計測作業や計器の取り付けは、ペンギンにとって迷惑ではないのだろうか。カロリーヌの答えは、こうだ。

「ぜんぜん、問題ないわ。ペンギンたちの行動はじっくり観察してるけれど、気にしてる様子はまったくない。抱卵しているときでも、ヒナが孵ってからでも、海に行くときでも。不具合がないように、いつも気を付けてるの。彼らのふだんの生活ぶりが知りたいんだから、それを妨げる

ようであれば、正確なデータは得られないから」

そこで彼女は一瞬、研究者の立場を忘れてこう述懐した。

「それに、ペンギンちゃんって、すごくかわいいじゃない。彼らのことなら、なんでも知りたかったの。人間に近い体つきだから、感情移入しちゃうわよ。標識を付けなければ追跡できないけど、オスに番号や色が付いていれば、克明に跡づけられる。識別できれば、細かい追跡もできるし、一日に三時間も観察してノートに記録していると、やがていないと寂しくなる。雪や風がひどくて観察できない日は、フラストレーションを起こしちゃう。麻薬みたいなもんね。見なきゃ、いられなくなる。中毒による禁断症状。いつも彼らが何をやっているのか気になる。メスは戻ってきた？　オスはまだ抱卵してる？　万事OK？　ある意味では、私は彼らと体験を共有しているし、友だち同士なのよ」

たいていの海鳥とは違って、エンペラーペンギンは縄張り意識を持っていない。無理に立ち退かせようとしない限り、自分の巣の場所にさえ固執しない。それどころか、彼らは体を温めるため、お互いに体を寄せ合ってひしめいている。

それが、実に効果的だ。カロリーヌの研究でも明らかになっているが、押しくらまんじゅうをしているときの体温は、やけどしそうなくらいにまで高まっている。ペンギンの体温は、マイナス一〇度からプラス二〇度の間で変化する。その上限を超えると、ペンギンは汗をかき始める。下限を下回ると、余分にエネルギーを燃やして体温を維持する。その限度内なら、快適に過ごせる。

カロリーヌが埋め込んだ機械のセンサーによると、皮膚の温度は限界点の二〇度を超えることがあり、三七度を示したこともあったという。これでは過熱状態だと思えるが、そうではない。体内部の体温は、卵を孵化させるのに最適な三六度をつねに保っている。

カロリーヌの推察によると、ペンギンは温度が上がりすぎると、新陳代謝のスイッチを自動的に切るのではないか、という。外界の気温や強風は、耐えがたいほど過酷だ。だが寄り合いサークルの内部では、ペンギンたちはまどろめるくらい暖かい環境にある。あるいは、彼らは熟睡して冬眠状態にあるのかもしれない。だが彼らはときどき回転しながら位置を交替し、内部の個体が外側に回って、広くて黒い背中を順繰りに風と雪にさらす。

エンペラーの行動を別の視点ら見て、逆境に立ち向かう英雄的な姿ではなく、暖かい風呂に浸かってゆっくり寝《ライ・イン》ている、と考えることもできるかもしれない。私がそのような考えを話すと、カロリーヌは肩をすくめて別の表現をした。

「エンペラーは、禅僧みたいなものね。ペンギンたちは、ここでどのように冬を過ごすべきかを知っている。私たちが、彼らから学ぶべきことはたくさんあるわ。

ここで越冬した配管工が、こう言っていた。『アデリーは夏型で、活発にあちこち歩き回って、やることがたくさんある。エンペラーは冬型で、穏やかで静かだが、一点集中型。クルマも家も祖国も捨て、生き延びるために協力する。オレたちも、ペンギンを見習わなくちゃね』ってね」

その日の午後、私は一人で海氷のところに戻った。天候の様相が、すでに大きく変化していた。空は暗くなり、風がつのっていた。冬期の間ずっと、ヒナたちが私のそばに寄ってきたが、ダウンのような羽毛に、湿った雪がからみついていた。氷の上で過ごす状況に思いを馳せてみた。のどかな陽光を浴びていた午前中、カロリーヌと話をしたときには、ペンギンたちは暖かい風呂に浸かってライ・インしているなどのんきなことを言ったが、いまでは強まった風のために、露出して外気に触れている部分が風にさらされて鞭打たれるように痛い。私は、エンペラーたちに改めて畏敬の念を覚えた。

エンペラーペンギンたちの話は、確かにロマンティックだ。カロリーヌは、パートナーのメスたちが待ちに待った食事旅行から戻ってきたときの様子を話してくれた。オスの大集団のそばまで来ると立ち止まり、鳴き声を立ててから聞き耳を立てて反応を待ち、また歩きはじめる。三回か四回は鳴き、何千羽のなかからなつかしいパートナーの答えを聞き分ける。メスは喜び勇んで、首をもたげる。オスもうれしそうに、脚に卵かヒナを乗せたまま、にじり寄る。二羽は、文字通りハグし合う。人間と同じだ。胸を合わせ、相手の頭を軽く叩き合う。

これは、決してペンギンを擬人化しすぎているわけではない。自然界で動物が愛情を表す方法は、似たようなものだ。ペンギンの感情も、人間と同じだ。進化のおかげで、人間は付き合い方も愛情の表現方法も、厳しい野生の世界とは異なったものに仕立てた。

私は、カロリーヌが最後に言ったことばも、噛みしめ直してみた。

「ここで越冬するためには、私たちもペンギンたちのように協力しなければならないのよ」

スコット隊のオスプリー・シエリー＝ガラードと二人の仲間が「世界最悪の旅」をしたときも、同様だった。彼らはお互いに抱き合って体を温め合いながら、「プリーズ」や「サンキュー」を連発し、希望の灯をともし続けた。

その夜、風はさらに激しくなった。食堂にいても、シンフォニーはクレッシェンドに達してうなっていた。コントラバスの低音で始まり、喉を振り絞るような声、高い口笛のような音が加わり、窓ががたがた鳴った。さらに中音声も加わり、建物もわずかに揺れている感じだった。「風速五〇メートルに達したな」と、だれかが言った。

本日のウエイターがデザートの皿を下げると、みなが大きなテレビの前に集まって、映画『ブレイブハート』（一九九五年）の上映が始まった。だが私はパーカを着て、表に出た。強風が顔に当たり、息が吹き飛ばされる。ヘルメットなしでバイクに乗り、急カーブを切るところを想像していただきたい。あるいは、特急列車の窓から、顔を突き出すと考えてみて欲しい。私も最初は、手すりに摑まったまま動けなかった。だが、烈風に向かって、一歩、足を踏み出してみた。ゴーグルをかけ、頭と肩を低く下げた。鉄板を渡した道を進んだが、脇にロープが渡してある。いまになって、その意味が分かった。

アデリーたちは巣にしがみついていて、感動的だった。体を丸めているので、大きさからいってもラグビーボールのように見える。連中は目をつぶって風上のほうに頭を向けていて、雪がケーキのシュガーフロストのように羽毛にこびりついている。彼らは私に気づいていないし、私の仲間もだれも知らない。島でいちばん高い丘の近くまで行った。正気の沙汰ではない。私の両肩も痛みはじめた。

丘で風がさえぎられる場所まで来ると、やっと背筋を伸ばして直立できた。それでも風は強いが、痛いほどではない。水辺の近くまで行ってみた。こんどは、風が後ろの大陸方向から吹いてくる。南極東部氷床の最高点のドームからの吹き下ろしだ。丘の両側を回る冷たい風がまた合体して、ふたたび強まる。ナイアガラの滝のように、ハリケーンの勢いで海岸に達する。私がすわっている場所からは、海に向かって風が突き刺さる様子が、目に見える感じだ。風のために雪が舞い上がって煙のように立ち昇り、海の表面をなでて波を起こしながら降り注いでいく。

私は丘を登ってみようと思い立ったが、すぐ四つん這いにならざるを得ず、すぐ腹這いになって少しずつ登った。だが突風が、岩にしがみついている私を引っぱがそうとする。だからとても頂上に登るどころではなく、顔をほんの少し上げただけだが、風が氷の大砲のように顔面を打ち、私はおびえた。もう、楽しむ余裕などない。怖くなって近くの道路に戻り、ドームの建物に帰った。たった二時間ほどの冒険だった。だが私の場合には、潜り込める建物があり、助けてくれる人もいる。だが初期の探検家たちは、氷のなかで自分たちの力だけで対処しなければならなかった。

翌朝、風はいくぶん収まり、被害状況を探りに行くことができた。私は丘の裾を回り、南のほうを眺めてびっくりした。ここと大陸本土の間には、ブルーの海しかなかったからだ。前日は歩いて渡ることができた海氷群は跡形もなく吹き流され、それに乗っていたエンペラーペンギンもヒナたちも消え去っていた。

ペンギンたちにとっては、驚天動地のできごとではない。こんなことには、慣れている。彼らはいま、大海のどこかを漂っていて、マンガ家が好んで描きそうな、氷山の上で互いにひしと抱き合っているのかもしれない。私が前夜、荒れ狂う嵐のなかに出た体験から推し測ると、頑丈な氷山が吹き飛ばされたこと自体が、信じがたい。

オーストラリアの地質学者ダグラス・モーソン（一八八二〜一九五八）は、アデア岬の西に新たに発見されたアデリーランドを探検しようと決意したが、強風が名物の南極でも、このあたりが名だたる烈風が吹き荒れる場所だということは知らなかった。ただし知っていたにしても、やってきたに違いない。彼は、生粋の科学者だったから。南極点到達の先陣争いなどに、彼にはたいして興味がなかった。南極点は地軸の中心だという意味はあっても、とりわけ特異な風景があるわけではない。したがって、苦労して到達したところで、それほどの意義は感じられない、というのが彼の持論だった。そこでモーソンはシャクルトンの「ニムロッド号」による探検隊に参加し、磁場が一点に集約する南磁極（磁石の針が垂直になる地点）に赴いた（地磁気南極は南極点と外れていて、しかも毎年、移動する）。

モーソンは、アデリーランドに惹かれた。南磁極はここにあるし、これまでの探検隊はもっと東のほうの探索に重点を置いていたため、この地域は空白になっていたからだ。

モーソンは、どこの探検隊に参加していても、貴重な隊員になっていたはずだ。身長一八九センチ、頑健だし意志堅固、知的探求心も旺盛で、南極向きだった。スコットは自分の次の探検隊にも参加しないかとモーソンを誘い、極点を目指すソリ隊にも加えようとまで約束した。またとない好機なのだが、彼は自分の科学研究に固執した。

そこで一九一二年一月八日、南極点アタックのためにスコット隊が出発する壮挙の一週間前、モーソンはオーストラリア南極探検隊の一員として、東の方角の、現在のDDU（デュモン・デュルヴィール）に向かった。目的地に着いて荷下ろしをし、小屋を建てる時点から、彼らはこれから直面する難題に気づいた。風のすさまじい吹き方が、尋常ではない。何百キロもの重さがある機材が、目に見えない風の力でマッチ棒のように飛ばされ、岩に叩きつけられる。モーソンの一行は、「ハリケーンのなかの歩き方」を身につけた。風に向かって前傾姿勢を取り、顔を地面にぶつけそうなほど低めた（ひょっとした自然のいたずらでふと風がやむと、ハリケーン歩きもやめる）。

モーソンはこのような体験を、詩的な表現でまとめた。

「天候は、年がら年中、ウルトラ級のブリザードが吹きまくっている。ハリケーン並みの風が、何週間もぶっ続けに吠える。そして思いもよらないときに、一瞬だけふと中断する。ひとたび渦巻く嵐のなかに入り込んだら、忘れがたい恐怖感に襲われる。これほどすさまじい自然界の暴れ方は、希有《けう》な体験だった。世界が虚無状態になり、おどろおどろしく、猛々《たけだけ》しく、驚嘆の極みにあった。われわれは、よろめきながら、真っ暗闇のなか、情け容赦もない烈風にいたぶられながら奮闘した。――まるで、身に覚えのない強姦容疑で復讐を受けたかのように思える。刀で突かれ、乱打を受け、冷凍刑にされた感じだ。刺すような雪つぶてのために、目が開けられないし、息さえできない」

モーソンの仲間で若い下士官のベルグレイヴ・ニニスは、シャクルトンが応援要員に加えてくれた男だが、彼はさらにユニークな表現をしている。

「天地創造の際にすべての陸地が造られたあと、悪天候がたくさんあまってしまったので、南極という狭い地域にどさっと投げ捨てたんじゃあるまいか」

モーソンのチームは恒常的な嵐のためにほとんど小屋に閉じ込められていたが、なんとか冬を持ちこたえた。一行は、本来の仕事に取りかかった。三人の探検隊はイヌゾリを従えて分かれ、異なった方角に向かった。ニニスはモーソンと同道し、もう一人のサビエル・メルツは最も距離が長く困難そうな東端へのルートをたどった。

一か月あまりは、三人とも一緒に東に向かって順調に進んだ。最初にぶち当たった難関は、風ではなく氷だった。ニニスはしんがりで、ソリの脇を小走りに走っていた。モーソンはイヌがクンクンいう声を聞き、ニニスが鞭を当てたのだと思った。だが振り向いてみると、ニニスの姿も、イヌたちもソリも消えている。雪のなかに、大きな穴が見えるだけだ。メルツとモーソンは、急いで戻って穴を覗き込んだ。内部は暗いが、四五メートルも下の棚上に出っぱったところに、一頭のケガをしたイヌと荷物の一部が散乱している。ロープが届く距離ではない。ニニスと、ほかのイヌたちは見当たらない。何時間も大声で叫び続けたが、助ける手立てはない。

仲間を一人、突然に失って恐慌をきたし、残った二人は深刻な状況に陥ったことを実感した。クレバスに落ちる確率が高いのは一台目のソリだから、重要なものはすべて二台目に積んであった。食料の大部分、テント、着替え、それに優秀なイヌ六頭、イヌのエサ——それらがすべて、ニニスとともに氷床に飲み込まれた。生還を図るためには、何かを衣類に転用しなければならないし、何頭かのイヌを殺して人間とイヌの食料に供しければならない。モルツの日記には、こうある。

「モーソンと私は身を寄せ合い、なんとか冬の基地までたどり着く算段をしなければならない、と思案した」

モーソンの日記には、「神のご加護がありますように」と記されている。

それから数日のうちに、痩せたイヌが食卓にのぼったが、飢えた二人には美味で、きれいに食べ尽くした。レバーはとくにうまかったが、実は危険だった。二人とも知らなかったが、レバーには毒になるほど過剰にビタミンAが含まれている。その当時には、ビタミンAについてはだれも知らず、ビタミンなどという要素が存在することさえ分かっていなかった。だが二人とも、どうしようもない体調不良に気づいた。手足の皮膚が、剝がれ落ちはじめた。青白い血液が、鼻の穴や手の爪からにじみ出してきた。やがてメルツは、モーソンに抱かれたまま息を引き取った。遺体を前に二日ほど呆然《ぼうぜん》と過ごしたが、モーソンはやっと亡骸《なきがら》を埋葬し、一人で帰途に就いた。

だがほどなくして、彼の足元で雪が崩れはじめた。落下しながら、「これでおしまいだ」とモーソンはぼんやり観念した。だがソリが、穴の入り口にまたがる格好になって、彼は宙づりになった。一瞬、気を失ったが、すぐに意識を取り戻した。体には装具の紐がからまり、穴の入り口から四メートルほどの位置にぶら下がっていた。とにかく、懸命によじ登った。ロープのこぶを、次つぎと摑んで登った。だが入り口の雪の端は内側にたわんでいて、触れると崩れて彼はふたたび落下した。

ほのかなブルーの明かりのなかで、彼はねじれたロープに翻弄されて左右に回転し続けた。なんの手立ても、残っていなかった。彼がただ一つ悔やんだのは、人生で最後の食事を食べ残したことだった。ポケットをさぐったが、苦痛なく死ねる毒薬は見つからない。そうなると、死をゆっくりとあわれな状態で迎えなければならない。もう一つの選択は、装具を外して奈落の底に落下することだ。彼はストラップに手を伸ばそうとした。

最後の手段として、どこまで試してみたんだ? まだ何か解決策は残されていないのか?

そのときモーソンは、イギリスの詩人ロバート・サーヴィス(一八七四〜一九五八)の作品「臆病者」を思い出した。

もう一度だけ、試してみよ。——死ぬことは簡単だ
生き延びることこそ、至難の技《わざ》だ

そこで彼は、苦痛と生を選んだ。装具のバックルから手を放し、しっかりとロープにくくり付けた。なんとしても、よじ登るんだ。ゆっくりと、手を替えながら少しずつたぐりはじめた。ふたたび、穴の入り口に達した。そこで力尽きて、何時間か雪を背に休んだ。そこで人間、あるいは生物本来の生への執着心に拘泥し、南極人魂に目覚め、残った食べものを口にし、ロープではしごを編み、落下したクレバスから郷里のわが家につながる架け橋を作ることに成功した。

モーソンがやっと南極中部の高原に到達したときには、ほかの仲間たちと落ち合い、越冬基地への船が出発する予定より九日も遅れていた。クレバスに落下する危険はほぼなくなったものの、さんざん悩まされたアデリーランドの氷床からうなりを上げて迫る強風と、また闘わなければならなかった。仮ごしらえのテントにこもったが、二度ながら、二日連続で閉じ込められるハメになった。時間が経過するにつれて、救援隊が現れてくれる可能性は薄くなっていった。モーソンは、こう書いている。

「雪の重みでテントが押し潰されてきて、ついに棺桶ほどの空間しかなくなった。恐ろしさに震える」

彼は、なんとかアラジンの洞窟までたどり着いた。ここは魔法のような氷のクリスタルがある宮殿のような洞穴で、探検隊が食料や道具の貯蔵場所として利用してきた場所だ。ここから冬期小屋までは、一〇キロたらずだ。モーソンはここでオレンジとパイナップルをたっぷり味わえたが、昼夜ブリザードが吹き荒れ、いらつきながら一週間も閉じ込められた。やっと小休止が訪れ、彼は滑り降りれば帰還できるかと思った。だが奇跡の脱出に成功したモーソンだが、時間との競争という過酷な試練は、情け容赦がなかった。アデリーランドの水平線の彼方を眺めやると、黒い小さな点が見えた。船は出発してしまったのだった。

五人が、志願して残っていた。モーソンを救出するためではない。彼はてっきり死んだものと思われていたから、春になったら遺体を収容するためだった。彼らは必死になって無線で連絡して戻るよう要請した。だが嵐の小休止はすぐに終わり、すさまじい烈風がふたたび渦巻きはじめた。もう、接岸・上陸は不可能だ。船はホバートへ帰還のルートを取り、モーソンは暗黒とブリザードのなかで、気乗りのしない仲間たちと越冬しなければならなくなった。うち一人は、精神異常をきたしていた。

シエリー・ラクローは背が高くて威厳があり、カールした黒髪がすぐ顔面に落ちてきて、しきりとうるさそうにそれを掻き上げる。私は、彼が基地の周辺でアデリーペンギンの巣を子細に点検してはメモに記入している姿を見かけたことがある。両手で、一羽を抱えていたこともある。彼は真剣な顔つきでペンギンと対面していて、好感が持てる。だが、ふだんは恐れを知らないアデリーが、シエリーの研究施設の近くでは跳んで逃げていく姿も見ている。

私は強風のなか、シエリーがアデリーを調べる仕事に同行した。巣はあちこちに散在していて、親たちが事務的な感じで抱卵を続けている。運がいいカップルは、すでにメスが食事から戻ってきていて、交替でオスが長い断食から解放されて食べに出かけることができる。シエリーが説明する。

「最初に巣からオスが解放される時期が、大切なんだ。オスがエサを獲りに出かけてからヒナが誕生する、という順番だ」

彼らのチームの研究課題は、もしメスの帰還が遅くなった場合にはどうなるか、というテーマだった。遅くなる原因は、いろいろ考えられる。メスは、二つの大きな卵を産んだあとなので、疲労困憊している可能性がある。たっぷりエサを食べて体力を回復するには、時間がかかる。それに、シャチやヒョウアザラシにやられないとも限らないし、ほかにも危険はある。

理由がなんであっても、留守番のオスはいつになったら相棒の帰還をあきらめるか、決断の時期が死活問題だ。いつまでも卵を抱き続けていたら、自分が餓死するかもしれない。早まって出かけたら、卵は孵《かえ》らず、子孫が残せない。シエリーが知りたいのは、どの時点で子孫を継続させたいという願望を、飢餓が断念させるのか、という点だ。彼は、ストレスに反応するコルチコステロンという副腎皮質ホルモンのせいではなかろうか、と推察している。だがそれを確かめるためには、巣を離れるオスを捕まえなければならない。それは、想像するよりむずかしい。

その年、彼らは五〇組のペンギンに、カロリーヌがエンペラーペンギンに記したような水にも落ちない識別符号を付け、巣ごもりした日時、卵の数、オスの毎日の行動などを記録し続けた。巣を離れたオスを捕まえて体重を測り、フリッパーのサイズ、くちばしや胸、血液中のコルチコステロンの数値も測定した。その苦労話をしてくれた。

「これには、難儀した。捕まえるには、岩の上にいるときしかない。雪の上だと、ペンギンは人間よりすばしこいから。逃げようとしたら、走って追い駆けなけりゃならない。面と向かってケンカ腰になったときのほうが、捕まえやすい。天気がいい日なら、杖の持ち手のように曲がったもので首を引っかけるのがいいのだが、悪天候のときはやりにくい」

オスは、体重が半減して三・五キロほどになったころに、巣を離れる。標識を付けたなかでは、巣を離れた五羽を捕まえた。一九羽は、メスが戻ってきて解放された。残りのほとんどは、だまって消えた。

「決断するまでには、長い逡巡《しゅんじゅん》の時間がある。データとしてまとめるためには、もう少し数が必要だ。——だがペンギンにとっては幸いだが、研究者にとっては不運なことに、このように長い絶食状態の最終段階におけるデータは取りにくい。もっと多数のペンギンをチェックしなければ、有意の資料は得られない」

標高の高い場所に巣が集結していて、一羽のペンギンが腹這いになって抱卵している。だが胸に記された数字の上半分から、なんとか番号が識別できた。シエリーが、説明してくれた。

「あいつは一八番で、最後に残ったオスだ。もう四五日間も絶食しているが、メスが帰ってくる気配がない。だが難点は、ヤツが巣を離れるときに捕まえられるかどうかだ。『あと一時間で巣を離れるよ』とは、教えてくれないからね。一日中、観察しているんだが。今日は天候がよくないんで長時間は見張っていられないが、晴れた日には、三、四時間はずっと観察を続けている」

風が強まってきて、シエリーは別の研究対象を見せてくれた。研究棟に隣接して囲いがあり、何羽かのペンギンが思い思いに立ったり横になったりしている。胸に書かれた数字は、黒から茶に色あせている。双方のフリッパーに固有の色のバンドが取り付けられているし、タバコの箱を半分にしたくらいの機械が、背中の両側に二つ付けられている。

シェリーによると、オスが巣を放棄して出て行ってしまう状況は、この機械が教えてくれる場合が多い。毎年一二月のはじめ、まだ育児経験のない何羽かのオスを捕まえ、この装置を取り付ける。毎日、体重を測り血液検査をする。血液の状態から、体内の変化も分かる。断食を始めて数日のうちに、炭水化物は使い切ってしまう。そのあと、蓄積した脂肪（脂質）を取り崩していく。脂質が当初の二割ぐらいにまで減ると、たんぱく質を燃焼させはじめる。マラソンランナーと同じように、疲れのピークに達すると筋肉を犠牲にするようになる。その時点で、体内で警戒信号が鳴りはじめる。

その状況は、外見からも判断できる。ペンギンは、もぞもぞと動きはじめるからだ。背中の装置は、万歩計の役割も果たしている。巣にこもっている間は、ほとんど動かない。だが出かける機運になると、片脚ずつ飛び跳ね、歩き回る。そこでシェリーは「出立」を予感する。ここに囲われている四羽から六羽が同じ行動を取りはじめるので、順番に囲いから出してやる。この年は、すでに一五羽が「巣離れ」した。

驚くべきことは、脂質が激減して筋肉を破壊しはじめた状況を、彼ら自身が自覚する点だ。体内の微妙な新陳代謝の状況を、どのようにして感知するのだろうか。私たちも、脂肪の燃焼具合を感知し、それをコントロールできるよう、彼らから学ぶことはできないのだろうか。

シェリーと彼の研究グループは、コルチコステロンというホルモンがその役割を果たしていると見ている。ほかの海鳥たちのエサ探しも、このホルモンが作用しているらしい。そこでこんどは、ホルモンのレベルを変えてみた。すると、顕著な変化が表れた。仮説は正しいように思われる。多量のホルモンを投与されたペンギンは、必要以上に早くたんぱく質の取り崩しに取りかかり、動きも活発になった。そして、親としての子育てに有効とされるプロラクチンというホルモンは、急速に下がった。そこで、ペンギンがやむにやまれぬ状況に追い込まれたときには、コルチステロンのレベルが自動的に上がるのではないか、と推論される。それを実証するためには、もう少し多くの事例が必要になる。

基地の建物に戻る途中で通りかかって目をやると、一八番はまだ巣にこもっていた。汚れた胸の上だが、数字ははっきり読めた。飢えたままの状態で、なおもパートナーの帰還を待っている。まだ、自らの生命に危険は迫っていない、と判断しているのだろう。だが、決断の時期は切迫していたに違いない。その晩、洗面所で歯を磨いているときに、私はシェリーに出くわした。彼も歯を磨きに来ていたのだが、ぽつんと言った。

「一八番は、いなくなったよ」

*　*　*

まだ夏も半ばだが、南極における今年の子孫繁栄レースではすでに軍配が上がって、勝者と敗者が決まったようだ。エンペラーのヒナはもう見当たらないから、海のなかで浮いたり沈んだり、思い思いに楽しんでいるのだろう。最後まで抱卵していたオスもついにあきらめて去り、子宝を得た親たちはせっせとヒナにエサを運び、遺伝子の伝承に励んでいる。

南極に特有な種で、もう一つここでユニークな繁殖作戦をおこなっている鳥がいる。シロフルマカモメ（ミズナギドリの一種）だ。アデリーペンギンと同じく、氷から遠く離れることはない。

この鳥は夏になるとここにやってきて繁殖活動をし、ヒナを育てる。冬にはアデリーとともに流氷の端にとどまり、魚やオキアミを食べて過ごし、夏になるとまた営巣地に戻る。

オリヴィエ・シャステルは、南極の海鳥を専門に研究している。ヴィリェザンボワにある、フランス科学センターの生物学者だ。彼は、何種類もの鳥類を研究している。アホウドリ、トウゾクカモメ、シロフルマカモメ、そしてペンギンだ。私は彼のオフィスで話を聞くことにしたが、彼は、シロフルマカモメがいちばん好きだと言った。

「真っ白だし、名前もロマンティックだ」（訳注＝英語では snow petrel＝ユキミズナギドリ。日本での別名は、「ユキドリ」）。

確かにロマンティックで、南極のエンジェルといってもいい。赤っぽい紫色の空を背景に、空を舞っている。初期の探検家たちは、死んだ船員たちの魂が飛んでいるのではないか、と考えた。心臓が止まるほど美しい。私がそう表現すると、オリヴィエは笑いながら言った。

「お好きなら見せてあげられるけれど、あまり近くで見ないほうがいいかもしれない。仲間同士でケンカしてる姿を見たら、イメージが壊れるかもしれないから」

私たちはまず、トウゾクカモメの巣を覗いて、卵の様子を確認した。オリヴィエは言う。

「ボクは、こいつも好きだね。とてもタフだし、人間を恐れない。脚に輪を付けると、個性が分かる。恥ずかしがり屋がいるし、ずるがしこいヤツもいれば、利口なのもいる。トンマもいるがね。人間の帽子を巧みにかすめ取って、海に捨てる野郎もいる。カメラのキャップを盗られたのもいる。なんでも、食べられるかどうか確かめるんだ」

岩の上にまだ孵化していない裸の卵が一個と、ふわふわした毛玉のようなヒナが、途方に暮れていた。卵は溶けた水のなかに落ちているが、すぐ凍ってしまう恐れがある。オリヴィエが岩によじ登って水を掻き出そうとすると、二羽の親鳥はヒステリックな鳴き声を上げて、オリヴィエを攻撃しようと急降下してくる。名だたる鋭いくちばしを光らせながら。オリヴィエはとっさに本能的に身をかがめ、片手で追い払った。彼は、肩越しに振り返って説明した。

「この二羽は、まだ御しやすいほうだ。もっと勇ましいのがいて、こちらは杖を持って、空中に高くかざしとかなきゃならん。そうすれば、襲ってこないからね」

「なぜでしょう」

「分からん。でも、効果があるんだ」

「でも、この鳥はどうしてこれほど攻撃的なんですか？」

「それも分からん。男性ホルモンのテストステロンが多いのかと思えるが、実際にはかなり少ない。これが高いと、具合が悪いからだ。免疫性を弱めてしまい、そうなると病気にかかりやすくなるから」

彼が身を引いたので、母鳥はおとなしく巣に戻り、卵をもう一度、水たまりのなかに戻した。オリヴィエはどうしようもない、という感じで肩をすくめて歩み去った。

私たちは、ペンギンの糞や溶けかかった雪に足を取られてすべりながら、小高い岩場に登って行った。基地の生命線ともいえるさまざまなケーブルを収納した導管が這っているので、それを踏まないよう、気を付けながら進んだ。オリヴィエは、語り続ける。

「シロフルマカモメたちも、雪解け水にはやはり悩まされてる。だから巣作りに適した場所は、激しい取り合いになる。好適な場所というのは、雪が積もらずに、水たまりもないところ。この鳥は四〇年あまりも生きるから、若いつがいたちの苦労は長引くよ」

研究者たちは、一九六三年からここのヒナや成鳥に識別票を付けている。標識を付けたときの年齢は、不明だ。だが巣ごもりしはじめてからの観察記録は、ずっと残されている。

「毎年、同じ巣に律儀に戻る。もし二年も特定の鳥が見当たらなければ、死んだに違いない。別の場所で卵を産むことは、まずないんだから。もし巣を壊したら、生涯もう卵は産まない」

コロニーは、どこにでもあるような、高みにある岩場だ。割れ目や窪みには、たいてい巣がある。鳥の大きさは、ハトよりやや小さい。くちばしと脚、目は黒いが、あとは真っ白だ。

シエリーがアデリーの研究に際して取った手段と同じく、オリヴィエもシロフルマカモメの体内ホルモンの役割を突き止めようと試みている。この鳥も、親が育児の役割分担を交替する。パートナーが戻ってこなかったときには、エンペラーやアデリーのペンギンたちと同じ行動を取る。ストレスに対して反応するコルチコステロンが、同じように働いているのかどうか、この夏はオリヴィエも同じ研究に取り組んでいる。

「ほかの鳥たちは、違った戦略を取ることが多い。コマドリやツグミの類は、数年ほどしか生きないから、卵は四つか五つ、たまに六つ産む。ところが南極の鳥たちはたいてい長命なので、子孫よりも自分たちの命を大切にする。このカモメは、五、六年も卵を産まないことがあるし、産んでも一個だけ。それがダメでも、産み直すこともない。ヒナがたとえ一年も生きられなくても、総数は減らない。親鳥たちは、あまり危険なことをしないからだ。自分たちが生き延びることを優先するから、子孫を残すチャンスもたくさんある。

コルチコステロンが、カギを握っているのだと思う。あるいは、年齢に関係があるのかもしれない。若いつがいは、慎重に行動する。あと一、二年の命ということになれば、いくぶんリスクを冒すかもしれないが」

オリヴィエによると、南極では科学研究がやりやすいという。巣は近づきにくい場所にあるから邪魔者が入らず、法的にも守られているし、しかもこのカモメはどのようなことがあっても巣の場所を変えないからだ。だから、捕まえることもたやすい。彼らは巣に固執するから、逃げることもない。

だが、ケンカはやる。若い鳥たちは、いい場所に割り込みたいから、従来の所有者に挑みかかる。コロニーを歩いていて、若い鳥が挑戦している場面に遭遇した。巣の所有者に、くちばしと羽で攻撃を仕掛けた。大声でがなり立て、くちばしに加えて爪も立て、摑み合い、揉み合う。格闘技の選手が、周囲の観客にけしかけられているような興奮ぶりだ。

オリヴィエが言った通りだ。見かけはエンジェルみたいだが、トウゾクカモメより獰猛《どうもう》だ。状況は、さらにエスカレートした。巣の所有者が、若手に反撃を食らわした。オレンジ色をした唾液が宙に弧を描き、相手の背中に飛び散った。次には、相手の目を狙った。敗者は、退散した。勝ち誇った勝者は、さっそうと巣に戻った。

「優雅に見えるあの鳥が、ツバを吐いて壮絶な戦いをするんですね」

と漏らした私のことばを受けて、オリヴィエはニタリと笑って続けた。

「あのツバが、効果的な武器なんだ。食べもののなかから油をためておいて、あれが羽にくっつくと始末が悪い」

私たちはこの戦闘場面を目にし、敗者がオレンジ色のおそろしい液体の弾丸を浴び、雪のなかを転げ回ってこすり取ろうとしているシーンを見せられた。オリヴィエは、こう評した。

「見たところとてもかわいい鳥はいるんだけれど、持ち上げて識別票を見ていると、こちらをなめてくれるのもいれば、ツバを吐きかけてくるものもある。このツバが、始末が悪くてね。基地のなかで最も臭いのが、われわれ鳥の研究者だ」

だが、そう言いながらも楽しそうだ。つまり、これは勲章でもある。

「この南極でひと冬、使った上着があってね、一四年が経っても、まだ臭う。自宅に戻って気分がむしゃくしゃしたときなどに、こいつを持ち出して嗅ぎ、当時をなつかしく思い出すことがある」

オリヴィエは、どのホルモンがこのカモメの戦闘的な側面を引き起こし、何が屈服に向かわせるのか、いまも研究を続けている。彼によると、エンペラーも怒りをもたらすホルモンに左右されて被害をこうむっているとして、その事例を上げる。

「孵化に失敗した親たちは、よそからヒナを盗んでくることがある。五羽、六羽が争奪戦を展開することもあって、その結果ヒナは死ぬことが多い。あるいは、何日か育ててみて、捨てちゃうこともある。親の子育てには、プロラクチンという別のホルモンが作用しているようだ。エンペラーのメスが二か月も留守にして戻ってきたときには、ヒナがうまく孵《かえ》っているのかどうか分かっていない。だが誕生を前提にしているから、プロラクチンはたっぷり持っている。次に一か月間、交替で食べに出るオスもやはり帰巣したいと思う」

エンペラーペンギンも、いつ抱卵をあきらめるかの引き金になるホルモンを持っている。オスたちは、自分が生き延びるために卵やヒナをあきらめる時期を心得ている。先日、私の足元に寄り添ってきたまん丸目玉の赤ちゃんペンギンたちも、大人になるまで生き延びられる確率は、五羽に一羽以下だ。

「四〇年あまり生きられるエンペラーもいる。シロフルマカモメも同じだが、生きてさえいれば、子孫を残すことは可能だ。一年は失敗しても、まだチャンスはある」

シャクルトンが言っていたように、死んだライオンより生きているロバのほうが価値は高い。

その晩も夕食のあとで映画が上映されたが、私はオリヴィエのシロフルマカモメのコロニーを通り過ぎ、さらに海のほうまで歩いてみた。いまはすっかり静まり返っていて、ツバを吐きかけられる気配はなかった。

海辺では、いつものようにアデリーペンギンたちの行進がおこなわれていた。行列を作って雪道を進み、静かな海に次つぎと飛び込み、自らのため、そしてヒナのために魚を捕まえる。私は、この情景を一時間あまりも飽きずに眺めていた。飛び込む姿は優雅で、水音もほとんど聞こえない。すべてが平和そのものだ。この小さな動物たちは、自分たちの行動の意味を知っていて、当然ながら、いささかの疑問も持っていない。初期の南極探検隊の面々も感じていたように、ペンギンたちは信じられないほど過酷な環境のなかで、限界に挑戦しながら営々と暮らしてきた。エンペラーペンギンもシロフルマカモメも、先祖から受け継いできた生き方の重要な教訓を知っている。シャクルトンも、南極点から一五〇キロほどのところまで迫ったときに悟ったのだが、ここで生き延びるためには、どこで見切りを付けるかの見定めが大事だ。

私は、筋肉が硬直しはじめたことに気づいた。そこで、立ち上がって帰途に就いた。だが、だれかが自分を見つめている気配を感じた。急に振り返って見ると、一羽のアデリーが二メートルほど跡をついてくる。こちらが立ち止まると相手も動きをとめ、まばたきもせずにじっとこちらを見つめている。私は前に向き直って一〇〇メートルほど歩いて、またくるりと振り返った。ペンギンは、私の一歩、一歩を観察しながら、ずっとついてきていた。こちら止まると、向こうも二メートル離れて止まり、じっと私を見つめている。私たちは、この規則正しいゲームを三度も繰り返した。振り向くと歩みを止め、私が歩き出すとまたついてくる。

基地の建物に近づいたが、アデリーはまだついてくる。デイヴィッド・エインリーが言っていたのを思い出したが、アデリーは人間を「大きく育ちすぎたペンギン」だと思っているようで、これも同じように私を見ているのだろう。私はペンギンを見下ろすと、向こうもひるむことなくこちらを見据えている。どちらが、仲間と同一視しているのか分からない。私は建物に入り、ドアを堅く閉めた。私は、自分のほうが負けたと感じた。ペンギンのほうが心を開こうとしたのに、私にはできなかったのだから。

第三章　地球のなかの火星

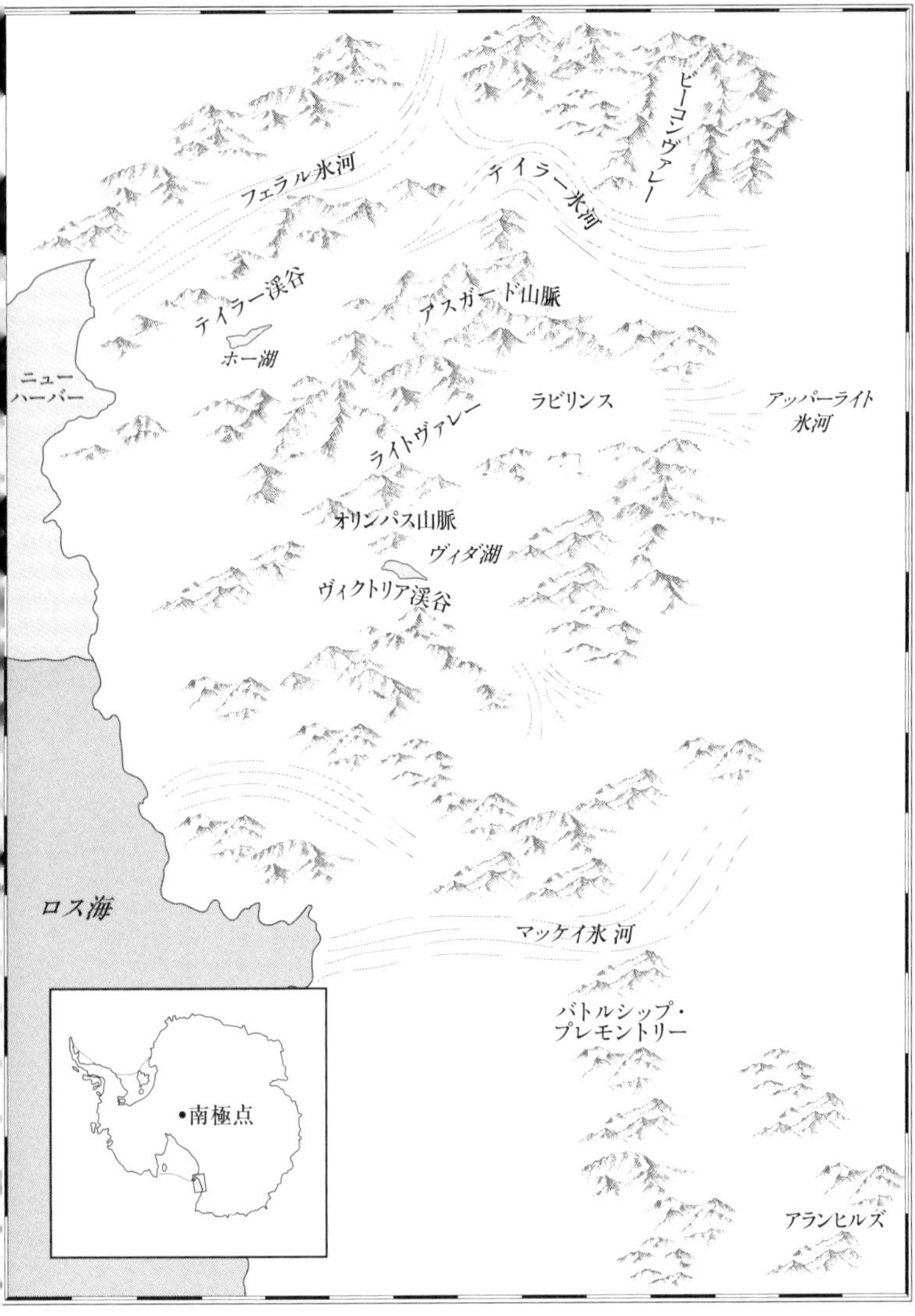
ビーコンヴァレー
フェラル氷河
テイラー氷河
テイラー渓谷
アスガード山脈
ホー湖
ニュー
ハーバー
ラビリンス
アッパーライト
氷河
ライトヴァレー
オリンパス山脈
ヴィダ湖
ヴィクトリア渓谷
ロス海
マッケイ氷河
バトルシップ・
プレモントリー
南極点
アランヒルズ

南極にあるアメリカ・マクマード基地の管轄区域にあるドライヴァレー（乾き谷、乾燥渓谷）は、地球上でおそらく最も火星の風景に近い場所だといえるだろう。岩だらけの荒野が、氷床の端に沿って海岸に至るまで、帯状に続いている。水分が少なくドライなため、氷もない。全体が、白黒のモノクロームに近い。ギザギザの山脈にさえぎられた渓谷は、チョコレート色の輝緑岩《ドレライト》と白っぽい砂岩の地層が、レイヤーケーキのように重なり合っている。ここは地球の光景とは思えず、昼の陽光を浴びているときは、恐ろしげな雰囲気を醸《かも》し出す。夏の夜は陽が沈まず、地平線に近いところでさ迷っているから、影は長く尾を引き、山の頂《いただき》は丸っぽく見え、輝緑石は宝石でもあるかのように輝き、オートミールのように見える砂岩も、金色に光って見える。

夜に輝いて見えるのは、色彩のためばかりではない。長い影も、この特異な場所のユニークな雰囲気を演出する。海岸線が山腹にまで持ち上がった感じがし、古代の高潮留《たかしおどまり》の名残を思わせる。岩がさざ波のように細かく波打ち、巨大な縦穴が深くえぐられている。むかしナイアガラ級の大瀑布《ばくふ》の滝壺だったのではないか、と思わせる光景だ。こんもりと盛り上がった氷河や寒さで地割れした地面が、極寒にさらされたドライな気候を象徴している。

五五〇〇万年前、南極は暖かく、湿度もあり、生きものが充満していた。だが地下深くの地殻変動によって地表の様相が激変し、全体が激しく揺れ動いた。地殻が割れて傾き、このあたりが隆起した。地表に川が流れて、浸食が進んだ。岩が残って露出し、ふた筋の渓谷がえぐれて、海まで連なった。

もう一方の端では地殻運動のために、やがて南極大陸となる陸地が隆起した。何百万年かの間に、この南極大陸はほかの陸地から分離した。ほかの陸地と結合していた唯一の名残が、大陸西部の細い南極半島で、これが南米とつながっていた。

三五〇〇万年ほど前、両大陸は別れ別れになった。間を海が隔てるようになり、新大陸の周りを海流が回りはじめた。海流の渦《うず》のために、南極大陸は暖かさや快適さから隔離された。

両大陸の間に荒天で知られるドレーク海峡が開けたために、南極という冷凍庫のドアが閉じられた。まず、樹木が消えた。次に、ツンドラが塵埃となって消滅した。南のほうの中央高原では、堅固な氷床が海岸に向かって伸びた。渓谷には水分がたまっていたはずだが、初期の地殻変動のためにのこぎりの歯のような山脈の頂が突き出し、水分の移動を阻んだ。水分は蒸発し、寒くてドライな場所になった。山脈の雪が何本かの小さな氷河を作って渓谷に導いた。だが高原からの冷たい強風が吹き下ろして岩を削り、穴をうがち、風が気味の悪い笛の音を奏でる。ドライヴァレーでは何百万年も雨が降らず、雪もごくわずかだ。その結果、地上で最も寒く、最もドライで、最も裸の岩だらけ、という地相ができた。

このような変貌が、多くの科学者たちに強い関心を引き起こした。地球を探究するうえで、研究者は極端なケースに注目する。だがドライヴァレーは極端すぎるため、とんでもないものと比較されるようになった。初期の火星の歴史に比肩できるのではないか、という見方だ。つまりこの地上で、地球外のことについて学ぶうえで適切な場所ではないのか。火星にも、かつてのドライヴァレーと同じく水があった。火星の表面には、かつての水流の名残が見て取れるし、おそらくもっと暖かかった。大むかしに大きな湖だったと思われる盆地も観測できるし、かつては海岸線だったらしい個所もある。現在の平均気温はマイナス五五度だし、太陽系の惑星のなかでは最もドライだ。マクマード基地のドライヴァレーは、過去の火星を想起させる特異な場所だ。過去のいずれかの時点で、火星はこのような状態だったのではないか、と想像できる。つまり、ここは地球上の火星だ。

火星と同じく、ここにも過去の生物の名残はほとんど認められない。確かに、ミイラ化してねじれたアザラシが見つかっている。口がすぼまって歯がむき出しなため、笑っているような表情に見える。いつごろの年代のものか不明だし、エサと水に恵まれた沿岸から内陸に迷い込んだために死んだのか、だれにも分からない。だがこのミイラを除けば、生物の息吹は何一つ残っていない。一九〇三年一二月にスコットがこの渓谷にやってきたとき、彼は次のように記している。

「記録しておくべき価値があると思うが、……このあたりには生きものの気配が感じられない。コケやコケのような地衣類さえ、見当たらない。見つけたものといえば、内陸の氷堆積《モレーン》に埋まっていたウェッデルアザラシの頭骸骨くらいで、どうしてこのあたりまで迷い込んできたのかは不明だ。ここは、まさに死者の谷だ」

この描写は正確だが、結論は間違っていた。ドライヴァレーにも、生命は存在する。ただしそれは、一般通念でいう生物ではない。この渓谷はドライではあるけれど、水分が皆無なわけではない。年に何日か気温がプラスになる日があって、氷河はいくらか解けて流れ、谷底に小さな水たまりがいくつもできる。これらの池は厚い氷に覆われるが、完全には氷結しない。

水さえあれば、通常はなんらかの生命が誕生する。この殺風景な場所からの類推として、火星にも生命体が存在する可能性は否定できない。


ドライヴァレーは、マクマード基地からヘリで飛べば、それほど遠い距離ではない。その中心は、テイラーヴァレーと呼ばれる渓谷のホー湖あたりだ。最初にキャンプ地が設置されたのは、一九七〇年代にさかのぼる。だが現在の建物ができたのは一九九三年で、三つの実験棟がある。放射性に関する研究、完全に遮蔽されたなかでの有害物質の研究、エレクトロニクス機器を駆使した機材の研究施設だ。宿泊している研究者たちはテントで寝泊まりしているが、共同生活空間は暖かく、ゆったりしていて、照明も明るく、快適に暮らせる。所長はレイ・スペインという女性で、何年か前には大工として施設の管理すべてを切り回していた。

レイは柔和な女性で、長いブロンドの髪を編み、人なつこそうな笑顔で応対する。いわば、キャンプ地の「おかあさん」。女性が南極に進出を図って闘っていた初期の、一九七九年から南極に関わってきた。最初は、一回だけの冒険のつもりで南極にやってきた。しかし、南極が頭から離れなくなった。

「いつも、思い出しちゃうの」

と、彼女は述懐する。

ここは基地ではなく、前線キャンプだ。だが居住空間や研究施設はきわめて快適に作られていて、食事もすばらしい。野外で一日の困難な作業を終えて基地の「わが家」に戻ると、握り寿司、ゴマまぶしチキン、みそ汁かポークヴィンダルー、あるいは風味の効いたローズマリー・ローストポテトを添えたバーベキュー、キャロットケーキ、焼きたてのクッキーなどが歓迎してくれる。それからメールのチェック（一日に七時間、使える）、世界中どこへでもかけられる電話、ネット販売で購入する商品は、何週間かすればヘリが届けてくれる。キャンプの住人たちのなかには、水をジャムの空きビンに入れて飲んでいる者もいるが、これはほかに容器がないためではなく、パブで人目を引くポーズみたいな遊び心だ。

ここには、書物も多い。書棚にはカナダの作家マーガレット・アトウッドの小説が、何冊も置いてあった。レイはアメリカ・ワシントン州の出身だが、郷里に帰ったときにはカナダに立ち寄って、基地のために本をまとめ買いしてくるそうだ。書棚の隣には各種のゲーム盤や編みものの用の毛糸がふんだんに置いてあって、悪天候のために何日も外出できず、時間をもてあましても暇つぶしにはこと欠かない。南極ではどこにいても、忍耐がモノをいう。

レイは、このキャンプばかりでなく、アメリカの三つの基地であるマクマード本部、南極半島のパーマー支部、南極点支部も統括している。彼女はここで幸福感を感じていて、悪天候でもめげない。あるとき、こんなことがあった。どこでも走破できる万能車が、湖の氷が薄い個所で水にはまり込んで動けなくなった。ヘリで吊り上げるしか方法はないが、これはかなり危険な作業だ。ヘリは、着地しない。したがってヘリの下で、自由の女神のように動かないでいる車体の上に、先端にフックの付いたチェーンを下ろす。ヘリはホバーしながら少しずつ下がってきて音も大きくなり、覆いかぶさるような形になる。

この場合、ヘリが救出に向かった時点で彼女は事態を知らされた。そこで彼女は、四〇キロ近くもあるチェーンと吊り具を携行して現場に急行した。半ば氷が解けたなかに突入して、彼女もずぶ濡れになって凍り付きそうになった。クルマは大破して割れていることが分かり、ヘリでは引き揚げられないので、ヘリは引き返した。彼女も、ぶざまな格好でチェーンを引きずりながらキャンプ地まで戻った。溲瓶《しびん》から移すUバレルもすでに満タンになり、サイフォンで少しこぼした。南極の屋外でこのように困難な事態に直面しても、彼女はマクマードの基地内でのほほんと過ごす日々より生き甲斐を感じている。

「これほどの激動にめぐり会えるような仕事は、ほかにあるかしら? ヘリの出動があったり、全体のスケジュールを組んだり、発電装置や太陽エネルギー装置を絶えずモニターしたり、食事を用意したり、……排泄物を処理したり」

この最後の分野も、彼女の責務だ。ドライヴァレーに新たにやってくる者に、彼女がルールを徹底させる。糞尿に関する規則も、例外ではない。環境問題については、全体的に厳しい。大便は「ロケット・トイレ」でやり、交代制で焼却に当たる。小便は溲瓶に入れ、Uバレルと呼ばれる容器にまとめられる（新参者が繰り返し聞かされる南極の掟《おきて》は、P（ピー＝おしっこ）と書かれたボトルの中身を飲んではいけない、という点だ）。

屋外の活動に出かけるときには空のPボトルを持参し、中身を満たして持ち帰る。「大」用の、ビニール袋も持参する。役に立つ利用法をアドバイスをしてくれる、先輩の研究者もいた。寒い場所で暖かさを維持するためには、夜中も溲瓶を持って寝てそこに用を足して寝袋に入れれば、尿は体温と同じだからミニ湯たんぽになる。科学的には正しいが、私は試したことがない。

もう一つ厳格に禁じられていることは、岩や石を動かすこと、およびお土産に持ち帰ることだ。ドライヴァレーの環境規制も同じで、例外は認められない。レイは、この面でも目を光らせている。彼女の外面は穏やかそうに見えるが、ヘリでの破損車両の吊り上げの件にも見られるように、必要な場合には鉄の女になれる人だ。南極に女など来るべきでないといわれていた初期の時代に頑固な反対派と闘ってきた彼女に、私は密かにポケットに忍ばせた石をとがめられずにすむよう、願っている。

私がここにやってきた主な理由は、シカゴにあるイリノイ大学の生物学者ピーター・ドーランから話を聞くためだ。ここの渓谷の底辺には大きな池があって、カナダの急峻な大氷河に比肩できるような地形だ。ドーランは、その場所に案内してくれる約束になっていた。池の周辺は、やや黒っぽいが透き通ったガラスのような氷を取り囲む「外堀」の感じだ。だが浮氷におそるおそる足を乗せてみたところ、ほかの氷とはまるで感触が違う。氷のイメージは平らで白いものだが、ここではゆがんだ氷柱みたいにとがった部分が突き出ているし、穴も空いていて、黒っぽい土が筋状にまぶされている。

長い氷柱のなかには、目の高さくらいまで伸びているものもある。もしかがみ込めば、キンキラの氷の壁面を持ったミニチュアの洞窟に入った気分になりそうだ。壁には線条模様が施され、床は地面だが、土の下には水面に至るまで三メートルあまりもの氷の層が積み重なっている。割れる心配はみじんもないが、表面がいくぶん解けて水たまりができている。歩いて行くと、割れ目に足がはまって、足首をくじいてしまう恐れもある。ピーターは歩き慣れているから、すいすい進む。

「危険な個所もあるから、ボクが歩いた場所をたどってくれれば安全だ」

私は、忠実に彼の足跡をなぞった。

歩きながら彼が話してくれたところによると、ゴミは冬の嵐が運んできたもので、渓谷の縁は氷河が塞いでいるそうだ。風もそこでさえぎられて勢いを失い、水分は蒸発するため、運んできた泥やゴミは氷の上に落ちる。たまった汚物は層をなし、氷を保護する役割をするものもあるし、空中に飛散するものもある。そのような作用のおかげで、氷柱や氷の彫刻ができる。この世のものとは思えない異様な光景に出くわした私は、ピーターに尋ねた。

「この風景を、どんなふうに表現したらいいのかしらね?」

ピーターは、ニヤリと笑って端的に表現した。

「火星みたい、だ」

ピーターは、長年にわたって南極の湖について研究してきた。彼は長身痩軀、端正な男性だ。初対面のときに受ける印象は、特徴もなく、声にも抑揚がなくて機械的だという感じかもしれない。ことばにも、科学用語が多い。だがいったん彼の笑顔を見ると、違った個性の側面がうかがえる。彼が、南極の虜になった一面だ。彼は、研究室でじっと顕微鏡を覗いているようなタイプではない。彼の表現によると、「何かピカリと光るような」大きな構想をつねに頭のなかで練っている。彼自身も「ピカリと光る」ところがあって、「氷底湖」と呼ばれる、奇妙な凍った湖がいくつも地底に眠っているという論文を読んで、火星を連想した。火星以外にそのような場所があることに、彼は魅せられた。探検心を、強くくすぐられた。

　現地に赴かずに研究していても、面白くない。一九八〇年代のはじめに、南極の氷底湖に潜ったのが初体験だった。ここは大陸の反対側にある、ロシアのミールヌイ基地に近いバンガーヒルズ・オアシスだった。この氷底湖に潜ったのは、彼が最初だった。何があるのか、だれにもなんの知識もなかった。薄暗い湖底と思える場所まで到達すると、柔らかい泥に腰まで潜ってしまった。もっと沈むのか脱出できるのか、分からなかった。そのときの体験談を話す彼の目は、輝いていた。

「原始のままだったからね。本当の、新発見だった。こういうところが、人びとを南極に引きつけるんだ。多くの科学が行き着くところまで行っちゃって、日常的なルーティーンの繰り返しになっているが、ここにはまだホンモノの探検が残されている」

　彼はこれまでに、何十回も南極の氷底湖に潜っている。だが、それ以上ひんぱんにやるわけにもいかない。彼はこのホー湖のどまんなかで、潜水するための氷の穴を見せてくれた。厚い氷が円形にきれいにうがたれていて、濃いグリーンの水が覗けた。

　まずここから、湖に潜り込む。氷の厚さは四メートル八〇センチほどで、穴というよりトンネルの感じだ。水は冷たくてとても入れそうに思えないが、彼によると、想像するほど耐えられないものではないという。一時間半ほど潜っていても、けっこう暖かいとのことだ。保温性の高いドライスーツを着て厚いゴムの手袋をはめ、頭がすっぽり入る全面マスクを装着し、安全テザーという支持具を使って氷上の人間と交信する。湖のなかは自由に動けるが、テザーを通じて安全性はつねに監視されている。穴を通じてほのかな光は差し込むが、浮上する穴から光線が差し込むわけではない。ダイバーがテザーのコードを見失ってしまうことが、たまに起きる。ピーターが話してくれた恐ろしい話としては、次のようなものがある。

「聞いたところによると、生き埋めになってしまいそうになった体験とか、宇宙空間で迷子になったような体験談もある。ドライヴァレーで潜るのは、宇宙遊泳に似てるんじゃないかな」

マクマード基地にはさまざまな海の生物がいるが、ここで見られるのは違った種類で、ぬるぬるしたシームレスの材料で織られた大きなマットのような形のものだ。実態は微細な繊維性藍藻のシアノバクテリアで、粘液でくっつき合っている。この原始生命体は深さ三〇メートルほどの湖底を覆っているが、特異な性質を持っていて、泡を生じて浮き上がり、水面を幽霊のように漂っている。ピーターや仲間が「悪霊《グール》」と名づけたマットにはいくつもの穴が開いていて、まるで骸骨の眼窩《がんか》と鼻孔のように見える。長さ二メートル近くもある別の不気味なマットは筒状になっていて、死者にかぶせる布が深海から浮かび上がってきたかのような印象を与える。

「薄暗いなかでこれに出会ったときは、正直ビビったよ。逃げ出そうかと思ったけど、ここに生きものがいるはずはなく、動くものもない。単なる、微生物にすぎない。間を泳ぎ抜けることはできるんだが、気持ち悪いねえ、なんとも不気味だよ」

ピーターの感想は正直なものだろうが、似たような生物がかつて火星の凍った湖にもいたのかもしれない。湖はやがて枯渇し、ドライになって雲散霧消したに違いない。私たち二人は、湖の凍った表面にパキパキ音を立てて歩いて戻る途中、これらのマットをいくつも見かけた。赤裸の

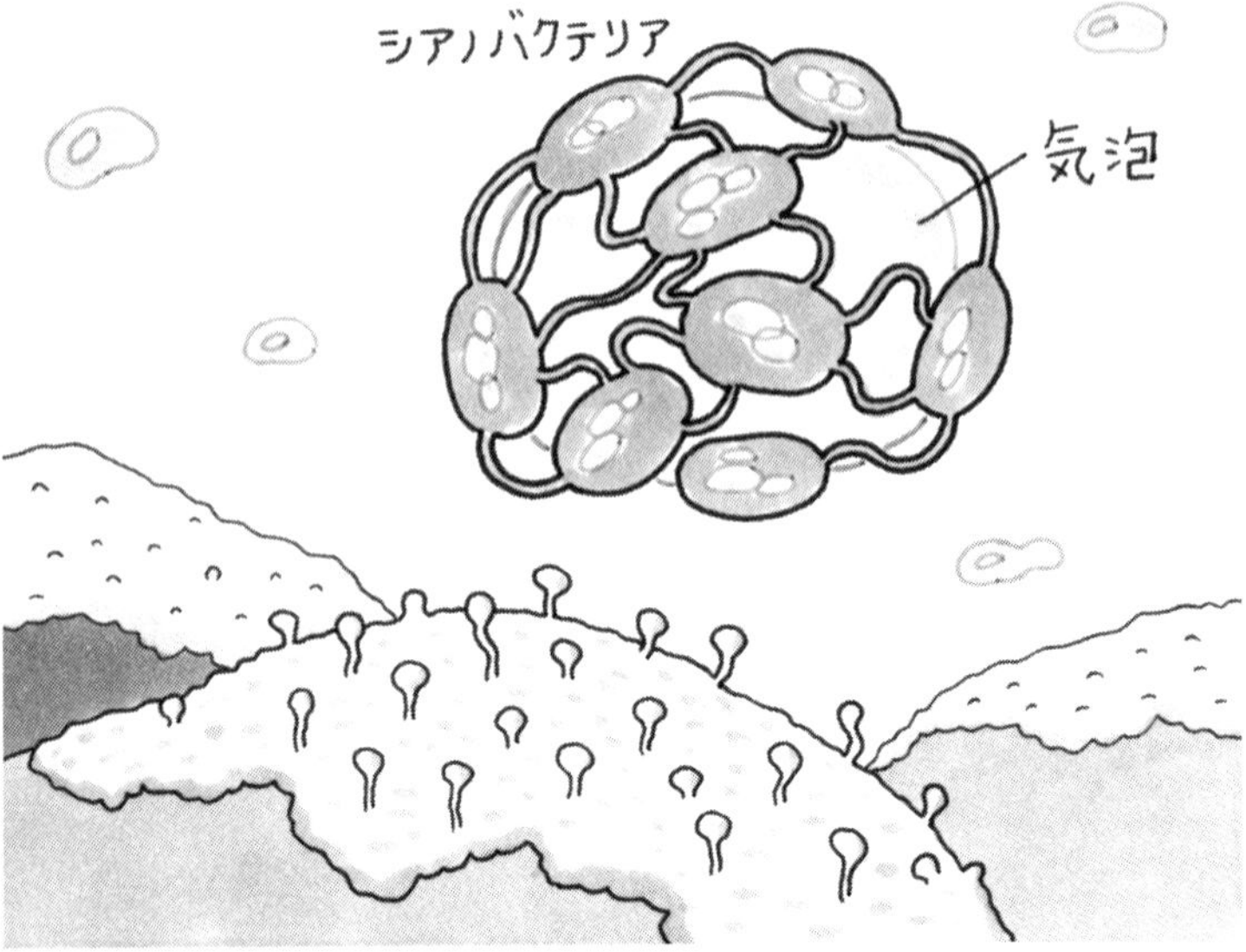

ニワトリの肌を思わせる黄色くべっとりした物体が、泥や氷に張り付いている。私は一つを拾い上げて、両手で揉んでみた。粉々になって、飛び散った。もし火星に生物がいたとしても、このような形ではあまり魅力的な生命体とはいえない。だが、このように過酷な環境にあっても、生命が存続できることを実証している。このあたりの年間平均気温は零度で、マイナス四〇度まで下がる。いまは盛夏なのに、気温は氷点下。だが直射日光が当たっている湖畔の氷河では、近くにある氷河の氷はいくらか解けて氷の割れ目にしみ込んでいる。ピーターや同僚によると、このように解け出すのは、年に数日しかない。

ドライヴァレーにおけるこのような研究から敷衍《ふえん》して火星を考えると、気温がプラスにならなくても水は液体として流れ得るから、寒いために生物が死に絶えるとは断言できない。

ピーターは、ドライヴァレーにあるほかの

湖にも蓋かれている。たとえば、ヴァイダ湖がある。この湖の上部には、厚さ一八メートルもの氷の蓋がかぶさっている。したがって、湖は全面的に堅く氷結しているに違いない、と科学者たちは長いこと考えてきた。ところがピーターが湖底に向かってレーダーを照射してみると、一五メートルほど下の湖底と思われる個所から、不思議な反響があった。長さ一・六キロ、幅八〇〇メートルにわたって、ポケット状の異物がある。普通の水ではない。そのあたりの水温は、マイナス一二度くらいだと思われる。真水なら凍結しているが、塩分濃度が限界まで高まった海水がよどんでいるのかもしれない。これでは、生物は生息できない。だがドライヴァレーの教訓としては、相当に過酷な条件下でも、生命は生きる道を見つけられることを教えてくれる。

ピーターが強い関心を抱いている理由の一つは、南極が生命にとって最も過酷な条件下にあるからだ。

「生物にとって、地球上の極限状態とは何か。生命を維持できなくなる限界は、どこにあるのか。おそらく地上の生命は、そのような状況下で誕生したのだろうと思う。生命が終わるのも、このあたりが限度に違いない。極限だ」

ピーターはヴァイダ湖に三度もやってきて、堆積した塩、さらにその下まで調べてみた。一六メートルほどの水底にドリルで穴を開けても、すぐにどろどろの塩でふさがれてしまう。だがとにかく三〇メートルまで掘り進むと、水底と思える個所まで到達した。そのあたりには、水はなかった。だが暗黒の塩まぶしのなかでも、疑いなく微生物の存在が確認された。

ヴァイダ湖で最も興味を引くのは、この点だ。このように氷のなかという環境で生命を長らえてきたのだから、火星でも同じことが考えられないだろうか。火星で液体の水のようなものが完全に氷結する前、火星の湖もこのような状態だったのではあるまいか。ピーターは、次のように語る。

「何十億年か前に、火星に生命があったころは、このような状況じゃなかったのかな。火星の最後の生命は、このように凍った水のなかで泳いでいたんじゃないかな」

火星に湖がなかったとしても、構わない。科学者たちは、地球にも微少な線虫やバクテリアがたくさん存在していることを知っている。少しでも湿気があれば、クマムシ（実際には虫ではないが）とも呼ばれる緩歩《かんぽ》動物の仲間で「地球最強の生物」は生き延びることができる。一ミリ足らずの体長で、肉眼ではほとんど確認できない。この極小の生物は八本の太短い脚を持っており、頭はノネズミを思わせ、マンガのキャラクター「グミベア」を連想させる。「地球最強」というのは、研究者がさまざまな実験――絶対零度（マイナス二七三・一五度）の環境に置いたり、煮沸《しゃふつ》したり、乾燥させたり、放射能を浴びせても、すべてに堪え忍んで苦難を生き延びる。この生物にとって、ドライヴァレーなんて甘っちょろいもんだ。もしドライな環境に放り込まれたら、体内の水分を特殊な糖分に変化させ、極小のビール樽のように丸まってしまう。そのままの姿で、何十年も（あるいはそれ以上に長い間）過ごすことができる。

ポートランドにあるオレゴン州立大学のアンドルー・ファウンテンは、ほかにも生命が隠れている場所を見つけた。彼はクマのような大男で、鼻ひげを蓄えている。私がガラスのように滑る氷の上では、スパイクを装着したバニーブーツでも怖い、というと、大笑いした。

「心配ない。あなたはもう、（コミック・キャラクターの）〝ヒューマン・フライ〟（人間ハエ）になっちゃったから！」

アンドルーがいま氷河に関して興味を抱いているテーマは、温暖化が進んだ場合に氷河の様相がどのように変化していくのか、という点だ。湖も、全面凍結せずにいるのだろうか。彼は竹竿を使って積雪量を計るとともに、氷河の底辺からどれくらいの量が水流に向かってしたたり落ちていくのかも観察している。彼はある個所に、閉鎖回路の監視カメラを設置した。

「だれかが、氷河を盗まないように見張ってるんですか?」

と私が尋ねると、「ああ」と答え、

「エイリアンが着陸するかもしれんしな」

と、ジョークで応じた(実際には、氷の塊が氷河の表面を削っていくのかどうかを観察している)。

彼は、ほかにも私に見せたいものがあった。ドライヴァレーの生きものがいかに命に執着しているかの実例だが、それを見るためには氷河に登らなければならない。氷河の両端は、切り立っている。アンドルーの説明によると、冷たい氷は、暖かい場所の氷よりも動きが鈍い。彼はピッケルを使って足がかりの段を刻む方法を教えてくれ、スパイク付きブーツでの歩き方も指南してくれた。そのおかげで、氷山の本流によじ登ることができた。

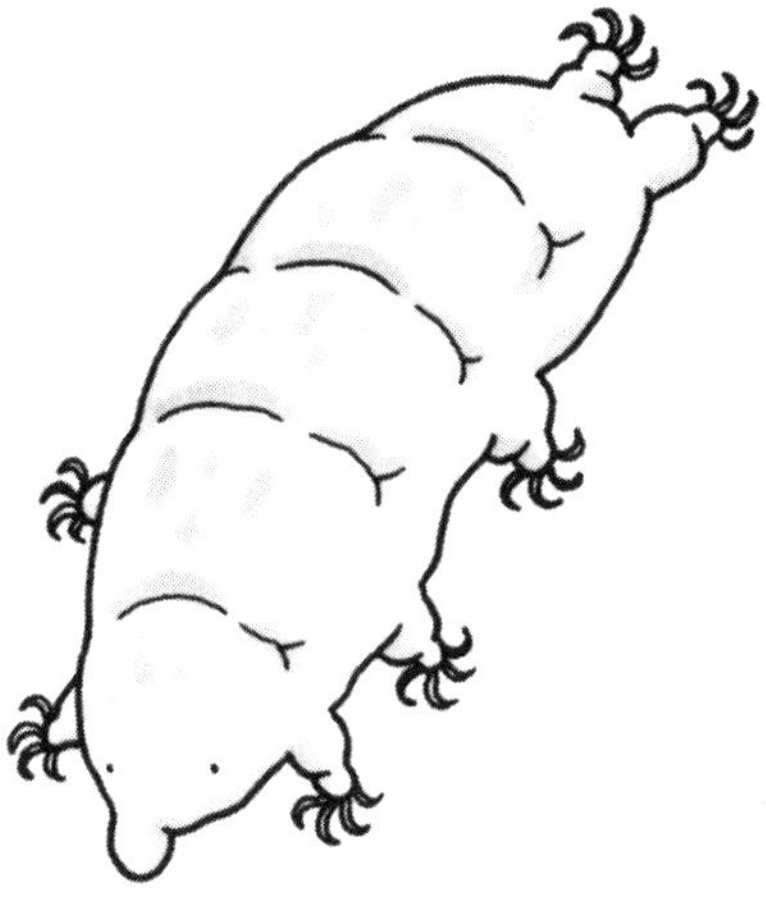

クマムシ

　登ってみると、強風が吹き荒れていた。舞い上げられた雪が、顔に叩きつけられる。スカーフを口の上までたくし上げているので、アンドルーはくぐもった声で、何を探しているのか説明してくれる。生命を維持するためには液体の姿をした水が必要だが、このあたりはマイナス二〇度だから、水はめったにない。だが場所によっては、塵埃や瓦礫《がれき》が飛んできて縞模様を作り、白い氷を解かすチャンスが生じる。白い氷は太陽光を反射するが、土などの黒い物体は光を吸収して解けて液体になり、氷のなかを流れる。空洞部分ができても、雪と氷の厚い蓋がかぶさっている。それでも蓋を通して太陽光は浸透し、液体の状態は保持される。したがって、泥のなかに入って氷河にもたらされたバクテリアは、生き延びられる。

可能性は低いように思えるが、アンドルーは氷の表面を探っているうちにいくらか黒っぽい痕跡を見つけた。彼は私のピッケルに手を添えて先端で氷を削り取ると、氷片が飛び散り、やがて驚いたことに、穴から水が湧き出した。彼は、嬉々として叫んだ。

「ほれ、やったぞ」

かなり広い面積が黒っぽくなっていた。だから、広い面積に水が流れた証拠だ。アンドルーはもう少し小さな黒い個所でも試したが、やはり水が出た。彼が想像したより広い範囲で水が出て、泡も見られた。つまり、微生物が成長し、呼吸し、生存することが可能な環境だ。私たちの周囲には、生命の詰まったシャンパンのボトルがたくさんあって、氷の内部に閉じ込められた水槽もふんだんに隠されている。気がつくと風は収まっていて、雲の間から太陽のありかがうかがえる。

アンドルーは、説明を続ける。

「火星の極冠《きょくかん》にある氷にも、このように黒っぽい断片は存在する。そのような物体が渦巻いていることは、衛星の観測からも判明している。だから、火星にも、生命はあり得た」

私たちは氷河から降りて帰途に就き、基地で休息した。太陽は完全に雲間から顔を出してあたりを照らしていて、さまざまな塵埃や破片が飛び交っていると思われる湖や雪原を、私たちは眺めやった。私はアンドルーに、どうして南極に魅せられたのか、と尋ねた。愚問だともいえる。

「記憶に強く焼き付けられたんだね。メモリーバーンというんだが、たとえば、外から基地に戻ってくると、洗剤の臭いとか、ケロシン石油ランプやヘリ用燃料の臭いが漂っている。あるいは、オレゴン州の空港から、ここにハーキュリーズ輸送機で運ばれてくるときも同じだ。イメージが定着しているから、瞼《まぶた》を閉じても状況が浮かんでくる。決して忘れることができずになつかしいから、また戻ってくる」

ドライヴァレーの彼方、急峻で雄大な砂岩の崖のあたりに「バトルシップ（軍艦）・プロモントリー」という変わった地名の場所がある。マクマード基地から、ヘリで二時間ほどの距離だ。その中間地点に、何百メートルもの深さに窪んだ広大な岩場がでこぼこと広がる。あちこちに砂岩がねじれて、とがった小さな塔ができている。黒い玄武岩《げんぶがん》の小石が、散乱している。空中から眺めると、人間の足跡が雪の上にアリのように連なっていて、あざやかな色のテントがいくつも見える。ヘリが到着すると、最も大きなテントからクリス・マッケイが出てきて出迎えてくれた。

マッケイは、カリフォルニア州にあるNASA（アメリカ航空宇宙局）のエイムス研究所に所属している、氷のベテラン専門家だ。彼は、一九八〇年から南極に入れ込んでいる。彼は身長一九八センチもある大男で、どのように体を折り曲げて小さなテントに入れるのか不思議に思う。彼はゆっくりとことばを選びながらしゃべり、文学作品を引用するのも好きだ。古代の叙事詩『イーリアス』からことばを引いてきたかと思うと、ルイス・キャロルも引用する（最初に南極にやってきたとき、生物がほとんど見当たらずに奇異な感じを持ったくだりでは、ルイス・キャロルの『セイウチと大工』が出てきた）。「頭上に鳥が舞っていない」のはキャロルにとっては意外だったかもしれないが、ドライヴァレーでは日常的だ、といった具合。

長いこと南極に親しんできた多くの人たちとは違って、ここは彼にとっては居心地がよくないらしい。普通の暮らしをしていることとの実感に欠けるという心理が表情にも表れているし、なんとなく疎外感を持っているとも語っている。それにもかかわらず、生物に対して過酷なこの環境のなかでさまざまな工夫をこらして生命を維持している生きものについて、彼はたいていの者より詳しく知っている。

彼はただちに、現場に案内してくれた。彼はいったんテントに戻って、ハンマーを携えて出てきた。

「これがないと、片手落ちでね。ペンを持たずに本を読むようなもんだ」

上空から崖を眺めたときには黄金色に見えたが、近づいてみると灰色っぽいし、玄武岩は風雪にさらされて、なかの鉄分が錆びているように見える。だが場所によっては、岩に穴が空いていたり、縞模様が入っていたりする。

「ほら、まるで病気にかかっているようだろ?」クリスは言う。

これはドライヴァレーで、生命体が生き延びるために新たな工夫をした証拠だ。クリスは穴の空いた砂岩を拾い上げ、丁寧に外側を剝がした。石は白っぽいが、緑がかった部分がある。彼は石をひっくり返してハンマーで角を砕き落とした。表面のすぐ下に、宝石のように明るいエメラルド色の筋が走っている。この筋は、何千もの繊維状シアノバクテリアが生きていて、呼吸し、成長している姿だ。この微生物は、世界各地の下水管、池、水たまりなどに付着しているものと同じ仲間だ。だが、やや異なっている。岩の内部に付着したものだからだ。

エメラルド色の筋を手に取って眺めていると、クリスが説明を加えた。

これは、冬の間ずっと凍ったままだ。だが夏になって気温が零度を上回ると、ロックワームというウジ虫のようなバクテリアが目覚める。岩の内部で表面に近いところにいるし、砂岩は半透明だから、最初の太陽光を感じ取る。雪が溶けて、しずくが一、二滴、岩の内部に染み込んでくる。すると、急いでそれを利用するメカニズムが働きはじめる。クリスの表現によると、岩の内部に「ミニ熱帯雨林」ができる。一日わずか数時間、年に何週間かの短期間だが、暖かい太陽光が差し込む。太陽光がなくなると、バクテリアはふたたび奥深くに潜って眠りに就く。

しんどい生き方に思えるかもしれないが、クリスはそうでもないと言う。

「水と光があるし、気温も適度に上がる。眠っているには最高のコンディションだし、生長にも適している。明快このうえもない。条件さえ整えば、最高だ。一年のうち一一か月は眠っていて、ひと月だけ働けばいい、一一か月間は凍ったまま眠っているのだから、歳を取ることはない。だから、生命は長い」

どうして、このようなサイクルになるのだろうか。ドライヴァレーでカギを握っているのは、水の有無だ。微生物が岩の表面に付いていたら、風のためにたちまち乾き切ってしまう。だがここでは、いささか状況が異なる。地形の関係で、ドライヴァレーのなかでもバトルシップ・プロモントリーは例外的に暖かく、例外的に湿度も高い。崖が、太陽光を一つの焦点に集中させるような役割を果たしているからだ。クリスが、眼前に連なる玄武岩混じりの崖を指して説明する。

「ここでは、午後一時ごろに最も気温が上がる。それが、太陽を焦点に集光するソーラーオーブンのような具合に作用するんだ」

私たちは、小型の太陽クッキング装置のような、岩の裂け目のほうに向かった。氷が解けて、表面が光っている。岩には斑《ふ》が入っているので、黒っぽい。彼は、石を拾い上げて割った。ここにも、エメラルド色の筋が隠れていた。彼は、石の表面も注意深く観察するよう促した。黒っぽいモノが付着している。このモノも生命体だった。彼は私に尋ねた。

「どうしてだと思うね？　（緑の筋を指さしながら）こいつらは内部で眠っているのに、（次に黒い斑を指さして）こいつらは表面に出ていても平気なんだ」

彼は私が気の利いた答えをすることを期待してこちらを眺めているが、私は肩をすくめるしかなかった。外に出ていても大丈夫なものがいるのだから、何も内部に隠れることはないじゃない。だが、問題は太陽光の弱さにあるらしい。クリスは言う。

「両方とも同じシアノバクテリアなのだが、一方はグリーン、もう一方は黒で、紫外線の吸収率が異なる。ともに、日よけ幕を持っている」

黒い斑点のほうは、太陽光に強いバクテリアだ。私は、目を近づけてしげしげと眺めた。夏の陽光にも耐えられる。クリスによると、露出された場所で見られるのは、世界でもここだけだという。

私たちは窪地にいて風当たりが弱いので、日差しが強く感じられる。気温は零度をかなり下回っているのだが、パーカが邪魔なくらい暖かい。私は眠気を感じ、寝転がって背中に岩を当てた。私には、シアノバクテリアの気持ちが分かったかのような気がした。これなら、決して厳しくない。地形と環境のおかげで、まるでビーチにいるかのようだ。

クリスは、ドライヴァレーのどの場所でも、岩に付着したこれらの生命体を発見している。同じような岩が、火星でも生命の最後の隠れ家になっているのではないだろうか。

バトルシップ・プロモントリーの少し先に、南極でももう一か所、火星を連想させる場所がある。宇宙の一部が地球に舞い降りた、と思わせる風景だ。アラン・ヒルと呼ばれる丘で、氷原から突出したいくつかの単独峰がある。広大な南極東部氷原にあって、なんの特色もない。ヘリのパイロットが話してくれた、愉快なエピソードがある。彼が最初に南極にやってきたとき、研究者たちをアラン・ヒルに運ぶことになった。上司に「地図はありませんか?」と尋ねたところ、ボスは白紙を取り出し、まんなかに鉛筆で点を打ってよこした。

距離が遠いか近いかには関係なく、ここは地球外の石を拾うには最適の場所だ。毎年、地球にはおびただしい数の隕石などの残骸が降ってくる。夜空に尾を引く流れ星があり、ほとんどは上空で燃え尽きる。落ちてくるのは、微細な破片だ。だがときには大きい小惑星もやってきて、これらが地球に衝突すれば大災害をもたらす。恐竜が絶滅したのもそのためで、そのような事態がまた起これば、人類も同じ運命をたどりかねない。このような激突は膨大なエネルギーを爆発させ、あとには巨大なクレイターと、生物の死骸が残るだけだ。そのように極端な大小の隕石の中間には、上空で燃え尽きず、目に見える形で降ってくるが、それほどの衝撃はもたらさない。

ほとんどすべての隕石は、火星と木星の間(内部太陽系と外部太陽系の境目)にある小惑星帯から飛んでくるもので、ジャガイモのようにふぞろいな形をし、惑星に取り込まれ損なった物体だ。木星は短期間に形成され、しかも巨大なため、その引力が付近の宇宙空間の物体を攪乱《かくらん》し、ほかの惑星が誕生するのを妨げた。小惑星帯は素材の瓦礫庫、つまり太陽系宇宙の残りもの貯蔵場所だ。だからこれらの破片を調べれば惑星や太陽系の成り立ちについての情報が得られるし、宇宙の初期段階の状況も教えてくれる。

それだけではない。隕石のなかには、もっと変わった場所から飛来してくるものも稀にある。このように貴重なET的な来訪者が、南極には際立って多い。それらが、人類や地球についてもいろいろ教えてくれる。

アメリカ・オハイオ州クリーヴランドにあるケース・ウェスタン・リザーヴ大学で長いこと隕石ハンターを続けているラルフ・ハーヴェイは、ANSMET（南極隕石探査）のプログラムを取り仕切っている。これは南極大陸でおこなわれているプログラムのなかでも、毛色が変わっている。NASAとNSF（アメリカ国立科学財団）スミソニアン学術協会が共同出資者だ。野外探査は、もっぱらボランティアに依存している。たいていは隕石の専門家だが、探査に参加してもなんら実利はない。発見した隕石をバッグに収納し、記録し、当局に手渡すだけだ。見つけた隕石を研究したいと申し入れることはできるが、ほかの研究者たちと同じく、なんの特典もなく、サンプルを私物のコレクションとして持ち帰ることも許されない。

集まってくるボランティアに対して、ラルフは氷の上に出る前に、いつも明確にこう述べる。「申し上げにくいことですが、隕石はお土産として持ち帰ることはできません。個人的な満足を得るためではなく、ご自宅の棚に飾るためではなく、お持ち帰りができるのは、周囲の人たちに語ってあげられる、すばらしい体験だけです。お土産なら、Tシャツを買ってください」

彼はこのプログラムを、「極端な利他主義」と呼んでいる。

それでも毎年、何百人もが応募する。ラルフは、適任者と思われる人たちを自ら選ぶ。応募用紙には、文章を書き込むようになっている。ただしその際の第一要件として、「ペンと紙を使って手書きで記録できますか？」という質問も含まれている。だれかの推薦を受けているのであれば、そこまで心配することはないが。この「ゲーム」では、性格の善し悪しが何よりも重要だ。人選に当たっては、たとえ耳学問であっても、多くの知識を持っていることが望ましい。

彼は、冒険・探検が好きなほうではない。むしろもの静かなタイプで、強風の日々が続いたらテントにとどまって本を読み続けるような人物だ。他人を思いやって、譲り合いの精神を持っていることも大切だ。男っぽさが売りもののマッチョ的なタイプも、お呼びでない。過酷な状況であれば、我慢するより正直に告白できる人物のほうが望ましい。

「悪寒がするとか、疲れた、おなかがすいた、喉が渇いたなどのときには隕石探しを休むこともできるが、そうなると全体計画に支障をきたす。そんなときには、早めに切り上げるとか、だれかの体調がすぐれなければ代役を立てる。体調がすぐれないことはだれにもあるのだから、それは認めなきゃ」

それでも、ANSMETのチームに加わるということは、ハンパな仕事ではない。もし選考を通れば、強風下の南極高原に何週もぶっ通しでとどまり、仕事をする日には朝早くから雪上スクーターで野外の探索に出かける。休日は自分の体調や、疲れたとか飽きたとか、週末だから、によって決められるわけではなく、天候が不順なときに限定される。

最悪なのは、風があまり強くないので仕事はできる範囲内だが、野外で作業するにはかなりつらい、という日だ。風は手袋やパーカの小さな隙間から、あるいはマフラーをひるがえして容赦なく入り込んで肌を刺す。ゴーグルは、いくら拭いてもすぐに曇ってしまう。目の部分だけをくり抜いて周辺を毛で縁取ったマスクをかぶるから、視界が狭くなる。装備の衣類だけで一四キロにも達し、その格好で大きな雪上スクーターを操り、スロットルを押し続けなければならない。風によって鋭く磨かれた雪の刃《やいば》サスツルギにも衝突するし、当たり運が悪ければスクーターからぶざまに投げ飛ばされてしまいかねない。無人になったスクーターは自動的に停止するので、マンガみたいに追い駆ける必要はない。だがこのような光景をはたから見たら、滑稽だ。

そのうえ、いつも強風が吹いているし、隕石がさっぱり見つからなければ落ち込む。だが見つかったときには、風はいくぶん弱まって感じられ、大気はにわかに暖かく思われ、太陽も輝いて見える。ラルフは次のように表現する。

「見つけたとたんに、『宇宙から飛んできた石だ』とひらめいて、頭のなかのスイッチがパチンと入る。はじめて体験した人は、思わぬプレゼントをもらった子どものようにはしゃぐし、その日で最初の発見者も同じように浮かれる。一日中、ちょっとした誕生パーティー気分だ」

研究者たちは、きわめて規則正しい毎日を送る。彼らは五、六台の雪上スクーターを連ね、お互いに三〇メートルほどの間隔を開け、オリンピックの水泳競技で泳者が自分のレーンを逸脱しないのと同じように、ぴったりと自分の位置をキープする。いつも風のなかに出ていくのだから、先頭は自虐的にいえば偵察隊員で、最も強く正面から風を受けるとすれば、帰路は逆に追い風になるが、監視は怠れない。先頭の走者は、慎重に行動しなければならない。風に向かうならば、顔を全面的に覆い、厚い手袋をはめる。風下に向かうなら、ゴーグルだけでこと足りるし、手袋も薄いもので大丈夫だ。風が横殴りの場合には、どちらに向かうにしても難渋する。

もし隕石を見つけたら、それがこの日、自分の一〇番目、二〇番目であっても、やはり胸が高鳴る。雪上スクーターを離れて飛び上がり、両手を振って叫ぶなどして、仲間の注目を集めようとする（みなの祝福の声のなか、発見個所にピッケルを置いて確認作業をし、必要事項を記入する）。それから、収納キットである黒白のデイパックに入れるまでの行程に入る。前面のポケットには、番号つきのアルミ板を入れたビニール袋があって、アポロ宇宙船で使っていた、お下がりの金属製カウンターもある。アルミ版の番号を任意に取り出して仕分けるが、この数字が、隕石が詳しく検査されるまでの呼び名になる。同じ数字をカウンターに打ち込み、上から写真を撮る。

それからおもむろにその標本を取り上げ、デイパックに入れてある殺菌したビニール袋に収納する。挟む道具を使って、拾い上げる。手摑みにしないで、鼻水など垂らさないように注意しながら、パーカでぬぐったりする。つまり、宇宙空間から飛んできた物体を、できるだけ汚さないよう気を付ける。それでも、思いがけないことも起きる。ラルフは、緊張感を和らげるためか、あらかじめこんなエピソードも話していた。

「昨年のこと、見つけたという叫び声を聞いてそちらに駆けつけようとしたら、別の石を踏んづけてしまった。それがまた、隕石だったんだよ」

隕石を入れたビニール袋の口は何重にもたたみ、上にアルミ板の数字を入れてさらにくるむ。脇のポケットからテープを出し、厳重に封印する（次に使うときの便宜のために、テープの端を折り曲げておくのを忘れてはならない。それをやっておかないと、その日一日、「チョンボ・マーク」としてテープをパーカに貼っておくという罰を受ける）。

次に楽しみなのは、持ち帰った隕石を子細に眺めて、どのような成果が見つかるのか、と想像するときだ。ルーペで、じっくりと観察する。寸法を計り、特色があればそれを記す。標本は船の冷凍室に収納され、テキサス州ヒューストンの研究所に冷凍トラックで運ばれるのだが、記載されたフィールドノートにしたがって、分析の優先順位が決まる。いくつもの「びっくりマーク」（！）がついていれば、分析に当たる学芸員も注目する。大文字を羅列している場合も、注目度が高まる。たとえば、「あたしを、じっくりいじくり回して！！！！！とってもとってもとっても、セクシーなんだから」とでもフィールドノートにあれば、いやでも目を引く。それが、本当に貴重な発見につながることだってあり得る。

たとえ科学界を驚かせるような新発見が明らかにされても、発見者が名誉を受けることはない。だれが発見するかは、時の運だ。だがボランティアたちの士気を高めるために、ルールは厳守しなければならない。他人の成果をうらやむ心理はあるにしても、栄誉を横取りするようなことがあってはならないからだ。

集められた隕石は観察がすむと梱包され、ボランティアたちはまた次の探索行に取りかかる。一日は長いし、神経を集中しているからくたびれる。しかも、基地に戻ってからもいろいろの雑用が待っている。翌日の作業に備えて、寝る前に手袋やソックスを乾かさなければならないし、雪上スクーターに燃料を補給してカバーを掛ける必要がある。アイスペールに水を満たし、夕食のための冷凍食品を取り出す。多くの基地のしきたりとは違って、この隕石探索プログラムではコックが付いていないし、集会用のテントもない。スコットが使っていたようなピラミッド型テントに二人一組で寝泊まりし、二つのベッドの間に置いたプリムス・ストーブで自炊する。二四時間、日が当たっているから、テントの布ごしにオレンジ色の明るい光のなかで入浴できる。テントのなかのスペースは、かなり窮屈だ。ボランティア期間が終わるころには、いつになく体を動かすことには慣れるし、テントをシェアした仲間とは無二の親友になる。

キャンプ生活をうまく乗り切るためには、どれほどうまくリラックスできるかが決め手になる。悪天候で部屋に閉じ込められたときには、音楽を聴くとか、三文小説を読むとか、基地独自の飲みもの——ココアにアマレット・リキュールを加えたもの——を楽しむとか、気晴らしが必要だ。メールは禁じられている。あまりにもエネルギーを取られるからだ。六週間ほど氷の上で過ごす間は、かなりの集中力が要求される。

隕石を収集するANSMETの事業を始めて三〇年あまりが経ち、二万個あまりが集められた。この期間に日本やヨーロッパの国ぐにも収集活動をおこなっていて、南極での発見総数は五万個を超えた。そのなかには、同じ隕石のかけらもある。それでもこの三〇年あまりに南極で発見された隕石の数は、世界のその他の場所で二世紀かけて見つけた隕石を上回る。

その理由の一つは、南極には樹木も草原もなく、発見を困難にする道路や土壌、建物もない点が上げられる。白い氷の上だと、黒い隕石は目立つ。また南極に落下した隕石は凍ったまま保存されるから、一〇万年、あるいは何百万年が経過しても変質しない（一方、たとえばロンドンのように温度も湿度も高ければ、二〇〜三〇年のうちに分解してしまいかねない）。

南極が隕石の宝庫である理由は、ほかにもある。氷が、隕石を引き寄せるわけではない。だが氷が巧みに集めてくれるおかげで、見つけやすい。そのメカニズムを解明したのは、一九八〇年代にANSMETを創設した、ペンシルヴェニア州にあるピッツバーグ大学の隕石学者ビル・キャシディだ。このプロジェクトを立ち上げた当初、彼もなぜ南極が隕石の宝庫であるのか、うまく説明できなかった。しかし場所によっては、たちまちバケツいっぱいほどの隕石が拾える。気をつけて見ると、どれも表面がブルーの氷の上に露出していることに気づいた。

これも、不思議な現象だ。南極大陸は厚い氷に覆われていて、普通なら隕石は何百、何千メートルもの深さに埋もれているはずだ。よほど深く掘らない限り、お目にかかれないと思える。

南極のあちこちの氷原で、表面が白ではなくブルーがかった場所がある。下に堅い障害物、たとえば埋もれた山脈とか、単独峰の隠れた頂上などがあるときにはとくに顕著だ。氷が氷河のように流れていく際に、障害物があると異物は押し上げられる。強風が積もった雪を吹き飛ばし、氷が直射日光で解ける。

ビル・キャシディは、そのようにして隕石が特定の場所で表面に集まったと見ている。もう少し細かく見ると、氷の流れには選別メカニズムが内包されていて、隕石を特定の何か所かに寄せ

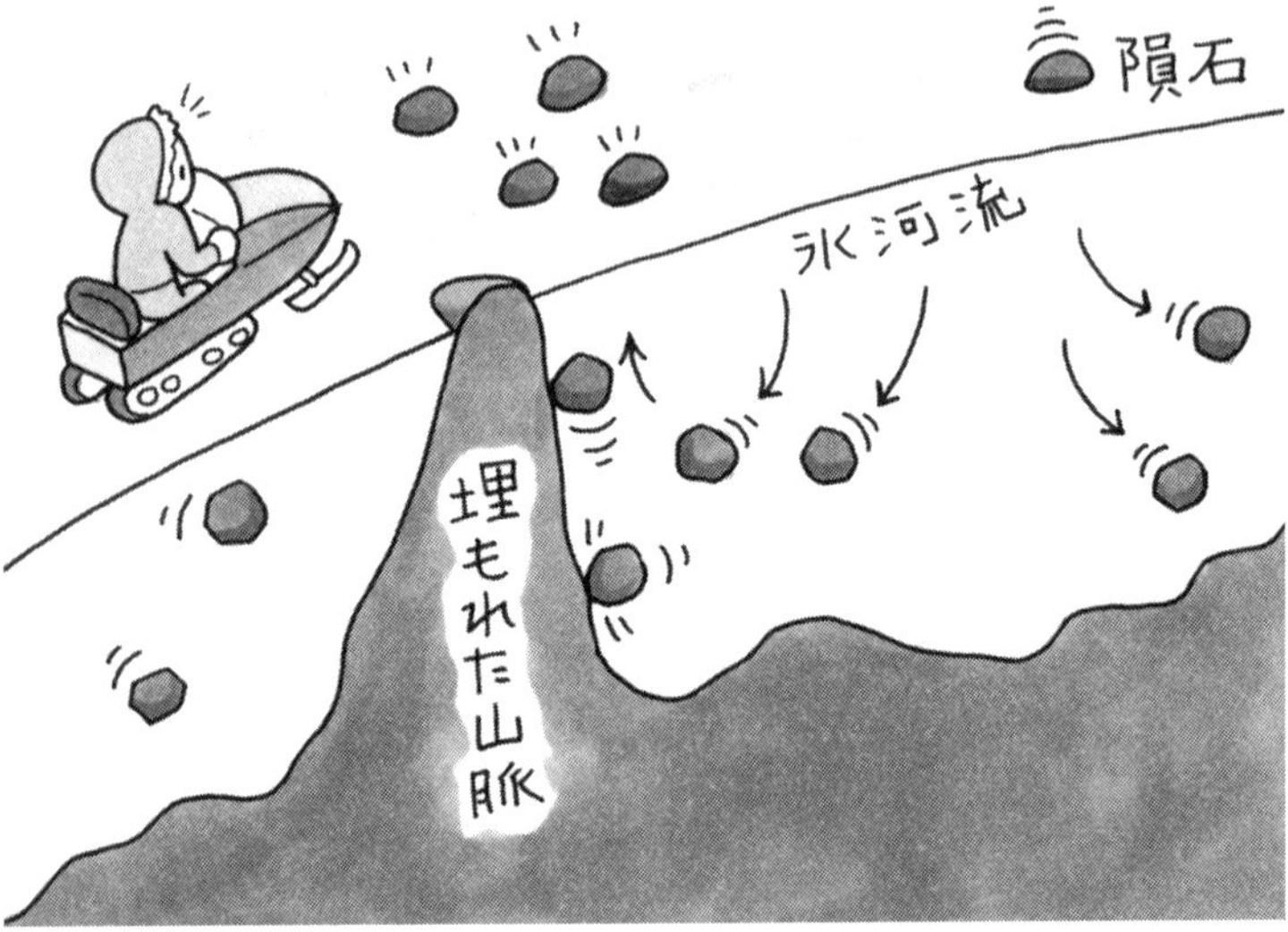

集める。隕石は何千年もの間にランダムに降ってきて雪に深く埋もれて潰されるが、ほかからの氷とともに流れはじめ、氷床の端に追いやられ、特定の場所に集中する。南極大陸では、雪の氷も隕石もやがては海に落ちて行く。だが山脈に邪魔される場所では表面に浮き上がってきて、隕石もそこに残される。

山が完全に雪に埋まっている場合、表面で見つかる岩や石はほぼ宇宙からやってきたものと思って差し支えない。だが、山脈が露出している場合もあって、地球のものである可能性もある。付近の石と区別がつけられるかどうか、訓練が必要だ。

ラルフはビルの仕事を引き継いで、一九九六年からANSMETの事業を運営している。ところが私が最初に会ったベテラン隕石ハンターのジョン・シュットは、隕石との付き合いがもっと長い。彼はなんと一九八一年から参加している。彼が自ら自慢しているわけではないが、おそらく世界で最も豊かな経験を持つ隕石ハンターだろう（彼は、ラルフが所属するケース・ウェスターン・レザーヴ大学から、二〇一一年に名誉学位を授与された）。

私がジョンに会ったのは、夏も終わりに近づいたころだった。私もハンティングに参加したかったのだが、私が南極に来たときは、すでにその年のスケジュールは終了していた。だがジョンは、残務整理をやるためまだ南極にとどまっていた。彼は私が参加できなかったのは残念だったと語ったあと、実はアラン・ヒルに残してきた装備を取りにいくので、一緒に行ってみますか、と誘ってくれた。

ジョン・シュットは、こうであるべしという一般的な通念には何も惑わされない。手入れしていない茶色いひげには白いものが交じり、髪はポニーテイルに結んでいるがかなり乱れていて、色あせた野球帽からはみ出している。作業用のウィンドパンツのすり切れた個所には、赤やオレンジ、グレーなどさまざまな色の当て布が無秩序につぎはぎされている。それだけ見ても、南極の大ベテランであることが自明だ。

今回の旅は、正式には隕石ハンティングではない。主な採取場はすでに繰り返し探査しているから、探し漏れた新しい隕石を発見できる可能性はきわめて低い。それにこの場所は、地球の岩石と見間違える石が多いので、だまされやすい。氷柱があちこちに突き出しているし、隕石のように見えても地球のものでがっかりすることが多いそうだ。〈枯れ草の山のなかで一本の針を探そうとするようなものだわ〉と私は思いながら、ジョンのヘリに同乗した。着陸してまだ回転翼が回っているうちに、彼はヘリから飛び降りる。彼のテンションは、すでに上がっている。

「このあたりには、隕石があるな。匂うぞ！」

ヘリのパイロットであるバリー・ジェイムズも、私と同じく隕石を発見したくてうずうずしている。そこで、彼が操縦席から降りるのを待って一緒に歩きはじめた。ジョンが、早くも手招きして呼んでいる。

「これを、見てごらん」

と言いながら、二つの小石を摑んだ両手を挙げた。私たちは、感心しながら眺めた。一つは割に明るい色で、きれいな結晶がある、もう一つは黒っぽいが、もっと結晶が大きい。

「ボクたちが探している隕石は、こんなもんじゃない」

そういって、彼は二つの石を肩越しに投げ捨てた。

私たちは、その付近を歩き回った。ジョンが突然、氷の上に腹這いになり、メガネをずり上げて小さな石を見つめはじめた。バリーと私は、息をひそめた。だが彼は、立ち上がると雪を払いながら言った。

「違う。つまらんカスだ」

バリーが、もったいなさそうに言う。

「そのままにしとくんですか?」

「なんなら、拾ってってもいいよ」

とジョンは素っ気なく言うと、また歩き出した。

ジョンがぶっきらぼうに言うので、私は逆に期待感を高めた。環境はよくないのかもしれないが、間違いなく隕石を見つけられそうな気がした。最も平凡な、コンドライトでもいい。よく見かけるものに近い、中ぐらいの大きさの結晶体だ。それでも、コンドリュールと呼ばれる、地球外の小さな顆粒を含んでいるかもしれない。その実態はだれにも解明できていないが、太陽系宇宙が形成されるよりずっと前、つまり太陽や惑星ができあがる以前の物質だとされる。おそらく突然のエネルギー爆発によって溶かされた宇宙塵ではないかと考えられている。その後、冷えて固形のしずく状になった。

膨大なエネルギーをもたらした源に関してはさまざまな説があるが、私が好きな説は、超新星《スーパーノヴァ》の爆発だ。この説に魅力があるのは、このような爆発が太陽系宇宙を創造するための塵やガスを攪拌する原動力になったのではないか、と思えるからだ。地球上の岩石には、コンドリュールは含まれていない。地上の岩石は何十億年の間にプレートテクトニクス（構造プレート）や火山噴火などによって揉まれ、コンドリュールはとっくのむかしに消滅してしまった。だがたいていの小惑星は規模が小さいためにこれほどの大変動はなく、したがって宇宙誕生の際に記された指紋がいまだに残っている。

隕石が教えてくれる最大のヒントは、溶融殻《フュージョン・クラスト》と呼ばれる外側の溶けた跡にできた薄い膜だ。これは、大気圏内を光と熱を発しながら地球に向かって落下する際にできる。この溶融殻はおおむね焦げ茶色をしていて、光沢とつや消しの中間で、黒っぽいチョコレートを重ね塗りしたような筋がついている。大ざっぱな識別法としては、地球本来の岩や石は白っぽいが、隕石は色が濃いので、そういうものを探せばいい。

私たちの、滞在制限時間が迫ってきた。地上に降りているのは六〇分以内と定められていて、私たちが離陸するということをマクマード基地に無線で連絡しないと、自動的に「捜索・救出活動」の準備に取りかかる仕組みになっている。だがバリーも私もあまり希望が持てないにもかかわらず、ジョンを含めて、遠くから飛来した小石探しに没頭している。そのとき、ジョンのはずんだ声が氷原の向こうから聞こえた。

「来てごらん。一つ、見つけたぞ！」

私とバリーは、鏡のようなブルーの氷の上を、転びそうになりながらジョンのもとに急いだ。ジョンはにんまりほほえんで、小さな茶色い石を見せた。

「あなたたちがこれまでに見た石のなかで、最も古い隕石だ」

直径は二・五センチほど、それほど珍しくないごく普通のコンドライトだ。一方の端が削り取られ、結晶部分が露出していて、極小のコンドリュールがわずかに点在している。削り取られていない端は、川の流れで見つかる小石のように丸くてつるつるだ。そして、黒っぽいチョコレート色の皮膜がある。教科書に出てくるような、典型的な隕石だ。私たちは代わる代わる氷の上に寝転がって、宇宙からの石と一緒に記念写真を撮った。

ここで隕石発見に立ち会えたのは、貴重な体験だった。だが隕石の価値からいえば、「ありきたりのもの」にすぎない。研究者たちは、これくらいのコンドライト隕石なら何千個も持っていて、叩いたり磨《す》り潰したりして分析している。世界全体では、この種の隕石はおびただしい数が見つかっている。

希少なのはエイコンドライトと呼ばれる隕石で、惑星ができる以前のパテ状のものが固まった小さな球顆は含んでいない。おそらくもっと大きな小惑星から分離したもので、母体の星は内部にかなりの熱を持っていたものと思われる。ある程度以上の大きさを持った小惑星であれば、内部の熱によって鉄心《アイアン・コア》と軽い外皮を分離する。したがって地球に落下する隕石のほとんどは鉄分ないしその他のユニーク成分を持っている。だれもが、ちょっぴり変わったエイコンドライトを手に入れたがる。隕石の大部分は、コンドライトを含めて小惑星帯から飛来するのだが、ごくわずかがまったく違ったところからやってくる。

一九八二年一月一八日　アラン・ヒルの大氷原で

もしシーズンが終わる間際でなければ、ジョン・シュットはこの日の採取の旅を先送りにしていたかもしれない。朝食のころには空が曇りはじめ、暗さを増してきた。ジョンは、吹雪を恐れない。このあたりは標高が高い荒野なので、雪はまず降らない。だが雲が下まで降りてくると、影が出なくなる。ブルーの氷が点々とある場所なら、問題はない。だが白一色のところでは、影がないと空と地上の境界線が見分けられない。そうなると、風に削り取られた氷の刃サスツルギも見えない。したがって、雪上スクーターは転倒しやすくなる。衛星が自分の位置を正確に教えてくれるようになる前には、雪上に残した自分の足跡を見つけられなければ、出発点に戻ることもできなかった。

マクマード基地からこのキャンプにやってきて二日目だった新参のイアン・ウィランズは、隕石に関する知識はあまりなかったが、氷については詳しかった。そこで、隕石がたくさん見つかる場所で、一人で隕石を発見しようと意気込んでいた。多くの隕石ハンターたちがキャンプの付近で探査しているのを尻目に、ジョンはイアンを伴って、何キロか離れた中西氷原まで遠征した。

ジョンはこのあたりの地勢については、おそらくだれよりもよく知っている。二人は雪上スクーターのうなりを上げて、キャンプを離れた。雲が下がってきている状況、周囲の氷の状態には、目配りを忘れなかった。どこを探せば隕石にぶち当たるのかはだれも知らないが、この目的地は隕石の穴場だ。岩場は露出していないので見間違えることはなく、黒っぽいものがあれば宇宙から飛来したものと考えて差し支えない。二人はこのあたりを探し回る予定で、何枚かの写真を撮り、運がよければいくつかの隕石を発見できるかもしれない、と期待した。

二人は、現地で別行動を取った。二人がそれほど離れないうちに、イアンが大きく両腕を振って招いている姿が目に入った。「シロウトのまぐれ《ビギナーズ・ラック》」そのもののように、イアンははじめての隕石を発見したのだが、これが世界でも類を見ない貴重なものだった。駆けつけたジョンは、手に取ってみて首をひねった。ジョンはこれまでに何百もの隕石を見ているが、このようなものは見たことがなかった。ゴルフボールほどの大きさだが、奇妙なグリーンの泡立ったガラスのようなフュージョン・クラストにくるまれている。一部が欠けていて内部が覗けるが、黒っぽいなかに白い長石が入っていてコントラストがあざやかだ。

彼は収集キットのなかからアルミ板を取り出して1422と番号を打ち、イアンは写真を撮ったが、これはのちにボランティア活動のなかで最も有名な一枚になる。ジョンはバッグのなかに大切にしまい、ノートに次のように記した。

> 1422番。変わった隕石。薄いくすんだ緑色《タングリーン》のフュージョン・クラストあり。五〇パーセント以下。融解した可能性あり。内部は黒っぽいグレーで、角礫岩《かくれきがん》に似た斑点がいくつも見られる。長さ三センチ弱。

のちに分析に当たった人びとは異口同音に、この隕石はどこから来たものか、すぐに分かったはずだ、と語っている。ベテランの隕石ハンターであるジョンのメモは、十分にヒントを伝えている。だが基地では、この奇妙な石の標本に対して当初はそれほど大きな反応は起きなかった。ほかの隕石片とともに梱包されて発送され、すぐに忘れ去られた。

数か月後にテキサス州ヒューストンにある分析センターに到着した際にも、優先して調べられたわけではない。ジョンはもっとたくさんの、感嘆符を付け足しておくべきだったのかもしれない。彼はいまから振り返って、特筆すべきだとは考えていなかったという。当時の学芸員が１４２２番の分析に取りかかったのは、四つを終えたあとだった。一九八一年から始まったそのシーズンの分析の五番目として、アラン・ヒルの五番目という意味のＡＬＨ８１００５と名づけ直された。

ＮＡＳＡのジョンソン宇宙センターで精査しているうちに判明してきたのだが、この隕石は小さいが科学的にはとてつもなく大きな価値があった。分析が進むにつれて、調査員のだれもがその点を認識した。ジョンが注目してメモにも記した白い物体は、灰長石《アノーサイト》というチョークのようにもろい鉱物で、月の高地に多い。ＡＬＨ８１００５は、小惑星帯や近くからやってきたものではない。ＮＡＳＡの資料にも記載されているが、月から飛来したものだった。

アポロ宇宙船が月から大量の岩石を持ち帰ってから、一五年も経っていた。地質学者ならだれでも、月面の大部分は白いアノーサイトと灰色の岩石の破片に覆われていることを知っている。標本を見て知っているはずの専門家たちは、なぜすぐにピンとこなかったのだろうか。

全員が、雪盲にかかっていたみたいに思われるが、そうではない。そんなことは起こり得ない、と頭から思っていたからだ。当時の常識としては、隕石は小惑星帯から降ってくるものだと信じられていた。惑星から岩の破片を引っぱがして宇宙に放り投げるほどのエネルギーがあるのだったら、破片のほうも粉ごなになってしまうはずだ、と思われたからだ。たとえ元の惑星の引力圏から離脱できたとしても、暗黒の宇宙のなかでは大海の一粟《いちぞく》にすぎない。地球に到着する確率など、ゼロに等しい。到達したところで、見つかる可能性も、きわめて小さい。だが、南極の氷の上という好条件があればこそ、発見できたものだった。人類は月に到達したから、こんどは月から地球にやってきた。そこから類推すると、ほかの惑星から飛来することだって、ないとはいえない。

最初に脚光を浴びたのは、一・八キロの重さがあるシャシナイトの隕石だった。これは一八一五年一〇月三日の午前八時に、フランスのシャシニーに落下した。ワーテルローの戦いが終わってから、ひと月後のことだった。その後、一八六五年八月二五日の午前九時にも、インドのシャーゴッティに不思議な隕石が落ちてきた。これもシャシナイトと同じく大きくて、四・五キロもあった。これまた、通常の隕石とは違う特色を持っていた。ただし、コンドリュールは含んでいなかった。結晶は地球のものと変わらず、火山の中心で溶けたような感じだった。できた年代が驚くほど若かった。小惑星帯からの隕石は、太陽系宇宙の形成期にまでさかのぼるのが普通で、四五億年ほど前になる。ところがシャーゴットライトと名づけられたこの隕石は、せいぜい数億年前のものと思われた。

次に一九一一年六月二八日の午前九時、エジプトのアレキサンドリアから四〇キロ東のエルナクラ・エルバハリという村に、四〇個もの隕石が集中的に降った。その直撃を受けて死んだ、不運なイヌがいたという。二〇世紀の終わりまでに判明したところでは、この「ナクライト」はシャーゴッタイトと酷似している。溶岩のかけらで、シャーゴッタイトより年代は古いが、隕石としてはきわめて若い。

この三つの隕石は新たなカテゴリーに入るとして、シャーゴッタイト、ナクライト、シャシナイトの頭文字をつなぎ合わせて「スニックス（ＳＮＣｓ）」と呼ばれるようになった。それ以後、スニックスの数は増え、一九八〇年までに九個になった。うち南極で発見されたものが三個あるが、正体は分からない。隕石研究のなかでは主流ではなく、三個の共通項さえ明らかでない。だが研究者の間では、SNCはずっと話題になっていた。火山性のもので若い物質だとなれば、内部に熱を持っていて激しく噴火している星に違いない。それは惑星だと思われるが、どの惑星かが分からない。

だが、だれもそのようなことを大声では言い出さない。想定できない話だから。だがALH81005が話題になってから、突破口が開けた。それまでも、月から飛来したのではないか、あるいは火星から？――というささやき声はあった。だが一九八三年になって、それがささやきではなく、大合唱になった。

EET79001は、明らかにSNCに分類される。ANSMETのボランティアが、一九七九年に、エレファント・モレーンと呼ばれる地球の岩石が散乱している氷堆石《ひょうたいせき》のなかで見つけた。ジョンソン宇宙センターの学芸員は、この隕石に付いたメモが変わっていたので、この包みを最初に開いた。重さが八キロを超えていたし、SNCの特色である、いったん溶けた溶岩が固まったような外見だった。だが研究者たちが子細に眺めてみると、全体は薄いグレーで、黒い斑点が点在している。どのような力を受けて欠け落ちたのかは分からないが、元の星はかなり大きなエネルギーの圧力を受けたに違いない。まだどろどろしていた時期には大きな岩石からは分離しておらず、その間にガラス状の斑点と細い筋状の割れ目が付いたと思われる。斑点の一部は、大気中にも飛散したはずだ。黒い斑点に取り込まれた大気の泡を分析すれば、この隕石のふるさとが解明できる決定的なヒントを与えてくれるはずだ。

月の詳しい状況がしだいに明らかになってきたため、研究者たちは一九八三年になってから改めて熱心に分析し直した。気泡の中身を分析したところ、地球の大気の成分とはかけ離れたものだった。ところが、火星軌道上の衛星やロボットなどの宇宙ミッションが収集した火星の大気データとは一致した。SNCは間違いなく火星のものだ、と断定された。*

*火星の隕石についてのNASA情報は、www2.jpl.nasa.gov/snc/index.htmlで確認できる。

人類は、近隣の惑星にいくつもの宇宙ミッションを送っているし、今後も続くに違いない。だが惑星を外部から観察することはできても、標本を持ち帰ることはなかなかむずかしい。だが南極の実例が示しているように、信じがたいことが現実に起こっている。地球に向かってくるミッションも、火星からの手土産を持参している。

これは、なかなかエキサイティングなニュースだ。だがこれらSNCのサンプルは、火星史のなかでは比較的最近の時代に入ってからのもので、火星が「中年」を過ぎ、冷え切り、荒涼として生命が絶えてからの石だ。それ自体は、驚くべきことではない。火星にはすばらしくそびえ立つ山脈があって、オリンポス山はエヴェレスト山の三倍の二万五〇〇〇メートルもの高さがあり、裾野は六〇〇キロにわたって広がっていて、太陽系惑星のなかで最高峰だ。火星の表面はかつて、オリンポス山からの雪解け水で繰り返し洪水になり、古い地表ははるか下層に埋もれてしまった。したがって、これまでのSNCすべてがおおむね若いこともうなずける。火星に湿気があった、ノキア代のものは含まれていない。その当時にはたっぷり水分があって、生命も存在していたはずだ。

だが、次のような事態も想像できる。小惑星が衝突して古い地層が表面に現れたとか、衝突しないまでも至近距離を通過して表面を剝がし取り、引力圏を離脱する初速を与えたということも考えられなくはない。それから一〇〇万年か二〇〇万年も宇宙をさ迷ったあげく、近くの惑星の引力圏内に入って引っ張られる。そして、流れ星のかけらとしてわが地球という惑星の極地の雪上に着陸し、雪に埋もれた。長年にわたって氷のなかでさんざん揉まれたあげく、白夜の地表に迷い出てきて、何万年かのちに二足動物が見つけ出した。これは、生命の兆《きざ》しを宿しているのだろうか。もしそうだとすれば、太陽系宇宙における屈指のドラマを伝えていることになる。

一九八四年一二月二七日　アラン・ヒルで

この日は、すでに記念すべき日になっていた。好天に恵まれ、ANSMETの隕石探査チームは氷原の西端で行きつ戻りつしながら作業を続けていた。昼食が終わった時点で成果はすでにたっぷり上がっていて、収納バッグは重くなっていたので、それほど血眼《ちまなこ》で探す気分でもなかった。近くの斜面にはおとぎ話に出てくるような氷柱がいくつもそそり立ち、風が彫り出した彫刻ともいえるウィンドスクープや、巨大な氷のサスツルギがあたり一面に広がっていた。風が削り出したウィンドスクープのなかには、高さ一〇メートルに達するものもある。クレバスは堅い雪で蓋をされ、目隠しされた状態で、これも風のなせるわざだ。光線の加減によっては、氷の尖塔は輝いて炎のように見え、このように不思議な光景が小休止中の一行をなごませてくれた。

しばし斜面の絶景を愛《め》でたあと、六人全員は仕事に戻り、夕刻の作業終了までにもうひとふんばり、と張り切った。氷の尖塔の合間に平らな氷の平原が広がっている場所があり、みな申し合わせたかのように雪上スクーターに乗って移動して散らばったが、とたんに目を見張った者がいる。緩やかな斜面の氷の上に、チョコレート色をしたグレープフルーツほどの大きさの四角っぽい石を見つけたからだ。無球顆《エイコンドライト》であることは分かったが、太陽系の形成初期の岩石に見られる特徴であるコンドリュールは見当たらない。火山で溶けたものが固まったものと思われた。明るさが十分でなくなったための誤認かもしれないが、緑っぽく見える。一行は写真に撮り、包んでバックパックに収納した。

ジョンソン宇宙センターに送られたこの年の隕石のなかで、これが最初に梱包を解かれ、分析にかけられた。番号は、ALH84001。一見したところ、あるいは眺め直しても、小惑星帯から飛来したものと思われた。少なくとも四〇億年あまり前のものらしく、火星起源のSNC隕石の仲間よりかなり古い。学芸員たちは、小惑星ヴェスタから飛来したものと推定した。これは興味ある推論だが、驚天動地のものではない。そのように識別されて記載され、分析は一段落した。

だが七年後、この隕石を調べていたジョンソン宇宙センターの研究員デイヴィッド・ミトルフェールトは、ちょっとおかしいぞ、と気づいた。ALH84001は小惑星ヴェスタからやってきたとされているが、火星起源のSNC隕石に含まれる鉱物をいくつか含有している。実際には、火星から飛来したのではないのか。もし本当にそうだとすれば、すごいことだ。太古の時代の火星、まだ水分があったころのものだとすれば、生命が存在した証拠が見つかるかもしれない。

それを確かめる方法が、一つある。酸素にも同位元素があって、重さが微妙に違う。岩石に含まれるその混合比率が「残された指紋」で、それによって「出自」が正確に断定できる。デイヴィッドはその分析を指示したが、その結果は驚くべきものだった。ALH84001は、いにしえの火星の特性を秘めていた。

さらに細かく分析を進めると、この標本は実に面白い過去を教えてくれることが分かった。初期段階の火星で、地表から何キロか下で生成されたものであることが判明した。火星の地殻変動によって、この岩石はしだいに押し上げられて表面に出てきた。四〇億年ほど前、上空から降ってきた物体が激突して大きな衝撃を与えた。だがそれだけでは、宇宙に飛び出させるほどの勢いはなかった。だがおそらく、まだ火星にあった水分が、割れ目から石の内部に染み込んだ。

それから何十億年かが経過して、もっと大きな衝撃がこのあたりの火星表面を襲った。ALH84001として知られることになるこの岩石の破片は、宇宙に飛び出した。おそらく一七〇億年ほど太陽系宇宙のなかをさ迷い、一万三〇〇〇年ほど前に南極の氷の上に落下したが、だれも気づかないまま眠り続けた。

このような推論が、研究者仲間の関心を呼んだ。デイヴィッド・ミトルフェールトの同僚であるもう一人のデイヴ、デイヴィッド・マッケイも興味を掻き立てられた。彼はとくに、前半の仮説が面白いと思った。ALH84001は本当に、火星で水に浸かった経緯があるのだろうか。そうだとすれば、当時の火星の水には生物が存在した可能性がある。そこで精査してみると、石のなかにはオレンジ色がかった赤い炭酸塩が混入している痕跡が認められた。水のなかの炭酸塩には、生物が潜り込んでいる場合が多い。彼はさらに、もっと興味を引く点にも気づいた。生物が存在していると、化学反応を示す有機化合物がある。そこでデイヴィッドらは件《くだん》の隕石の一部を薄くスライスし、超高性能の顕微鏡で覗いてみた。すると、驚くべき発見があった。母岩のなかに、バクテリアに似た極小の虫のような形をしたものが見つかった。もちろん生きた状態ではないが、かつては生きていたことをうかがわせる。

デイヴィッドのチームは、すぐに論文の準備に取りかかった。だがそれが発表される前にニュースが漏れ、一九九六年八月六日、NASAのダン・ゴールディン局長は、翌日その件で記者会見を開くと、次のように発表した。

NASAは、以下のような驚くべき発見をした。三〇億年あまり前、火星では顕微鏡的な原生生物が存在したのではないか、と思われる痕跡を確認した。……誤解しないでいただきたいのだが、それは決してSFに出てくるような緑色をした火星人ではない。これはきわめて微少な単細胞生物で、地球上でのバクテリアに近い。……この発見に関与したNASAの科学者や研究者たちは、明日の記者会見で発見の詳細について説明する。

世界中が沸き立ち、新聞がこぞって大見出しで報じた。ビル・クリントン大統領は一九九六年八月七日の午後一時一五分、ホワイトハウスのサウスローンで、押しかけたジャーナリストたちを前に声明を発表した。大統領は、NASAの発表はアメリカの科学・宇宙計画の業績を高めるもので、火星の探査をこれまで以上に積極的に推し進めると述べ、次のように続けた。

本日、84001という番号の隕石が、何十億年もの年月と何百万マイルもの距離を経て私たちに語りかけてくれました。火星には、生命の兆《きざ》しがあったといいます。もしこの発見が事実だと確認されれば、宇宙に関して科学がもたらした最も驚くべき洞察だということになります。この波紋はきわめて大きく、畏敬の念さえ感じさせます。これは古くからの疑問に答えを出してくれるかもしれないし、さらに基本的な疑問を提出するかもしれません。研究が進んで答えや知識が積み重なるにつれて、隕石が語ってくれることに私たちがさらに耳を傾けていけば、過去の人類史ばかりでなく、私たちの将来についても学んでいけるかもしれません。

それから一〇年あまりが経つが、議論はなおも激しく続いている。隕石に刻印されているとされる火星における生命の有無についても、ALH84001が決定的な証拠を提供しているわけではない。最初のうちは、それほどの高温のなかで生命は維持できない、という意見が大勢だった。だが、そうとも断定できない。相当な低温下でも、生命は生き延びている。ボウフラのようにピクピク動くが、バクテリアよりもっと小さなものが、地上では「ナノバクテリア」と呼ばれて存在している。生命とは関係のない有機化合物は、実験室で簡単に作り出すことができる。だが、生命の副産物としても発生する。ALH84001の結論は、まだ決着が付かない。だが宇宙のどこかに生命の兆しがあるということは、私たちだけが孤立した存在ではないことを示していて、興奮を誘う。

それが正しいとすれば、心が弾むような想像が花開く。太陽系宇宙の草創期には、生命誕生のビリヤードのような玉突きゲームが展開されていて、できかけの微惑星があちこちでぶつかり合っていた。宇宙から地球に爆弾のように隕石が降ってくる状況が静まるまで、そして岩石が溶けるような高温が収まり、大気の煮えたぎるような状況が収束するまでは、地球に生命はなかったという見方で、多くの科学者の意見は一致している。多くの状況証拠から判断すると、隕石爆弾が止んだ直後に、生命は芽生えたと見られている。すると、新たな疑問が湧く。地球の環境が整ったのち、どのようにして生命は誕生したのだろうか。

太陽系宇宙のどこか別のところに、答えが隠されているのではなかろうか。火星は、地球よりかなり小さい。それに伴って引力も弱いから、落ちてくる物体も少なかった。したがって、宇宙からの爆撃も早い時期に終了したに違いなく、生命も早くに誕生した。そして火星のかけらが隕石となって地球にもたらされたとしたら（おそらくこの推量は当たっている、と現時点では思われる）、それが火星の生命も地球に運んできたと考えられないだろうか。そうなると、太陽系宇宙で生命が誕生して進化したのは、火星においてただ一回だけで、それがわずかな数の隕石によって地球にタイミングがずれてやってきた。その筋書き通りだとすると、私たちはその経緯を南極で学び、私たちの祖先は火星人だということになる。

ドライヴァレーにいると、「火星」ということばをひんぱんに耳にする。だがそのなかで最も火星らしい光景が見られる場所は、氷床の端にあって、アランヒルと標高がほぼ同じの辺鄙《へんぴ》なところだ。きわめて行きにくいところで、周囲を白い氷がさえぎっている。

このビーコンヴァレーという渓谷は、馬蹄を細長く引き延ばしたような形をしていて、その半分ほどを山並みが囲んでいる。北の端は平たくなっていて渓谷と氷河につながり、そのまま海になだれ込む。一帯はドライヴァレーよりやや標高が高く、最も寒く、最も乾燥していて、ひときわ荒涼としている。私たちが知っている火星の風景に最も近いというだけでなく、最も時間が止まっている場所、という思いを抱く。

周囲の高みからビーコンヴァレーの底を眺め下ろすと、ワニのうろこ状の肌を連想する。あるいは、水が涸《か》れて地割れした川底のようだ。ドライヴァレーのほかの場所はもっと滑らかなのだが、こちらは規則的な多角形のひびが入っていて、偶然にできたとは思いがたいほどだ。これは、「収縮亀裂ポリゴン」と呼ばれる。世界各地の寒くて荒涼とした場所で見られる地勢だ。だがここではそれが何キロにもわたって続いていて、ほかに何もない渓谷底辺の特色になっている。

上空でヘリの窓から見下ろしたとき、ポリゴンは小さいもののように思えたが、地上で見ると一つの縦横が何メートルもあってびっくりした。あまりにも大きいので、立った視点から見るとほとんどパターン模様が認識できず、岩が散乱しているだけという印象だ。砂利や汚泥が乱雑に散らばり、足をくじきそうで歩きにくい。ヘリのパイロットは現地で案内してくれる人と先ほどから無線で交信していて、まもなく来てくれるという。

「もう、どこかそのあたりまで来ているみたいだ」

と私に言い、ニコッと笑って親指を立てた。

ヘリが立ち去ると、にわかに寂しくなった。ヘリパッドもポリゴンのなかにあるが、大きな石は取り除いて、平らにしてある。中央のグレーっぽい地面に、黄色い砂岩でXマークが記されている。周囲には重しとしてテントを詰めた赤いバッグや石が置かれている。すぐ近くには、スコット隊のピラミッド型のテントが三つ（黄色が二つと白が一つ）と、ドーム型のテント（小さいのがいくつかと、派手な色のストライプが入ったエンデュアランス型）が建っている。最後のはおそらく、調理・食堂用だろう。だがキャンプには、だれもいる気配はない。私はここに入って待とうかと思ったが、やがて意を決して寝袋を下ろし、野外調査の連中を捜そうと考え直して、よろめきながら歩み出た。

しばらくして、いくつもの任務を兼務する二人の研究者に出会った。前にピーター・ドーランが「天が組み合わせてくれたようなコンビ」と表現したペアだ。リーダーは、ボストン大学のデイヴ・マーチャント。彼は地形学の権威で、とくに氷が作る風景に詳しい。ここの地形に関して、彼の右に出る者はいない。彼の同僚は、ロードアイランドにあるブラウン大学のジム・ヘッドに違いない。彼は、火星の権威だ。二人によると、ビーコンヴァレーはドライヴァレーのなかでも最も火星の風景に近い場所で、地球を離れずに火星に行ける最短距離にあるという。

私は岩につまずいたが、そこでＮＡＳＡの火星探査機が送ってきた有名な映像の数々を思い出した。あちこちに散乱している丸石は宝石のように磨きがかかっていて、丸みを持った角は風で研磨されている。風が強いに違いない。風にさらされた部分は砂にえぐられて穴が空き、後方に長い砂の尾を引いている。ぼんやり眺めていると、雪片が穴のなかで舞い、やがて落ち着くと溶けて消えた。

風で磨かれた丸石はつやがあって、サングラスを通して見ると、赤く見える。私は丸石を背にもたれかかってすわり、しばし火星に滞在している幻想に浸った。引力は軽減できないが、それはやむを得ない。私はピンクの空と、月の代わりに空に浮かぶ地球を想像した。最初にひしひしと感じたのは、えもいわれない孤独感だ。私はおぞけて身震いし、立ち上がった。やや、過剰反応だったかもしれない。だが感情移入が始まっていたから、私はいま火星にいて、私が触れるものにこれまで触れた人間はだれもいない、と想像した。私は子どもみたいに、岩から岩へと飛び移り、柔らかい砂の上に足跡を残さないように心がけた。この原風景のなかに、人影はまったく見えない。私は近くのポリゴンの峰に駆け登り、頂上から眺め渡すと、赤い上着を着た人間が遠くに何人か見え、私は安堵の吐息を漏らした。

ポリゴンの岩に足を取られながら、人影のほうに近づこうとしていたとき、何やら大きな音が響いた。赤いパーカと派手なグリーンの帽子をかぶった男性が、目の前にあるアルミ板を、ハンマーで叩いている。銀色の板は、水中から跳ね上がるサケのように空中に飛んだ。二発の音がまず地響きとして伝わってきて、やがて音が空気を伝って到達した、脇の二人が計器を調べ、数人が見守っている。ハンマーを振るっていたのが、デイヴ・マーチャントだった。彼は私の姿を確認するとハンマーを置き、軍の指揮官のようにみなに指示を出した。一行のなかには、複数の女性の姿もあった。

「OK、みんな。五分の小休止。タバコを吸ってもよろしい。装備を点検せよ。仲間の無事も確認すること」

彼の学生たちは、このような状況に慣れているようだった。みんなにっこり笑い、測量計器から離れると、バックパックからチョコレートバーを取り出した。

デイヴは気さくなところがある反面、不釣り合いにマジメな一面も持つ。四〇代で顔はよく日焼けしており、目尻に笑いじわがある。瞳は、深いブルー。彼は働きバチなので、学生たちは面と向かっても「サイボーグ」と呼ぶ。だがちょっと乗せれば、喜んでパーカとフリースを脱ぎ、いつも下着として着ているTシャツを見せてくれる。自分の男の赤ちゃんの写真がプリントされている。

みなが小休止している間に、彼は私と一緒に丸石を乗り越えて高みに登り、彼がお気に入りの渓谷の風景を自慢げに紹介してくれた。彼がとくに強調したかったのは、普通の風景とどのように違っているのかだった。風景は、変化するのが当たり前だ。地球は同じ状態にはとどまっておらず、風や天候、水や氷の影響を受けて、地表は移り変わっていく。

だが、ここでは違う。デイヴの表現によると、ここの風景は「まるでマヒしているようだ」。ビーコンヴァレーでは一四〇〇万年にわたって水の流れがない。地上にある雪の大部分はよそから飛ばされてきたもので、上空から降ってきたのではない。風は丸石に穴をうがつかもしれないが、動かすわけではない。

「あそこに、落石が見えるだろう?」

と、彼は向こうの山から裾に落下した岩石群を指した。岩石は落ちた場所にとどまったままだが、最近のできごとではない。ずっとむかしに起きたものだとすれば、長年の間に斜面の落ち着さな石が乗っている。

きやすい位置にずれても不思議ではない。エイヴは言う。

「最近のできごとだと思うかもしれんが、一〇〇万年も同じ状態なんだ」

彼は私のけげんそうな顔をみて、したり顔で私を落石の近くまで連れて行った。砂の上に、小さな石が乗っている。

「いいかね。私の家族は信心深いから、私もよく教会に行き、二〇〇〇年前のキリストの話を聞いた。そこから人類の歴史が始まったかのように説教されるが、あの石はその間も不変だ。もし私が一〇〇万年前にここに来たとしても、風景はいまと同じだろう。人類が出現するよりはるか前、一〇〇〇万年前でも、風景はまるきり変わっていない」

地殻変動のおかげでほかの地域では様相が変わったが、南極では大むかしに変動が収まってしまった。デイヴは、こう断定する。

「ここは、世界で最も安定した不変の風景なんだ。ここに比肩できる場所はない。グランドキャニオンはまったく削り直されたし、ニュージーランドの南アルプス山脈は新たにいまの高さにまで隆起した。だがここでは、まったく変化なしだ」

南極のこのあたりでは時間が止まって不変であることに、私は強く心を打たれた。過去についてばかりでなく、将来に関しても。南極ではほかの場所では温暖化の影響が出ているかもしれないが、ビーコンヴァレーは隔絶されている。大きな地殻変動、たとえばほかの大陸が南極大陸にぶつかって海流が変化するなどの激変があれば、ここにも影響が及ぶかもしれない。だが現在、ほかの大陸は南極から遠ざかりつつあるから、それは考えにくい。デイヴは続ける。

「ビーコンヴァレーに将来どのようなことが起きるのか、容易に予測できる。ほとんど変わらない、というのが答えだ」

だからこそ、ビーコンヴァレーは火星のそっくりさんなのだといえる。火星はいまや老齢化し、寒くてドライだ。何も動かず、何一つ変化しない。ここも同じだ。

私たちが付けたブーツの楕円形の足跡は、細かい線まではっきり浮き出ていて、ニール・アームストロングが月面に残した足跡を思い起こさせた。私は、火星の表面を歩いている状況を想像している、とデイヴに話し、岩から岩へと飛び移っていれば、人間が荒らした形跡を残さずにすむ、と言ったところ、彼は笑って答えた。

「ここの風景は古いだけじゃなくて、変わらないんだ。だから何かを変えたいと思ったら、過去にさかのぼらなければダメだ」

そして、宇宙飛行士もどきの足跡を指して言った。

「あの足跡ぐらいじゃ、嵐がきたら消えちゃう。夏が終われば輪郭は消え、一年が経ったら何も残らなくなる」

元の場所に戻り、私はほかの研究者たちにも会った。ジム・ヘッドはもう少し生真面目で、穏やかで礼儀正しいヴァージニア・アクセントでしゃべる。彼はおそらくデイヴより二〇歳ぐらい年長で、髪もほおひげも白い。旗竿みたいな棒を持ち歩いているので、「指輪物語」の魔法使いガンダルフのように見える。彼のほうがデイヴより年長で経験も豊富だから、ゲストとして丁重に遇されているが、やや自嘲気味に、デイヴを「サー」と呼んでいる。

ジムが大学院を出て最初に手がけた仕事は、アポロ計画で月面のどこに降りたらいいか、について助言することだった（彼は、NASAの次のような広告に目を止めた。「われわれの目的は、月に行って戻ってくることだ。ご意見があれば、下記の電話まで」とあったので、応じたのだそうだ）。彼は、科学的な成果を上げるためには、地質学的に見て興味のある場所がよかろうと提案したので、具体的な地域を探さなければならなかった。だが地面の柔らかい、たとえば「静かの海」だと、探査機のイーグルは埋まってしまって役に立たない。斜面だと、探査機は転げ落ちてしまう。搭乗していた飛行士のバズ・オルドリンとニール・アームストロングは探査機内でぐるぐると回転させられ、ゆさぶられて終わってしまいかねない。一九六九年七月二〇日、世界中が注目するなかで、ジムの娘たちは尋ねた。「パパは、どこにいるの?」。パパはアポロのコントロールセンターの別室にすわり、ディスプレイに目をこらし、ジムが指示した適切な着陸地点に降下した(のち、ジム・ヴァレーと命名された)。

ジムはそれをきっかけにして、惑星に取り憑かれた。彼は惑星を、旧友であるかのように語る。

「月面では引力が弱いから、アポロ17号のジャック(シュミット)がやって見せたように、素早く移動できる。いろいろな歩き方を試してみせたが、ジャンプ歩行が最高だった。いろいろ、愉快な写真が残っているよ」

「じゃあ、火星ではどうなんでしょう?」

「火星じゃ、あまりうまくジャンプできないと思うよ。月面には柔らかい砂があるので、やりやすいだろうけど。火星でも思ったより高く飛び上がれるかもしれないが、着地するときに痛いだろうから。地上と同じように、のろのろ歩きがベストじゃないのかね」

私は、「どの惑星がいちばんお好き?」と、尋ねてみた。即座に「地球」という答えが返ってきたが、「二番目は火星だね」と付け加えた。

だから彼はいま、地球のなかで最も火星らしい場所にいる。彼は宇宙飛行士の訓練に携わり、金星、土星、火星の探査ロボットにも関与したが、これらなじみの惑星に足跡は残していない。彼の仕事は、イマジネーションを働かせることだ。宇宙飛行士は、何を集めてくるべきなのか。

着地機械、周遊装置は、何を観察すべきか。何を採取し、何をひっくり返し、何をテストすべきか。融通性に欠けるロボットカメラに、どの風景を撮影させるべきなのか。

彼は、火星のタルシス地域に伸びるマリネリス渓谷について話してくれた。これはアメリカの地図でいえばボストンからロサンゼルスに至る長い距離にわたって続いているが、およそ地球の概念では推し量れないもののようだ。ビーコンヴァレーは、このマリネリス渓谷の部分モンタージュみたいな感じだ。風化して静かな表面、急峻な崖、ポリゴンや岩石の状態が、ヴァイキングの着陸船のカメラが捕らえた映像と酷似している。

もう一つここ南極の氷の特色は、上を歩いても足跡が残らないことだ。世界中どこでも、氷河はどちらかといえば水っぽい。氷河は薄い水の膜の上を滑って渓谷を這い進み、岩を削り取る。アルプスでもどこでも、氷河学者や地質学者は長いことそう認識してきた。だが南極では、違ったメカニズムが働く。ここの氷河は年代が古いし、温度が低く、動きはゆっくりだ。地面との間に水の膜はなく、地面にぴったり接触している。滑っていくのではなく、べたべたしたシロップのように、ゆっくり流れる。したがって、地面に削り傷などめったに付けず、岩石は取り残され、いずれ崖から落下する。火星の状況と、まったく同じだ。

デイヴがはじめてビーコンヴァレーの状況をジムに話したとき、ジムはギクリとした。

「びっくりした。あまりにも火星にそっくりなんで」

ビーコンヴァレーと火星の共通点があまりにも多いので、ジムは関心を深めた。火星がことと決定的に違うのは、水がないことだ。火星では、浸食も少ない。温度が格段に低い。だがドライヴァレーの標高の高い地域ではきわめて湿度が低く、極寒で極地の砂漠の様相を呈していて、「火星そのものだ」と彼は言う。

そのような経緯でジムはデイヴに協力することになり、ビーコンヴァレーの表土を科学的に調査するのを手伝っている。合わせて、彼のイマジネーションを培うトレーニングの場だとも心得ている。

「ここを歩いていれば、周囲の風景は火星だから、風のデータが入手できなくても、風の状況は肌で感じられる。陽が沈むときの感じも分かる。火星の光景のなかに、埋没できるんだ」

と、ジムは言う。

ブラウン大学の教授室には、学生が書いてくれた飾り文字が壁に貼ってあり、一語「デイドリーム（白昼夢）」と書いてある。

「ボクに思い知らせようとする心配りだよ」

私はその晩、ジムとデイヴのキャンプがほかとはひと味違うことに気づいた。目覚ましに動物の声を使っていて、しかも、曜日によって変わるという。翌日は土曜なのでロバの「イーオー」の鳴き声だが、ひどい二日酔いみたいな声だ。日曜日は、カラスのカーカー。火曜日は傑作で、カケスの鳴き声をマネシツグミが真似た声だという。魔法瓶の呼び名も、年によってテーマが定められ、今年は「無名人」。それにしたがってジムのは「ジョー・イーグル」。この男はアポロ計画の宇宙飛行士だが、土壇場になって搭乗を辞退し、その代わりに唯一の地質学者ハリソン・〝ジャック〟・シュミットがアポロ17号で宇宙に旅立った。

トイレも、いっぷう変わっている。ドレイヴァレーで一般に使われている溲瓶《しびん》も利用していて、たまるとUバレルに移す。だが「大」のほうは、「玉座」もどきになっていて、使用前にみなの前で宣言する。そうしておけばトラブルは避けられ、カギをかけ忘れたり、ドアを閉める必要さえない。キャンプの端にある個室は、小さな丸石が囲む天然のシェルターになっている。右側は、チョコレート色をした崖だ。遠くには、テイラー氷河が延々と望める。これで他人は完全にシャットアウトできるわけで、後ろにいる人間は、何百キロ、何千キロも離れている。この個室からの眺めは、雄大なことこの上もない。

寝るときはそれぞれ個人用のテントを使うが、主な活動は食堂のテントに集まっておこなう。ここには簡易ベッドが二つあり、ソファとしても使える。ドアの両側にストーブがあるので、計二台。天井からは、さまざまなものがぶら下がっている。夕食用で解凍中の食品、金属製の食器、乾燥中の靴下や手袋、帽子、斜視のサンタクロースと細い脚のトナカイ「ルドルフ」、それに iPod ケーブルの脇には、二つのスピーカーがテープで不細工に貼り付けられている。お二人に喜んでもらおうと思って、私は新鮮なくだものとパンを持ってきたのだが、新しい音楽のほうがよかったのかもしれない。いま午後八時で、私たち七人はテントのなかでデイヴが来るのを待っている。私はおずおずと、私の iPod を差し出した。

「何か、新しい曲をお望みですか?」

と私が尋ねると、雑談が止んだ。

「ひょっとして、トム・ジョーンズの曲はお持ちじゃないでしょうな?」

期待の視線が、私に集まった。

具合よく、「イエス」だった。私はいつも幅広いコレクションを心がけているので、その甲斐があった。みなが興奮した。

「みんな、静かに。急いで。彼が来る前に始めよう」

すぐに、大音響のスピーカーから「よくあることサ」の出だしが流れた。外でクルマの音がして、デイヴがドアを激しく開けてテントに入ってくると、目を輝かせた。みなが、大きな笑い声を上げた。のちに分かったのだが、デイヴは前にこの曲をキャンプの公式ソングにしたのだが、昨年だれかがCDを持って行ってしまい、みんなひどく聞きたがっていたのだった。トム・ジョーンズは、そんなことはご存じじゃない。私は、ひとりごちた。「よくあることじゃないわ」。

その晩、私は考えた。南極で暮らす人たちは、どうしてこれほど他愛ないことにうつつを抜かすのかしら。暗闇のなかで口笛を吹く人がいるが、逆境のなかで勇気あるところを見せたいのだろうか。だがデイヴやジム、チームのほかのメンバーを見ても、この場所を恐れているようにはとても見えない。むしろ、楽しんでいる。やがて私が到達した一つの結論は、こうだ。ここではみな早朝から深夜まで、猛烈に働いている。息抜きには、笑いが必要だ。もう一つ考えられるのは、自分たちが手がけている科学の分野がここでは役に立っていて、それに充実感と生き甲斐を感じているらしいことだ。

翌朝は快晴で、仕事日和《びより》だった。私たちは別の場所に歩いて行ったが、デイヴはその途中で、今年の研究テーマは氷だ、と語った。ビーコンヴァレーは、周囲をいくつもの小さな渓谷に囲まれている。いわば、キャッチャーミットのような形だ。高原から風が雪を吹き下ろし、それが凍ってやがて氷河を作る。

渓谷の急な斜面を転げ落ちた岩石が、氷河に厚く黒い模様として残り、一時的には氷河を守る形になる。だが氷河がゆっくりビーコンヴァレーの中央にまで進んでくる間に風は容赦なく岩の隙間に入り込み、氷を解かして蒸発させるから、氷河はほとんど消えてしまっても不思議ではない。

だが実際には、消え去らない。デイヴがあるとき岩の周辺を掘っていると、シャベルが思いがけず氷にぶち当たった。本来なら、氷があるとは思えない場所だった。昨日、ハンマーで地面を叩いて音を出していたのは、氷の厚さが地面の下どれくらいまであるのか、地震波を起こして調べていたのだが、今回は氷に穴を空けて標本を採取することにした。

歩き続けているうちに、私はまたかつての英雄的な探検家たちに思いを馳せた。私が南極で会った人たちは、たいてい初期の探検史を読んでいる。だがこのような内陸の高地にまで足を延ばした者は、ほとんどいなかった。現在でも、ここまでやってくる人はきわめて稀だ。ここに来た科学者たちは、探検家気分なのだろうか。ディヴにそう尋ねると、しばらく考えてから答えた。

「私の場合は、科学的な探究心からだ。まだだれも立ったことのない場所に行ってみたい、という動機ではない。まだだれも知らない事実を知りたい、という気持ちだね」

彼は、顔を輝かせて続けた。

「あなたに、とっても面白いものを見せてあげるよ！　われわれは、もう、黄色いレンガ道を過ぎたかなあ」

彼は、足元の丸石に半ば隠れている、薄い黄金色の石をこすりはじめた。

その姿を見て、ジムが揶揄《やゆ》した。

「見てごらんよ。彼は、腰に剣を差したアイルランドの妖精レプラコーンみたいだろ。例の、黄金の壺のありかを知っている」

ディヴは、「貴重なんだぞ」と言いながら、両手に黄色い石をいくつも抱えた。

「いくつか持って帰ってもいい、という許可を創造主からもらっているんだ」

彼はあちこち跳ね回り、その姿がおかしくてみな笑った。彼はこれらの標本を、大切そうにバッグにしまった。それからニンマリ私に向かって笑ってみせ、こう言った。

「さっき言ったように、発見する喜びがあるんだ。あなたはいま、その一つの上に立っている」

薄い黄色の石は、もともとは火山灰だった。とても前身が灰だったとは思えないが、こうなるまでには長い地質年代が経過している。かつて火山の噴火があり、大気中に瓦礫が舞い上がり、そのなかに含まれるミネラル分子が放射性元素を取り込んだ。それは微少な単位だが、内部には出たり入ったりできない。放射性元素は長い年月のうちに崩壊していくが、半減期は時計のように正確だ。したがって、それを逆算していけば噴火の年代が判定できる。

この年代測定は意味のあることで、ディヴが穴を空けた氷より上に黄色い火山岩は存在する。つまり、氷はもっと古い年代にできたものと思われる。そこで専門家が分析したところ、彼が抜き出した氷の標本は、八〇〇万年も前のものだと判明した。

氷は、地球上で最も長持ちする固体だ。調べているうちにどんどん解けていくが、それほどはかないものが、想像を絶するほど長い時代を持ちこたえてきたのは、なんとも不思議だ。最初は、だれも信じようとしなかった。ディヴは繰り返し、さまざまな灰や標本を科学者仲間にも頼んで調べた。その結果、ビーコンヴァレーに埋もれている氷は地球上で最も古いものであることを、いまではほとんどの人が信じるようになった。ディヴはドリルで穴を空けて氷の標本を採取し、なかに閉じ込められている太古の気泡を分析してみたいと考えている。

ディヴはこれまでのところ、太古の空気を氷床コアと呼ばれる氷の核からきれいに取り出すことには成功していない。氷の割れ目から、ほかの時代の気泡が混じり込んでいる懸念が強いからだ。だが成功すれば、地球の天候史がくっきり覗けるようになる、と確信している。

ジムも、火星にはまだ氷が残っているのではないかという期待感に、ひとかたならぬ興味を寄せている。

「南極のこのあたりと同じく、岩の下に一〇〇〇万年か一億年前の氷が眠っている可能性は、高いんじゃなかろうか。想像するだけでも、すごい。その現場に行ってドリルで穴を空け、純粋な大気を調べられれば、全火星史が判明する」

そのように楽しい夢があったから、私はさらに数日間、チームの面々が場所を変えながら、重い機材を操作してあちこちで穴をうがつ作業を見学していた。コアにひび割れが入っていたり、岩が砕けているとがっくりうなだれ、きれいな氷床コアが採取できて分析用にバッグに詰められれば、顔を輝かせて歓声を上げる。彼らが口ずさむトム・ジョーンズやアメリカのロックシンガー、ミートローフの曲に、私も和した。そしてみなが寝静まった夜には、静寂さに耳を傾けた。

滞在最後の日、仕事を終えてキャンプに戻るとき、風は収まった。気温はマイナス六・一度だが、快適だった。太陽のぬくもりで背中は温かく、雲一つなかった。

デイヴが、私を覗き込むようにして尋ねた。

「どうですかね、ご感想は？　ここで六週間も作業を続けるわれわれは、変人集団だと思われるかもしれないな。この作業の意味が、お分かりかな？」

私は、理解している。もっとずっと長い間、滞在していたらどうなっただろう、と想像してみた。デイヴがうらやましい。時間を忘れてしまいそうな、渓谷の静寂さ。私は、こう答えた。

「時間に追われて駆け回るのには、くたびれました。しばらくここにいて、退屈感を味わいたいですね。退屈した先に何があるのか、見きわめたいです」

彼は、理解してくれたようだ。

「しばらくここにいて、すっかり環境になじんだら、ひと息ついて元気を回復したランナーのようになるよ。天気がよければ、科学面でもいい仕事ができる。立ち止まって耳を傾け、自問する。『私に、何を伝えてくれようとしているんだろうか？』って」

だれに尋ねるんだ？　風景か？　彼はまた、はぐらかしているのか。でも彼の表情をうかがうと、まじめな顔つきだった。

「南極はあなたに語って、心をきれいにしてくれる。一つには、ここには気を散らすようなものがないからだ。南極は、こんなふうにそそのかす。『一日くらい、どこかに旅してきたらどう？』って。でも、ボクは応じないな。『ボクはずっとここにいて、自然に抱かれていたいよ』って答える。風景を、肌で感じなけりゃいけない。南極になり切って、わがものとして感じ取るんだ。そうすれば、南極の自然が何を語っているのか、分かるようになる」

キャンプ小屋に戻ると、遠くでヘリのプロペラの回転音がかすかに聞こえて、渓谷の静寂さが破られた。私を迎える便が、まもなく到着する。私は急いでテントに戻り、衣服をまとめた。しばらくしたら、私はまた上空からうろこ状のポリゴンや氷河を見下ろし、飛び越えて行く。後方と眼下で、地球で最古の風景が飛び去っていく。そしてその風景が、ここに長く滞在して耳を傾ける者に、壮大な物語を語って聞かせ続ける。

第Ⅱ部　どまんなかの南極点——中央高原

第四章　暗い冬の天体観測

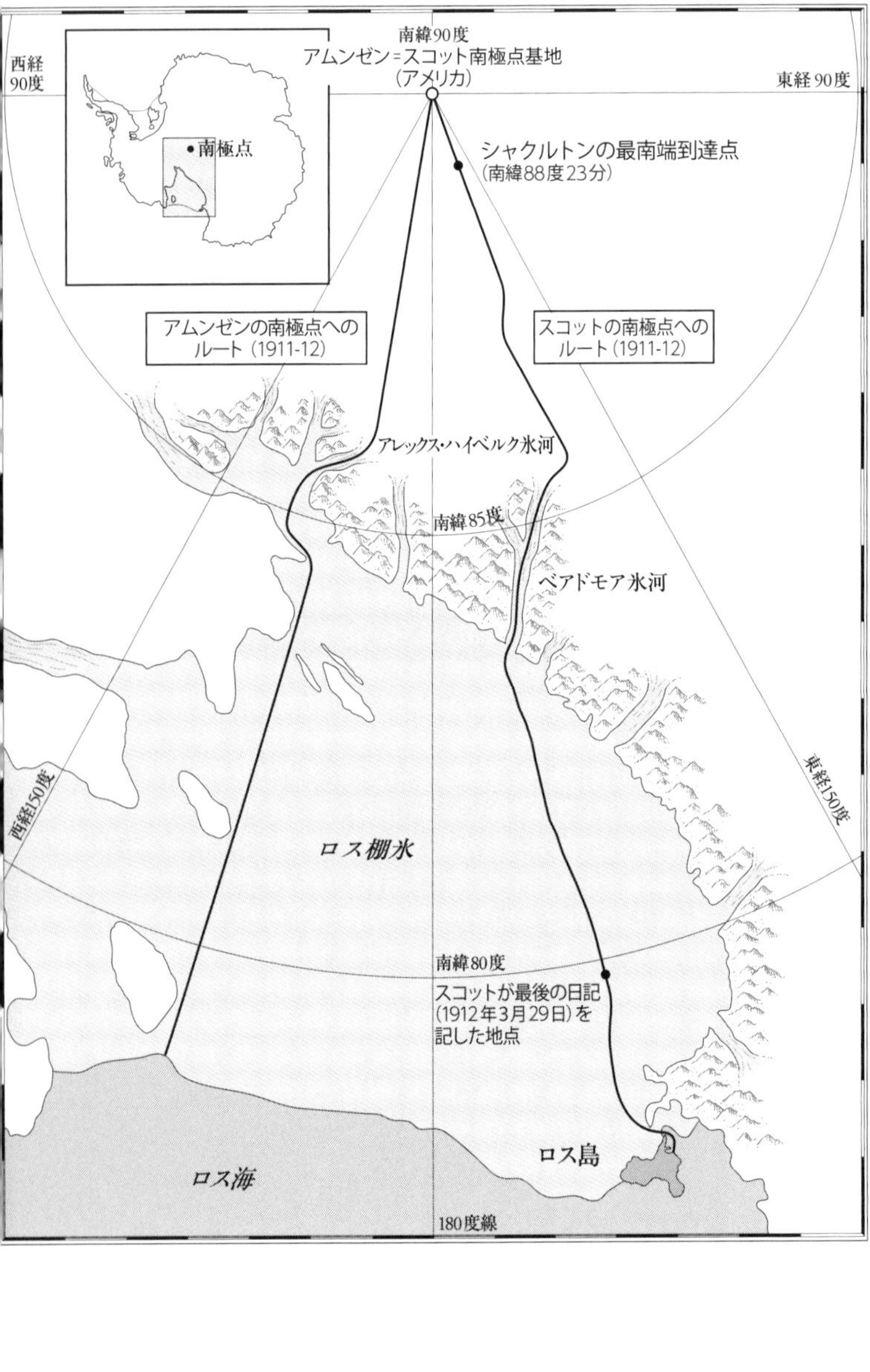

南緯90度
アムンゼン=スコット南極点基地
(アメリカ)
西経90度
東経90度
南極点
シャクルトンの最南端到達点
(南緯88度23分)
アムンゼンの南極点への
ルート (1911-12)
スコットの南極点への
ルート (1911-12)
アレックス・ハイベルク氷河
南緯85度
ベアドモア氷河
西経150度
東経150度
ロス棚氷
南緯80度
スコットが最後の日記
(1912年3月29日)を
記した地点
ロス島
ロス海
180度線

南極は、さまざまな描き方ができる。白くて広大な原野に、想像上の小さな点がポツンとあるだけ、というイメージもあるだろう。さらに、いまではだれもが行くことのできる地球の最南端。地球上のすべての経線が一点に集中する二つの極の一つで、自分の足で一回転すればすべてのタイムゾーンを通過できるが、地面が回転するわけではないし、自分が立っているところは動かない。北極とは違い、研究者の宿泊施設やオフィス、トラック、ビリヤードのテーブル、シャワーの囲い、サウナにサイエンス関連の施設と、驚くほど多くの人間が活躍できる場になっている。

南極には二つの目印があって、南極点に立っていることを証明してくれる。一つは儀式的なもので、床屋の紅白の縞模様のポールの上に鏡を張り付けた地球儀を模したようなポールが乗っており、南極条約に調印した最初の一二か国の国旗が取り囲んでいる。ここは、政府高官たちが写真を撮ってもらうために立ち寄るところで、そこに近づいて覗き込むと、ポールの鏡には後方に広がる氷や空や建物とともに、自分の顔が奇妙にゆがんで映る。

それほど遠くないところに、小さな真鍮のキャップをかぶせた地味な鉄の棒が立つ、「ホンモノ」の南極点がある。新しいキャップはかわいいデザインで、暗くて長い冬をもてあましぎみに過ごしている越冬組の技術者が毎年、機械で磨き上げる。この標識は毎年、元旦の公式行事として移し変えられる。地理学上の南極点自体は移動しないが、氷がその上を年に約一〇メートル近く滑って移動するため、この年間行事の移動をやらなければ、標識はホンモノの極地からとめどもなく漂い出してしまう。

これと並んで、ここが「地学上の南極」だと明示する白いパネルのそばにアメリカの国旗がはためき、南極の地図のまんなかに、赤い十字が書いてあって、まぎれもない極点であることを証明している。パネルには、南極にはじめて到達した二組のチームの、明暗を分けた運命を表

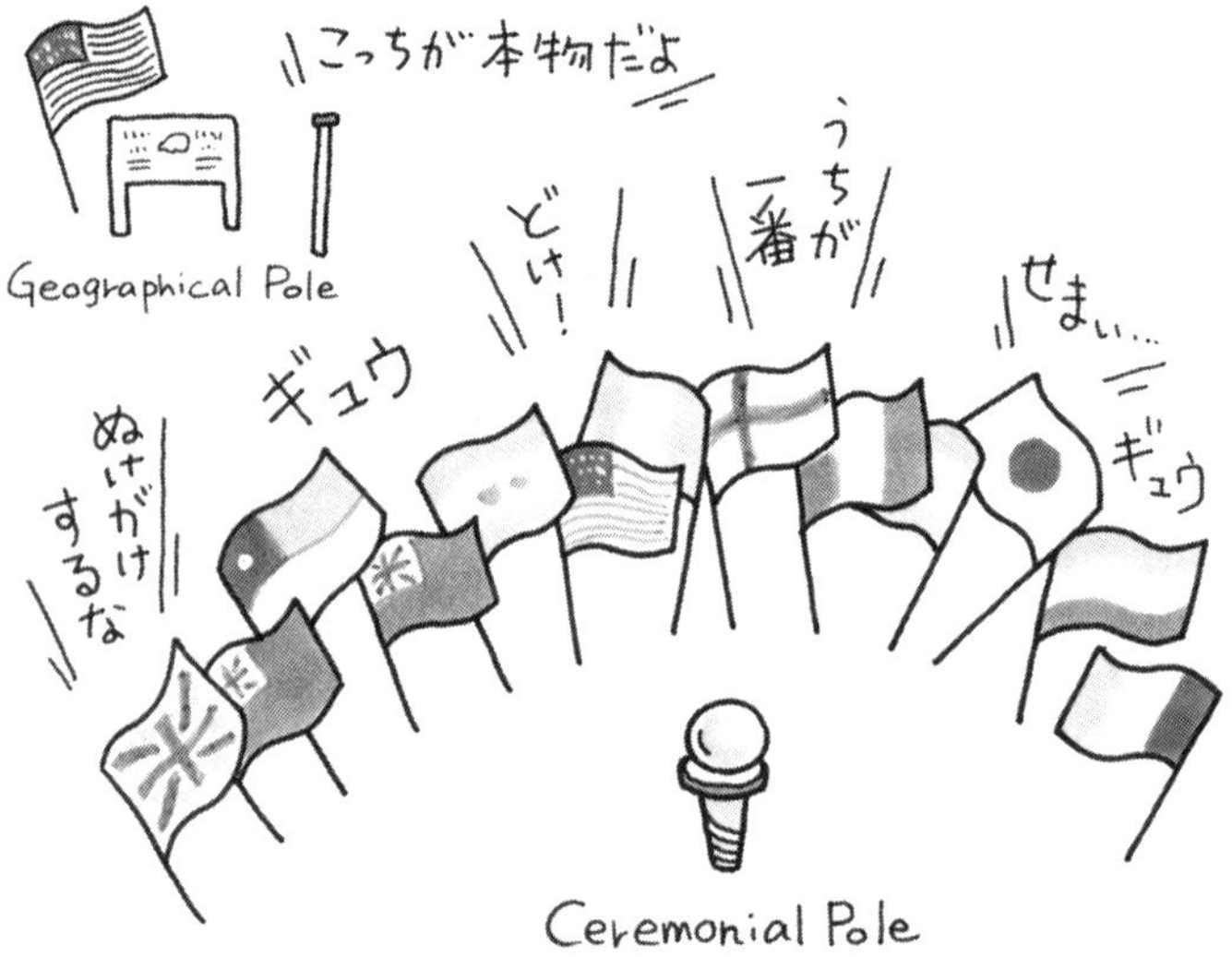
こっちが本物だよ
Geographical Pole
うちが一番
どけ！
せまい…
ギュウ
ぬけがけするな
ギュウ
Ceremonial Pole

した文言が引用されている。左手にあるのは、一九一一年一二月一四日付で、ロアール・アムンゼンの簡潔なことば。

「われわれは、ようやくここにたどり着き、地学上の南極にわれわれの旗を立てることができた」

右手にあるのは、一九一二年一月一七日の日付、二組しか参加していない競争で二等に終わったロバート・F・スコット隊長の惨めな思いを表したものだ。

「南極。まさにそうだが、期待した状況とは大きくかけ離れた結果だった」

アングロサクソンの資料ではむかしから、アムンゼンの乗組員たちは、ある意味では万全ではなかったものの手際がよかった、と表現している。だが彼らも道中、試行錯誤していた。アムンゼンはスコットに出し抜かれる危険性を深刻に受け止め、早春に出発する決心をした。結果的には、早すぎた。気候が寒すぎて、犬たちはひどい目に遭い、あげくの果てに乗組員たちもいったん出直さざるを得なかった。アムンゼンの乗組員の一人がこの体験のあと、苦々しく不満を大っぴらにわめいたために、アムンゼンは彼と、極点探検組の仲間二人に文書で解雇を通告し、代わりに失業対策として東方への探検に送った。これはかなりきつい処分だったが、おそらく賢明な措置だったのだろう。南極探検は、仲間同士の意見の相違がなくても大変なのだから。

だが結果的には、犬たちはみごとに立ち直り、好天に恵まれ、雪は固まっており、アムンゼンと隊員たちは南極までの食料も十分で、時間的な余裕もあった。彼が自らの偉業を控えめに表現したのは、スポーツマン精神にもとる、という非難をかわすために大仰な自慢を控えたためではないか、と思われる。だが彼の仲間の一人、オラフ・ビャーランドは、彼らを襲った心配ごとも、次のように書いている。

「われわれは本日二時三〇分に南極に到着した。疲れて空腹だった。だがありがたいことに、帰りの食料も十分にある」

そのあと彼は、母親と家族全員に対して、嬉しそうに次のようにしたためた。

「ねえ、お母さん、ザームントと、トールネとスヴェインとヘルガとハンス、いま、ぼくがこの南極にすわって手紙を書いていることをもし知っていたなら、ぼくのために祝ってくれるだろうね」

イギリスのチームにとって、この探検旅行は確かに生やさしいものではなかった。アムンゼンが目的地に到着して三四日後、スコットと四人の仲間たちは南極到達の前夜に、スキーやソリの軌跡や犬の足跡に並んで、黒い文字を記したまぎれもないノルウェー国旗を見つけた。スコットは、日記に次のように書いた。

「ノルウェー人たちはわれわれを出し抜いて、南極到達の勝者になった。私の失望は大きく、忠実な仲間に対してまことに申し訳ない。……明日われわれは南極に向かって進まねばならず、そのあとはできる限り早く戻ってこなければならない。白日夢を見ている余裕はない。帰りは、疲れ果てるだろう」

彼らは、正午の太陽の高さを何度も計測し、南極の所在地をはじき出していた。だが、アムンゼンの通った跡は、彼が残したピラミッド型のテントと同じところに続き、その終点にはノルウェーの国旗と、ノルウェーのハーコン国王宛の手紙がスコット自身へのノートに挟まれていた。

スコット隊長殿

おそらくこの地で、われわれのあとに続いてくるのは貴殿だと思われるので、ハーコン七世王宛にこの手紙を届けていただくようお願いしたい。もしこのテント内にあるもので役に立つものがあれば、遠慮なく使っていただきたい。外に置いたソリは、貴殿の役に立つと思う。安全に帰還されることを祈る。

敬具　ロアール・アムンゼン

南極点の気温は、マイナス二九度。風は強く、太陽は薄暗く淀んだ氷のスモッグでぼんやりしていた。スコットが書き残した有名なことばがある。

「偉大なる神よ！　ここはすさまじいところです。われわれには優先権という褒美がないのを承知で苦労して到達したにしては、ひどすぎます」

だが、彼や仲間たちには、それにも増して悪いことが待ち構えていた。

著者である私がはじめて南極を訪れたのは、一九九九年だった。英雄が残したスキーの跡をたどる決意をした冒険家でない限り、現代の取材の旅では、米空軍のハーキュリーズ輸送機を利用する。騒音がうるさく、乗り心地は悪く、窓はなく、帯ヒモをメッシュに編んだ窮屈な座席に押し込められ、梱包貨物と一緒だ。わずか三時間半の飛行だが、操縦士にこちらは初旅だということが運よく伝われば、外の景色を見るためにコックピットに招じ入れてくれ、ホットチョコレートを飲みながらアメリカ空軍州兵のパイロットとヘッドセットを使って会話することもできる。

航路の最初のうちは、探検英雄時代から名高い巨大なバリアと呼ばれる、ロス棚氷の上を飛ぶ。高原の輪郭を形づくり、南極を横断するトランスアンタークティック山脈に来ると、一面の氷床から下の氷棚にあふれ落ちる雄大な氷河が見えはじめる。これは、初期の冒険家たちが下方の氷床から高原に登るために使った、巨大な階段だった。シャクルトンとスコットが選んだ世界最大氷河の一つ、ベアドモア氷河をなぞっていく(アムンゼンは、自らの道をはるか東方に見つけ、それをノルウェーの南極探検隊のパトロンにちなんで、アクセルハイバーグ氷河と名づけた)。

ベアドモア氷河の規模は、想像もつかないほど巨大だ。上から見ると一〇〇〇車線のスーパーハイウェーのように、クレバスや巨大な流れの線があるため、折り重なったように見える。そしてどちら側に向かっても、氷の上にクイーン・アレクサンドラ山脈とコモンウェルス山脈の茶色の頂上が、とてつもなく巨大な縁石のように見える。

それに続いて——山々のてっぺんの水分がすべて氷床になると——そこには……氷以上は何もない。何一つない。眼下にある南極東部の氷床は、世界最大の氷の固まりだ。場所によっては氷の厚さは四キロもあり、その面積は一〇〇〇万平方キロを超える。これだけ氷がたっぷりあるために、完全に解けると、地球上の海面を六〇メートルあまりも上昇させることになる。中国からカリフォルニアに至る地球の三分の一に及ぶ太平洋全体を想像してみよう。さらに大西洋、インド洋、南方の海および北極を加える。次に、地球上の水位がすべて自由の女神より高くなると想像してみよう。つまり、いま眼下に見える場所の下には、それほどの量の氷が存在している。

だが氷原は平坦で灰色がかっていて、率直にいえば単調な光景だ。私が一九九九年に訪れたときは、初搭乗者にはコックピットに入れる特権があり、私は横手の小さな窓から首を伸ばして外を覗きながら、想像をたくましくした。装具に身を固めて薄い空気のなかであえぎ、目を細めて太陽を見ながら、向かい風と寒さにチャレンジして高原を何日も何週間もかけてテクテクと歩く様子を想像してみた。ところが、よく揺れる席で、温かくて、ホットチョコレートのおかげで眠くなり、私の想像力は十分に働かないうちに寝込んでしまった。

私は、飛行士から軽くつつかれて目が覚めた。

「南極が見えますよ」と、彼女は言った。私は、あわてて居ずまいを正した。フリント（石英《せきえい》の一種）みたいに白く輝くスミア（塗抹標本）のような風景が見えた。しだいに小さな建物群が目に入るようになり、飛行機は降下しはじめ、副操縦士は機体が降下するに際して高度計を見ながら数字を読み上げていた。

「二時の方角に虹です」と、副操縦士がヘッドセットで情報を流したために、みなはいっせいに飛行機の右側の窓に向いた。空にはうす汚れて染みだらけの虹がかかっていた。「十時の方向にも虹です」とパイロットが応酬したため、私たちはもう一つの虹を見るために反対側に体をねじると、左側の窓にも浮かんでいた。

やがて機体の下に備えたスキーが滑走路に当たり、停止すると私はベルトのロックを外し、がたつく階段をあわてて下り、自分のパーカと手袋と雑嚢を掴んで、氷を登る準備に入った。飛行機の外では、まぶしい太陽光のなかで、ほんの数メートル先のプロペラの音が轟いていた。だれかが私とプロペラの間に立っていることに気づいた。彼女の仕事は、あとで分かったことだが、私のような新参者がプロペラの羽にノックアウトされないようにすることだった。乾燥と寒気が相まって私の鼻水はにわかに凍りつき、最初に吸い込んだ冷たい外気で喉を痛めた。

そこで私は、空を見上げた。コックピットから眺めた〝虹〟は、「幻日《げんじつ》」と呼ばれる二つの明るく丸い光の斑点で、太陽の両側に出た光の金の環が一つにつながったものだ。この現象の原因が、私の周りで舞っていた。大気には、キラキラ輝く氷晶やダイヤモンドダストのごく小さな断片が充満していて、それが太陽光を屈折させて輝き、「ニセ太陽」が出現する。

そこで思い出したのだが、この一月一七日はスコット・デーだった。彼が悔しさと、困惑に満ちた気分で南極に到達して八七年目の記念日だ。スコットと私の違いは、申しわけないほどだった。私は温かい衣類に身をくるみ、十分な休息と食事を与えられ、そのうえ、南極大陸はこのみごとな光のショーを演出してくれた。それはまるで、白ウサギの「不思議な国」の、未知の穴に落ちてしまったアリスのような感じだった。

最初の南極への旅は短く、――二日間だけだった。だが五年後に、ふたたび訪れたときはもっと慎重に取り組んだ。アムンゼンとスコットの南極基地を管理運営するアメリカ国立科学財団は、私に二つの恩典を与えてくれた。夏のはじめの一一月早々に来ることを許可してくれたのだが、基地が再開した直後で、四週間近くの滞在が認められた。私はゆっくりしたペースでどっぷり雰囲気に浸り、終わったばかりの冬の名残を捉えようとした。

南極は極端尽くしの大陸で、冬期にそのピークを迎える。英雄時代には、選択の余地がなかった。太陽がばっちり出ていてソリが使え、素早く移動して新しい領土を求めることができる夏を南極で過ごすためには、少なくともひと冬、あるいはふた冬は暗い夜の冬ごもりをしなければならず、しだいにいらついてくる仲間と狭くて煙のこもった小屋で不快な押し合いへし合いの生活を強いられた。

一九一五年、流氷のなかをもどかしいほどゆっくりと進む船に縛りつけられてうんざりした初期の探検家の一人は、将来図を予見して、次のような日記を書いた。

頭では一、二時間くらい家に帰って、肉体もそれに同調できればいいのに、と願うことがときにある。探検できるような場所が残っていれば、二〇一五年の探検家たちは、……無線電話をポケットに入れ……、そのころには南極にも北極にも毎日のように遊覧飛行があることだろう。

彼の予測は、それほど的外れではなかった。いま夏の時期には、ほとんど毎日、南極点への飛行機がマクマード基地から出ている。夏のほんのわずかな期間だけここに来ることもでき、そのときは太陽が出て、気温は低いが耐えられる程度だし、飛行便も数多くあって、補給も十分にできるし、欲しいものも手に入る。

だが、もしあなたが筋金入りの精神を持っていて、大陸の最も厳しい状態を見る心の準備もできていて、初期の探検家たちが経験した孤独の味を体験したいなら、ここで越冬する必要がある。冬期に飛行機の便はなく、家に飛んで帰ることはできない。現在でも、最終便のあと、大陸は暗い帳《とばり》を下ろして静寂のなかで凍えているから、緊急時に国際宇宙ステーションから帰還するほうが簡単だ。私は南極で越冬したことはないし、おそらく今後もやらない。だが私は、南極で出会った多くの越冬者たちが掻き立てられた越冬の魅力には、いまでも取り憑かれている。「ここの冬は、夏とはまったく異なる生きものだ。それはリンゴと……集荷用トラックを比べるようなもんだ」

と、ラリー・リカードは言う。彼はニュージャージー州出身の大工で、私が到着した翌日に厨房でひょっこり出会った。彼は、「夜食」――真夜中の配給――を食べていた。それは夜勤の人たちだけが対象だったが、私みたいに空腹で眠れない人が……コックさんに頼み込んで、作ってもらうことができた。それは二〇〇四年一一月五日、ジョージ・W・ブッシュ・ジュニアが大統領に再選された日で、厨房のスタッフはお祝いに特別メニューをしつらえ、「ロースト〝ビア樽ポーク〟、希望をこめたマッシュポテト、景気高揚グレービーとはじける夢」を提供したところだった。壁には、赤い非常ベルが取り付けてあり、「音を絞った警報音」とあるが、その下のほうに「ただし口うるさい連中には容赦なし」と書き足してあった。厨房の片側は大きな窓になっていて、何もないが、国旗とその儀式用ポールが見える。真夜中にもかかわらず、夏の太陽光が射し込んでいた。

ラリーはすでにマクタウンでひと冬と南極点のひと冬で、合わせてふた冬を氷の上で過ごしていて、三回目の越冬に入るところだった。彼はやせ型だが、ばねのようなエネルギーに満ちていた。黒い縮れ毛の髪が豊かで、すごく早口でしゃべった。マンガのキャラクターにたとえるなら、賢いがよく吠える黒いラブラドール犬、といったところだ。

彼は南極で暮らす人たちを「南極人《ポーリーズ》」と呼び、彼らは特異な衣装を着ている、と教えてくれた。つまり、大きくて頑丈なカーハート社製のオーバーオールと、とくに厚手の緑色のパーカはマクマードに滞在した名誉の証《あか》しで、赤いパーカ軍団に対して優越感を持っていた。彼が、南極の冬が実際にはどのようなものであるかを説明しようと奮闘した際に、詩的な面が現れた。
「たった一言で表現するなら、降伏だ。あきらめることではなく、絶望を受け入れること。何が起ころうとも、そこから逃げ出せないことを悟り、すべての力を放棄すること。それは、すごくパワフルだ。そのために、私は病みつきになった」

彼はこのあたりを知り尽くしているので、翌日は休みだから周辺を案内してあげようと言った。最初に寄ったのは、新しい本部だった。以前の本部は一九七〇年代に建設され、現在の科学の水準に比べると手狭だし、また低い地吹雪に対して弱すぎるために、建て替えている最中だった。私はすでに新築された宿泊棟に泊まっていて、厨房も動いている。だが、私たちは歯科用の椅子と手術室、そのほか冬期には、医療は自らの責任でというルールを暗示するものなどが置いてある新しい医療施設（伝統的に「地中海クラブ《クラブ・メッド》」と標識にある）を見て回った。いくつかの部屋を覗いてみると、科学実験室、体育館、筋トレなどの施設、寝室などへ続いていたが、いまはハンマーを叩く音や、ノコギリを引いたり磨きをかけたりする音だけが響いていた。

らせん階段のある巨大な銀色の円筒形の建物は、階段が各階をつないでいるが、階段は外に出る出入り口にもなっていた。本部ではだれもが缶ビールという愛称で呼んでいたが、なるほど形がそっくりだ。本部のその他の棟は、西側に大文字のE字型に延びていた。ほとんどまだ建築中で、鉄骨はある程度できていた。建物の外壁はいまは不釣り合いな黄色だが、いずれはスチールの落ち着いたグレーになるらしい。ドアは、工業用の冷凍庫と同じく、厚手のどっしりとした断熱材でできていた。だが、外がそのまま冷凍庫だった。

外に足を踏み出すと、すでになじんだ太陽と雪のために目がくらみ、寒さも強くて息が詰まりそうだった。気温は、マイナス五〇度前後。分厚い氷のマントのために、南極のこのあたりは海抜二八五〇メートルだが、空気の冷たさは標高三五〇〇メートル並みだ。飛行機から降りたとたんに会う人だれもが忠告する項目は、ペースを落とし、水をたっぷり飲み、カフェインとアルコールは避け、南極の気候に馴れるまでは急いで歩かず、重いものを持ったりしないように、などだ。最初の数日間は、だれもがまるで夢のなかにいるようにゆっくりと歩く。階段を大急ぎで上ろうとすると、息切れがする。高山病を予防するために、南極を訪れた人すべてにダイアモックスという薬の服用が義務づけられるが、その副作用で執拗な頭痛や足に不快なしびれを感じて悩まされる。ところがやがて、突然に頭がすっきりして呼吸は正常に戻り、狂ったように寒い気温は、当たり前だと感じはじめるようになる。マイナス五〇度のなかでビルの間を走り抜けても、手袋や帽子の着用は不要だと感じるほどだ。新しい気候への順応は、標高に対する感じ方と同じだということが分かる。

（だが、これを深刻に考えることはない。太陽が出て寒さに慣れたように感じても、やってはいけないことがいくつかある。ラリーは、こんなエピソードを教えてくれた。ある夏の日にコンピューター室にすわって相手を待っていた。仲間は、遅れてやってきた。二人はしばらくの間沈黙したのち、お互いに目を見つめて、ラリーが尋ねた。

「どうしたんだね？」

「ソトニイルトキハ、エンピツヲ、クワエチャ、ダメダヨ」

と、舌足らずの発音が返ってきた。鉛筆の芯の黒鉛が舌に凍り付いて取れなくなったのが、遅れた原因だった。）

有名な南極ドームは、新館からほんのちょっと離れた場所にある。これは一九七〇年代に、バックミンスター・フラーが設計し、アメリカ海軍の手で建てられた測量施設の一つだ。吹雪で雪だまりができてもその重さに耐えられ、しかも冬の凶暴な風を逸《そ》らせられる円形の建築物――は、すばらしいアイディアだと思えた。さらに、私たちがやがて宇宙に住むための月面基地を思い起こさせる豪華で輝かしいものだった。ところが、デザインと実際の機能はかけ離れていた。それは、地吹雪を跳ねつけるどころか寄せつけてしまった。冬期には周辺の雪の吹きだまりを片づけるために、毎年、かなりの燃料と時間が費やされた。さらに、玄関への道は本来は平坦だったのだが、雪の急坂と化し、苦労してよじ登って外へ出なければならず、「心臓破りの丘」と呼ばれた（南極では新雪はあまり降らないが、風によって多量の雪が運ばれ、人間が持ち込んだものはすべて徐々に雪の下に埋れてしまう。私が一九九九年に来たときは、儀式用のポールはあごまでの高さだったが、五年後のいまはせいぜい私の膝までしかない。新しい本部は、雪だまりになった場合、ジャッキで押し上げることができる脚柱の上にあるが、これだって役に立たなくなるかもしれない）。

だが、ドームには評価できる面もあった。内側はなんの変哲もないコンテナみたいな建物で、単なる避難場所という趣だが、暖房の必要がなかった。屋根は、魅惑的な鍾乳石《しょうにゅうせき》のように氷がきらめき、体育館はスチールのネットでカバーされ、燃料貯蔵袋や倉庫などはびっくりするような水晶の洞窟もどきだった。建物は無愛想だが居心地はよく、風変わりではあるが、世界中から集めてきた珍しい記念品が飾ってあった。バーのドアには、オーストラリアのどこかからくすねてきた看板がかかり、「一二五〇キロ圏内で最後のパブ」とあるが、だれかが「一」の字を引っ掻いて付け加えて、距離を一二五〇キロに直していて、より正確になった。この冬の終わりに新館が正式に開館し、ラリーや多くの同僚がこちらに引っ越すことを選んだ。以前の宿泊施設と比べて居心地がいいとはいえないが、ここにはもっと魂がこもっている。

ラリーはドームの裏でいくつかある半円筒状の物置や、ロシアの複葉機がワイヤーで雪のなかに固定されている異様な光景まで見せてくれた。アントノフ3型機は、二〇〇二年一月八日、南極に着陸した。遠征隊のリーダーは、北極探検家でもあるアルトゥール・N・チリンガロフ・ロシア連邦議会下院の議長代理で、飛行機は歓迎されて給油の権利を与えられていた（アメリカ国立科学財団の方針は、「南極では、アメリカに限らずどの国でも、また『私的な遠征』がどのようなものであっても、一切の支援はしない」。つまり、すべての私的チームは、自分たちが生活をするうえで必要なものすべてを持参しなければならない原則を意味している。だが彼らは、少なくとも基地の売店に入って自分のパスポートに南極のスタンプを押すことはできたし、次のようにプリントされたTシャツなどを買うこともできた。「五センチの粉雪、南極の基地で三キロを滑ろう」とか。私が個人的に好きなTシャツの文字は、こうだ。「南極の基地で気ままに歩く者すべてが、迷子になるわけではない」）。

ところが、搭乗客が飛行機から降りてみると、ヒッチハイクをしてきたグループが含まれていることが分かった。それ自体は大した問題ではないだろうが、Tシャツを買い、写真を撮り、そのグループが飛行機に戻ってツアーが終わった際に……エンジンが始動しなかったとなったら問題だ。ロシア政府代表団は、アメリカの輸送機ハーキュリーズでマクマード基地を経由してニュージーランドに移送され、南極滞在費および、複葉機に給油されながら使われなかった燃料代や、文明の世界に戻る飛行機のチケット代として八万ドルが請求された。

個人的に南極を訪れる人の数は着実に増え、資源の共有を許可しないアメリカ国立科学財団の方針はさらに厳しくなった。これは地上で最も協力的な大陸のどまんなかにある基地にしては、異常なほど非協力的に思える。だがアメリカ国立科学財団は、ここへやってくる冒険家たちの準備具合に対してはなんの監督もできない。一九九七年一二月一七日に、六人――ノルウェー人二人、オーストリア人一人、アメリカ人三人――が、ツインオッター双発機から南極点でスカイダイビングを試みた。三人――ノルウェー人二人とアメリカ人一人――はすぐれた技能を持ってい て、準備万端でなんなくジャンプに成功した。だが残りの三人は多くのミスを犯し、最悪の結果で終わった。つまり、パラシュートを時間内に開けなかった。遺体袋を現場に持って行き、凍った遺体を氷から引っ張り出す任務を負ったのは、アメリカ国立科学財団の職員だった(基地にとっては、当然ショックだった。南極人にとっては不可欠の要素だと思えるブラックユーモアで、だれかがのちに、二足のブーツを逆さまに半分ほど雪に埋めたので、逆さまの長靴が突き出た形でそのできごとを追悼した)。

だれかが特定の来訪者に同情し、彼らをこっそり南極に招じ入れたとしたなら、彼らは非公式ながらきわめて高い特権を得たことになる――だがそうなると、代償も覚悟しなければならない。私がはじめて来たときに、食堂で四人のフランス人の隣にすわったことがあった。彼らは海岸から南極点まで一五〇〇キロあまりを、だれからの支援も受けずにスキーで走破し、疲労困憊して基地にたどり着いた。彼らは、食べものをほおばりながら、北極ではどうスキーで走ったか、エヴェレストにはどのようにして登ったか、私ならめまいを起こしそうなほど忍耐が必要な偉業をどのようにして成し遂げたかを、楽しげに話してくれた。私は、彼らに会えて光栄に思った。彼らは食事が終わると台所に行き、皿洗いを手伝うことで自分たちの食事代を「支払った」。そして彼らは基地の建物を出て、凍えるほど寒いテントに戻って行った。

厳しいようだが、ここではすべての資源が乏しい。私が最初に受けたオリエンテーションでは、水は空輸する燃料で氷を溶かすのだから南極では貴重品だ、と諭《さと》された。シャワーが許される時間は二分以内で、週に二度まで。割当時間を無視してシャワーを使い続ける人がいたら、廊下を通るたびに「シャワー泥棒」とどなられる。品行方正な人や、トーナメントやおしゃれ大会での勝者は、五分間のシャワーという特権を与えられ、正式な書面による証明書を基地の所長から下賜された。

もちろん彼らは、二分間でシャワーが止まる装置を取り付けることはできたが、遠方の窮屈な施設に押し込められた少人数の人たちが仲睦まじくやっていくことを期待するには、信頼という道徳的な規範が必要だった。だが同時に、おそらく必然的に、公的な厳粛さにそむく、まぬけな一面もあった。基地に戻る途中でセレモニアルホールを通りすぎるとき、ラリーは足を止め、私の首にかけたカメラを取って、手袋をした私の手に押し付け、「写真を撮ってくれ」と頼んだ。彼は急いで柱に駆け寄り、逆立ちをした瞬間に私はちゃんとシャッターを切った。彼は、私の当惑ぶりを見て笑いながら走って戻り、レビューボタンを押してカメラを逆さまにした。カメラのモニターには、緑色のダウンパーカを着てバニーブーツ（極寒冷地用防寒ブーツ）を履き、金属の球にしがみついて地球の底辺にある南極から危なっかしくぶら下がって見える人物の映像があった。

南極の冬、二月から三月

冬を前にした飛行機の最終便は、毎年二月中旬ごろに出る。そのタイミングは自由裁量に任され、流動的だ。気温はまだ高いので、それより遅くても飛行は可能だ。太陽はまだ輝いていて、翌日になっても状況はほぼ同じ。だが、日程は補給の担当者が決め、日時はそれぞれのカレンダーに書き込まれると、もう変更が効かない。ある朝、起きてみると、町の外では最後の搭乗可能な飛行機がまだあることが分かる。飛行機が飛び去ると、一〇月まで島流しにされていることに改めて気づく。

最初の反応は、せかせか急ぐことがなくなって、おそらくホッとしたという安堵感だ。夏の季節が終わろうとしている数日間は、いつもきわめてあわただしい。人びとは、夏の仕事を終えるためにがむしゃらに働いている。南極を離れる人たちは、帰国後の休暇計画の話にうつつを抜かし、食堂では熱帯の観光地における夏の過ごし方についてさまざまな会話が飛び交う。このような話には、耳を傾けないことだ。自分には縁がないのだから。だが最終便が近づくにつれて期待感が高まり、心が動揺する。飛行機が飛び去ってしまうと、集まった一族がみな去り、静まりかえった平和のなかでゆっくり味わう静けさみたいな感覚が支配する。

だがこれがはじめての体験なら、おそらく落ち着かない気分だろう。二一世紀の現在、文字通り途方に暮れる場所は、この地上にはほとんど残っていない。それでもここ南極では、岩だらけの大陸の上をゆるやかに滑っている分厚い氷のマントルのまんなかに、取り残されている。そして何が起ころうとも、だれも迎えには来てくれない。絶対に。

このパニック的な衝撃が鎮まると（普通はそうなるが）、運がよければ違った安堵感、つまり自分自身の仕事以外に、周囲の人たちを気にかける必要もない安らぎ感に見舞われる。ラリーの名語録として、「あきらめるのではなくて、折れて従うこと」というのがある（これはまた、「自分が追い返されることはない」と保証されることでもある。もし過去一、二週間の間にひどい腰痛とか軽い歯痛があったとしても、おそらく医者を敬遠したことだろう。だがいまは強制送還には遅すぎるし、医務室のクラブメッドのドアの前には、すでに行列ができている）。

長年の伝統で、冬期グループが最初にやることは、映画『遊星からの物体X』の二つのバージョンを鑑賞することだ。どちらも、遠隔の南極と北極の基地を舞台にしたホラー物語。北極に設定された古いほう（一九八二年）は、いまの人たちの目にはバカバカしく見える。ここに出てくるモンスターは影の薄い木製のフランケンシュタインみたいなもので、人目を引く毛皮で縁取りした薄青色のパーカを着た女性は、笑顔でひょいと出てきて男性全員にコーヒーを提供する。ジョン・カーペンターがのちに作った続編（二〇一一年）は、もっと怖い。こちらは、冬期の南極の基地を舞台にしている。それを知らない人たちのためにネタバレさせたくはないが、エイリアンの存在がますますうっとおしくになり、閉所恐怖症がさらに高じる。つまり、九か月という長期間、遠く離れた南極に隔離されようとしている人たちの集団にとっては、まさにうってつけの鑑賞会だ。

その後の数日間は、今後の冬支度にかかる。人口が二〇〇人から何十人かに減ったのだから、十分に呼吸ができるスペースが生じる。夜の仕事をする人は、もういない――みんなが同じ日勤だ。冬の嵐で吹き飛ばされそうなものをクギで打ち付けたり、滑走路の目印の旗を降ろし、本部とほかの建物の間に新しい目印の旗を三メートルごとに建ててロープを張る。このようなことは、太陽が輝いているうちは大げさに思えるかもしれないが、暗闇と猛烈なブリザードがやってくると、これらの旗や、区間をつなぐロープが命を救ってくれるかもしれない。

そして空をめぐっている太陽は、ほとんど感知できないほどゆっくりとだが、日ごとに地平線に近づいていく。そして南極と北極だけで一年間に一日だけしか体験できない日が訪れる。両極とも日中が六か月、暗いときが六か月ずつあり、日の出・日の入りの変わり目は、日の出は一回だが、夜明けから夕暮れまでは、三週間あまりかかって移行する。日の入りが感知できる最初の

徴候は、影が長くなることだ。一日ごとに建物や貯蔵品の山、雪上スクーターなどが投げかける影が少しずつ伸びていき、最後にはほとんど地平線に届く。自分自身の影もあり得ないほど長くなり、大幅に一歩を進むたびに二本の長い足がそれを真似る。

まだ日があるうちで天候もそれほど寒くない間に、「だれも口にしたがらない基地」である「オールド・ポール（初代の基地）」に忍び込む機会が摑めるかもしれない。これは一九五六年に、前ボーイスカウトで極地探検家のポール・サイプルが音頭を取って建てられ、ほぼ半世紀前にスコットと彼の仲間たちが絶望的な気持ちで重い足を引きずってこの南極の地に最初に足跡を記して以来のことだった（ポール・サイプルはボーイスカウトの創始者ベイデン・パウエルをたじろがせるほど壮健だった。パウエルは初期の南極大陸探検が終わりを告げるころ、ようやくニュージーランドに戻り、やがて「広場へ飛んで行って大地に身を投げ出し、温かいそよ風のなかに寝転がって空想にふけり、やがてコップいっぱいのミルクと何かくだものを食べたい」と叫んだそうだ）。

本来オールド・ポールは地表にあったが、氷が持ち去ってしまった。いずれあとかたもなく消え失せることだろう。元の建物は厚い氷の塊の下に埋まっていることを、多くの人が知っている。だが夏にそれを掘り起こしてみようなどというリスクにチャレンジする殊勝な人は、まずいない——私も試さなかった——すぐさま送還されてしまうのがオチだからだ。探りを入れることは固く禁じられていて、表向きは安全上の理由だが、役人たちのなかには、その存在をみなが忘れて欲しい、とつぶやく者もいる。ただし冬になると、厳格に取り締まることはできない。処罰できるかどうかも、定かではない。密かに覗きに行く者があり、凍った空気で曇ってうすぼんやりした非合法な写真が、基地周辺で回覧される。無傷の部屋が残っているが、すさまじくねじ曲がった部屋もあり、建物の鉄鋼製の根太《ねだ》は氷の圧力によって、ゆがんでいる。

太陽が地平線に顔を出す時期が近づくと、色の変化が現れる。みごとな深紅の色は、期待しないほうがいい。太陽光を散らす塵が大気中にないため、氷の結晶だけがより淡く落ち着いた色——真っ赤というより淡いピンクか藤色に近くなっている。太陽の反対側の地平線には、地球自体の影が空中に投影され、紫色の霞みがかかる。太陽が低い位置に隠れていると、有名な緑閃光《グリーン・フラッシュ》が見えるチャンスが増える。原理的には、世界中のどこでも日没後には起こり得る。光は地平線に近い下方の濃い空気中よりも上空の薄い空気におけるほうが早く走るので、湾曲した地球を回ってやや大きく曲がる。また緑色の光は赤より湾曲するため、太陽が地平線に消えたあともグリーンの光がまだ見える現象だ。熱帯では、これが一秒ぐらい続く。極地の日没では、この緑のストライプが一日ないし二日にわたって去来する。

次に訪れるのは、幽霊のように灰色っぽい黄昏《たそがれ》が長く続く日々だ。空の半分が深い青、藤紫色、そして星がまたたく暗黒になり、残り半分の地平線付近はまだ太陽の残照に映えている。空が回転すると、というよりもその下で自分が回ると、暗い半分もまた反対のサーチライトのように異なる星座を見ながら動く。そして残りの空も暗くなり、やがて光は完全に消える。すると本物の冬になり、これが南極滞在の醍醐味となる。そして、基地の望遠鏡の保管場所である闇夜に幅を効かせるダークセクターの施設が活躍の場になる。

* * *

トニー・スタークと私は、最初からうまくいったわけではなかった。だれかが私に耳打ちしてくれたので、彼がハーヴァード大学の天文学者で、南極で望遠鏡を使って研究していることを私は知っていた。ある晩、食堂で彼と話そうと近づいていったが、私が自己紹介をするまでもなく、彼はすでに私がここにいる目的を知っていた。だが、とくに歓待してくれたわけでもない。彼の最初のことばは、「きみがここで、いい仕事をしてくれることを期待しているよ。だってきみは、科学系の企業に批判的な人物の交代要員なんだから」だった（「お会いできて、私も嬉しいわ」と言うべきだったかもしれないが、言わなくてよかった。）

トニーのような姿勢は、アメリカ南極計画に携わる科学者たちとしては必ずしも特異なものではない。彼らが働く南極大陸の詩的、神秘的な側面を見る人は多いが、状況がよくてもここで繰り広げられるドラマや苦境にいらつく人もいる。なるほど、ここはなんでも極端な場所だが、科学者としては、平穏さを乱すことが問題だ。もし科学研究に手を貸すためにここに来たのなら、それは結構。そうでなければ、お引き取り願いたい。

南極では、これがとくに陰湿な形で示される。とくに天文学の分野では南極に滞在する科学的な大義名分がいくつもある。寒くて乾燥した空気と安定した冬の暗闇という状況が、観測に安定した環境を与えてくれるし、大気圏を通して宇宙を覗くうえでも、地上で最適な場所だ。だが、完璧だとはいえない。南極点は南極大陸の地学上の中心に位置するが、ゆるい傾斜面上にある。大陸の風は高地で発生し、山の側面を猛烈な勢いで海岸まで吹き下ろす。その途中で基地の近くを通り、空気をかき混ぜ、景観を乱す。

しかし南極における科学が政治的な代替物としての役割を果たしていることを思い起こせば、この位置に設置した理由は理に適《かな》っている。一九六一年に南極条約が効力を発揮する以前は、一一か国が大陸の各地で所有権を主張していた。これらの主張はいまでも正式に留保されており、記録から消されていない。さらに重要な点は、それらはすべて大きなくさび形の土地で、それが南極点で収束する。アメリカは自らの所有権を主張したことはないが、ほかの所有者すべての先端が接触するまさにこの地点に基地の分室を置き、他人のパイすべてに非公式ながら地政学上の指を突っ込んでいる。

それでも科学にとって南極はきわめて有用な場所で、トニーは最も優秀な専門家の一人だ。彼の気持ちが和らぎ、ダークセクターにある彼の実験室に案内してくれることになり、彼らが発見した話が聞けるので、はじめて会ったときの印象はしゃべらないことにした。

ダークセクターは、本部から一キロ半ほど離れたところにあり、望遠鏡が設置されているのだが、実際の距離より遠く感じた。気温はマイナス五〇度より上がることはめったになく、風で涙が出るとたちまち氷の塊になり、まつ毛がくっついて何も見えなくなる。目をこすろうとして、ほかのだれもがゴーグルをしていることに改めて気がつく。ゴーグルは、雪上スクーターに乗るときだけ必要なものだと思っていた。悟るのが、ちょっと遅かった。

ダークセクターは、真っ暗な時期に光や電波公害から遮断するため、本部から離れた場所に設置された。ここには、マーティン・A・ポメランツ測候所（MAPO）と呼ばれる本館と、それに付随する小さな建物がいくつかあり、塔のある建物や、空に向かって開いて中心が突き出している皿のような形の旧式レーダーの可視望遠鏡を備えた建物もある。内側には、事務室、コンピューターや貯蔵室、それにワイヤーがスパゲッティみたいにからまった電子機器の収納室もある。それに映画『シャイニング』の巨大なポスターがあって、ジャック・ニコルソンの怒った顔がにらんでいた。「彼こそ、ジョニーだ！」このスリラー映画は、最終便が飛び立った日に越冬組が観る映画の一つだったが、最近では冬の中ごろまでとっておく。

トニーの望遠鏡は、AST／ROと呼ばれるもので、南極サブミリ電波望遠鏡および遠隔測候所の略語だ。中間に斜線が引かれているが、ほかの望遠鏡がすべてASTROとしているので、それと区別するためだ。私たちがダークセクターにある天文測候所で腰掛けて熱いお茶のマグカップで手を温めている間に、彼はAST／ROの役割を説明してくれた。

私たちが住んでいる銀河系、天の川はかなり典型的な宇宙空間で、大きくて平たく、子どもが描く空飛ぶ円盤の絵のように、渦状腕《かじょうわん》の円盤に囲まれた中心部が膨らんだ形をしている。太陽系内部の地球やその他の惑星は、この腕の外側に位置し、銀河中心の膨らみから三万光年ほど離れている。一光年は、光が一年間に届く距離で、一〇兆キロ弱。光はきわめて速く走るから、光が動くこと自体に人間が気づいたのはごく最近のことだ。私たちの太陽は、八光分ばかり離れていて、その次に近い恒星《こうせい》が約四・二光年だ。三万光年といえば途方もない距離に思えるが、天文学者のトニー・スタークが生活している宇宙規模で考えれば、それほど遠くではない。彼はそのような数字を、なんのてらいもなくしゃべる。

「銀河系と聞くと、気が楽になる。ごく近い不動産という感じだ。それぐらいなら威圧されるようなことはまったくないからね」

銀河系の中心の研究に関して、問題は距離ではなく、私たちの視界をさえぎる邪魔な雲が多いことだ。夜空に見える星は、どれも近いところにある。星はたくさん見えるが、すべてが見えているわけではない。銀河系の中心にはその一〇〇万倍が詰め込まれている。私たちにそれが見えないのは、水素や一酸化炭素、窒素、メタンなどのような分子の雲がそれらの放つ光を吸い上げて、私たちの視界から覆い隠してしまうからだ。トニーは言う。

「銀河の中心には、二十何等級かの星は偽半盲の状態で見えない。見えないというより、二〇回あまり試しても見ることができない」

そこで、もし私たちが可視光にこだわるならば、私たち人間の弱い視力では、銀河の主な活動は永久に目にすることができない。だがＡＳＴ／ＲＯの視力は、これをはるかに超えている。これなら虹の典型的な色よりも長い波長でやってくる光まで識別できる。通称「サブミリ」波長といわれる範囲（あるいは遠赤外線）において、分子の雲は明るく輝き、銀河の中心も明白に感知できる。

無線という、〝目〟で見る有利な点は、宇宙空間にはほとんど水蒸気がないことだ。南極は、その点で勝れている。マイナス五度ほど下がるごとに、空気中の水蒸気の量は半減するためだ。気温が十分に低ければ、つまり真冬になれば、ＡＳＴ／ＲＯは夜空に点在する多量の分子雲を選り分けることができる。さらに、このきれいな南極の窓を通して見れば、人類が活動する銀河の心臓部まで見通せる。

ＡＳＴ／ＲＯでこの姿を見たとき、冷静なトニー・スタークでさえ感銘を受けた。私たちの銀河の周囲を素早く回転しているものは、周囲のすべてを小さく見せるほど壮大な分子雲（星雲）だった。直径は一〇〇〇光年もあり、太陽の二〇〇万倍もの質量を持っていた。真空の蓄積リングのように、銀河系の残りの部分から引きずり出した分子や宇宙塵を吸い込んでいた。そのため、つねに濃度が濃くなりつつある。ＡＳＴ／ＲＯは、この大規模なリングがやがて安定性を欠く状況に陥りそうな気配を示していた。密度がきわめて濃いため、指でちょっと押したぐらいの衝撃であと数十万年のうちに（銀河系の用語では最低限の単位）、大異変が起こりかねない。まるで強力な酢の固まりを巨大な星雲のソースに落としたかのように、それは乳化してガスの小さな塊に凝固し、天体の壮観な光のショーになりかねない。それが、星を形成する大量の材料になる。最近､銀河系で年間に形成される新しい星は、数えるほどしかない。この過程が加速されれば、数千という数に及ぶだろう。色や大きさはさまざまで、巨大な青い新星は明るく輝くが、短期間で燃え尽きる。もう少し安定しているのは、規模としては小さめのオレンジや赤い色の星だ。ほとんどスイッチが入らない星があるだろうし、放出された物質から新しい星が誕生する前に、短命で命脈が尽き、劇的な爆発で終わる星もある。

それだけではない。銀河の中心には、太陽より四〇〇万倍も重い超巨大なブラックホールがあると、天文学者は信じている。いまのところ、これは活動を中断している。周辺のすべての物質を吸い込む通常のブラックホールの特性は発揮せず、〟燃料切れ〟のため、スイッチが切れた状態だという。だがいったん、星の形成が始まれば、新しい物質はブラックホールの近辺に落ち込み、ふたたび貪欲になんでも呑み込む怪獣に変身するものと見られる。塵やガスが内部に引き込まれる結果、周辺に付着したリングが、数千もの太陽のように輝き、活用された物質が激しく極点から噴出し、天の川の周辺で、磁気の大きな渦を巻く。このような状況が進行しているのかもしれないが、雲にさえぎられているために、私たちには見えない。

「だが無線の目を持っていれば、花火が見えるだろう」

これはきわめてドラマチックな話だった。だが、分子雲や新しい星の爆発などに私たちはもっと注目すべきだという、教訓も含まれている。トニーはこれを「銀河の生態学」と呼んでいる。分子雲が崩れて星になる際に、長生きする星もある。だが最終的には、大規模な超新星爆発を起こすか、最も外側の部分が流れる風にゆっくりと吹かれてしだいに形を崩していく。このように壊れた物質は新たな分子雲を創り出し、いずれはまた新しい星や惑星に生まれ変わる。

つまり私たちの銀河は、リサイクル、混ぜ合わせ、リフォームという大規模な過程を繰り返している。だが、それだけにとどまらない。星の命に関して、私たちは太陽系における物質がどこから来たかを知っている。そして、それが尋常ならざるものであることが分かっている。私たちはみな星屑からできているだけでなく、地球外の星の塵からもできている。私たちの周辺にあるすべての物質は――この本やあなたの衣類、トニー・スタークがマグカップから取り出したティーバッグ――は、すべて原子からできていて、星たちがこれらを継承し、再生してきた。

「つまり、私たちの体のなかには、異なる星とか、銀河のほかの部分からやってきた原子も隣同士に並んでいるわけ？」

「その通り」

「気味悪いわね」

「それが、星のメカニズムだ」

トニーは、すべてが当たり前であるかのような話し方をした。おそらく彼にとっては、それが常識で、銀河のスケールに馴れている。だが私にとってはそうではない。いまでも、思い返すたびに私の心は騒ぐ。

トニーはもう南極で越冬はしないが、越冬組もたくさんいる。ラリーなどの建設労働者(ラリーは「イエネコ」と自称する)とは違って、天文学の技術者には選択の余地がなく、基地の快適さを離れて、毎日、望遠鏡が待ち受けているダークセクターへ通勤せざるを得ない。

ドイツ系の技術者、自称「望遠鏡の子守」であるロバート・シュヴァルツは、四年目の冬に入るところだった。髪の毛を短く刈り、受け答えも単純明快だ(典型的な会話。「ここの冬はどうですか?」「寒くて暗い」)。彼は昨年、休暇を取ったが、最大のテーマである「宇宙」の始まりを研究するため南極に戻ってきた。

ロバートの望遠鏡は、ビッグバン自体のかすかな残照を捉えるものと期待されている。ビッグバン以後の何十万年の間、宇宙全体は太陽より熱く輝いていた。激しく円運動を続ける負電荷電子の濁ったプラズマや陽電気を帯びたイオンは中和状態を保ってはいるが、つねに焼け付くほどの熱さのなかで結合してはすぐに分離する。そして、すべてがまぶしい光の炎に包まれていた。

やがて、宇宙は拡張して温度が下がり、電子やイオンは互いに抱き合って原子や分子になり、それが星、惑星、そして私たちを作り上げた。そして宇宙を縦横無尽に駆けめぐる光は、宇宙の大渦巻きのなかでほとんど感知できない微量の断片を伴いながら、光や密度が濃い部分と薄い部分ができた。このかすかな輝きがまだ残っていて、その長く伸びた波長は、いまや人間の目に見えるスペクトルからはほど遠いところにある。だが適切な望遠鏡を正しい位置で使えば、地球の湿った空気で汚れた窓を透過して見ることができ、さらに目を凝らせば、原初的な構造の跡を見分けることができるはずだ。それに成功すれば、宇宙全体を理解する助けになる。

　天文学者たちはビッグバンの残像を、「宇宙マイクロ波背景放射」（CMB）と呼んでいる。「背景」は、空のあらゆる方角に存在していて、星や銀河系のすべてが描かれているカンバスだといえる。「マイクロ波」とは、かつては可視光だった光が、いまでは電子レンジのマイクロ波とほぼ同じスペクトルの断片に伸びてきたものだ。だが、私たち人間を焼いてしまうほど強いものではない。

　AST／ROに関して、ロバートやCMBの研究者たちは、湿度は望まなかったが、空気は必要だった。だがAST／ROの役割は、銀河系の主要な部分だけではない――星の大量誕生を見たがっている人びとが、その温床と考えている場所は、マイクロ波背景に熱中する人たちが「銀河系スモッグ」として退けている個所だ。CMBの研究者たちが、望遠鏡を上に向け、銀河系の平原から離れると、視覚の邪魔になる分子雲の足跡《スプール》とかアーム、むらなどがない。さらに南極の乾燥した薄い空気のおかげで、CMBの研究者たちは、世界中で最もきれいな空の部分を望遠鏡で覗ける。

　それでも、完全とはいえない。最善の結果を得るには、できるだけ広大な視野で見るのが望ましい。理想をいえば、空全体だ。地球は地軸を中心に回転するから、赤道上の望遠鏡は二四時間ごとに空の広大な範囲をひと回りする。それに反して南極は、ごく狭い範囲の下を回転している。だが長期にわたって寒くて変わることのない冬があるために、特定個所のきわめて奥深くまで入り込んでいけるメリットがある。

　一九九八年に戻って、ピッツバーグ大学の研究者ジェフ・ピーターソンが開発したヴァイパーと呼ばれる南極の望遠鏡は、マイクロ波背景を測定し、かろうじて大むかしのクランピング（集塊状況）の痕跡を発見した。チリ北部にある乾燥したアタカマ砂漠における望遠鏡からのデータや、さらにマクマード基地から上げた数個の気球が南極の周辺をゆっくりと長時間かけて回って得たデータなどを総合して、研究者たちは宇宙の集合体の重さを試算した。答えは——

一〇〇、〇〇〇、〇〇〇、〇〇〇、〇〇〇、〇〇〇、〇〇〇、〇〇〇、〇〇〇、〇〇〇、〇〇〇、〇〇〇、〇〇〇、〇〇〇、〇〇〇、〇〇〇、〇〇〇トン。

プラスマイナス数キロ程度だ。

天文学者たちは、「マイクロ波背景」が宇宙の構造や、充満していると思われる目に見えない奇妙な「黒いエネルギー」、あるいは宇宙がどのように始まりどのように終わるのか、などに関して何か教えてくれるのだろうか。その答えを見つけるために、さらに深く入り込もうとした。ロバートは新しいCMBの器具を開発し、マイクロ波背景だけに絞った口径一〇メートルの巨大な「南極点望遠鏡」を次の冬にすでに着手していた。

ロバートの友人、望遠鏡のお守り役ステフェン・リヒターもドイツ人だが、彼はAMANDA（Antarctic Muon and Neutrino Detector Array）の頭文字。南極ミュー中間子およびニュートリノ探知配列）という名称の、さらに不可思議な望遠鏡に関わることになっていた。大型のテレビ受信用の皿型アンテナに似た従来の望遠鏡とは違って、AMANDAはまったく目に入らなかった。それは一連の紐状の探知機で、氷の下数百メートルのところに埋められているからだ。現在ではアイスキューブという名のさらに大きな装置が取って代わり、一立方キロにも及ぶ氷を覆っていて、AMANDAはこの巨大な装置の一部になっている。

この二つの望遠鏡は、星の爆発、ブラックホールの衝突、ガンマ線の破裂、その他、宇宙で最も大きい天体ショーを研究するためのものだ。これらが起こると、粒子の破片を生じる。天文学では、それらがどこから来たのかを正確に知る必要がある。ところがそれらは宇宙を通ってくるために、大半が原点を特定できない。宇宙線は帯電しているから、とんでもなくコースを外れた地場からもひきずり回されてきた可能性がある。自由に飛び回れる中性子《ニュートロン》は、数分のうちにバラバラになる。宇宙を横切る後続の道がまっすぐで正確な唯一の粒子は、微少で帯電していないニュートリノと呼ばれる顔のない素粒子だ。

ところが、私たちのところへまっすぐ飛来してくるニュートリノは、探知がきわめてむずかしい。ニュートリノは人や物があっても制止できず通過する。磁場もニュートリノを追い返すことはできないし、重力も障害物にならず、後ろも振り返らずに固体を勢いよく通り抜ける。毎秒、何兆ものニュートリノが、人体を通り抜けている。人間が生まれたときから状況は変わらず、人間の一生のうちに、せいぜい一個のニュートリノがちょっと立ち止まるかどうかだ。

それでも、時間をかけて広い範囲で探せば、ときには活動中のニュートリノを捉えることができる。めったにないが、宇宙のニュートリノが何かに衝突することがある——たとえば大気中の原子あるいは氷を形作っている原子——すると、青い光の小さな爆発でその存在を知らせるミュー中間子と呼ばれる別の粒子を噴出させる。この光を測定すれば、そのニュートリノがどの方角から来てどの程度のエネルギーを蓄えていたかが正確に分かる。そして次は、それがどこでどのようにできたか、その根元の謎も教えてくれる。

問題は、宇宙のニュートリノだけがミュー中間子を作っているわけではない点だ。大気中にはさまざまなミュー中間子が充満している。ほんものの銀河間のメッセンジャーから出る青い光の小さな爆発に対して、普通の——あるいは深宇宙放射線からの閃光が一〇億もある。一〇億から一つだけ拾い上げることは、不可能だ。

AMANDAおよびアイスキューブの特色は、上を向くのではなく下を見るよう巧みに設計されていることだ。これは、地球の岩だらけの本体をある種の巨大な篩《ふる》いとして利用しようという発想だ。遠く離れた北方の空で生じたミュー中間子のうち、一〇〇万に一つだけが、地球の中心部を通り抜けて南のここまでやってくる。だがニュートリノは、すべてが無傷ですり抜けていく。賭けはいまやこちらにとって有利だ。地球をフィルターとして利用すれば、ダメな分一〇〇〇個に対して一個の特別のニュートリノ由来のミュー中間子を補填できる。この程度の数字なら、天文学者も対処できる。

アイスキューブの中心機能である探査装置の一連の紐は、表面に近い黒っぽい氷から最も混じり気がなくて最高に透明な深さに達するまで、一キロ半あまりも深く埋め込まれる。これを設置するために二億七〇〇〇万ドルもかかるため、議会の承認が必要だ（だが研究者たちは彼らのウェブサイトで反論し、もしその上に乗る氷の重さまで勘定に入れるなら、この額は一トンにつき、たったの二五セントにすぎない、と主張する）。

アイスキューブがフル稼働しているときは、年間で数百の宇宙ニュートリノを拾い出すはずで、これだけあれば面白い物理の実験をやるには十分な量だ。ある意味で、ニュートリノは、宇宙を探る最新の方法だ。人類は、目に見える星の輝きを見ることから始めた。以来、私たちはX線、ガンマ線、無線、マイクロ波を使って探り続け、いまではニュートリノを捕らえる方法を発明した。それぞれの観察方法が、私たちに宇宙に関して多くのことを教えてくれた。アイスキューブを文学的に讃えたい人は、マルセル・プルーストから次の節を引用する。

「発見への真の旅とは、新たな風景を探すことではなく、新たな目を持つところにある」

トニー・スタークとは違って、ロバートとステフェンの二人は風景に目が向いているように思えたが、南極における経験は少なくとも科学そのものだった。二人とも自分たちの経験を語ってくれたが、ガードも堅かった。すべての見方をシェアすることは、望んでいなかった。彼らとの会話を通して、メッセージは大きな声ではっきりと聞き取れた。彼らは南極の冬の寒さについては喜んで話してくれたが、完全に心を開いてくれるまでには至らなかった。

南極の冬、三—五月

ついに夜の帳《とばり》が下りて、雪上スクーターで動くには寒すぎるころになると、ダークセクターに行く唯一の方法は徒歩しかない。風速は、二〇ノット（秒速一〇・三メートル）、三〇ノット、あるいは四〇ノットに達する。心を萎《な》えさせるほど気温が下がると、真っ暗闇のなかでは二〇分、いや三〇分はかかる。望遠鏡のお守《も》りは、重装備して少なくとも一日に一度、ときには二度も往復しなければならない。彼らにとって、それは苦にならない。ステフェンは言った。

「何年か前に、ダークセクターまでトンネルを掘る話が出た。とんでもない。私たちは、通うことが好きなんだ」

足下では、雪道がザクザクと鳴る。建設作業員はよく、ふだん履きの仕事用長靴のままで建物の間を走る。すると雪が靴の裏にくっついて、たちまち厚い氷の層ができ、ブーツをかかとの高いタップシューズに変えてしまう。ダークセクターに行くには、雪が落ちやすく、しかも最悪の状況でも足が凍えないように空気を遮断する断熱材を使ったバニーシューズが必要だ。

気温がマイナス六〇度にまで下がると、自分の呼吸さえ凍りついてしまう感じになる。その音は、顔の前面にぶら下げた紙をそっと吹き抜けるように震動する。息は、氷の冷凍雲になって空気中にとどまり、視界をさえぎる。もしも外で仕事をしているならば、横を向いて息を吐き出してしばらく仕事を続け、また横向きに息を吐いてから仕事に戻る。

そしてつねに、凍傷よりもやや軽いしもやけのサインが出たら注意する。しもやけは火傷の一種だが、その痛みがゆさは忘れられない。はじめ、皮膚は白くなってかじかみ、血液が勢いよく戻ってくると、まるで手をハンマーでひどく叩かれたような感じがするか、あるいはゾウに足を踏まれたような感じがする。

このしもやけを放置しておくと凍傷になり、皮膚は黒ずんできて、手の指から始まって足の指、そして手足全体へと広がる。ようやくダークセクターにたどり着くと、人びとは顔や手に白い斑点が出ていないかどうかチェックし、お互いに確認し合う。しもやけを軽く考えてはいけない。ステフェンは言う。

「故郷にいれば山で無感覚になったことはあったかもしれないけれど、ここのように体の一部が死ぬようなことはなかったはずだ」

どちらかといえば、寒さより暗さのほうが耐えられる。暗闇を夜間と定義するのではなく、普遍的な暗さと考えれば、やすらぎの感覚さえ得られる。やさしい毛布みたいにくるんでくれる、と表現する人もいる。天文学者なら夜空を見るために喜んで外に出て、頭上に静止している南十字星や、北半球よりも大きく輝いて見えるその他の星座を眺めたりする。何をするにも、ヘッドランプを使う習慣はお勧めできない。それを使うと、視野がトンネルのように狭まって、光が当たらないものはすべて見えなくなってしまう。ランプなしで、目を慣らすほうが賢明だ。星の灯りだけでも、十分に足下は分かる。目印になるもの、建物のぼんやりした外観、大嵐ごとに眺望が変化する雪の吹き寄せの形などが認識できるようになる。そして満月のときは、雪を水銀のように照らし出し、目がくらみそうになる。外で、新聞が読めるくらいだ。

歩き慣れれば、暗さと寒さをものともしなくなり、大きな見返りが得られる。つまり南極の、みごとな光のショーが見られる。

北極と同じく南極の空でも定期的に「南極光」の色が変化する南のオーロラが見られる。オーロラは気まぐれに出たり消えたりするが、経験を積むと、農家の人たちが空を見て天気を予測できるように、オーロラの気配を感じ取れるようになる。おそらく上空には、いったん濃くなってから輝き出す、緑のかすかな斑点が出るようだ。そして水平線上にも緑色のサーチライトのような、別の斑点が出る。さらに、揺れ動く光のカーテンが空を覆い、螺旋状のループ、緑と紫のゆらめく炎、りんご飴の赤い色などが交錯する。ドラマチックな音や花火のはじける音、ロケットの轟音も伴奏すべきだと思えるが、実際は静寂そのもののなかで進行する。オーロラのダンスは、荘厳に近い。それでいて、それなりの安らぎが感じられる。この遠隔の凍てついた原野の上空にも、まるで生きものがいる感じだ。

MAPOなどダークセクターの建物で最大の問題は、矛盾しているようだが、冷却だ。望遠鏡できわめて正確に空をくまなく調べるためには、大量の電子機器が必要で、それらを収納する棚の背後には、多彩な色がもつれたスパゲッティのような針金が露出している。これらがおびただしい熱を放出するが、南極高原の乾燥した空気は、それを吸い込み切れない。

次に気をつけなければならないのは、静電気のスパークだ。薄い空気で乾燥した冷気はきわめて電導しにくいため、絨毯《じゅうたん》の上をすり足で歩くと静電気が起き、金属製のものに触れた瞬間にハリー・ポッターの魔法の杖から出る稲妻のように、静電気が指先からショッキングブルーのアークになって走る。これは基地内部の各所でつねに起きていて、ある部分ではとくに頻発する。ドー

ムにある図書室のドアの金属の取手がひどく、毎回パチンと来た。

だがここMAPOでは、感電ショックどころではない。スパークは、繊細な電子機器を壊すほど強力だ。ちょっと触れただけで、ラップトップパソコンを完全に壊してしまう。したがってつねに、目に入る金属ならなんでもいいからひんぱんに触れて、電気を逃がす習慣をつける必要がある。これはすぐクセになり、故郷に帰ってからも金属ならなんでも通りがかりに触るために、友人たちは背後から不審な目線を投げかける。

望遠鏡の日常的な仕事に慣れてくると、星の爆発とか宇宙規模の科学の裏にあるドラマは、忘れがちだ。最初にすべきことは、データをダウンロードしてすべてが機能しているかどうかをチェックすることだろう。たいてい、なんらかの不具合が起きていて、修理が必要だ。機械内部の故障が多いが、ギアを引いてオンにし、頭を外に出し、探知機に吹き付けられた雪を払いのけ、すべてが完全であることをチェックしなければならない。

外部を確かめる際に最もむずかしいことは、手をつねに温めておくことだ。きわめて細かい作業をする場合は、不細工なミトンでは仕事にならない。ロバートは自らを「ハンダごてとスパナの物理学者」と呼び、設備やケーブルで彼がしなければならない機械的な修理では、薄手の手袋を三重にしておくが、それでも一分も経たないうちに手は痛いほど凍えてくる。マイナス五五度以下ではハンダごては十分に熱くならず、ケーブルは硬くなってもろくなり、手で簡単に折れてしまう。屋内なら数分で直せるものも、外では数時間もかかることがある。

外に長時間いてはいけないし、並べて立てられた旗の列を見失わないことが肝要だ。ニック・トットヒルは前年の冬にはAST／ROの望遠鏡のお守りをやったが、彼は自分の現状に満足することが耐えられない。

「私たちは、お情けでここにいる。もちろん、ものを温めることもできるし、自分たちのささやかな環境を創ることもできるし、専門を活かすこともできるが……ここで死ぬには、愚かさも不注意さえも要らない。ただ運が悪いだけで、死を招くこともある。まさに逆境にある。たいていの時間は、そのようなことを考えずにしっかり仕事ができる。スコットも、もう少し運がよければ帰ることができたはずだ。

自分が南極大陸のパワーに打ち勝ったと錯覚するのは、思い上がりだろう。私はここで一年間やってきて、南極大陸は私を虫けらのようにぴしゃりと叩き潰すこともできたはずなのに、そうしなかった。暗闇のなかで出かけたことが、その冬に三度ほどあった。帰ることはできたが、ひょっとしたはずみで完全に道に迷い、野たれ死にすることを想像するのはむずかしいことではない。あるとき私は、一八〇度も回転してしまい、自分ではダークセクターに向かっているつもりが基地に戻ったことがあった。もう一度、外に戻るのに三時間ほど休んだが、すわって雑談をして笑っていたけれど、心のなかでは『いますぐ死ぬことはむずかしいことじゃない』と考えていた。南極大陸と闘うことはできないが、大陸が人を殺そうとはしないことを期待することならできる」

人類が南極で冬を過ごすようになって五〇年あまりになるが、凍死した者は一人もいない。だが、冬に死者が一人あったため、それ以後の仲間に不吉な動揺を与えた。オーストラリアの天文学者ロドニー・マークスは二〇〇〇年の冬に、ほかの望遠鏡のお守りの人たちとともにダークセクターで研究をしていた。彼は突然、病気になったが、だれにも原因が分からなかった。医者は精神的外傷《トラウマ》チームに電話をかけた。彼らは人工呼吸などをして蘇生させようと試みたが、彼は……死んでしまった。食中毒だったのか。何かの奇病か？　医者は最終的な検死のために、サンプルを取った。ロドニーの遺体は、大工たちが棺桶を作るまでバナナ型のソリをカバーする氷のアーチの下に置かれ、何人かの手で彼を南極点に近い雪の下に埋葬し、オーストラリアの国旗を立てた。

死因の追及なら、のちに出された公文書から簡単にできる。記録によるとメタノール中毒が死因だった。ロドニーは実験室でつねにメタノールを使っていた。だが彼は、メタノールが毒であることは知っていた。もし普通の飲用アルコールが欲しければ、いくらでも入手できたし、自殺をしたいなどとはみじんも考えていなかった。だから彼の死は、謎のままだ。彼の両親は死の真因の追及はあきらめていた。はっきりしていることは、その年の越冬者たちに大きな衝撃を与えたことだ。ニック・トートヒルは、その場にはいなかったし、ロドニーに関してはあまり深く探らないほうがいい、と私に忠告した。彼は「だれも、話したがらないからね」と付け加えた。

南極大陸を敵視するのはナンセンスかもしれないが、初期のころは、男性優位のシステムが研究者や支援労働者をここに引き付ける基本的な要素であるかのように思えた。人はどれだけの「アイスタイム」を過ごしたかによって厳しい優先順位の序列があることに気づくのに、それほどの時間は要しない。それは単に何か月、何シーズンという期間の長さだけの問題ではない。「アイスタイム」を具体的にどこで過ごしたかが問題だ。少し離れた南極半島にあるパーマー基地は、快適な休暇用キャンプ地だ、と考えられている。マクマード基地はベター、南極点付近がベストで、とくにそこでの越冬体験が最高だ。

ニコラス・ジョンソンは著書『大いなる恐怖の地』で、アメリカの南極計画における支援労働者の間にある暗黙の階層意識に関して、次のように書いている。

「南極に住む人たちは、おそらくだれもが最も得意とする分野を持っていて、そのジャンルでは人後に落ちないことを大いに自慢して闊歩《かっぽ》するのが普通だ。ひと夏だけの滞在なら、「フィンギー」(ファッキング・ニュー・ガイズまたはガールズの意)どまりだ。何回か繰り返せば、ランクはしだいに上がる。夏を南極で過ごしても、越冬はしていない。もしひと冬の越冬をしても……複数年はやっていない。複数回、越冬したが、南極点には行っていない。南極で何回も越冬すれば、それなりの対価を払わなければならないが、一線を越えると、南極大陸を離れがたくなる。

これらの基準に照らしてみて、私は南極の地に触れた瞬間に、氷の実質的な王様がだれであるのかを悟った。現在の基地の所長がだれであるのかは別として、この町で最もボス的な存在でワルの男はジェイク・スピードという人物だった。彼は、たいてい親衛隊もどきの取り巻き連中を引き連れて食堂を横切るので、私は彼がひじで私に軽く触れるように仕向けた。ほかの人たちは、彼が通るときは、尊敬の念をもって道を開けた。彼は背が高くていかつい顔だが、三〇代半ばで少年の面影もあり、イエス・キリストを思わせる茶色のひげはきちんと手入れしているし、髪は長いポニーテールに結んでいた。彼は、南極で五回も越冬していた。しかも、五年連続だ。南極点で一〇か月を過ごしたあと、北部に数か月滞在し、また戻って長い暗闇のなかで仕事を続けた。一回の長期休暇も取らずに、五年を終えた。ジェイク・スピードこそ、その男だった。私は気になったのだが、そのシンボルとして彼はかなりくたびれたカーハート社製の衣類を着ていて、毎年、翌年の冬のために取っておくのではないかと推察した。それは、次のように自慢しているかのようだった。

「きみの服は、新品で輝いているね。だってきみは、ここでは新参者だから。でもボクは、汚れているが南極のベテラン探検家だ。ボクの衣類がどのぐらい古いものか、見れば分かるだろう。せいぜい涙を流してくれよ」

私としては、彼と話をしなければならない。だが、先延ばしにしていた。前に基地の所長だったビル・ヘンリクソンは、あるとき私を脇に引っ張って、そそのかした。

「ジェイクと話したほうがいい。彼は道化を演じるかもしれないが、彼に胸襟を開かせれば、きっと貴重な話が聞けるだろうと思う。彼は、なかなかものを深く考えている」

彼はくたびれたカーハートを見せびらかしていて、うさんくさい感じだった。だがその日の夕方、彼が腰掛けていたバーのスツールの近くに行って、彼にインタビューをしてもいいか、と丁重に尋ねた。驚いたことに（そしてのちに分かったのだが、彼も驚いた）、彼は承知した。彼はワルだと思い過ごして早合点していたことに、私は早くも気づきはじめた。

私はその夜遅くジェイクの小屋で会ったが、本部のドームに近い、孤立した小さな住まいだった。修理中の備品、ナット、ボルト、ケーブルなどが散乱している。掲示板には、遠方から来た絵はがきや、とても読み切れないほどの伝承などを書いた新聞記事の切り抜きなどでぎっしり埋まっていた。私の椅子から読めた警句は、次のようだった。

「必要なことは、……同胞より卓越していることだ」

ジェイクは二人分のウィスキーを注ぎ、タバコに火をつけた。彼は、緊張していた。お互いさまだ。

私たちは、簡単な話から始めた。ジェイク・スピードは、本名ではなかった。——彼は生まれたときはジョゼフ・ギボンズだったが、若いころにこのあだ名が付けられた。彼はカリフォルニア州タホの近くで、ややヒッピー的な家庭で育ち、独立して家を出る年齢になるとすぐ、ほとんど病的ともいえる落ち着きのなさを発揮して、六年間さ迷い歩いた。アメリカの商船で世界を駆けめぐったあとに、オーストラリアを歩いて横断し、そのあと中国を横断、パナマからカナダ北部まで、すべて自力で旅した。南極に着いたときまでに三〇か国を旅したが、一か所で六週間あまりを過ごしたことは、数年来なかった。

だが氷の上に一歩を踏み出した瞬間に、彼は大きな衝撃を受けた。彼はこう回想する。

「南極に来て飛行機を降りたとたん、夢中になった。ドームまでやってきて、氷のアーチやクリスタルに見とれ、近くを雪上車が走っている。私は、まさにここだと思った。すごくカッコいい。ダイナミックで、美しくて、フロンティアで、すべてに興奮した」

そうか、よく分かった。ここは感動的なところで、ジェイクに関してはまだほとんど何も知らなかったが、それほどまでに魅せられた理由は理解できた。だがなぜ、ここで五回も越冬したのだろうか。落ち着けない人もいる場所なのに。彼の答えはこうだ。

「越冬は、本当に魅力的だ。自分で選べるオプションが何もない場所にいると、気が楽だ。だれの一生でも、逃れられない状況に追い込まれる時期はほとんどない。多くの人は、自分をしっかり見つめる時間などなかったと思うが、ここでの冬は、まさにそのような状況に直面する。ここでは、ほかに行くところがない。自分で対処法を考えなければならない」

大人になってからずっとあちこち駆けずり回っていた男にとっては、ここでは、それをやめざるを得なかったことが魅力だった。飛行機が飛んでこない数か月は、どこかに出かける選択の余地がなく、それが安寧を見つけるのに役立ったのかもしれない。だが同時に、残りの人生に「待った」をかけ、決意を変えることができないことも意味した。たいていの人には、我慢がならない。「ここでひと冬を過ごすために、人生のうちの一〇か月を切り取ってしまうことは、なかなかできないですよね」

と、私は注意深く言ってみた。彼は、ひと息ついてから答えた。

「それは面白い見方だけど、私は違う。私は冬の間ここにいるために、私の人生から一〇か月を切り取っているわけではなくて、毎年、彼らが私を追い出す二か月間を切り取っているだけだ」

これは明らかに、二律背反だった。何年も地球をさ迷ったあげくに、彼は滞在が歓迎されていない地球の数少ない場所に居着くことを選んだ。毎年、夏には少なくとも二か月間はそこを離れなければならない。もしそうしなければ、頭がおかしくなるのではないか、とだれもが心配する。私は何も言わなかったが、私の考えていることは顔にはっきりと出ていたらしい。ジェイクは私がことばには出さなかった図星に感づいて、思わず噴き出した。

「その通り。長いことかなりハードな旅をしたあとで自分が滞在したいと思った唯一の場所が、皮肉なことにそれをやらせてくれないことが分かった」

最初のふた冬、彼は便利な「なんでも修理屋さん」として働いたが、それ以後、重機器――大型でマッチョな雪上車――を操作して除雪したり、外部の建物の燃料補給、水回りの仕事、食堂の食料品や建材などの運搬に携わった。彼は真っ暗闇のなかでも、光源なしで楽に仕事ができることにすぐに気づいた。地平線上でひときわ黒いものは避けるべきだということも学んだ。そしてたびたび、旗の列までクルマで行って科学者たちに警笛を鳴らし、まるで彼らが目に入らなかったようなポーズを取り、彼らを飛び上がらせた。

雪上車は、マイナス六二度まで稼働できる。マイナス六五度までは、基地にとって不可欠の雪を、水に溶かす機械のために集めることが可能だ。だがこれ以下の気温が何日も続くと、ジェイクはこの小屋でモニターにへばりつき、温度が上がる瞬間を待ち伏せる。

「それが正午であろうと午前三時であろうと関係なく、マイナス六二度に達した瞬間で、まだ強風が吹きはじめる前に私は外に飛び出す。私は、地獄のような疾風が始まる一二時間前、三日前、二時間前に予知できるからね」

もう一つの大きな危険は、シュガースノー（シモザラメ雪）だ、と彼は語った。嵐に吹きまくられた雪の結晶は繊細な突起をすべてなくし、四角くなる。雪の結晶がくっつき合うためには、尖った部分が必要だ。シモザラメ雪の結晶は、結合しない。どちらかといえば流砂に近い。シモザラメ雪のなかにクルマを突っ込んだら、エレベーターシャフトに落ち込んだようなもので、脱出しようとしても一メートルあまりも落ちてしまう。表面的にはシモザラメ雪はほとんど見分けがつかないが、後退したときに感触の違いが分かる。なめたときの味も、明らかに違う。

ジェイクは、つねに雪を味見する人だということが分かった。彼はドームのアーチ型の通路で、さまざまな結晶の味の違いについて話しはじめた。場所によってはかび臭い雪もあったが、そのあたりでは伸びてくるつららに、発電所や積載トラックからの排気ガスが付着していて、周辺の空気の状態を反映していた。

だが彼が、凍てつく生命のない暗闇のなかの自由時間に楽しんでいたのは、極寒の外に出てサスツルギが形成されていく過程を見守ることだった。それは巨大な、雪が削れてできた雪の波のような彫刻で、高原は凍った大洋のような趣を呈していた。夏のサスツルギは、まるで目に見えないそよ風によってできたさざ波のように繊細だが、冬のサスツルギは強力な風のため巨大になる。そしてジェイクは、それができていく過程を眺めて楽しんでいた。

「最初はわずかな雪から始まり、風が横切って整えられていき、繊細な結晶が互いにからみ合い、高さが一メートル二〇センチ、長さが六メートルもの巨大な彫刻を創り出す。しかも季節によってつねに変化する。オレは外に出て寝転がり、満月となんとも美しいオーロラのショーの下で起こっているドラマを見るんだ。これは、ナマだよ。冬の間ここは退屈で、死んだも同然だ。何もやっていないと言う人は、目を閉じたバカものだね。さまざまなことが起きているし、それに気づくべきだ」

彼は後ろに寄りかかると、またタバコに火をつけた。

「あなたは、しゃにむに自らを売り込む人のような話し方はしませんね」

と、私は言った。彼は答えた。

「そんなことをしたって、冬をうまく切り抜けられるとは思わない。オレは、あのふんぞり返って歩く人たちを眺めるのが好きでね。彼らは七月まで指をしゃぶりながら、母ちゃんを恋しがるんだ」

そして、にやっと笑った。

「別に指しゃぶりや母親を恋しがることは悪くないし、正常だ。だれでもが、そうすべきだろう。問題なのは、むしろマッチョな態度だ。

ここでは、大いなる忍耐が必要だ。氷河が山を削る。それと比べて、人間は無に等しいぐらい小さい。まるっきり重要性がない。だから『こんなところは、ヘイチャラさ』という態度でここにやってくる人は、とんでもないことになる」

私たちは、二時間近くも話していた。私はレコーダーのディスクを取り替え、ジェイクは互いのウィスキーグラスにもう一杯、注ぎ足した。

「あなたは病人を病院へ搬送させたとき、ここにいたんですよね」と、私は尋ねた。二〇〇一年に南極人は暗闇のなかで、はじめて、ただ一度の病院避難をおこなった。彼はこう回想する。「あれは、おそらく私の生涯のハイライトの一つだろうね。私が経験した、生涯で最もやりがいのある仕事の一つだった」

基地のロン・シェメンスキー医師が不具合を訴えたのは、四月のはじめだった。彼の健康状態は急速に悪化し、悶え苦しむほどになった。医者が病気になるとは、なんとも悪いニュースだ。基地で絶対に欠かせない二人は、医師と発電所の技師だ。科学者か大工が病気になれば、仕事は中断されるだけだ。もしコックが病気になれば、だれでもチーズ・マカロニで我慢ができる。だが発電所の技師と医者は、ともに基地全体の生命維持システムのカギを握っている。

だが問題は、さらに深刻になった。医者の疾患は生命に関わる深刻な病気だった。彼は胆石どころか膵炎《すいえん》の疑いがあった。彼は南極を離れたくはなかったが、アメリカの医者たちは、帰国すべきだと主張し、そうでなければ冬を乗り切れないだろう、と諭《さと》した。

ハーキュリーズ輸送機による南極行き飛行は、そのシーズンはとっくに終わり、太陽は沈んだままだが、もし全員が迅速に行動すれば救済できるチャンスはまだ残っていた。これはカウボーイ、つまりツインオッター双発機の仕事で、でこぼこの滑走路でハーキュリーズには必要な温度より低くても、滑り込むことが可能だ。だが、残された時間はあまりなかった。ツインオッター機は、航続距離が短い。カナダの母港基地から南米の最南端へまず飛び、そこからドレーク海峡をひとまたぎして南極半島で唯一の滑走路があるイギリスのロセーラ研究基地に着陸する。二人のパイロットのうちの一人はスタンバイとして残り、もう一人が南極点まで進んだ。ロセーラの滑走路も、あと数週間で使えなくなる。

オッター機はスクランブルをかけ、ジェイクと南極の仲間たちも準備体制を整えた。スキー用道路を横切る旗の列を取り払い、オッターが着陸するための滑走路の建設作業を始めた。あまりにも暗く、また水蒸気と霧が濃くて、ジェイクには雪上車の雪掻き刃の前さえ見えなかった。気温はマイナス六八度で、雪面はテカテカで摩擦はほとんどない。彼らは大理石のような滑走路に仕上げたかったが、湿ったセメントに近い状況だった。ツインオッターのパイロットたちが、命の危険を冒して着陸できるかどうかに、かかっている。飛行機がやってきて、低空飛行のぶっつけ本番で雪上に完璧な着陸したころには、ジェイクはすでに三〇時間ぶっ通しで働いていた。

「それは厳しかったが、私たちはロセーラ基地の人たちと衛星電話で話した。彼らはTシャツを何枚か送ってくれ、私たちもお返しのTシャツを送った。そのようなことが、お互いを結びつける。私たちは飛行時間にして一〇時間も離れたところにいて、お互いに会ってあいさつすることもないけれど、私たちの仲間の一人の命を助けてくれた人たちの兄弟愛やきずなが確認できた。この凍てついた大陸でともに結びついた。それを思い出すと、いまでも身ぶるいする。その人たちがどのような人たちなのかさえ、まったく分からないんだけれど」

彼の目には、涙があった。確かに南極での友情には感動する何かがあり、旧来の国境を越えるものだった。ここで最大の共通点は、同じ南極人だという点だ。

ジェイクはさらに、私に不意打ちを食らわせた。

「二〇〇〇年にロドニー・マークスが亡くなったときにも、私はその現場にいた」

私は、息を呑んだ。ロドニー・マークスは、南極で冬に死んだ唯一の人だ。それ以来、毎年、冬になると、死の真因が突き止められない彼の死が、静かな陰を投げてきたが、それでも噂話にとどまっていた。

「それについては、だれも話したがらない」

と、ニック・トットヒルは言った。だがジェイク・スピードはまさに語ろうとしていた。ジェイクは続けた。

「彼はすごい人だった。あのルネサンス的な男について話そう。あの最後の年、彼は私たちに天文学のすべてについて教えてくれた。だが彼がニュージーランドの税関を通ろうとしたとき、彼は紫色のモホーク族のヘアカットだったので、係官が不審に思って、『何をしている方ですか』と質問したところ

『私は科学者だ』

と、答えた。彼は、人をからかうのが好きだった」

私は、しばらく次のことばを待った。やがてジェイクは続けた。

「彼は、私の腕のなかで息を引き取った」

三週間前に、私がはじめて基地に到着したとき、私はこの件を追及すべきだったのかもしれない。私は、すぐ彼を訪ねて聞いてみるべきだった。仲間があなたの腕のなかで死んだときは、どんな感じでしたか。基地での雰囲気はどうでしたか。みなさんは、怖がりましたか。あなたも、怖かったですか。次は自分かもしれない、と思いましたか。だがジェイクの小屋にすわっていても、私には尋ねる勇気がなかった。ロドニーについて話すときの彼の目にあった苦痛は、見るに耐えなかったからだ。

「その話は、お尋ねしないつもりでした」

と、私は言った。

「構わんさ」

と彼は答え、タバコをもみ消した。

「ここではなんでも極端だ。天気と天候はもちろんだが、そればかりではなく、人間も同じだ。あなたと彼らとの付き合いが、私にからんでくる。ここでは冬の間は小さくて緊密なグループになり、ごく小さな部族になる。みんなが一緒になって、そこには肩書もなければ、仕事の区別もなく、何の差別もない。

たとえ仕事の内容がまるで違っていても、全体を包み込むユニークですばらしい友情は維持していける。大工や高エネルギー天文物理学者、料理人や管理人らが毎晩ともに食事する場所なんて、ここ以外にはあり得ない。私は冬にここにいるから、ここほどダイナミックな場所は見たことがない。こんな世界は、ほかには創れない」

話に熱中していたから、私はジェイクの着古したカーハートのオーバーオールのことは忘れかけていたが、それらが相当にくたびれていたことに改めて気づいた。ビル・ヘンリクソンの見方は、おそらく正しかった。ジェイクは確かに深く考える人で、また私がそれまでに会った人たちのなかで彼が最もマッチョらしくない一人だった。いったいなぜ、彼は毎年、古ぼけた服を着続けるのだろうか。彼がいかに大ベテランであるかを、見せびらかすためだろうか。

「カーハートにまつわる話がありますか」

「そうだね、あー、着られればいい。身につけられればいい」

「でも、ほかの人たちは、新しいシーズンごとに着るものも新たに支給される……」

「これも、今年のシーズンははじめには真新しかったんだ」

「まさか！」

「いや、その通り」

「ウッソ！」

「マイナス七〇度では、繊維に何が起きるか。めちゃめちゃになる。オーバーじゃない。このバニーブーツも、もうボロボロで、使いものにならない。なんでも叩き潰されちゃうんだ」

そして、悲しげに見下ろして言った。

「ずいぶん使いつぶしたよ」

南極の冬、六〜八月

冬に入って数か月が経っているので、恒常的な暗闇と強烈な寒さには慣れてきたころだろう。また、何が起きてもここにとどまらざるを得ないという運命にもなじんできたはずだ。そして、だれもがここを大切に守ろうという点で一致結束できれば、生き延びていけるはずだ。

南極では、とくに冬場は火事に十分、あるいは十分すぎるぐらい気を付ける。もし消防担当の隊員なら、警報が鳴ると同時に飛び起き、気を引き締めてコミュニケーションルームに駆けつける。もし防火服が手元にあれば、その部屋で休んでいる者に警報が鳴っていると注意を喚起する前に、防火服を着装する。それを「火災警報トゥレット（フランスの神経科医の名前）」と呼ぶ。私は夏に、食堂でその状況が起きたのを、一度だけ見た。警報、起床、宣誓、着装、走る。……私がフォークを口元に運ぶ間に、それらがすべて完了した。

消防隊員は、アメリカのコロラド州デンヴァーにあるロッキーマウンテン・ファイアーアカデミーで訓練を受けてきている。この組織はプロを養成するものだから、アマの域を超えている。

南極の火災がどれくらい手強いものか、アカデミーの教師も理解していない。だが彼らは、防火服の正しい使い方の基本――防火服、ズボン、ヘルメット、呼吸器など――を教え込み、隊員の肌全体が覆い尽くされるようにして、温度が一二〇〇度になっても生き残れる訓練をほどこす。それがどのような感じかを理解させるために、燃えているビルに生徒を潜り込ませる。防火服は熱くはなるが、耐えられないほどではなく、それを着ていれば安全だ、という自信が持てる。

もし炎のなかに入ることに尻込みする者なら、ファーストレスポンダー（第一応答担当）に配置され、現場で状況を判断する。ここでも、救命の必要な人が残っているとか、絶対に残さなければならない建物を守る状況でもない限り、炎のなかに入っていく人間はいないだろう。だが、冬はほとんどの建物がきわめて重要だ。もし発電所とか、氷を溶かす機械、居住区などがなくなれば、全員の命が危険にさらされる。

冬のまっただなかでも、ツインオッターの一機、あるいは二〇〇一年に患者の救急搬送がおこなわれたときのように、二機を呼ぶことはいまでも不可能ではない。だが、ロセーラの滑走路が使用可能だとしても、カナダからロセーラまで飛ぶのには、準備期間を含めて少なくとも二週間はかかり、それに南極での良好な気象状況を待つためにロセーラでさらに一週間か二週間は待期が必要になる。しかも燃料や搭乗人員の限界があって、ツインオッター機は二人か三人しか乗せられない。したがって、基地の全員を避難させる方法はない。状況にもよるが、ハーキュリーズ輸送機に上空から食料や燃料を投下してもらうことは可能だろう。だが基地が火事になれば、ほとんどの人にとって絶望的に行き場がなくなる。

新しい基地本部にはスプリンクラーが設置され、ドームにとっては大変な進歩だが、それでも火勢をいくぶん弱める程度の効果しかない。実は重い耐火ドアで封印され得る神聖な場所があり、予備発電設備やベッド、キッチン……それに洗濯場までが設置されている（なぜ洗濯場が必要なのかと尋ねると、相手は驚きの表情で答えた。「たとえ基地が全焼しても、自分が着ているものを洗う必要はあるでしょう」）。もし基地がなくなっても、外部のダークセクターや、空気のきれいなセクターにある科学館にみなを寝かせる余裕はある。外の凍った路肩に緊急食料品を貯蔵している場所があって――容器の袋に熱湯を注いでかき混ぜるだけのインスタント食品だ。暖房を使って、雪を溶かすための体力が維持されている限り、ハーキュリーズが助けに来てくれるまでの何か月間は生き延びられるはずだ。だがそれは、かなり難儀だ。

これまでも、外出の必要がなければ外には出ずにすませた。外に何か差し迫った目的がない限り、マイナス六八度（華氏マイナス九〇度）だとほんの数分間でも、強風のなかは決して楽しいものではない。しかし、みなが、待ち望んでいる魔法の気温がある。気温がマイナス七三度（華氏マイナス一〇〇度）になると、基地の拡声器から情報が流れる。

「気温はただいま、華氏のマイナス一〇〇度に達しました」

この温度は、サウナへ走るサインだ。だれかがすでに、ボイラーに火をつけたに違いない。普通は最高で八二度までしか上がらないから、重要な（しかも汗だくになる）温度の九三度（華氏二〇〇度）に上げて保つには、お湯にサーモスタットを入れなければならない。

裸になって、我慢ができなくなるまですわる。それから、これが重要なのだが、サウナを飛び出して大急ぎでバニーブーツを履き、顔にはマスクをして――それ以外の衣類はいっさい身につけない――雪のなかへ走り出る。筋金入りなら、裸のまま走って極点まで往復する。心臓の弱い人にはお勧めできないし、本当はだれにも勧められない。でも、もしあなたがやるつもりなら、瞬間的には華氏で三〇〇度の温度差を経験することになり、かの名高い――しかもめったに入ることのできない――「三〇〇度クラブ」のメンバーになれる。

これほどばかげたものではなく、氷上滞在を祝うまともな「真冬の祭典」は、六月二一日におこなわれる。料理人たちは数週間も前から祭りの特別メニュー計画を立てはじめる。だれもが、ドレスアップする。南極大陸の全域で、越冬しているすべての基地が特別にデザインしたグリーティングカード（普通は越冬者たちの写真に何か文言を書き足したもの）を交わし合う。

この時期になると、そろそろ外の世界との関係がぎくしゃくしてくる。アメリカの支援スタッフの本部はコロラド州デンヴァーにあり、彼らはここの生活がどのようなものであるかをほとんど理解していないか、まったく知らない、と越冬者たちはよく嘆く。ジェイクはこう表現する。

「デンヴァーの人たちは、まったく違う世界にいる。越冬体験者はほとんどいないし、彼らが強要したり要求したりすることは、まことにナンセンスだ。あそこからの電話に、こう返事することもできる。『了解。では、外へ出て荷役チェーンをすべて数えて欲しいわけですね。貨物は二メートルあまりもある氷の下で、外気温マイナス七三度……。それを数えて欲しいわけですか。あなたがここに来て一か月後までは使いませんから、天気がよくて温かい日に、着いたばかりでまだ凍えていない、いろいろな人たちがいるときに数えたほうがよろしいでしょう』」

彼が本気で、デンヴァーの人たちの気を動転させるカウンターパンチを与えたいなら、単純に「指先に感覚がありますか」と尋ねればいい。

一九九七年、料理長は真冬の祭りに七面鳥を焼くことにした。基地には二八人が滞在していて、冷凍の七面鳥は二二羽だった。そのうちの何羽かを使う許可を申請した。だがデンヴァーからは許可が下りなかった。それは、基地開きのためにとっておかなければならない、という理由だった。基地開きのためですって！　そのときは新たな航空便で山ほど七面鳥を運んでくることができるし、しかも南極の越冬者が夢に見るまだ毛のついたままの七面鳥だ。前所長のロバートは言う。「真冬の祭りは、ここではきわめて重要なんだ。ホワイトハウスから、真冬のグリーティングカードが届くほどだから。それにもかかわらず、七面鳥の料理が許可されなかった。最終的には国立科学財団に伝わって、結局OKにはなったが、遅すぎた。七面鳥を解凍するには相当な時間がかかるから」

基地をうまく運営するには、冬の基地のマネジャーが有能な調停者でなければならない。担当者は、越冬組のクルーたちに信頼される必要があるし、一方では外の世界とも良好な関係を保たなければならない。越冬者たちの怒りは理解しやすいが、アメリカ本国で支援する人たちも、ときに正しいことがある。

真冬の祭典が終わって、暗黒と寒さの数か月が残るだけでほかに楽しみがなくなるため、生活が内向きになって引きこもりがちになり、基地の圧力鍋のテンションは否応なしに上がる。大工のラリーは、こう言う。

「ここは、植民地みたいなものだ。外がつねに真っ暗で一つの建物に居続けると、何かスタンリー・キューブリックの映画で、ジュピター9に向かっているミッションのような感じがする。何をやっても、他人の目がある。何かを二回以上やれば、それは習慣とみなされる」

NASAはこの現象に気づき、月や火星における基地でも同じことが起きるのかどうかを知るために、南極での越冬に関する生物学や心理学的なあらゆる要素を考察してきた。

研究者たちが一つ学んだことは、冬が進むと甲状腺で作られるT3ホルモン（トリヨードサイロニン）が欠如しはじめるために、越冬者は頭脳派から筋肉派に方向転換するらしい。また、外へ出なくても体温が一、二度下がる現象がある。おそらく日照不足か、睡眠パターンの乱れ、あるいは寒さによるものかと思われる。小さなグループに押し込まれて、そこから出られない心理的な影響もあるのかもしれない。だが、症状は動かしがたい。

心理学者はこの現象を「越冬症候群」と呼んでいる。「南極人」自身は、「トーストになる」と表現する。深い雪のなかではだれでも、少なくとも軽いトーストの越冬ボケ状態になる。最初の徴候は、自分がどのように見えるか、どんな臭いがするのか、気にしなくなる。一〇〇キロも先を、ぼんやり見る眼差しになる。あなたと話しているうちに、文章の途中で気づかぬうちに話がズレていくが、本人は気づかない。越冬ボケが進んでも、気づかないのかもしれない。部屋に何度も出入りしながら、毎回そこに来た目的を忘れる。シャワーから出るときも、シャワーに来たのか帰るのか迷う可能性がある。食堂では、心のなかでは泣きながら、自分の料理の皿を持って席に着いていても、それには手をつけずに出ていってさ迷うかもしれない。ジェイク・スピードは言う。

「私たちは、みないくらか越冬ボケしていくことを認識していて、ものの区別がつけにくくなったり、今日が何曜日かを忘れることも確かだ。最も苦労するタイプは、通常の日常社会の通念にしがみついている人びと。自分の周辺を見ると――もうカンザス州にいるのではない。それなのにカンザスふうに変えようとしたら、ここでは生きていけない。ひたすらリラックスして、自然に任せることとだ。ここの冬の体験を望んだのだし、最後の飛行機が離陸したときはホッとしたはずだ。現状があるがままの現実。だから、ここで頑張るしかない」

ジェイクは、冬の上手な過ごし方をたいていの人よりよくわきまえている。彼の見解によると、適切な越冬者はポジティブな考え方をする。つまり、毒を排除する。心を安められるゆとりがある。ダメな越冬者は自らをコントロールできない。したがって、他人と打ち解けられない。そこで自室にこもってしまうか、外に出て引っ掻き回すかのどちらかになる。

南極人たちは、その症候群がさらに進むと「焦げたトースト」状態と呼ぶ。ジェイクは言う。「やたらに意地悪になって、けんかを売りたくなる時期だ。たとえば食堂にいて、部屋の反対側にだれかがいると、他人の存在そのものだけでわずらわしくて落ち着かず、我慢できない。そこでこう考える──彼は五時半に夕飯を食べに行くから、私は六時一五分に行こう。それは、ほぼ無意識な心理だ。ただ、そのように行動する。

七月中旬から八月は、いやな月だ。だれかのところへ行って、とくに理由もないのに、『お前なんか大嫌いだ』と言ったりする。『おはよう』と言う代わりに、頭に浮かんだことをそのまま口に出してしまう。抑制が効かなくなり、禁則が消滅する。そんなことをしている自分自身さえ、見失ってしまう」

このようなときには、〝領土問題〟が起きやすく、執拗に続く。とくに、だれかがあなたの椅子に腰かけたら大問題になる。前年の冬、ラリー、ジェイクとジェド・ミラーの三人が、基地のバカげた縄張り意識に関するジョークを作った。彼らはベッドのシーツをテーブルクロスにして、食堂のお気に入りのテーブルにかけた。七月になると、彼らはそこに小さな山などの風景を描きはじめた。ラリーの領域は「ラリーランド」、ジェドの領域はジェダナシア。ジェイクの領土は、最も小さかった。彼らはそれを「ジェイク反乱軍の統一戦線」と呼んだ。ラリーは、次のように語った。

「彼は反逆者だったから、私たちはいつも彼を抑え込もうとした。よく見ると、彼は基地の反逆者みたいに見えるからね。彼のボロボロのカーハートを、見たことあるかな?」

ジェイクは、しきりに自分の皿をジェドの領域に押し出してきた。ジェドは、これがひどく気にさわる。ナプキンを投げ合い、食べものが飛び散る。

「きれいなセンターピースが敷いてあって、スイッチを入れると赤い灯りのつく高さ二五センチほどのクリスマスツリーもあったんだけど、ここは私たちが自由にできる場所だった。私たちのテーブルは、私たちの世界なのだから」

またそのころ、食堂では「灯り戦争」も繰り広げられた。ラリーは、次のように話す。

「チャックという男が食堂に入ってきて、一気に五つか六つ余分に灯りをつけた。太陽が恋しい人たちには明るいほうがありがたかったが、吸血鬼が顔にニンニクを投げつけられたような反応を示した者もいた。わめき声や叫び声が、飛び交ったらしい。もう少しで、殴り合いに発展しそうだった。

チャックは毎日それを繰り返して楽しんだが、ついにある日、劣勢に立った。余分な灯りを毛嫌いした人たちが、反対にスイッチを切って回った。するとチャックはまたそれをつけ、だれかが食堂を出て玄関の突き当たりまで行って廊下を戻り、別の入り口から入ってまた灯りを消した。その堂々めぐり。電気をつける。玄関を下り、別の入り口から戻ってまた灯りを消す。どなり声、鉄拳、侮辱、冷笑。最終的に、全員が腰掛けて話し合うことになった。基地から何通かのメールが送られ、管理者が仲裁に入った。妥協案として、一日おきに灯りを明るくしたり暗くしたりすることで決着した。冬でない時期に考えたら、恥ずかしいほどナンセンスなことだ。

ジェイクは、こう語る。

「だれでも、焦げたトーストの精神異常のエピソードを二つか三つは持っている。最初の光の輝きが地平線上に出ると、善良な連中は、仲直りを始める。『バカ、なんてわめいて、失礼しました……』。悪い連中は、そのままほおかむりだ」

好ましくない話は、うまくやり抜けなかった人たちのなかで無数にあり、伝説的にもなっている。ある年、AST／ROを担当する男性が暗闇のなか、チョコレートを少々ポケットに入れただけでマクマードまでの一三〇〇キロをスキーで帰ろうとした。彼が約一六キロ進んだところで、だれかが彼の行方不明に気づき、彼を無事に連れ戻した。ほかにも、信憑性に欠ける話がいくつかある。ある男が酔い潰れて寝ている間に、友人たちが彼の頭を剃ってしまった――だが彼は三日間も気づかなかった。マクマード基地まで抜け出そうとして、奇抜な方法を取った越冬者があった。彼は荷物をおもむろに準備してみなに別れを告げたあと、トレッドミル（ベルト式歩行装置）でそこまで歩いて行こうとした。

極地における奇行は、南極点付近に限られたことではない。一九五〇年代、オーストラリア人がナイフで人を脅したかどで冬の大半、幽閉された。一九六〇年代には、ソ連の科学者が、チェスで相手が不正をしたと信じ込んで、相手を斧で殺害した。一九九六年には、マクマードのコックがハンマーの釘抜きで人を攻撃して隔離された。一九八三年には、半島にあるアルゼンチンのアルミランテ・ブラウン基地の医師が、冬が大嫌いで救援の蒸気船が入港する数日も前から荷物をまとめて出発の準備をしていた。入港した船には、代替の医師がおらず、もうひと冬を基地で過ごさねばならない、と告げられて、医師はただちに基地に放火して全焼させてしまった。

気がおかしくならないように、さまざまなプログラムが試された。多くの越冬者が述べる最善の方法は、雑多な動機を持つ人物を選ぶことだ。仕事だけが生き甲斐だと、南極滞在中に何かが壊れると異常になる。もしロマンと冒険だけを求めて南極に滞在すると、冬の間は広大な野外で過ごせる時間があまりにも少ないため、やはりおかしくなる。逆説的な感じだが、問題をたちどころに解決しなくてもやっていける人のほうが適性がある。フランス人越冬者を対象にした研究から判断できることは、最もうまくやった人は社交的な人でもなければ独断的な人でもなかった。だれでも少しは焦げかかったトーストになるので、適度に距離を置いてあるがままに流させるほうがいい。ジェイクは、次のように言う。

「なんでも受け入れられることが、必要なんだ。トースティで精神病的なエピソードや、ゴシップ――ここはいつでも最大のゴシップ生産工場だ――はすべて出てくるままにしておく。自分の靴の紐が結べなくなっても構わない。だれかさんがあなたについて何かをしゃべっても気にしない。食事どきに、だれかがほかの人の耳にスプーンを突っ込んでもいいじゃない。そんなものには、われ関せずでいい。冬にそのようなことに深く関わっていたら、それだけで消耗しちまう。そうなったら、私はもう助けることができない」

アメリカ国立科学財団は、南極で越冬を予定している全員に、サイキ・エヴァル（心理評価）という名で知られる心理テストを課している。結果は決して公表されないが、バランスを崩した人たちも、テストをパスした人たちだった、と指摘する若者もいる。

「ビッグデッドプレイス」というウェブサイトでは、選考過程についてかなり冷笑的に皮肉っている。

「ほとんどすべての有力な新聞は、隔離された南極の基地で越冬する人たちの選考に関して、次のような点で一致していた。どのような人が南極のコミュニティにうまく溶け込み、どういうタイプが溶け込めないのかを決めるには、心理学的なテストだけでは正確に判断できない。内向的な人が選ばれがちなのは、彼らが他人の性癖に対して寛容なため、根っからの外向的な人たちが好まれないのは、彼らが注目と愛情と安心感を求めたがる性格のためだ」

心理テストは、閉所恐怖症の人、過剰に心配する心気症の人、躁《そう》病の人をはじき出すうえでは役に立つが、南極に冬の七月がめぐってくると、一見すると正常な人が、「隠れ精神異常者」であることを恐れる必要があるのだろうか、といぶかりはじめる。このタイプの人間は心理テストを難なくパスするが、にわか精神異常者は少なくとも南極コミュニティに笑いをもたらすし、ときには日常的な単純作業をきちんと片づけてささやかな盛り上がりももたらす。

イギリスなどのプログラムでは心理テストを排して個別面接に頼るが、それでも同じ程度には機能していると思える。だがアメリカのプログラムに関わった人たちの多くは、すでにここにいるだれかを知っている場合が、きわめて多い。――フランスやイギリス、イタリアのプログラムにも、同じ傾向が見られる。不安定で不適当な人を排除するうえで、個人的な推薦状ほどの情実性はない。もし宇宙機関がわずかな人数を宇宙のコロニーに送るとしたら、だれを送るべきかを選考するに当たって、彼らはおそらく彼ら自身の直感に重点を置くのではあるまいか。

穏やかな冬であっても、自分が選んだ道を後悔する場合はあり得る。ここに幽閉された人たちが、「ジョン殿」とか「ジョアンさま」で始まる離婚の手紙をEメールで受け取っても、どうすることもできないことがある。また二〇〇三年、ロバート・シュワルツの兄が病気になったが、彼ができることはEメールを送ることと電話をかけることだけだった。

「こんなときこそ、何よりも家族と一緒にいたいだろう」

ラリーが越冬していたとき、彼の親友が亡くなったことを知った。

「私が最も恐れていたことが、現実になった。運を天に任せて成り行きに従う、心配はしないという原則がくつがえった。自分はここにいないほうがよかったのではないか、と思ったのはそのときだけだ。それを克服して働き続けると、このコミュニティがいかに窮屈であるかに気づく。でもそのときに、何も自分を待ってはくれないことに気づく。ここにいる間は、すべてがまるで足踏みしているように感じるが、外の世界はどんどん追い越していく」

＊　＊　＊

科学関連の施設でそれまで私が訪れていなかったのはクリーンエアセクターだけだが、ここでは大気の研究をしている。私は、最高のチャンスに恵まれた。南極にいる夏の間、毎週金曜日には「スラッシーズ」の夜があった。これはARO（大気調査観測所）からの一般向けの招待で、地上で最もきれいな雪を使って冷やしたカクテルを飲む集まりだ。これは、彼らの科学について知る機会でもあり、伝説的なカクテルを賞味できる好機でもあった。

AROは基地本部からわずか五〇〇メートルほどのところにあったが、雪上スクーターのお世話になりたいほど歩きにくかった。だが、空気をきれいに保つために雪上スクーターは厳禁だった。徒歩しかない。

AROは、大きくて荒削りなブルーの建物で、二階の高さに十字に組まれた柱の上に建てられ、外側には雪で覆われた金属の階段がつけられている。窓は大きく楕円形で、凍った大洋を見下ろす細長く伸ばした船の丸窓のような感じだった。ほとんどは基地とは反対を向いていて、眺めがすばらしかった。彫りの効いた雪の輝く白い空虚さと陰は、斜陽の柔らかい光を受けてパステルカラーの繊細な濃淡を作っていた。

その建物は、南極周辺の三分の一あまりにわたって弧を描いて広がる純白の高台を背景に、孤立して見える。ここの地域的な強風である空気をできるだけきれいに保つために、この風上には建物の建築が許可されなかった。ここの卓越風はきわめて勢いが強く、時間帯の九割あまりが、無限に広がる氷からの吹きさらしだ。したがって、この建物の屋上にあるセンサーに吸い込まれる空気は、地上で最も純粋なものだといえた。人間や工場が汚染している廃棄物のすべては、あらゆるところで垂れ流されているのだが。

天文学のあらゆる分野のなかで、AROは宇宙空間に関わりを持たない、南極における数少ないプロジェクトの一つだ。その代わり、家庭において南極から何が学べるかを見つけるために、外からの影響を少しずつ剝ぎ取っていく方法を追究していた。ここは大気における長期の変化を測定するために、アメリカ国立海洋大気局が運営する世界に五つある観測所の一つだ。そのなかでもここは世界の最果てで、ここのレベルを基準にして、ほかのデータが判断される。南極では、世界で最も長期にわたる継続的な記録を取る責任もあった。科学者たちは、一九五七年以来ここで大気の測定を続けている。長期間の記録は、必ずしも人目を引く必要はない。彼らは興奮するような新しい驚きや発見の喜びの瞬間を世に知らせようとしているわけではない。だが彼らの役目は、私たちが週ごと、一年ごとに見ているだけでは気がつかないが、気象が確かに変化している、動かしがたいゆっくりとした気候変動を拾い上げることにある。

ここで最も重要な記録は、大気中の二酸化炭素量の移り変わりだ。このガスは大気中に自然な形で存在しているが、産業革命以来、まず石炭の燃焼によって増加してきた。それにクルマの排気ガス、発電所の煙突から排出されるCO_2が加わった。CO_2は、それらの活動の置き土産だ。これはススやほこりのように大気からこぼれ落ちるものとは違って、地球の果てまで広がって一〇〇年あまりを経ても大気中に残存する。玄関の目に付きやすい場所に置かれたARO測定のグラフは、過去数十年間で二酸化炭素が、まるで一撃食らわすのを待っているコブラのように上に向かって伸び続けていることを示している。

ＡＲＯは以前のクリーンエア施設に代わるものとして建設され、まだ七年しか経っていない。だがすでに、現在の新しい基地に欠けている温かい家庭的な雰囲気が備わっていた。造花が、いたるところに飾られている。プラスチックのヒマワリの花瓶も、窓辺に置いてあった。机にはタータンチェックのリボンで縛った造花のポインセチアが、不安定な格好で置かれていた。そして浴室のシンクにはプラスチックのオリヅルランがあり、まるで本物のように見えた。浴室の外のいびつな看板には、「ご婦人化粧室」と書いてあった（これは間違いなく、最初の南極基地時代のものだった――女性は一九七〇年代まで南極に行くことがまったく禁じられていたわけでもない）。もう一つ、修理工場の天井からぶら下がっていた看板は、ここが「精神病棟」だったことをうかがわせる。コーヒーテーブルとして使っている小さな木の事務机の横には、ウイスキーやジン、グランマルニエやラムのほか、派手な色で怪しげなリキュールなどのビンが乗った金属製のワゴンがあった。ミキサーもあったが、ここでは氷はすでに半溶け状態で持ち込まれていた。

バーの横には液体石けんのボトルと大型のお手製バブルワイヤーがあった。この南極でシャボン玉を作ろうというのか、スラッシーチームの一人が、私にやり方を教えてくれた。外気温はマイナス四〇度ほど。理想的な気温だという。急いで吹かないと、液体はワイヤーに凍り付いてしまう。大きなシャボン玉ができても、シャボン玉は氷の層で覆われ、空中で粉々に砕け、その砕片がキラキラと顔の周りを飛ぶので、思わず見とれてしまった。断片はプラスチックのように見えるが、摑もうとすると手袋のなかで壊れて、きめの細かいウエハース状になる。

建物に戻ると、案内係の人は私に小さなサンプルのビンをいくつか持たせ、屋上に連れて行った。風が激しくて寒く、ほんの数分間でも耐えがたいほどだ。でも私はパーカの帽子をしっかりかぶり、指示に従って南極だけにしかないお土産を集めた。私はボトルを風に向けて差し出し、地上で最もきれいな魔法の空気を捉えて密封した。

階下では、パーティが盛り上がっていた。バケツにいっぱいの雪が持ち込まれ、すでにカクテルを手にした南極人たちが部屋にあふれていた。私は、無茶飲みは控える決心をしていた。数日前にラリー・リカルドが、高地ではスラッシーが効き、二日酔いのつらさについて警告してくれたからだ。だがジントニックを何杯か飲んだところで、みなに同調しないのは不作法だと感じはじめた。私が気に入ったのは、私のために元海兵隊（そして元バーテン）が調合してくれたカクテルで、カルーア、ベイリーズ、それにウオツカをブレンドし、――それに、申し分なく純粋な雪が入っていた。それは口当たりがよく、チョコレートミルクみたいな味がした。翌日の二日酔いの苦痛は、ラリーが忠告してくれた通りだった。だが、それだけの価値はあった。

ARO（大気調査研究所）は離れた場所でなく本部にあるが、南極では地球内部の核に向かって研究するもう一つの実験施設があった。その話は聞いていたが、そこに行けるとはあまり期待していなかった。SPRESSOと呼ばれるもので、「南極遠隔地科学および地震観測所」の頭文字を取った名称で、地震の測定をおこなっている。近くの地震ではない。南極では、地震がほとんどない。その代わり、AROと同じく、この実験は外の世界の乱雑さがあとに残したものに焦点を当てる。AROを空気の最もきれいな場所に設置しなければならなかったように、SPRESSOは地球上で最も静かな地域に建設する必要がある。

南極は、この面でも最適の地だ。世界中どこでも、クルマや列車の騒音があるし、ケーブルが揺れたり、葉っぱの擦れ合う音でさえ、デリケートな地震計に影響を与えてしまう。だがこの南極でさえ、問題がなかったわけではない。この静かなセクターは、ダークセクターとクリーンセクターの間に挟まれていて、本部から五〇〇メートルで、文明に近すぎた。研究者たちには、遠くから響いてくる雪上車の音がはっきり聞こえたから、重機のオペレーターたちが昼食に出かけたのも認識できた。したがって彼らは、装備を場所ごと静かな場所に移動させなければならなかった。三年にわたる建設や掘削作業を経て、SPRESSOのデリケートな地震計は雪の下、八キロほどのところに埋められた。

基地からそこまで離れれば、SPRESSOは月にあるのも同然だ。いずれにしても、私を現場に案内してくれる人はなく、乗りものを用意してくれる可能性もほとんどない。だが、私は恵まれていた。たまたまSPRESSOの二人の研究者、ケント・アンダーソンとスティーヴ・ロバーツがマクマード基地にやってきた。私は、彼らが到着した日に彼らを食堂で捕まえた。彼らはSPRESSOへ出向く計画だったので、私も同行させてもらえた。

ケントはがっしりした男で、体は角張っているが丸顔でひげはきちんと手入れし、陽気だった。スティーヴはもの静かで背が高く、髪は薄茶色で、ひげはきれいに剃っていた。私たちは、スロス（ナマケモノ）という車両で出かけた。ゴロゴロと低く重々しい音がする黄色い車体で、タンクのようなキャタピラがついていて、ボディには「アメリカ海軍、公用専用」とステンシル刷りの表示があった。ナマケモノという名称から連想されるように、スピードはゆっくりだが実用性を重んじていた。

オレンジ色の私のバッグには、着替えの衣類、複数のサバイバルバッグ、緊急食品とストーブ、ラジオ二台にイリジウム衛星電話などが詰めてあった。常識的に考えれば、たった八キロ行くためにそれは大げさすぎると思うかもしれない。だが南極では、場所がちょっと移るだけで、天気がガラッと変わることがあるので、これらは不可欠だと彼は断言した。

私たちが雪上をガタゴト揺られながらゆっくり進んで行く間に、ケントはSPRESSOについて話してくれた。これはグローバルなネットワークの一部で、アメリカ地質調査所とアメリカ国立科学財団が、IRIS（アメリカ地震研究所）と呼ばれる大学のコンソーシアムを通して共同で資金を提供している。最果ての地の基地としては、ふさわしい。ARO（大気調査研究所）と同じくネットワークの末端の施設で、地球上では最も静かなところにある地震観測所だ。

静かだということは最大のメリットで、外には雑音は何一つなく、世界の反対側の微細な音でも可能な限り拾い上げることができる。地震は、近隣の地面を揺らすだけではない。地震波は地底に向かい、地球内部の熱い岩を圧迫・圧縮し、あるいは左右に押しのけたりして伝わっていく。力と大きさがかなり弱まった地震波を地球の反対側で調べると、地震が通り抜けてきた岩の震動が捉えられる。地球の一端から、違った場所を通り抜けてきた地震波の相対速度を比較することによって、SPRESSOは、岩石でできたマントル、ほぼ純粋な鉄でできた液体の外殻、地球の中心にある熱く固体化した鉄の球という地球の内部を透視する望遠鏡としての役割を果たす。

南極がこの点できわめて勝れている点は、単に静かだからというだけではない。地球の回転軸に関わる独特な位置づけも、ほかの基地では捉えきれない明確さで事象を捉えることができる。ほかの場所では、地球自体の回転が邪魔になる場合があるからだ。ケントは、次のように言う。

「地球を鐘だとして、その鐘を大きな地震で叩いたら震動するが、その震動の仕方によって地球の内部構造が解明できる。地球が回転している場所によって、鐘がもたらす震動も異なる。回転軸になっているここがただ一つ、本当の鐘の音が聞こえる場所だ」

SPRESSOは、地球の中心部を知るためにユニークな位置にある。ほかの観測所では、地球内部をかすってきただけの波長を捉えている。ここでは、地球の心臓部を通り抜けてきた波長を検出できる。またSPRESSOは、核実験禁止条約の違反がないかどうかを確認するうえでも役立っている。核爆発も、地震波を引き起こす。もしそれが遠隔地であれば、震動は微弱だ。だが繊細なSPRESSOは、即時に地震波を感知する。

「だれかが人里離れたどこか遠くで何かをしでかしても、私たちは南極で探知できるはずだ」と、ケントは話す。

私たちがようやくSPRESSOの現場に到着すると、その存在を示す目に見える地上の標識は、赤、黄色、オレンジとグリーンの明るくカラフルな旗のセットだけで、これらが無人の高原ではためいていた。ケントの説明によると、埋もれた建物の角を示す旗もあるし、地震計器機が置いてある三つの場所を示す旗もある。あとは、「歩行禁止」の標識だけだ。

近くに来ると、通気管があることに気づいた。潜水艦の潜望鏡のような形で、雪のなかからおかしな格好で突き出ている。二つの出入り口があり、雪に覆われているが、雪を払いのけると木のハッチが現れた。入り口の一つは地下の浅い場所の機器の設置場所につながり、もう一つは黄色の梯子に導く。下りていくと驚くほど温かく、居心地のいい小屋に地震計などの計器が置いてあった。

内部に入るとケントはパーカや手袋を脱ぎ、この施設は本部からもっと離れた——二〇キロあまり——ところに建てて欲しかったのだが、と語った。だがそうなると仕事は面倒だし、コストも高くなるだろう。そこで妥協案として、機器類をできるだけ雪深く埋めることにした。その小屋を設営して穴を掘るのに三シーズンもかかり、いまでは地震計などが氷の下三〇〇メートルほどに固定され、もう変更はできない。ケントは言う。

「この部屋はだいたいマイナス四六度だが、機器自体はヒートテープを巻いてあるので、マイナス四度ほどに保たれている。もしテープが剥がれても、バックアップでしっかり包んである」

「もし両方のヒートテープが剥がれたらどうなります?」

「そしたら、機械はおしまい。でもその点は、考えないことにしている」

ここから一万二八〇〇キロも離れた世界の裏側で、一片の地殻がひずみを起こすかもしれない。大陸や海洋を支えている地球の構造プレートはつねに変動し、互いに押し合ったりこすれ合ったりして、せめぎ合う。ときには、どちらかが譲らなければならない。アラスカ沖のアリューシャン列島では、地殻の一部が突然に隆起するか、陥落するかの動きを見せるかもしれない。太平洋周辺では、津波警報があわただしく鳴ることもあるだろう。サイレンが鳴ると、沿岸の住民たちは、可能であれば高台へ逃げる。だが上下に揺れる地殻は、巨大な水の波を引き起こすだけではなく、地震波という別の波を地球の内部に伝える。

音波は人の耳に届くまで空気を圧縮したり引き延ばしたりするが、地震波も同じように、通り抜ける材質がなんであっても、やはり圧縮されたり引き延ばされたりしながら伝わっていく。岩でも簡単に通り抜ける。表面近くにとどまるものもあれば、地球の外郭である液体の水面をすり抜け、あるいは固い中心部をかすって、SPRESSOの耳に捉えられる。このような地震波には、通過してきた岩に関する興味深い情報があふれている。地震波は、掘削業者がどれほどやっても到達できない地球の微妙な部分について教えてくれる。地球の鉄心が地球の磁場とどのように結びついているのか、そしてなぜ遠いむかしに、突然に北が南になり、南が北になったのかを教えてくれる。あるいは、核とその上を覆っているマントルの間の境界で熱い岩の巨大な量の上昇流を何が爆発させ、ゆっくりと地表へ出てくる道を作るのか(このようなできごとは、地球の歴史ではほとんど起こっていない——このように巨大なマントルの上昇流が地表に湧き出れば、大陸の半分で溶けた岩石が大爆発を起こし、火山活動が活発化する原因になる)。

アリューシャン列島の地震によって生じた地震波には、そのような情報が豊富にあったはずだが、まだ解明されていない。地下三〇〇メートルほどにある探知機は、最初の揺れから感じ取ったに違いない。地震波はここの機器にメッセージを送り、明かりが点滅して衝撃を記録し、私たちの足もと深くの世界にユニークな窓を開いてくれた。

私たちは何かが起こるかと期待してしばらく待ったが何も起こらず、南極は相変わらず静かなままだった。ケントとスティーヴは外に出て、新しい通信システムをテストした。アンテナの先を雪に埋めて、高みの上まで登った。私は、しっかり目撃していた。

南極は、どの方向を見ても荒れ地だけで何もないから、まるで月面にいるように感じられた。地平線上には、柔らかく白い雲が一つだけ浮かんでいた。あとは、澄んだセルリアンブルー一色。サスツルギが、おなじみの凍った白波の波頭のような姿で広がっている。水中から飛び出したイルカが、静止したままのような姿もあったし、巨人の手が塗料で汚れたように見える氷もある。ゆがんだコイルのような形もあるし、砂糖のようなザラメ雪の吹きだまりもあった。太陽の陰になった部分は錫《すず》（ピューター）のように沈んだ色で、窪みは深い青色だ。その間をよぎっているのが、ナマケモノ車両が通過した跡の轍《わだち》だった。私のまつげや髪の毛はすぐに凍りつき、手袋をしていてもなかの指の感覚はなかった。それでも不思議に、みじめな感じは受けなかった。

ケントが氷の下の部屋からふたたび現れたので、この場所について彼の感想を尋ねた。ただ科学のためだけにここにやってきたのか、それとも風景などに何か思い入れがあったのか。彼は、もちろん風景が大きな要素だ、と言った。

「人びとは、見慣れないものに美を見出すものだ。私はニューメキシコ州の砂漠に住んでいた。ここはある意味で世界最大の砂漠だが、生きものはまったくおらず、緑も一切ない。それをいとおしく思う私が変わっているのかもしれないが、私にとって何が大切か、思い起こさせてくれる」

彼は熱心に、自分にとっての問題点を説明しようと努力していた。

「私は地震学が専門で、地球のパワーに目を向けている。地震が発生すると、表面的にはほんのわずかな震動でも、文明全体を消し去ることさえできる。だが南極はきわめて大きく、なんでも測定できる。つまり、地震観測所も南極では重要だが、この周辺は何も存在しない地域だから、私たちの存在もなきに等しい。地球がおこなうスケールと比べたら、私たちは取るに足らない」

このような感じ方は、南極の氷の上で繰り返し聞いた。「自分が小さく感じられる」とだれもが言う。でも彼らは「小さい」ということばを悪い意味で使っているわけではない。それは軽蔑感ではない。これより大きくて強いものはないほどの存在を目の前にして、再確認すべき何かを見つけた、という印象だ。どれほどカネを持っていようと、どんなに強大な権力を持っていようと、いかなる技術を開発したか、などは問題にならない。ときには美しく見え、ときには純真に見えるかもしれないが、ここでは、南極に受け入れてもらえなければ、すべてが終わりだ。フランス人の医者が、デュモン・ドゥルヴィル基地で私にこう話してくれた。

「あなたが重要人物だとすれば、それを証明しなければならない。あなたは大切だからこそ、それを証明するものを持っている。だがここ南極では、証明できない。自然の前に屈服するしかないからだ。それはもう、安堵感に近い。自分は重要人物だというイメージから脱却できるからだ。

それは、ものごとを証明しないほうを選択するのとは違う——自分はこれより大きくはなれず、見栄を張っているだけだ、ということを告白しているからだ。ここでの価値観は、選択の幅そのものが取り上げられている。だが本来あるべきではない選択がなくなれば、自分にとって間違いのない質問が発せられるようになる。私にとっては、何が大切なのか。どの方向に向かうべきなのか。会えなくて寂しいと思う人たちはだれで、なぜそう思うのか。自分に会いたいと思ってくれる人は、いったいだれなのか」

南極の冬、九〜一〇月

真冬を過ぎると、太陽は地平線の向こう側の暗い面で少しずつ上ってくる。そして九月の声を聞くと、薄明りが戻る。星の明かりはしだいに薄れ、オーロラも消えていく。九月最初の週末には、基地の人工的な明かりが漏れないようにかけていたカーテンも、はずせる。三週目ぐらいには日差しの最初の兆しが現れ、南極の日の出がゆっくりと再開される。

おそらくだれもが興奮し、ラウドスピーカーからはビートルズの「ヒア・カムズ・ザ・サン」が繰り返し流される。もう一つ共通の感慨として、暗闇という心地いい毛布がなくなることに、残念な気持ちになる。だが太陽がゆっくりと昇り、長い影が尾を引くようになっても、光が暖かさをもたらすと考えたら間違いだ。気温はなおもマイナス五九度で、最初の弱々しい光は、やや風を起こす程度だ。ジェイクは、次のように言う。

「みな、勘違いする。暗いと寒いと感じ、明るいと暖かいと思う。光があっても、暖かくはならない。みんな暗黒に疲れていて、もう終わりにしたいと思う。まだくじけていない人たちも、そこでガクンときてしまう」

そのころには、基地のオープニング準備という仕事がヤマほどある。これからやってくる人たちのために、夏の宿舎の暖房を用意し、暗闇のなかでの道しるべになった旗を取り外し、スキーを履いた飛行機が着陸しやすいように目印をつけて整備し、次の一年間の暖房に支障が出ないように燃料を補給して、準備を整える。

だが太陽が顔を出すと、基地では、ここから出ていくことが待ち切れない人と、新たにやってくる侵入者を恐れる人に二分される。基地のオープニングに伴い、氷の向こう側の世界から、期待と脅威がともにやってくるためだ。ジェイクは言う。

「まず旅行計画が花盛りになる。『ガールフレンドとの再会が待てない』プランの数々。私は、そのような会話にさえ耳を傾ける時間的な余裕がない。みな、心理的にはもうチェックアウトしている。まだ実質的には、仕事は終わっていないんだけれども。彼らは、冬の重要な部分を逃していると思う。私の立場は、違う。私は、全エネルギーをここに注いでいるから、この瞬間に、貯めてきたすべての我慢が報われる。活気づいてくる。これこそが太陽光に向かって自ら伸びて生きはじめる最初の春の花だ」

もし侵略者を恐れる者なら、一九九七年に起こったように、天候がもうしばらく貴重な日々を延ばすよう仕向けて味方してくれるかもしれない。前所長のロバートは、次のように語る。

「その年は、オープニングがかなり遅れた。一一月はじめの天候はひどかった。最初の飛行便は、一二日間にわたって飛来を試みようとしたが失敗。私たちは連日コミュニケーション室に詰めていたが、来る日も来る日も「相変わらず悪天候」という報告を受けていた。私たちは、ある意味ではお祭り気分だった。ある日、飛行機がやってきて三度も通過したが、着陸できなかった。マクマード基地からEメールが届いて、『大変でしょう』と書いてあった。とんでもない、私たちは、二八人なのに一〇〇人分の食料があって、大パーティをやっていたから」

だが、いずれ新顔はやってくる。みな部屋を明け渡さなければならず、廊下を走っている新しい連中に面食らわされる。だれかが、あなたのコート掛けにパーカを引っ掛けていく。別のだれかが、あなたの椅子にすわる。彼らは外の世界から来たばかりで、あなたたちの青白い顔とピンぼけの目で見つめられることを楽しむに違いない。ニック・トートヒルは、AST／ROを管理すると同時に、前年冬のサイエンス・リーダーだった。彼は最後のレポートに取りかかり、『ギルガメシュの叙事詩』から引用しながら、オープニングのセレモニーに向けて準備を進めた。

私は地獄の扉を壊し、かんぬきを潰す
そして死者は、生きている者もろともむさぼり食う……

だが少なくとも、生きている新参者は、お土産を持ってくる——雑誌や新聞、郵便物、新鮮な野菜やくだもの。水栽培の温室は、冬の間も青物や、少しばかりのレタス、ごくまれにトマトなどを作っている。だがこんどは、飛行便で待望のくだものや野菜がもたらされる。ニックは言った。「初物のイチゴがきたとき、列に並んで待っていたところ、クッキーが私に一粒そっと渡してくれた。一口かじったときの感動は、ことばでは言い表せない。五秒ほど、じっと立ち尽くしていた。三週間も経てば、ほかの人たちと同じように感動しなくなるだろうが、そのときは一口のくだものに震えた」

冬の間よりもずっと人間との交流が増えている感じがするかもしれないが、少なくとも顔ぶれが多くなれば、人付き合いのバランスが取れるようになる。ニックは言う。「ここにいると、あなたを支えていたものが足下からどんどん崩れていく感じを持つ。ここでは、自分を信じることを学ばなければならない。これまで何年もかけて培《つちか》ってきたことが、ある意味でなくなってしまう。南極の冬は、あなたの性格を極限のゼロ状態まで落としてしまうからだ」

文明社会に戻ったときに何が起こっても、南極の経験はすぐに消えるものではない。ラリーは、次のように語った。

「南極が、あなたの体から完全に抜け落ちてしまうことはない。ここから、完全に逃げ去ることはできない。五年後にカレンダーの二月を見て、『基地の閉鎖』を思い出してみれば分かる」

一〇年後の六月二一日、あなたは南極の「真冬」を思い出す。それがあなたから離れ去ることはない。なぜか、説明はできない。南極までやってくることはさほどむずかしくないが、普通の世間に戻ることは容易ではない。品物を手に入れるには、カネを払わなければならない。越冬が終わってスーパーマーケットに入って歩いてみれば、実感できる。おそらくこれまでの人生で、最もたじろぐ経験になるだろう。『これが今晩のおかず』というお仕着せに馴れ切っていたのに、にわかに自由選択に直面するからだ。

「一般社会に戻ってみると、世の中は違っている。ものは変化しているし、自分たちも当然、変わった。日の出と日の入りを二四時間のうちに見ることにも、ごぶさたしていた。南極の習慣のように、だれもが親友みたいには扱わない。ここでは、もう人の上に立つ生活ではないことをわきまえなければならない。自分の部屋にすわって、時計の針の音を聞きながら考える。さて、何をしようか」

南極で、どれほど焦げたトーストになっていようとも、「オズの魔法使い」の少女ドロシーのように、ルビーのスリッパをカチカチ鳴らして張り切ってカンザス州に戻ろうとも、おそらく理解できると思われる南極独特の言い回しがある。南極人たちが、「ここには二度と戻ってこない」という表現を使うとき、それを南極のことばに翻案すれば、「来年、またお会いましょう」という意味だ。

それはジェイク・スピードにとって、明日は南極における最後の日というときだった。彼は、雪上スクーターで自分が好きな場所をいくつか案内しようと申し出てくれた。私たちは、越冬者たちが建てたイヌイット式の氷の住居イグルーを訪れ、基地の生活用品の多くが貯蔵された路肩の周辺を回り、ジェイクが過去五年間の大部分を過ごした場所へ行った。そして最後に、何もない高原の基地のすぐ外側で、サスツルギが成長していく過程を眺めるため、降りて行った。

冬には、暴風がこのサスツルギを彫って、高さ三メートルにもなる巨大なフォルムを作る。この日は微風で、表面を平行して煙が流れる程度だった。ジェイクは焚きつけの木を雪のなかに立て、障害物を作った。彼は横になってそれに顔を近づけ、私もそれにならった。すると確実に、一粒ずつ、雪が焚きつけの風上に小さな丘を作り、風下に小道を作っていった。

私たち二人は、黙ってそこでしばらく横になっていた。そしてジェイクに、これまで思い悩んでいた質問をした。望遠鏡の二人のお守り役ロバートとステフェンをはじめ、南極で越冬しているほかの人たちも、設備のことは喜んで話してくれたが、もっと深く話を聞こうとするとガードを固めてしまった。ジェイクはなぜ、私に話すことに同意したのだろうか。

彼は微笑んで、語った。

「これまでは割り込むのがむずかしかった。最初、ひょんなところで捕まってしまったからね。ふだんなら、私もあなたと話そうとはしない。それは、はっきりいえば自己防衛だ。でも、ほかにだれもやらないことを私がしたのは、お互いにシェアすることが大事だ、と感じたからだ」

では、ほかの人たちはなぜそこまで自己防衛にこだわるのか。

「ここの天気と天候は明らかに極端だが、この傾向が最も強烈なのは人間で、気象との相互作用だ。前所長のロバートは毎朝、起きると左手の人差し指で右目を三回こすって、それから歯を磨く。彼のことなら、奥さんみたいによく知っているよ」

「そのようなことを話すと、裏切り行為みたいに感じませんか？」

彼は、しばし考えた。

「一度、越冬が思うようにいかず、帰国してから不平不満たらたらしゃべる男がいた。第一に、彼がここにいたときは、バカかと思った。第二に、彼はかなり道化役者ぶっていた。第三に、彼は同意なしに私たちの個人的な細かいことを漏らして、ここを桁外れにロマンチックな場所に仕立てていた。ここは私たちの家であり、生活空間であり、呼吸しているところで、それが日常だ。冬の時期にやるべきことはヤマほどあるが、それは私的なことだから、他人に話すべきことではない。

この場所にひとたび溶け込んだと感じると、たいしたことのないもてなしや大事にしてきた瞬間、洞察、知識、体験などをだれかに明かすことは不名誉に感じるようになる。……内輪話だから、身内の秘密をバラされたような気がする」

したがって、単なる強がりだとはいえない。あるいは越冬者たちは、創設者たちだけに内部の私室を見ることが許されるフリーメーソンの秩序だともいえない。ジェイクは南極を、まるで人間の恋人のような感じで語った。彼にとって、また感動を体験した多くの人たちにとって、南極の冬の隠れた秘話は、氷の白い枕を通してささやかれた秘密でもあるかのようだった。その話を聞く唯一の方法は、その場に居合わせることだった。そして、恋人の秘密は、自分の恋人について相手に話すだけではなくて、自分自身のことも話すことになるため、話にのめり込ませてしまうことが、私も体験的に分かった。

私が南極点周辺で過ごしたのはわずか四週間弱だけだったが、明るい真っ白な夏の間、基地には新しい人たちが次つぎとやってきた。それでも私を故郷に連れ帰るための迎えの飛行機のうなるような音を聞いたとき、私は悲しくなり、その気持ちは帰り道、ずっと引きずっていた。マクタウン行きのフライトにはたった二人しか乗っていなかったので、私は操縦室に入れてもらい、広大な白い高原を窓から眺めながら、スコットや彼の仲間たちとの最後の日々に思いをめぐらせていた。

スコットたちは、南極点を離れたあと、往路と同じ道をたどって、帰路についた。ときには追い風があって、ソリで走れることもあったが、ほとんどは南極大陸を、ソリを引きながらとぼとぼと歩いた。最初のうちは、みな元気があった。食料品や燃料が途切れる前に、貯蔵所に到達できた。ところが気温が下がりはじめ、彼らのスキーは凍って、雪に固く突き刺さるようになり、それに伴って、体力は弱っていった。

私たちは、ベアドモア氷河の上空まで来た。このあたりでは、エドガー・エヴァンズが治療不能の手の怪我を負い、加えて数回の転倒によって頭も怪我し、しもやけの崩れも加わって死亡した。彼が死んだのは、巨大な氷の階段の下あたりだろう。私たちは巨大なバリアと呼ばれる、浮かぶロス氷棚の上に来たが、この付近では病気のキャプテン・オーツ――彼は、残りの仲間たちの足手まといになっていることを知っていた――は吹雪のなかに故意に迷い出て消えてしまった。スコット、彼に忠誠なウィルソン大尉と不屈のバーディ・バウワースは前進を続けたが、三人が最後のキャンプをしたのがこのあたりだったに違いない。

燃料と食料の貯蔵所から一日足らず進んだだけだったが、猛吹雪が彼らをテントに閉じ込め、彼らは衰弱して動けなくなった。一九一二年三月二九日に、スコットは次のように日記に書いた。

「惨めに思えるが、私はこれ以上、書けるとは思わない」

そしてその続きに、苦痛に満ちた有名な走り書きで付け足した。

「お願いですから、私たちの仲間をお守りください」

気の毒なオプスリー＝シエリー・ガラードは、イヌを連れて、貯蔵所に再補給するためにエヴァンズ岬から送り出されていた。彼は、仲間がたった一七キロほど離れた場所で死にかけていることも知らず、楽しそうに働いていた。彼は、仲間を捜す努力はしなかった。探すな、と言われていた。その段階では、だれも南極到達隊が危険な状態にあるとは想像もしていなかったし、イヌを危険にさらさないようにも忠告されていた。それでも彼は、生涯を通じて後悔の念にさいなまれた。

翌年の春、ケープ・エヴァンズの人たちが遺体を発見したとき、彼らはテントを墓場にしていた。雪が長い間に降り積もり、無情にも氷とともに海岸の方向に流されていた。遺体がいまどこにあるのか、だれにも分からない。だがやがて、彼らは巨大なバリアの端に達するだろう。分離して氷山になれば、彼らもともに漂流し、最後には腐敗し、氷山が解けると彼らは永遠の地である海底に沈んでいく。

アムンゼンは、ご承知のように故国ノルウェーに帰還し、栄誉を称えられた。彼は世界中で祝ってもらったが、自分の勝利に酔ってばかりいたわけではない。彼が最初に夢中になったのは、ずっと北へ航路を取り続け、北極点に達することだった。彼は北極での救援活動の使命を負って現地に飛んだ一九二八年、北極の真の英雄に最もふさわしいかのように消えてしまった。

探検が致命的な間違いを犯している場合、探検隊の決定ややり方にたやすく誤りが見つけられる。それでもやろうというなら、やってみればいい。だがまず、簡単に批判する人をたしなめたチャールズ・ディケンズのことばを思い起こそう。「庇護された環境で食事もたっぷり与えられ、温かい暖炉のそばで思いをめぐらす私たちが、絶望的な苦悩の極地にある人たちに、傲慢な態度で論じることを天は禁じておられる。勇敢で冒険好きな人たちは畏敬すべきで、最後まで忍耐力のある偉大な精神を称賛し、名前を称揚し、彼らの記憶を優しく包み、かつて熱狂的に行動した男たちの小さな点が氷と雪の荒涼とした広がりの上で『異なる方向にちりぢりになった』ことに思いを至そう」

スコットは間違いを犯したかもしれないが、運命も彼に背を向けた。スコットに対するアラ探しに憤慨したある大気研究者の女性は、二つのアプローチに関していくつかの確率を計算してみた。

おもしろいことに、スコットの小屋は二つともいまでも健在なのに、アムンゼンのキャンプはあとかたもない。彼が冬を過ごすうえで選んだ場所は、それ以後、崩壊して大きな氷山になり、海に流れ出た。アムンゼンの当時は、これが生じる確率は二〇分の一だった。彼はあえて危険を冒し、確率を考えて勝利した。また、実際に起こったように、スコットと仲間の一行が南極点から帰還する際に、食料と燃料が尽きるまで帰還を阻むほど気候が寒かったのも、二〇回に一回の確率だった。スコットも賭けをしたが、彼の場合は不運なほうに転じてしまった。

それにしても、このように劇的な話とそれに伴う描写は、氷は敵対的でエイリアン的であり、温血の生きもので、突進してもとても刃が立ちそうにないものだというイメージに仕立て上げてきた。アムンゼンとスコット南極基地における対比は、その神話を不動のものにしたと思える。ドームはいまではなくなって、新しい宇宙時代の基地が完成し、鉄灰色のコートをまとっている。九メートルもある南極望遠鏡は、ビッグバンの残光をさらに追究している。最後の紐はアイスキューブの氷のなかに閉じ込められ、南極ではニュートリノの目が開いた。

このような変化によって、南極は最果ての地球外の場所だ、というイメージがさらに強まった。だが南極には別の科学的な側面があり、それは外よりも内側に向けられている。たとえば、私たちの世界の大気を調査しているAROや、静かな地球のきわめて小さな音を識別するために、地面の近くに設置されたSPRESSOを思い起こしていただきたい。

ラリー・リカードが空港に送りに来てくれたとき、私に言った最後のことばは、個人的に共感できるものだった。彼はこう言った。

「ここで暮らす人たちは、南極の意味や感慨、その心や、魂は何かについて私はいろいろ耳にしてきた。でも私にとっては、生きる意味を探ろうとしている段階だ。私にとって、南極はまさにあるがまま。でも、一つだけ言っておこう。ここに来ても、砂漠にあるようなものは見つからない。南極はあなたに本来の姿を知らしめる鏡のようなもので、あなたをノックダウンすることだってある」

ジェイク・スピードは、この点を明快に理解していた。寒い冬、暗闇のなかで彼は雪の上に横になり、サスツルギが少しずつ大きくなる様子を眺めていた。彼は、人間も似たようなものだ、とも言った。いま思い出すのは、ジェイクはここで生きているだれよりもよく知っているこの場所を、どのように表現したか。彼は、「敵対的」とか「情け容赦のない」とか、「無関心」などのようなことばは使わなかった。

彼は、「忍耐強い我慢」と要約していた。

第五章　コンコーディア基地で地球史を探る

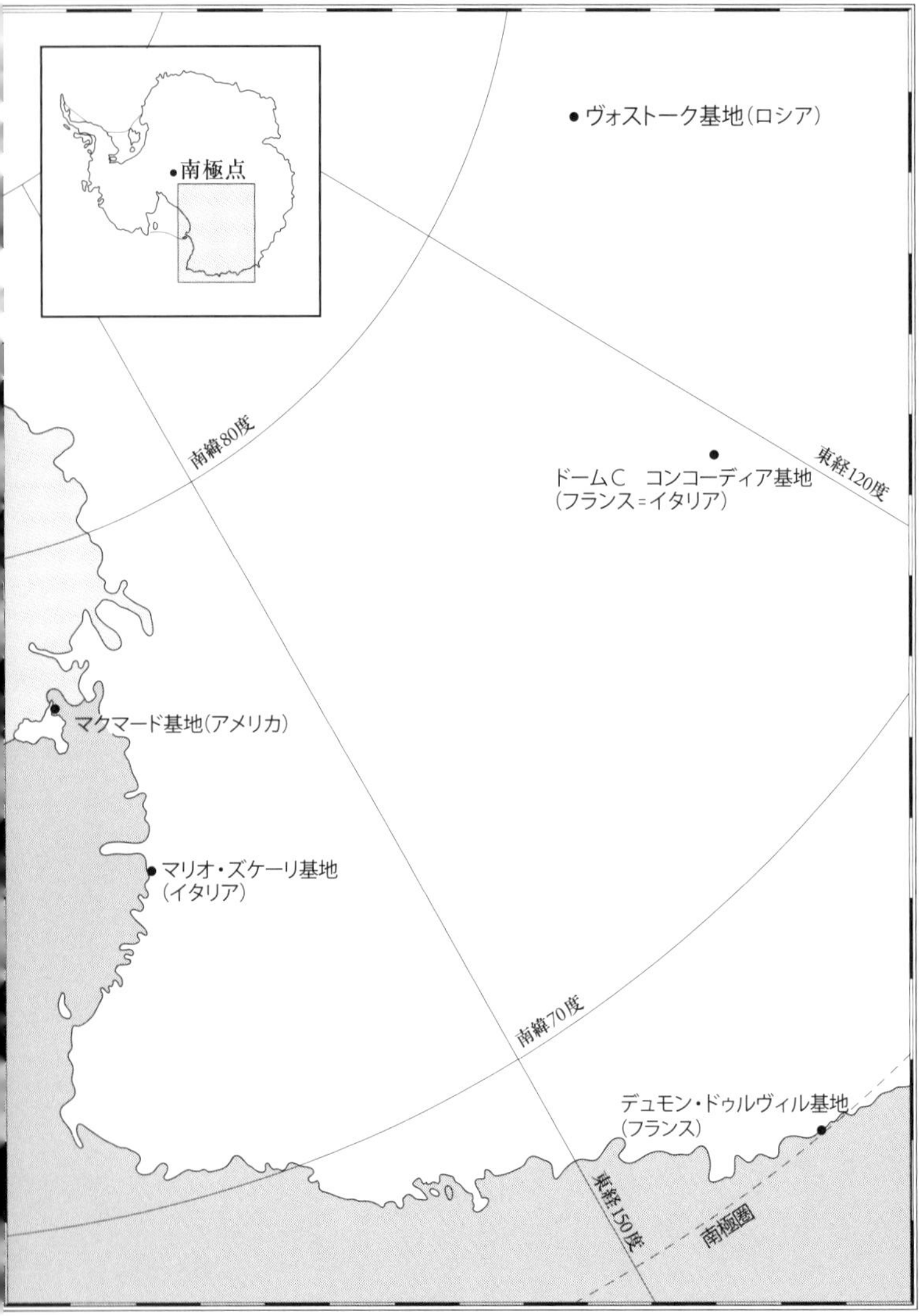
南極点
ヴォストーク基地（ロシア）
南緯80度
東経120度
ドームC　コンコーディア基地
（フランス＝イタリア）
マクマード基地（アメリカ）
マリオ・ズケーリ基地
（イタリア）
南緯70度
デュモン・ドゥルヴィル基地
（フランス）
東経150度
南極圏

人間がはじめて南極大陸に足を踏み入れる八〇万年も前から、ここでは雪が降っていた。海岸付近で見られる美しいパターン模様の雪の六角結晶ではなく、内陸の雪片は、どちらかといえば小さなできそこないの塊だ。雪の結晶の繊細な枝は、乾燥した空気にほとんど吸い取られ、残りは地面に落ちると転がって壊れ、風に翻弄され、最後は窪みに落ち着き、上から降り落ちてくる雪片に押されて埋め込まれる。

ほの暗い光が、積み重なった雪を通して届く。雪上を歩く人間の体重で雪の結晶が固まったり砕けたりするため、空気の泡をくるんだ包装用のプチプチがはじけるような感じの音が聞こえる。だが実際には、歩く人はほとんどいない。ホモ・サピエンス時代初期の人類も、まだ十分に進化していなかった。

雪は、時と場所によって微妙に違う。夏の太陽の温かさは雪にとってはほどよく、結晶を明確に外皮のある層へと仕立てる。やがて冬になり、夏が来て、また次の年の雪が降り、夏が来ると、木の年輪のように毎年、上の雪の重みで「万年雪」と呼ばれる形に圧縮される。それはポリスチレンに似た構造で固いが、割れ目やトンネルがあって、上からの空気が自由に通り抜けられる。

年月が経つと、もはや日光は届かない。頭上の重量は増す一方で、やがて割れ目やトンネルが潰れて出入り口をふさぎ、太古の大気の小さな泡を閉じ込める。万年雪の層が氷に変化し、その積み重ねが貴重な地球史の資料になる。

遠くアフリカでは、人類の祖先たちが世界に拡散していき、ネアンデルタール人を打ち負かす。彼らは氷河時代を生き抜き、道具や火を用い、穀類を育て、都市を建設し、焼失も受ける。その間、氷の山は積み重なっていき、氷の層は静かな暗闇のなかを岩盤に向かって沈み続けた。

そして現在、人類は道路やクルマや工場を建造している。化石燃料——石炭や石油や天然ガス

――を燃やすことも学んだ。自らの活動が大気の状態を変化させ、また生涯だれもが依存していく天候も変化させていることを、遅まきながら学んでいる。

確実なことを見つけ出す唯一の方法は、むかし起きた状況を測定することだ。現在の大気にはすでに汚染物質が充満し、先人たちの世界を理解するために必要な情報は失われた。だが氷の深く暗いポケットには、大むかしの空気がいまだに残っている。科学者たちは、氷が最も厚くて最も古い場所を、大陸の大きな氷のドームの下に見つけ出すことができる。古い氷を掘削して、まだ汚染されていなかった古代の空気を捉え、長期間にわたる気候史の層を読み取ることが可能だ。

ドームCは、南極東部の氷床の上にある地点で、南極点より標高は高く、乾燥している。頂上は海抜三〇〇〇メートルあまりで、氷床は最も厚く、その底辺の部分の層は、地球上で最古の部類に入る。

航空機から見下ろしたとき、私は氷の山のように山頂が尖ったものだと想像していた。ところが実際には頂上は広大で、斜面は幅が広くてなだらかだった。

広い南極大陸内部の典型で、着陸してみると、雪に輝く太陽光は南極点と同じようにまぶしく、はじめてマイナス四〇度の空気を吸い込んだときのショックも大きかった。――空気は私の鼻孔の粘膜を瞬間的に凍結させ、喉の奥をこすった。だが、違う点がある。南極点ではつねに風が吹いているが、ここは無風だ。南極の強風が生まれ出る地点にいるのだから、これは利点だ。これらドームから出てくる空気は、海岸へ猛スピードで吹き下ろしていくが、この原点では驚くほど静かだった。

ドームCは、フランスの沿岸基地デュモン・ドゥルヴィル（DDU）の南約九六〇キロにあり、ほぼ同じ距離でイタリアの沿岸基地テラ・ノヴァ湾のマリオ・ズッケーリがあり、南極点からほぼ二〇八〇キロの距離だ。その名は本来、地理学者たちが発見したさまざまなハイライトに無粋なアルファベットを適用したもので、ドーム・チャーリーとかドーム・キルチェなどさまざまな解釈をされていた。だが最近では、Cは、フランスとイタリアがここに共同で建設した新しい観測所の名称、「コンコーディア」に由来しているといわれている。以前の基地は、夏しか使えない仮の建物だった。だがこの建物は、冬でも利用が可能だ。

私は、二か国が共同で運営する氷上で唯一の基地に関心を持っていた。確かに、フランス人とイタリア人は言語や文化に特有のロマンを共有しており、食べものにも似たような執着心を示すが、基地の共有は南極においても特異に思えた。だが実際には、南極大陸のうちで最も協調的に運営されている。

その秘策、すぐに分かった。私は南極に着いたとき、アメリカ人から高山病予防に関する厳しい指令を受けていた。水分を十分に取るように、と彼らは命じた。カフェインは禁止。アルコールも禁止。ところがここでは、ツインオッター機が着陸すると、フランス人がシャンパンをなみなみと注いだグラスを載せたトレイを持ってきて歓迎してくれた。さらに最初の建物にたどり着くと、イタリア人が、香りの高い濃いエスプレッソをごちそうしてくれた。

私はホストの衣装に、常套句のおせじを言った。氷上ではいつも通り、国籍はきちんと色でコード化され、フランス人は青い防寒着、イタリア人は赤だった。私のアメリカの衣類も赤かったが、アメリカのパーカはダサい。イタリア人のパーカは、すっきりしていてスマートだ。つなぎのスーツを着ている人たちもいて、ウエストをしぼり、ダーツやタックが入り、黒いパッチが効果的に配されている。まるで、F1のレーサーだ。アメリカは、南極大陸でただ一台のATM

を持っていることを自慢しているらしいが、フランス人は食べものに大きな関心を示す。だれが見ても、イタリア人が最もスタイリッシュなユニフォームを身につけていた。

この基地は南極点のものよりはるかに小さく、規模もデュモン・ドゥルヴィル並みで、夏には約五〇人が暮らしていた。建物の外観は、一つにまとめた輸送用コンテナのように見える。エスプレッソを出してくれた最初の部屋は、スイスのシャレーのようなログハウスだ。基地の秘書リタ・バルトロメイが案内してくれた。彼女は、イタリア人。率直で楽しく、頼りがいのある雰囲気の、すごい美人だった。私は寮の廊下を通って二段ベッドがある小さな部屋を割り当てられたが、四角い窓から日光が差し込んでいて、彼女は、私はラッキーだと言った。ここで働いている人たちのほとんどが、ストーブの入った外の円筒形のテントで寝起きしている。テントでは、夜に服を床に置いておくと、朝には凍っているという。実際、ここにある建物はほとんどがテントで、ここで暮らす人はここを基地とは呼ばず、「サマーキャンプ」と称していた。

壁に貼ってある「お知らせ」はすべて英語で書かれていて、英語がこのキャンプの公用語なのだが、英語が母国語の人はほとんどいない。フランス人とイタリア人の居住者の間でどちらの言語を優先させるかで小競り合いが起きるよりは、国際的な言語を選ぶほうがいいのだろう。だが、ある程度の混乱を起こすことも避けられない。

私は自分の荷物を放り出すと、急いで明るい光のなかへ戻った。EPICA（南極における氷の円筒形標本採集のヨーロッパ・プロジェクト）という、氷床を深く掘り下げて過去の気候の記録を採集する大規模なプロジェクトがある。私は長いこと、それを見るためにドームCへ行きたいと、願っていた。

EPICAは、私を氷の世界に引きつけた科学プロジェクトだった。数年前、まだ南極に足を踏み入れることなど考える以前に、私はＥＰＩＣＡに憧れ、地球、大気、水、天候などに関するトピックの科学専門誌『ネイチャー』を読みあさっていた。もし適切な読み方のカギを知っていれば、裏に隠されている秘密が分かり、さらに魅力だ。たとえば老木を見つけ、やたらに細長いワインのコルクのように幹から芯を取り出して、年輪の間隔幅を測定すれば、どの年がワインの当たり年でどの年が悪い年だったかを推察できる。また、湖底の泥のなかを掘削すれば――もし十分に性能のいい顕微鏡があるなら――空中から落ちた花粉の粒子まで層ごとに測定でき、どの植物がどの時代に繁茂していたかが分かる。岩石にしても、化学現象を詳細に記した情報を蓄えており、それらを砕いてハイテク機器にかければ、過去の気象に関する手がかりが得られる。

だがこのように、過去の時代を振り返る方法には、つねにさまざまな解釈が可能だ。科学は信頼に値するが、地球の本当の歴史を解釈するには十分でない。

そのような状況のなかで、私は氷床コアに関する情報に出くわした。氷は、埃や火山灰など天候の変動をもたらす環境の微細な変化を記録している。だが、それだけではない。地球に関するどの歴史書にもない特性を持っている。固体と液体、強と弱の間を綱渡りしている氷は、ごく微細な天気の状況さえ捉えられるほど過敏・繊細で、しかも保持できる強固な資料だ。私は本を通じて、南極の科学者たちが氷冠を下へ掘り下げ、人類よりも古くから存在した大気を含む氷のコアを引き揚げる話を読んだ。大気を解釈するのではなく、大気が存在していた部分の微細で化学的な証拠でもなく、コアに含まれている実質的な物体である純粋な気泡だった。

私はすでに、むかしの大気の組成に関する科学論文を何本も読んでいた。十数人の科学者たちとも、研究成果について語り合った。私はヨーロッパで、地球の氷コアが保存されている巨大な冷凍庫を訪れ、研究者たちが氷をのこぎりで切り、解かし、機械を通したところまでは見ていた。

だが、彼らが実際に掘削をしている現場を見たことがなかった。これは私にとっては、単なる科学的な調査旅行というより、巡礼の旅だった。

ドリルのテントは、サマーキャンプの建物からやや離れた場所にあったが、すぐ見つかった。アーチ型の屋根は二階建ての高さで、白い壁が二〇メートルほど続いている。内部でまず衝撃的だったのは、掘削に使う液体の強烈な臭いだった。ドアに近い容器には、フォレーン141bが入っているのが確認できたが、これはいまではオゾン層破壊の特性を持つために禁じられている化学薬品で、それを使うには特別の許可が必要だ。目まいや幻覚を誘発しそうな臭いで、彼らはよく耐えられるものだと不思議に思っていた（あとで分かったが、一、二時間もすると私もそれにすっかり馴れて、もはや気にならなくなっていた）。

その液体は潤滑油ではなく――穴が塞がらないようにするためのものだった。氷はきわめて可塑性があり、頑固に元の状態に戻るために、深さが一キロを超えて、一回の操業後にドリルを引き揚げ、次に継続するまでの短時間にも、穴は閉じてしまいがちだ。この便利な液体は、氷床に押されたり挟まれたりしても十分に耐えられる完璧な固定剤だった。

テントの床は木製で、天井に届くほど高い垂直なスチール製のドリルタワーが圧巻だ。ウインチから巻き下ろされてくる頑丈なケーブルは、タワーから地面に消えていく。向こう側の壁にはペンギンが手描きされた三枚のポスターが貼られ、ドリルが地下一キロ、二キロ、三キロに達した日付が記されていた。今季は残りの掘削がわずか数百メートルで、かなり目標に近づいていた。

一人が――服装から見るとイタリア人らしい――タワーのそばで地面に消えていくケーブルを監視していた。また何人かがガラスに囲まれた小さな小屋のなかで、数台のコンピューターの周辺に集まっていた。そのなかに、掘削者の主任であるローラン・オーギュスタンがいた。彼には、前に会ったことがある。彼にインタビューするために、フランスのグルノーブルへ行った。彼は引き締まった体格で、親しみやすいが内向的で、冷たいと感じる人もいた。彼は、風景を詩的に表現した。一人で長時間散歩に出かけ、瞑想した。菜食主義でアルコールはたしなまず、仕事場もすべて禁煙にしたため、多くのフランス人研究者から白い目で見られた。彼は、世界で最も経験豊かな掘削分野の第一人者で、ここ南極とグリーンランドで何十年かを過ごしている。ただでさえ尋常でない氷上生活が、ときには強烈な状況になることを十分にわきまえていた。

私が小屋に入るとローランは笑顔で出迎えてくれ、コンピューターの周りに私が割って入るスペースを作ってくれた。だが雰囲気は緊張していて、彼は掘削がしだいにむずかしくなっていると告げる。表面近くで、氷はマイナス五四度だったが、驚いたことに深くなるほど温度は上がり、岩盤近くでは、地球内部で生じた弱い地熱が氷を融点近くまで温める。それは掘削者にとっては、二重の問題だった。柔らかい氷は切りにくいため、戻ってくる筒はどれも空だった。さらに悪いことに、カッターの刃が食い込むと、その周辺の氷が解けて再凍結し、ドリルを永久に穴のなかに閉じ込めてしまいかねない。

これを阻止するため、ローランはグリーンランド時代のアイディアを生かしていた。最後の段階で、ソーセージぐらいの長さの透明なビニール袋を一つポンプの筒に貼り付け、アルコールと水の混合液を袋いっぱいに入れた。私の横の棚にも、スペアが一つあった。それは子ども用に、パーティで細長い風船をひねってイヌの形にしたものみたいで、私にはやや滑稽なローテクに見えた。ドリルが回転しはじめると、小型のスクリューがビニール袋を破り、ドリルヘッドの脇にある穴にアルコールを満たす。こうしておけば掘削機が出入りする間は、解けた水がふたたび凍結することはなく、くっつく恐れもない。チームはこの仕掛けを、「コニャック爆弾」と呼んでいた。

掘削機のドリルヘッドが氷に届き、それを操作していたサヴェリオがカッティングを開始した。遠隔作業が始まり、コンピューター上ではカラーの線が上がっていった。ドリルが回転し、コニャック爆弾が爆発し、中身の液体がカッター・ヘッドの周辺にこぼれたに違いない。だが、うまくいかなかったようだ。液体は、カッターのモーターのなかで飛び跳ねていた。サヴェリオは大急ぎで刃の電源を切り、ウィンチでケーブルを強く引くよう指示した。みなの目が小さな白い箱に向けられ、赤いLED表示の数字がしだいに上昇していく。五〇〇〇に始まり、一万、一万五〇〇〇となっていった。ため息。

ケーブルの張力が高まるにしたがい、この小さな小屋の緊張も高まった。一万七四六三でケーブルが突然ガラガラ音を立てて上りはじめると、安堵のため息が流れた。そこにはコアは入っていないかもしれないが、少なくともドリルは自由に動いた。だれもがコンピューターより身を低くし、ローランは、ドリルが――人間の歩く速度で動いている――表面に戻るまでには一時間近くかかると言った。私は、この数字に驚いた。氷のコアが自分の足下三・二キロほどのところにあることは容易に信じられるが、表面の岩盤に届くまで垂直に歩いて一時間近くかかるとなると、かなり遠くのようではあるが、より現実味を帯びていた。

この作業は失敗に終わった可能性が高いが、それがなぜ行き詰まりかけたのか、そのカギを見つけるために、チームはドリルを引き揚げたいと考えた。この行程が重要なのは、六年前に掘削機が実際に動かなくなったときに、勝負はほぼ負けに終わったからだ。

ドームC・一九九八年一二月二〇日
ローラン・アウグスティンの日記

日曜日、一三時。土曜の夕方にひと休みしたあとで仕事の準備をし、週の第一行程のためにドリルを下ろす。七〇〇メートル、七八四メートル。穴の底から二メートルのところで下降を止め、徐々に近づけた。すべて正常。……モーターの電流、サスペンションの具合、温度、勾配、数値等々すべてOK。刃はゆっくりと氷をカットしはじめる。モーターの電流が上がる。上がりすぎだ。

「何が起きたのか。電流は三アンペアを超えている」。ドリルの進行を中断せざるを得ない――そうしなければ、底につかえてしまう。モーターの電流は、すぐに正常に戻る。

「ふううー！」

すべてが安定するまで、数分待つ。完全復帰。

「しかし、何が起きたのだ？　おそらく、土曜日の夕方の休憩時間のうちに、穴の底に削りカスが蓄積したのではないか」

私は、さらに注意深く掘削を再開した。刃が穴の底の氷に当たりそうになったときに、電流がふたたび異常なまでに上昇する。掘削を止める。やがて、すべてが正常に戻る。

「なぜ？　何がいけないんだ？」

私は、コンピューターの画面を注意深くチェックした。私の足下、七八六メートルの場所で、異常が発生していることを示す徴候は何一つない。

「最後に、もう一度だけやってみよう。もしダメだったら、残念だが地上まで戻そう。一回分、損するが、安全策を取ったほうが賢明だろう」

三度目も、モーターの電流が異常値まで上がる。カッティングをやめて、ドリルを上に戻す。ケーブルが強い張力を受け、ウィンチが一・九トン、二トン、二・三トンと引っ張る。ウィンチの張力値は、最大限に達している。私の目の前で、ケーブルが動きを止めた。ドリルは、上がってこない。私は穴のなかのケーブルを、一回、二回、三回……十回と緩めてみたが、動きはなかった。ドリルは、上がってこない。

「くそっ！」

深刻だ。このニュースは、すぐにキャンプのなかに広がる。「ドリルが引っかかった」。掘削者たち全員が、私の周りに集まる。ケーブルの張力は、最大限だ。二・九トン。何も動かない。

早急に、解決策が必要だ。今シーズンの仕事のすべてが水の泡になりかねない。不凍液のグリコールが必要だ。氷のチップがドリルの周辺にくっつくのは避けられないので、その氷を溶かさなければならない。テラ・ノヴァ湾のイタリア基地に連絡し、そこでは四人の天文物理学者を乗せたツインオッター機がコンコーディアに向けて離陸するところだった。

四人の仲間が急遽、飛行機から降ろされ、貴重な液体の容器が積み込まれた。五時間後に、八〇〇リッターの純粋なグリコールがコンコーディアに届く。五〇〇リッターのグリコールを穴のなかに流し込む。最初の試みでは、何も起きず。一二時間後の二回目の試みのあと、ケーブルの張力が急速に落ちた。チームに、希望が戻る。気持ちが高揚する。ドリルも上昇するが、二メートル上がっただけで止まってしまう。失望落胆。

私たちは、ケーブルを前後に揺さぶって、その震動波を全体に伝えてドリルを動かそうとする。だが、あらゆる試みが挫折。唯一の望みは、グリコールがゆっくりと働いて氷片が解けるのを待つことだ。それには数週間、あるいは数か月かかるかもしれない。

科学者チームの大半が手持ちぶさたになってしまい、元の勤務場所に戻る。掘削者たちの小さなチームと数人の科学者たちは、ドリルがもし自由に復活したときのために、シーズンの終わりまで待つ。そうでなければ、次のシーズンにまた戻ってこなければならない。どのようなシナリオもあり得る。ドリルが動けば、私たちは仕事が続けられる。そのドリルはいまだに動かず、私たちは新しい穴を掘る作業を始めなければならない。いずれにしても、カネが必要だ。願わくは、ヨーロッパ共同体が私たちを信頼して待ち続けてくれることだ。

結局そのドリルは、二度と動かなかった。いまだ氷の表面下ほぼ九〇〇メートルのところに静止したままで、私たちが立っていた場所からさほど離れていない。ローランと、人数が激減した彼のチームは、絶望的な気持ちでドリルが動くよう努力しながら、やるせない気持ちでシーズン最後の数週間を過ごした。二シーズンの努力と何十万ユーロかが、深く暗い穴に注ぎ込まれた。そのなかで、彼らはゼロから再スタートするためのカネと、新たなドリルを持ち込む時間を要求しなければならなかった。幸いなことに、ヨーロッパ共同体はチームとその企画を信頼し続けていた。この種の仕事が大変であることは、だれもが知っていた。それでもなお、ローランのプライドがはなはだしく傷ついたことは明らかだった。二度と起きてはならない。

新しいドリルが、到着するところだった。二人のイタリア人――セルジオとサヴェリオ――は、寒い外のテントに向かい、トラップドアの紐を引っ張り上げた。その下で、彼らは雪のなかにドリルと直角になる細長い溝が掘ってあった。穴は最初の部分では一・八メートルほどの深さだったが、先に行くほど斜めに上がっているので、四メートルほど先では表面に届くほど浅くなっていた。

やがて、ドリルの頭部が見えたとき、私はこの作業の意味が理解できた。さまざまな容器やモーター、ドライバーなど一連の装備のなかで、ドリルは九・八メートルあまりの長さがある。もしその全体を地表に出すとなれば、テントの高さは倍くらい必要だし、作業は一〇倍もやっかいだったに違いない。そこで彼らは、ドリルをテコで動かして、横に寝かせておいた。手許の部分は掘削装置の後ろに置き、下の部分は雪のなかの溝に横たえ、二人の男は大急ぎでトラップドアを開けると、木の枠を引っ張り込み、その上にドリルを水平に安置した。

ドリルの下の部分、つまり刃がついている部分は、氷床コアに接していた。その先からはきれいな水が滴り落ちていたが、だれもが危惧した通り、氷床コアは付いていなかった。だが氷床コアを収納するはずの筒の上部には、氷の小片がらせん状のチャネルを通っていく別の空間があり、それがほぼ詰まっていた。そこがネックになっていたのだった。

ローランはクリーニングをほどこすことにして、コアはカットせずに、邪魔な氷の小片を除去した。彼は、機械を動かしたがっている様子の私を見た。「この操作をやってみたい？」。私は、彼が心変わりする前に、サッと運転席に滑り込んだ。

彼は、操縦装置を見せてくれた。大きな赤い緊急停止ボタン（「いつでも遠慮なく押していいよ」）、ケーブルウィンチの速度をコントロールするノブ、カッターを動かしたり止めたりするスイッチがあった。私は、コンピューターの画面を見ながらノブを回す練習をした。私は、数値やカラーの線がスクリーン上で変化していく状況を眺めながら、窓の外でセルジオが頷き、ウインチがゆっくりと動き出すのを確認した。ドリルは左右に揺れていたが、セルジオがそれを摑まえて穴のなかに導いた。私が操縦していたわけだから、彼が小さなトラップドアを閉めるのを確認したことで、もはや作業中にモノを落とす心配をする必要はなくなり、ドリルを壊すこともないことを確認した。彼は前にもこれを何回もやっていたので、私はケーブルの速度に注目しながら、コントロールすることを許されていた。

そのあと一時間あまり、ドリルは下降を続けていたが、ある時点でローランはあまり速くしすぎないようにと、やさしく注意してくれた。システム全体が、私が想像していたよりはずっと神経質で、おどおどしたウマのような感じだった。ちょっと調整しただけでも、大きく動く。私が操縦を始める前から、チームがすでに発見していたように氷はもろくて柔らかく、一筋縄ではいかないことが分かっていた。私は指示された通り、ドリルが氷の下、二〇メートルに達したところで注意しながらケーブルを止め、そのあとふたたびゆっくりと二・七メートルほど下へ動かした。そこでカッターを始動させ、氷のかけらを取り除いてから、安全に氷片の筒へと導くことができた。

私はスイッチを切り、それまで引っかかっていた疑問点をローランに尋ねた。この作業が難航し、危険性も出てきたとき、三〇〇〇メートルあまりの氷を安全に取り戻した段階で、なぜ止めなかったのか。彼はそうしたくなかったし、そうして欲しいという人もいなかった、と説明した。まだ、掘削したい氷があった。深くなればなるほど、氷は古くなり、地球の気候に関して重要で新しい部分を教えてくれるはずだからだ。

そこで、彼らは考えられることはすべて試してみた。コニャック爆弾一個。そして二個。希釈したアルコール。より高濃度のアルコール。飲用の純粋アルコール(「もしかして、ホンモノのコニャックを試してみるべきですね」とサヴェリオは言い、ローランはこの話を繰り返し語った)。ローランは気が進まなかったが、彼らは油脂も試みた――それ以外の潤滑油は信頼していなかった。彼は、穴に廃品を投げ込んで汚すことは避けるべきだ、と語った。また、氷のかけらや底にたまりはじめたアルコールをつねに掃除しておくことも大事だった（原始状態の純粋な氷にこのような化学薬品を注ぎ込むこともショッキングかもしれないが、南極高原の上にあるものはやがて海に滑り落ち、氷山になって散らばる。南極には、それ自体の自浄作用がある。時間だけが問題だ）。

ドリル作業は続き、氷の小片を砕いて上方に吐き出した。私は、電流の変化に注目していた。もし上昇すれば、氷を小片化するのではなく、氷をカットして、即座に止めなければならない。そのような方向で事態は進んだ。私は、ケーブルとモーターのスイッチを切った。ローランは言った。

「残念ながら今回は、氷床コアはカッティングできなかった」

十分に承知している。でも、なぜか止めることに気が進まなかった。彼らは凍えるような寒さのテントで日夜を過ごし、素手で小さなネジをいじり、この大きくて重いスチールの筒（なかには氷床コアが入っていて、ドリルの下のほうの取り外せる部分だけでも、体重のある人間並みの重さだ）を持ち上げ、凍える指を我慢し、背中や足を痛めながら、別の空の筒を絶望的な気分で覗き込み、ドリルの準備を繰り返して最初からやり直す。人びとがこの場所でこの作業に携わる心構えができていた理由が、私にも少し理解できたような気がした。まさに、隕石捜しに似た、一種の宝探しだ。足元に氷があって、私もそれが欲しかった。

私は何も言わなかったが、ローランははっきりとそれに気づいていた。

「気をつけないといけないな。これは麻薬だから」

これには、格別な忍耐が必要だった。「私の」操作を再開するには、さらに一時間、待たなければならない（誇らしいことに、私の筒には欠け落ちた氷がぎっしり詰まっていた）。それから掘削者たちは、コニャック爆弾をいくつか用意し、本番のドリルを装備した。

それが下降していったので、私は食事のために現場を離れた。戻ってくると、みなその小屋でコンピューターの周りに群がっていた。彼らは、カッティングを終えたと踏んだらしい。その瞬間に刃の回転を止め、ケーブルを引かなければならない。氷床コアの切片を地表まで運べるよう、氷を素早くきれいに摑み取るために、刃の「コアドッグ」を素早く作動させる必要がある。ケーブルの張力が上がってドリルは急降下し、また上りはじめたので、私はにわか知識で数字を見ていた。調子はよさそうだ。ほぼ一時間後、ドリルの上部が穴から出たため、チームはテント小屋のトラップドアを持ち上げてドリルをその横に置き、テコで持ち上げて溝の外に置いた。今回も澄んだ液体が垂れていたが、先端が跳ね上がって見えるようになると、ダイヤモンドよりもさらに貴重な荷物のように輝いた。

氷床コアが、回収された。

だが、すぐに取り出すことはできない。まず、氷床コアの筒を取り外さなければならず、どちらかの端の周りにコードを巻きつけ、温度調節がしてあるオイルバスの上に安置し、温度が安定するまで寝かせておく。氷は氷床にあるときはほぼ氷点に近い環境のため、氷のなかを上方に移動して、掘削液はマイナス五四度に達するまでどんどん下がった。氷にとっては大変な環境の変化だ。筒を外して氷を研究する前に、それまで馴れていた温度に近いところまでゆっくり温める必要がある、とローランは説明した。

そのあとチームはオイルバスの蓋を開け、筒を持ち上げ、木の棒を使ってベンチの上に用意したホルダーに氷床コアを押し出した。立派なものだった。完全に透明な円柱で約一メートルの長さ、まるで窓から見ているようにくっきりとした、大きなクリスタルの境界線がリング状に連なっ

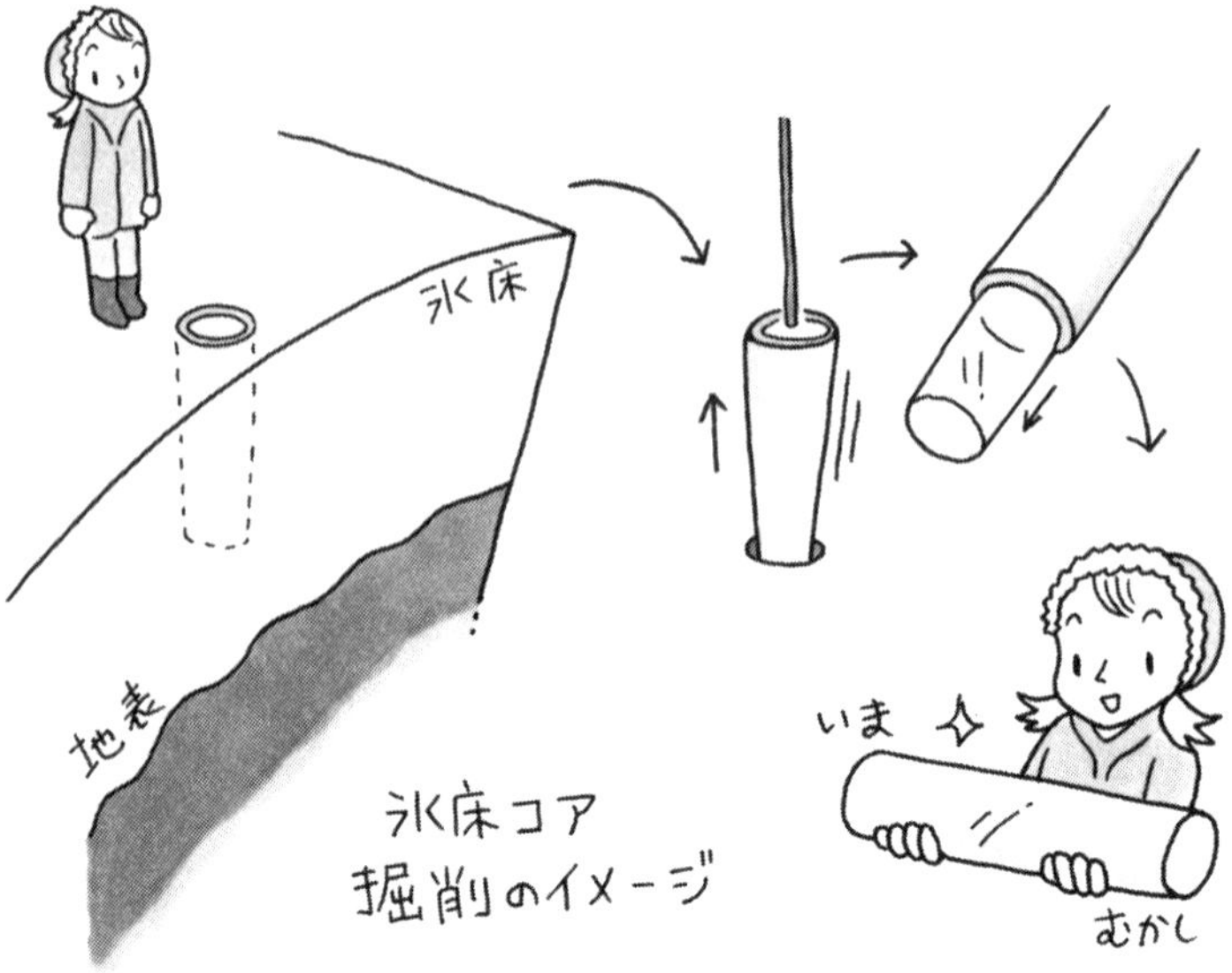

ている。これは、これまでに人類の目に触れたことがない。地球で最も古い連続した氷床コアの最も古い部分だ。私は顔を近づけ、触らないように気をつけながら、息を止めた。

私の後ろに立っていたローランは、満足しながら言った。

「これはうまくいったのに、だめなものがあったのはなぜか聞かないで欲しい」

そして、次の操作を続けるため去った。

さて、この氷はこれから研究対象になる。次の日にかけて、チームは次つぎと氷床コアを引き揚げてきた。それは岩盤に近づくにつれて危険が増した。コペンハーゲン大学のドルテ・ダール＝イェンセン教授は、今回の掘削を担当する重要な科学者で、彼女は懸念を強めた。岩盤上で、氷の先端が固体から液体に変わって、従来の位置から外れた個所があるのではないか。少なくとも水たまりがあり、それは氷の下を流れる川か氷底湖である可能性も考えられる。万一の場合でも、ドリルから垂れた液体が汚染したとは考えにくいが。しかしこれは、まったく別の生態系であるかもしれない。決して汚染してはならない何か、が起こったのかもしれない。

ローランは、引き続き進めたかった。ドルテは中断したかった。そこで議論になり、二人の間では結論が出せない。警告は出されなかった。だが一二月二一日に、そのニュースは野火よりも速く、キャンプ中に広がった。ドリルが作動しなくなった！

それはかつてあった悪夢と同じで、一九九八年のあの恐ろしい体験の再現だった。完璧に正常に動いていたドリルが、モーターの電流が急に変動したために止まり、ケーブルをいくら強く引いても、びくともしなくなった。張力は最大に達したが、打つ手がない。しかし今回は、グリコールが手元にあった。ローランはその固形の破片を、穴の下に向かって落下させ、ガラガラとケーブルにぶつかる音を響かせながらゆっくりと液体のなかへ沈んでいった。あとは、ひたすら待つだけだった。

数時間が経っても、ケーブルはまだ最大限の強度で引っ張られたままだ。だが四時間を過ぎると、ケーブルの張力はやっと緩みはじめた。ローランは慎重に制御しながらふたたび引き揚げはじめた。こんどは、奇跡的にドリルが上がってきた。

それが、掘削できるシーズンの最終段階で、並外れたプロジェクトの終焉《しゅうえん》だった。だれも、それ以上の操業リスクは負いたくない。Eメールで、世界中からおめでとうのメッセージが殺到しはじめた。

ローランは、次のように日記に書いた。

「掘削作業は、いったんはどうにもならなくなったが、三二七〇メートルの深さからドリルを回収できて終わった。氷は底までまだ六メートルほど残っているが、政治的およびエコロジーからみの理由から、私たちは手をつけずにおく。私たちは、氷の下で水がたまった基盤は汚染しなかった、という印象を残すほうがいいと考えた。たとえその影響がきわめて小さくても、注目を引くほどイメージが強い。掘削者のエゴはいくらかダメージを受けたが、知的な意味ではきわめて満足できるものだった。

その夜、EPICAの事務所で、ヨーロッパ式のパーティが開かれた。ローランは、どちらかといえばマチェーテという斧に近い、キッチンで最も大きな包丁を使って、ダブルサイズのシャンパンのビンの蓋を素早く叩き落とした。コルク、ワイヤーリテーナー（蓋閉め）、ボトルトップほかすべてが空中に飛び散ったが、緑色のガラスの首はきれいに残っていた。コンコーディアの人びとの称賛のどよめきがいっせいに上がり、みなが泡だらけのプラスチックのコップで乾杯した。私の分を受け取ってみて、なぜこれほど泡があふれているのかが分かった。どのコップにも、八〇万年前の氷のかけらが入っていた。私は掘削に使われた液体の、まごうことなき臭いを嗅ぎつけたが、何も言わなかった。私は、ローランが立ち尽くしているところへ歩み寄った。

「いかがですか」

「だれかが、私の肩紐を切った感じだね」

さて、掘削は終わり、みなホッとしていた。この祝賀会は、ドームCでのパーティシーズンの幕開けだ。私たちにとっては、早いクリスマスだった。ここでも、南極大陸のほとんどの場所と同じく、仕事中毒が当たり前だ。ベストシーズンの短期間だけ滞在することの多い科学者たちは、すべてをやり終えるために、二四時間ぶっ通しで働くこともあった。メンテナンスや基地建設のために、シーズンだけの契約労働者たちは、週に六日、一日一〇時間も働き、日曜日にも外の雪用ブルドーザーで地ならしをしたり、新しいプロジェクトの準備をしたりすることも珍しくない。

だが、このところダンスや祭りなどがいくつもあり、クルー全員が一日半は休みを取っている感じだ。

食べものも豪華だ。フランス人のシェフであるジャン＝ルイ・デュラフールは、パスタ専門のイタリア系スイス人と仕事を分担していた。ジャン＝ルイは、気むずかしくて、やや女っぽい見かけなので「皇太后《クイーン・マザー》」というニックネーム。体格はふくよかで、白髪、口ひげをはやし、にぎやかなタイプだった。彼が作る食事はおいしく、生涯の友だちになれるタイプだ。彼は親しい人をキッチンに招き入れ、次のパーティに出す料理の味見をする特権を与えてくれたりする。彼は、南極の料理の達人だった。この空気が薄い高地でも、適切にふくらんだバゲットを作れる、特別のレシピさえ工夫していた。だが彼は、どれほど頭を下げても、このレシピを漏らしてはくれまい。ジャン＝ルイはずいぶん長いこと、南極にいるし、彼のクリスマスと正月のご馳走は、伝説に残るほどだ。

壮観な七品目のコースより前に、「自由時間テント」でレセプションがある予定だ。私は南極では粋な、パーティ用のしゃれた服装とされるものを着ていた。つまり、ジーンズ、ハイキングブーツ、黒の防寒用上着に、私が南極に出向く前に友だちが買ってくれたアイスブルーの毛皮のジレーを着てほんのりと口紅までさした。

ところが意外にも、私は照れくささも感じていた。人類史のほとんどの期間、南極では男女のバランスがきわめて不均衡で、私はそれを氷の上ではじめて味わった。私がすでに訪れていたアメリカの基地では、男女比がほぼ六対四だったが、ここでは女性六人に対し、四四人が男性だった。

リタはこれについて、すでに楽しそうに私に語っていた。彼女が四シーズンほど前にはじめてここにやってきたときに、女性は二人しかおらず、翌年、彼女は一人ぼっちだった。彼女は、次のように回想した。

「みんなの妹になるのね。それでなければ、お人形さん。みんな、とても気を遣ってくれる。それに彼らは、独占欲も強い。友だちが、一人とか二人というわけにはいかない。話す相手がたった一人だと、男性たちにあっという間に囲まれてしまうの。女性によっては、代理男性になることで切り抜ける女性もいるし。透明人間になる女の人もいるわ」

その年、彼女は化粧品に手を触れなかった。

「一人だけだったら、それほど人目につきたいとは思わないでしょ。——人の気を引くようなことは、したくないから」

私は、科学に関する文章を書いている。女性のほとんどいない男性集団にいることに、馴れていないわけではない。だがそれでも、周囲の状況に私がおどおどすることもあった。私がそのような反応を示すことを期待していた向きがあるのかもしれない。木造の部屋——たいていの訪問者が基地で最初に目にする場所で、イタリア人の契約労働者たちのアジトだ。ここには、少女っぽい写真のカレンダーがかかっていた。しかも、もやのかかった「上品な」ものではなかった。女の子たちはヌードで、縛り上げられていた。毎日の儀式として、男性は、その日のお好みの女の子を選び、大声で称賛の雄叫びを上げていた。三つのカレンダーがあったが、ある年、(男性の)アメリカ人科学者が気を利かせたつもりか、イタリアの地図を何枚か持ってきて、これで郷里の話ができるのではないかと提案した。それで二つのカレンダーは置き換えられたが、最後の一つは譲らなかった。

フランス南極研究所ＩＰＥＶの物流管理長で、私がＤＤＵで会ったパトリス・ゴードンの努力によって、フランス側はもう少し洗練されていた。彼の命令のもと、伝統的な「ニッカー（女性の下着）の壁」は、マッチョな駐屯地のキャップ・プリュドムから取り除かれたが、それはDDU基地の真向かいにあった（パトリスが是正する以前は、どの女性もキャップ・プリュドムを通り抜ける際には必ずニッカー一枚に名前を記して壁に貼り出すことになっていた。ここで働く男性たちは、壁に展示するために奥さんのニッカーを持参していた。私は当惑したものの、気分を害するほどでもなかった）。

　フランスの南極計画では、女性がやや多めだった。パトリスは、女性のエンジニアや専門家を増やしたいと考えていた。観測所には二人いた——マリアンヌ・ドゥフールは夏期に建設の仕事をする契約者で、小柄のクレア・ル・カルヴェはIPEVにフルタイムで雇用されていた。クレアははじめて越冬する唯一の女性で、技術者を総括していた。彼女は経験が不十分であることを素直に認めており、それがおそらく彼女がだれからも愛された一つの理由だった。彼女はまた、九六〇キロあまり離れた海岸から重い荷物を運ぶ牽引車列を、二週間にわたって先導する厳しい作業をこなした最初の女性だった。私は、彼女がどのような場面でも、ぐちをこぼすことなど想像できなかった。彼女にはユーモアのセンスがあり、寛容で冷静だから、充実した越冬ができるだろうと感じた。

　だがそれでも、フランスが設計した新しい基地では、女性用トイレが男性用の半分しかないことに気づいた。その理由を尋ねると、ここでは女性の数が男性と同じになることは考えられないから、と言われた。アメリカの基地も同じようにバランスを欠いていたが、いまでは三分の一あまりが女性だと言うと、答えにならない返事が返ってきた。「アメリカでは、女性のほうがパワフルですから」。少なくとも新しい女性用のトイレは、男性用と同じ設備が備わっている。リタがはじめてやってきたとき、彼女はシャワー室で歯を磨き、そこで小用も足さなければならなかった。

　そのためか、あるいはまったく別の理由からか、私は南極大陸中の知らない人たちを尋ねたいと思う情熱がありながら、突然、クリスマスパーティに出ることが億劫になった。氷床コア研究者の一人で、コペンハーゲン大学のインガー・ザイアシュタットという若い女性が廊下で待ち伏せをしていたように私を見つけ、私と腕を組んで「一緒に行きましょう」と言った。私たちがテントに入ると、「金髪だ！」と三か国語でいっせいに叫び声が上がった。

　事態はすべて、いい方向に急転した。ほとんどの男性は三〇代か四〇代だったが、ここの氷上では男子生徒みたいだった。彼らは従順だった。部屋は肩が触れ合うほど満員で、基地の全員が基地長のカミロ・カルヴァレシから包装されたプレゼントをもらい、リタからほほにキスをしてもらうために前に呼び出された。プレゼントはみな同じ――イタリア語の南極のロゴ入りマグカップだった。私はほんの数日しかいなかったのに、私もそれがもらえて感激した。ムードは熱狂的だった。そのあと、ジャン＝ルイの豪華な七品目のご馳走に続いて、後方のフリータイムテントでのダンスは、世界中のどこでもまともに日没があるところなら明け方まで、という感じだった。

　なんという意識の転換だろうか。私は懸念を持っていたにもかかわらず、これはただのお祭り騒ぎの日ではなかった。緊張感からもろもろに開放された、クリスマスだった。それまでなんらかのしがらみがあって、つま先立って歩くような状態であったにしても、過去はすべて精算された。なんのあと腐れもないのは、みなが同じ状況にあったからだ。私は、家族も、友人も大好きだ。だがドームCでは、知らない人たちのなかで、大半の人が私と同じことばは話さなかったし、自分が楽しまなければならないとか、私自身を証明（あるいは自分が楽しんでいることを証明）しなければならないというプレシャーは感じなかった。受容する温かい心に満ちた同好の士たちの心のネットワークが、瞬時にできていたからだ。

そして、そのパーティがさらに雰囲気を和らげた。それ以後、私はイタリア人たちと一緒に映画を見たり、遅くまでフランス人とカード遊びをした。日曜日には二時間ほど外で過ごし、マイナス三四度なので、ミイラみたいに厚着をして、真っ白な雪の上で色のついたボールを使ってペタンク競技の遊びをして遊んだ。男性の多くは、氷の上での体験についてはあまり話したがらなかったが、南極点とは違って、閉め出された感じはしなかった。あるフランス人は私に会うたびに、「何も書かれていない真っ白なページ」と繰り返し、彼について書くならそれだけを書いて欲しいと主張した。あるイタリア人は、ここに来たときには電気のコードをコンセントに差した感じで、そこを離れるときは、コンセントを抜いた感じだと表現した。またもう一人のフランス人は、ここでの生き方を「丸がっこのなかの生活」を体験することだとロマンチックに語った。私は、この言い回しが気に入った。丸がっこのなかの文節のように、ここでの生活は外界での生活の意味を変えることはないにしても、その持ち味は変えたかもしれない。

南極はすばらしいクリスマスプレゼントを届けてくれ、それは何年も求めながら体験できずにいたことだった。仲間の何人かがフリータイム・テントでトランプをしていたが、私たちが夜遅くの日光のなかへまばたきしながら出ていくと、異様な光景に驚いた。いつもの真夜中の太陽と明るく青い空と長い影の代わりに、世のなかは淡い神秘的な影に覆われていた。だれかがささやいた。「ホワイトアウトだ」。

私は本館へ走り、防寒着を脱いで架けた。気温はマイナス四〇度だが、ここではほぼ無風なため、キャンプの建物の間を急いで歩くにはジーンズやジャケットで十分だった。だが高原に向かうのであれば、風よけのズボン、パーカ、手袋、帽子、南極で使う装備のすべてが必要だ。私はコミュニケーションルームの連中に、散歩に行くと手短に伝えた。外に出ることは止められるかと思ったが、一人が無線機を手渡してくれ、「何か困ったことがあったら、呼んで」と言った。コンコーディアに、恵みがありますように。南極ではこれまで、私の行く先々で私のためを思って行動が制限され、禁止されることが多かったが、ここでは、ときには一人で外に出たいこともある点を理解していた。

ホワイトアウトに関しては、むかし南極の専門家からいろいろ聞かされていた。これには、二つの種類がある。一つは想像しやすいが、大量の雪が舞って猛威を振るうブリザードだ。ブリザードは、ときに温かいものもある。それは人を息苦しくさせ、道を迷わせることが多い。

私たちがマクマード基地で最初の野外訓練をしていたとき、長期滞在の登山経験者たちは、私たち初心者の頭に白いバケツを載せてテストをした(あとで分かったのだが、見物人を楽しませるために、グロテスクな顔がバケツの外側に描かれていた)。そのテストはロープに沿って並んで歩きながら、ブリザードに巻き込まれて凍死の危険性がある仲間を探すことだった。バケツは私たちの目を塞ぎ、声をひずませ、耳を混乱させるためのものだ。これは効果的だった。次の新参者のグループが同じテストを受けているのを見ると、よろめいたりまごついたりして、まっすぐだったロープはねじれてもつれ、仲間は数センチ離れた場所に横たわっていても、発見できなかった。

だが私が体験したいと思っていたのは、もう一つのホワイトアウトで、明らかにいま、前ぶれもなくそれが下りてきた。この異形のホワイトアウトでは、前方のものはかなり明確に見えるのだが、それがなんであるかが識別できない。頭上高くのどこかにある厚い雲が太陽の光を完全に分散させてしまい、影がまったくない。足下の白い雪と頭上の白い空との境が分からず、どのような質感も影もない。ドームCは、視界から消えてしまった。

私はキャンプからこの空虚な空間へと歩み出て、ホワイトアウトを体験した。足が雪のなかへザクザクと入る音は聞こえるが、足跡は見えない。私は膝をついて、顔を雪に近づけた。それでも、確認できない。次に表面に触れてみた。手袋をした私の指は、私が残した足跡の穴をたどることができた。だが見えたのは、白い色だけだった。

呪文が解ける前にできるだけキャンプから離れてみたい、と急いだ。一〇分、二〇分ほど歩き、後ろを振り向いたが、明るいオレンジ色のテントや建物の影は見当たらない。何もなかった。

私は再確認するために、無線機のボタンを押した。電池が切れないように、フリースを何枚も重ね合わせ、耐寒タイプのウインドビブやパーカのなかに、大事にしまっておいたものだ。そして、雪の上にひざまずいた。

これは感覚遮断ではなく、あるいは雲のなかで視覚がさえぎられたわけでもない。私の感覚は、すべて機能していた。寒かった。私の前方、数百メートル先も見えるはずだ。パーカの帽子の毛皮が、私の視界を縁取っていた。だが、上を見上げたり、下や私の周辺を見回しても、空白なだけだった。これほどの空虚さは、見たことがない。ふだんなら白い一枚の紙にも、横筋やすいたあとがぼんやり見える。白壁の部屋にも、角があり影がある。いつでも、影はある。ここ以外では。

この話をはじめて聞いたときから、私はこの現象は不思議だと思っていた。リビングでひとり静かにすわって、息遣いだけが感じられれば、どのように受け取るだろうか。怖い？　淋しい？　退屈？　答えは、どれでもない。頭のなかでおしゃべりが止んで、静まりかえる。私は、深くて心地よい安堵感を感じた。それに浸り切っていたかった。

いや、平和そのものではない。この気持ちには、受け身的な感じはなかった、まるで南極自体が威圧的なものから居心地のいいものに変わったような感じだ。世界は縮んでいた。またそれが、きわめて大きな安堵感を与えてくれた。これは、孤独の反対だった。それは、息苦しさの反対でもあった。私は、完全にリラックスしていた。

ところが、このような感覚に執着しようとしていると、私の後ろの地平線上に、小さな黒い形が目に入った。滑走路の端に置かれたドラム缶の一つだ。その上の雲が、消えつつあるに違いない。南極の、大きくて開放的で、没個性的で空虚な感じが戻りつつあった。

私はゆっくりと雪に記された自らの足跡を、こんどは容易にたどりながらキャンプに戻り、なぜこれが私を心から感動させたのか、その理由に考えをめぐらせた。南極のすべてのキャンプで、そしてとくにここで体験した歓迎ぶりは、大いに気に入った。私は、これは「環境に立ち向かうためのもの」と考えてきた。つまり、天然現象が厳しいほど、人びとは互いに結束するからだ。スコットのテントの写真で、白い荒涼とした周囲の風景のなかで、家のなかに人を招じ入れるような温かい灯りのコントラストを示した写真を見たことがある。あるいは、ヴォストーク基地についても、似たような話を聞いた。このロシアの基地は、地球上で最も寒いと公認されている場所にある。ここでは鋼鉄が割れるほどのすさまじい低温になり、ディーゼル油をチェーンソーで切るほどの冬もあった。だが多くの人たちは、南極の氷上のすべての基地のうち、最も温かく、最高に人間味にあふれた基地の一つだと評していた。

それでも、「敵意」に満ちた高原でたった一人、骨まで凍ると思えるほどの低温のなかで、私がたったいま経験した類なき心地よさに比べると、ヴォストーク基地で人を迎える人間味あふれる温かさも見劣りするのではないか、と思えるほどだ。その空虚さが私を包み込んだが、私は見捨てられた感じはしなかった。私は、揺りかごのなかにいる気分だった。

＊　＊　＊

掘削テントのなかでは、仕事納めが進んでいた。清掃作業はほぼ終わり、掘削チームは引き揚げるために設備を梱包していた。ドルテとインガーはコア加工塹壕《ざんごう》のなかで、まだ処理が進んでいない氷床コアを、丸太のように切っては袋に詰め、送り出す作業を続けていた。「塹壕」は雪に埋もれているが、むしろ大きな地下作業場というべきで、氷床コアを守るために、つねに温度はマイナス三〇度に保たれている。

氷床コアは、温度にばかりでなく、きわめて敏感でもろい。私がいま入ってきた巨大な冷凍庫のドアを閉めたとき、私は後ろに、黒いマーカーで震えた文字で書かれている注意書きに気がついた。「ゆっくり、静かに閉めること」とあり、氷床コアが砕けて台なしになるイラストが描いてあった。

この部屋は、反響を抑える作りになっている。白くて冷蔵庫のような内装に防音服を着た人間が二人だけで、あとはほぼ空っぽだ。仕事が忙しいときには、一五人もの科学者たちが活気に満ちた生産ラインのなかで働いていて、氷床コアの長さを測ったり、のこぎりで切り分けたり、気候の記録や速報値の記入を手早くおこなっていた。壁のあちこちに、落書きがあった。多くが、「私はここにいた」の類をさまざまな言語で書いていたが、氷床コアの専門家たちの手で、「地上で最古の氷を測定」などと書かれているものもあった。みごとな画才を発揮した人たちもいた。あるコーナーでは、ボールと鎖の手錠があまりにもリアルに描かれていたので、私は遠くから見たときホンモノだと思ったほどだ。その隣には、そこで働いていた日数を、刑務所方式で筋をつけてずらっと記している落書きもあった。反対側のコーナーの床近くには、頭蓋骨や骨があり、土のなかに消えていくかのような感じだった。

だが、故郷を思い出す世俗的で楽しいものもあった。ニューヨーク・ブロンクスの地下鉄駅への手書き標識や、「エミリアーノ、ファブリーチョ、ジャンニ、マルト、マシアス、ミルコ」らが、一日で三五個の氷床コアを加工する「世界記録」を樹立した状況を記したポスターもあった。ここには、幽霊もたくさんいたに違いない。

ドルテが説明してくれたのだが、丸太のように切って処理するために氷床コアが送られてくる。と――シーズン中には、掘削機のテントから洪水のように運ばれてきた――研究者たちは断片の長さを測定し、壊れた破片をパズルのようにつなぎ合わせる。私はそこらに落ちている氷の断片を見たが、おそらく先週あたりから残っているのだろう。実にきれいな円筒形をしていて、五〇センチほどの長さだった。

「わぁ、すばらしいコアね」

「私も、はじめて目にしたとき、涙が出そうだったわ」

と、ドルテは語った。彼女は、表面近くの筋を見せてくれた。それは微妙だったが、探すべきポイントをわきまえていれば明確に判断できる。すべての筋は、動物の毛のように一方向に向かって走っていた。

「これができたのは、氷がオイルバスに落ちたとき。つまり、解けはじめたのね。いまでは、空気を抜くためにこれを使うことは禁止されている――きわめて危険だから」

と、彼女は説明した。

「危険なんですか？」

「いくらか空気が抜けると、入手できるデータが信用できなくなるから」

ときに応じて、状況と闘うことが必要だ。さらに、掘削作業にはリスクが伴う。崩れやすい、もろい氷の層を通す困難を、コニャック爆弾や、あとどのぐらいの距離が残っているのかを察知する本能が求められるし、下の部分の柔らかい場所まで届くだけでは不十分だ。それに氷床コアは地上に出てくると解けてしまう、という危険性がつねにある。

現場の科学者たちでも予備的な分析はできるが、複雑な物質——とくに、これら氷床コアに閉じ込められた貴重な気泡——の解明は、遠く離れたヨーロッパでしかできない。コアやコアの破片は、イギリス、スイス、フランス、デンマークなど、このメガプロジェクトに参画しているヨーロッパの国ぐにへ安全に輸送されなければならない。一回に使う氷の破片はたった一個で、その一個が解ければ、記録全体が消え失せかねない。

科学者たちは「氷のチェーンを断ち切るな」という言い方をする。コアはコンコーディアからツインオッター機で海岸まで運ばれ、特殊な冷凍庫（およびバックアップ用の予備の発電機）を備えた船に積まれる。船はコアをヨーロッパ各地の港に輸送し、旅の最後の行程では冷凍トラックに積み込まれる。マルセイユでコアを受け取ったフランスの大型トラックの運転手たちは、氷が解けないよう、グルノーブルのローランの研究所まで五時間かけて運転する間、昼食のために停車することも許されていない。場合によっては、コアは食料品の大型冷凍庫にも保管される。グルノーブルに近いル・フォンタニーユという店では、一階の両側に肉、チーズや冷凍ラズベリーなどが置かれ、上の階は風を冷やすために断続的に送風され、世界で最も寒い場所から運ばれてきた氷床コアにとっての宝物殿になっている。この風変わりな科学サンプルがどれほど貴重か、契約者たちに強く印象づけることはできたが、数百万ユーロ相当の食品もストックしているので、電力を確保するために、予備の電源もしっかり確保しておかなければならない。

さらに、念を入れた安全システムもあった。インガーは、外界でダメージを受けないよう、氷床コアがどのようにカットされるのか、を見せてくれた。彼女は氷の円柱を手にし、水平に置いた電動ノコに対して注意深く直角に押し付けた。刃が氷に当たると耳をつんざく音が響き、白い氷のダストが飛び散った。インガーは注意深く最上段の部分を取り上げ、TOP（上）と黒く太い矢印が上向きに描かれている透明のビニール袋に入れた。氷はどれも、ほとんど同じように見えた。したがって断片のどちらが上かを記しておくことが決定的に重要で、それぞれのサンプルがどの深さから取られたかも記すが、それには部外者が解読できない暗号数字が書かれている。

「この氷は、どのぐらいの深さから？」

と、私は尋ねた。インガーは概算した。

「ほぼ三〇〇〇メートル」

「すると、何年ぐらい前になるんですか」

「およそ、八〇万年前」

「雪として降ったのが、八〇万年前ということですね」

「その通り」

彼女は、やさしく付け加えた。

「ここでこれを眺められるのは、とても名誉なことよ」

私が彼女の心情にアピールしたのか、あるいは彼女が私の気持ちを忖度《そんたく》したのかもしれない。

私はこの氷の一片を見て、それが誕生した世界を想像しようと試みて、思わず身震いした。それほど古代の地球は、私にとってはまったくのエイリアン的な世界だ。

氷は完璧に澄み、透明に輝いていた。解けている気配はないが、気泡は一つも見えなかった。この氷が存在したほどの奥深さになると、圧力がきわめて高いため、空気は氷のなかに溶けてクラスレート（包接体）と呼ばれる氷と空気が混合した結晶体を成形する。私は、ドルテに尋ねた。

「空気が溶けているということは、ガスには影響を及ぼさないのですか」

「大丈夫」

と、彼女は請け負った。それは単に深さの問題ではない、という。その深さでも、気泡が残っていることが稀にある。それは、雪がどれくらい降ったかによる。その氷を解かして空気を吸い出したところ、クラスレートの数値は気泡と同じだった。彼女は私の肩越しにその氷を見た。

「このなかに空気が気泡になって入っているのは、奇跡。でも、ちゃんと含んでいるの」

ドルテは一片の金属道具を取り上げ、氷の表面を削ってきれいにした。次に彼女は曲がった音《おん》叉《さ》のように先端が二つに割れた道具を取り上げ、氷に沿って削った。その間もインガーは、モニター上で数字に注目していた。

「普通ならもっと慎重に、ミリ単位で計測するけれど、いまはだいたいの見当をつけるだけ」

通常は、氷の電気抵抗も測定している。氷のなかにチリがあればそれだけ電流が流れにくく、チリが多ければより冷たく乾いた状況だった、と判断できる。この場合、電気抵抗はかなり高かった。

「チリが多い時代のものなので、おそらく氷河時代のものでしょう」

ドルテは、氷から削った薄いスライスを取り上げ、その結晶の大きさを測るために、偏光プリズムの下に置くやり方を教えてくれた。これは、前にも見たことがあった。若いコアでは、さまざまな色のサイケデリックなジグソーパズルのなかに飛び込んだ氷が、異なる結晶体を目立たせるのが普通だ。だがここでは、たった二つの色合いのピンクだけで、境界線がまんなかを走っていた。

この結晶は、大きいものに違いない。通常は、表面に近づくにつれ、それぞれほんの数ミリ、長いか短いかの差だ。だが深いところでは、結晶の間でせめぎあいがあり、大きな結晶が勝者になってより大きくなり、小さいほうは敗者となって消えていく。このプロセスに多くの時間がかかるが、勝ったほうの結晶は数センチの長さのガラスのような構造に成長していた。

二人の科学者たちがここでおこなう分析は、このあたりまでだ。彼らの任務は、氷床コアをヨーロッパへ送るための準備としての袋詰め作業だ。私はしばらく、その作業を眺めていたが、やがて寒くなってきた。ここは外より数度は温かいが、太陽から遮断された場所でじっと立っていると、体が冷えてくる。私がホットチョコレートを飲みたいと思ってこの場を離れようとすると、インガーが声をかけた。

「いつでも大歓迎よ」

長期間のプロジェクトの終わりが近づくと、なんとなく淋しい気分になる。今回は、ドームCとの決別だった。一〇年近く、このキャンプは氷床コアの掘削を重点的に実施してきた。これらのコアがやがてさらに大幅に時代をさかのぼれれば、私たちの地球がどのような変化をたどってきたか、重要な点を教えてくれるに違いない。

この施設は、まもなくイメージを一新する。イタリアとフランスの建築作業員たちが、新しい冬の観測所の建設をほぼ終えた。それはサマーキャンプから五〇〇メートルほど離れた場所に建てられて、二つの優雅な丸い建物が廊下でつながっている。それぞれの建物は、ジャッキで持ち上げることができる六本の巨大なスチールの足の上に建てられているから、雪が大量に積もっても観測所はその上にそびえ立つことができる。六本の足は個別に持ち上げることができるし、つなぎの廊下も上下にスライドできるので、調節できる。外側のパネルはすべて組み立て終え、作業員たちは内装に励んでいた。完成すると、作業スペースや休憩室、寝室などが一八室、上品な樫の木の家具が取り付けられ、浴室や完備した手術室も備わる。巨大なストッキングのような最上階からの火災避難装置を、私は大いに気に入った。緊急の際にはそのストッキングが窓から外に下げられ、グリム童話の髪長姫《かみながひめ》ラプンツェルの長い髪の毛のようになり、脱出者はひじをブレーキとして使いながら、そのなかを滑り降りる。

建設作業員は、仕上げを急いでいた。六週間のうちに、最初の越冬職員たちが入って来るので、その前にすべてを完了しなければならない。これは、大きな転換点だ。南極高地の越冬観測所としては、南極点とロシアのヴォストークの二か所しかなかった。どちらも一九五七〜五八年の国際地球観測年を機に建てられたもので、広大な大陸の科学的な研究の第一歩で、南極を対象としたビッグサイエンス・エイジの幕開けでもあった。ドームCに建てられた新しい観測所は、南極内部では三つ目の通年基地で、この五〇年で最初のものになる。

フランス人とイタリア人を合わせて一三人の新しい越冬チームは、典型的な南極状況を体験することになる。だれもどのぐらい厳しい寒さになるか知らないが、ここは南極点よりも標高が高く、したがって気温はマイナス七九度ぐらいまで下がると予測された（実際にはマイナス六一度止まりだった）。彼らは、この場所で暗闇と、夜空を観測する最初の人間になる。

これが、夏を過ぎてまで滞在する最大の理由の一つだ。越冬隊員には氷河学者や気象学者が数人いたが、ドームCが科学面で最も期待したのは、天文学の分野だった。風がないため、極地点よりも望遠鏡で絶え間なく観測できるし、はっきりと星を観察できる。すでに自動装置によって、望遠鏡を曇らせるあらゆる障害に対しても対策を講じている（とくにやっかいな装置が、丸くふくらんで「キウイフルーツ」と呼ばれている装置で、むしろ熟れていないカボチャみたいで、緑の小屋に据え付けられた機械だ。これはつねに、大気の風速を精査するための音波信号――ソーダー――を発信していたが、SFの不気味なテーマと電子的な鳥の啼《な》き声の中間あたりの音声で、永遠にさえずり続けている機械音だ。幸い新しい観測所とサマーキャンプの間は音が届く範囲を超えていたが、そこを通るたびになんとかならないかな、と期待している自分に気づき、さらにいらだたせられた）。

フランスのニース大学も何台かの望遠鏡を設置し、天文学者のカリム・アガビが通年、滞在することになった。この優雅な建築にマッチするために、この機器を設置するプラットホームは、木材の曲線を使うよう配慮されていた。設計した建築家は、本来はエッフェル塔の底部を形作るアーチのような形を思い描いていた、とカリムは語った。建築家は、資材を提供してくれる会社に資材一つの値段で二つを提供して欲しいと掛け合って、二つの金色のアーチが並び立つことになった。いや応なくマクドナルドのロゴを思い出させることは残念だが、形としては申し分のない美しさだ。

カリムとニース大学から来た研究者たちは、過去五年間にわたって、カタログでは「南極の白」と呼ばれている色に塗られた望遠鏡を使って作業してきたし、たとえ日中でもここの状況はすばらしかった。もし冬の結果も、彼らがすでに夏の時期に見ていたものによって裏打ちされれば、ドームCの存在理由はアイスコアリングばかりでなく、遠からず天文学が主役になることも期待された。

ところが実際は、ＥＰＩＣＡコアにはとても及ばない。多くはすでにヨーロッパで分析ずみの情報にすぎず、南極の深い氷から得た膨大な知識と比べると、刺身のつま程度にすぎなかった。

私たちはすでに、気温がこれまで大きく変動してきたことは、岩石や汚泥、樹木などに書き込まれた記録から学んでいる。この一万年あまりは、地球では全般的に安定した気候が保たれてきた（それは、たまたま人間が文明を発展させてきた時期と合致する）。世界史の大部分は自然な気候だったが、それと比べると、最近の激変ぶりは尋常ではない。地球は休みなく変動している惑星で、変化するのは当然だ。私たち人類は、これまで、幸運に恵まれて不穏な状態に巻き込まれずにやってきた。

氷そのものにも、読み方さえ分かれば、過去の気温が記されている。氷は雪からできたもので、もともと海から吸い上げた水蒸気が大気に含まれ、雪として降ったあとに堆積した。したがって固形の氷は、酸素原子一つと水素原子二つでできた水の分子の硬い網状組織だ。研究者たちは、過去の温度をこれら分子のなかから解読できる。酸素と水素はともに、アイソトープと呼ばれる同位元素があり、やや重い仲間がある。最も重い分子は海から空へ上がるのがむずかしいため、気温が高くて上昇させるエネルギーが十分にない限り、雨（ないし雪）になることはめったにない。寒いときは、基本的に軽いほうの分子が、きわめて上空の高いところまで上がり、上空で凍ってふたたび地球に降ってくる。

したがって、氷のなかの軽い分子と重い分子の割合を測れば、それが海から吸い上げられたときの気温がどれぐらい温かかったか寒かったか、判別ができる。これを、同じ雪のなかに閉じ込められた気泡に関する情報と結びつけると、私たちの気候がなぜこれほど神経過敏なのか、その重要な結論が正確に引き出せる。

ここからほんの数百キロのところにあるヴォストーク基地で、ロシア人の手で掘削された別の氷床コアは、ＥＰＩＣＡが定めた時間尺度の約半分をカバーしている。ヴォストークのコアが標本抽出した四〇万年あまりの間に、気温は氷河学的な大きなサイクルで四回、上下した。最も新しい氷河期がよく知られているが、地球はこの繰り返しを——おそらく二五回ぐらい——経験しており、ヴォストークは、私たちの地球が凍り、解けてふたたび凍った最新の四回分の状況を捉えた。

そして気温が上下するたびに、温室効果ガスも増減を繰り返した。気温が高ければ、二酸化炭素とメタンのガスが多く含まれていることを意味する。気温が低かったときは、二酸化炭素とメタンの量も少ない。

ある意味で、これは当然だ。二酸化炭素もメタンも、化学的に熱を捉える。温室効果ガスが大気中に増えれば、地球が発する温かさをより多く捉え、野球の選手のように地上に投げ返してくる、と説明されている。それが、温室効果ガスの仕組みだ。

そのようなメカニズムは、悪いことではない。私たちの地球は、快適に過ごすには太陽からやや離れすぎている。もし地球が凍ることがあれば、巨大な雪の球になる。長期にわたって大気中に自然に存在した少量の温室効果ガスだけで、この大災害を回避するには十分だった。二酸化炭素は、あまり多くは要らない。チリパウダーのようなもので、暑さが欲しければ、ほんの一つまみほどで十分だ。

ヴォストーク・コアの分析結果が一九九七年に発表された際に大騒ぎが起きたのは、証拠があまりにも歴然としていたからだ。南極の氷の結晶を詳細に検証すると、ほかのいかなる複雑な推測よりもはるかに明快に、二酸化炭素の増減状況を示していた。

確かに、気温の上昇が先行して、二酸化炭素の増量がそれを追い駆けたようだ。だが、二酸化炭素は原因でなく結果だ、という意味ではない。最初に地球が氷河期に突入したきっかけは、地球が太陽を回る軌道にわずかなずれがあり、それが一〇万年規模の尺度で、北半球の夏期に地球に届く日光の量に影響を与えたからだ、と科学者たちは長いこと信じていた。

ところがこの程度の変化では、氷河期の去来を説明できるほどの説得力はない。——これは、きっかけにすぎない。世界が少し冷えはじめると、ほかの反動《フィードバック》が即座に動き出して増幅される。水温の下がった海洋は大気中からより多くの二酸化炭素を取り込み、沼沢地や湿地が凍結すると、メタンガスをあまり排出しなくなる。これが地球をさらに冷やし、大気中の温室効果ガスを減らす結果につながり、冷却化がさらに進む。軌道のぶれが起爆剤だが、温室効果ガスで気候変動を促進する。最初の引き金のあと、氷床コアの状況を見るため気温と温室効果ガスがどのように二人三脚で進んでいくかを示している。

それだけではない。二酸化炭素とメタンは完全に自然な形で変動するが、ヴォストークの記録では、過去四〇万年の歴史において、どちらもいま私たちが達したレベルに近い値は一度も記録してなかったことを示している。地下から石炭、石油、天然ガスを取り出し、それらを燃焼させてエネルギーを作り、私たち人類が大気をあのチリパウダーである二酸化炭素で充満させ、それがいま効果を現わしはじめたのだといえる。

これだけのことがはっきり分かっているのであれば、ＥＰＩＣＡがさらに歴史をさかのぼって調べるまでもない。ヴォストークの成果は華々しかったが、探究されたのはまだ一か所だけだ。この傾向は、ほかの時期にも敷衍《ふえん》できるだろうか。四回の氷河期にここで何か特別なことがあったとしても、それが、とくにヴォストークは、四二万五〇〇〇年から三九万五〇〇〇年の間に起きた氷河期の直前で探索は中断されてしまった。その期間が重要である理由は、次の通りだ。太陽を周回する地球の軌道に複雑なぶれが生じれば、私たちの気候に大きく影響したはずだ。軌道が今日と同じになったのはその時期以来で、現在の状況と比較するうえで好都合だからだ。科学者たちは、最近の四つの氷河期すべてがその期間に短期の温暖変動が六〇〇〇年弱ほど続いたことに注目してきた。最後の氷河期からすでに一万年あまりが経っているのだから、次の氷河期がやってきつつあるのだろうか。科学者たちはEPICAとともに、ヴォストークと同じようなテストを別の場所でもやってみたいと思っているし、さらに以前の気候の状況全体が今日の気候とよく似ていた時代にさかのぼって調べてみたいと望んでいる。

EPICAの記録から、現代の軌道反射鏡になり得るために興味をそそる五番目に古い氷河期の可能性を含めて、少なくともあと四回の氷河期があったことが分かっている。研究者たちが発見した新事実によれば、それに続く気温変動は二万八〇〇〇年も続いたことで、おそらく、すぐにも氷河期が来ると恐れるべきではない。――私たちがすでに大気にたっぷり注ぎ込んでしまった余分な二酸化炭素のチリパウダーの量に苦慮しなくても。

そのうえ、氷河期の直前には、気候のパターンは変化する。氷河期の間に、気温がずっと低かったわけではなく、間氷期にもそれほど高くはなかった。EPICAの記録は、さらに驚くべきことを明らかにした。私たちの気候が変化し、風や気候や温度などのバランスが崩れても、気温と温室効果ガスは一定の法則に基づいて動いていた。気温が高いときは、つねに二酸化炭素の濃度が高かった。低温のときは、二酸化炭素も少なかった。

ヴォストークの調査は、別の分野でもEPICAコアの分析と一致した。私の足下にある大むかしの氷、およそ一〇〇万年近く前に降った雪に戻っても、話は同じだ。二酸化炭素はシーズンごとに、氷河期ごとに、増減している。だがいずれの時期にも、今日の私たちの量のようにかけ離れた数値を示した時期はなかった。EPICAの記録全体を通して、二酸化炭素の値が最高だったのは、大気一〇〇万に対して約二九〇の比率、つまり二九〇ppmだった。現在はほぼ四〇〇ppmで、しかも上昇中だ。

EPICAの調査はまだ継続しており、大陸では氷床コアがあちこちで掘削されている。二〇〇九年、中国はドームAに崑崙《こんろん》という名称の夏期限定の観測所を建設した。ここの氷はドームCよりもさらに深くて古く、彼らは氷床コアを掘削するとともに、天体の観測も計画している。さまざまな研究者たちが、南極の衛星写真をより高度の解像度で分析したり、より海岸に接近したり、海からより遠く離れて内陸に向かったり、南極の古代の空気が教えてくれる物語の微妙なことがらすべてを研究している。

だが、きわめて感動的な発見は、まだ今後に残されている。ほぼ一〇〇万年にわたって気候の変動は繰り返し、最高気温のときは二酸化炭素も高くなるが、私たちが化石燃料を燃やしている今日ほど高いことはなかった。ドームCの最も深い空間は、私たちは十分に威儀を正すべきだ、という警鐘を鳴らし続けている。

南極は、過去の変化から警告を発しているだけではない。それは、変化をもたらす動因の指標でもある。ツインオッター機が掘削要員たちを撤収するために飛来したあとの夕方、掘削作業に携わった残りの人たちは、にわかバーベキュー・パーティを開いた。ローランはすでにいなかったから、建設作業員たちも参加した。夜の遅い時間だった。私たちはトランプをしていた。タバコを吸っている人たちもいて、彼らはもっとワイルドなこともやりはじめた。金属製のブラシと雪の入ったバケツを持ち込み、ストーブの上を勢いよくこすってきれいにした。だれかがベーコンスライスと卵数箱分とバターロールをジャン＝ルイの食料置き場から失敬してきた。卵を割り、傾き加減のストーブの上に落として、目玉焼きを作った。さらにベーコンが加えられ、さっそく、無許可ながら深夜のらんちきパーティになだれ込んだ。

数人の男性が、過度の悪ふざけに走った。だれかが、私のカメラをひったくった。カメラの取り合いになり、みなの頭の上をリレー式に回された。カメラは、私の貴重な必需品だった。私は滞在中、ドキュメントの記録用に使っていた。バックアップがない。「ねぇ、返してよ」と、私は叫んだ。彼らは私に返すまいとして、まるで私たちは一〇歳の子どもたちみたいに、オニをまんなかにしたイタズラに熱中した。

私は、最初まともに懇願したがダメだった。私は激怒した。自分の怒りのすごさに、自分でも驚いた。これほどの怒りを感じたことは、これまでなかった。ほんのちょっと前までは楽しくカードで遊んでいた仲間たちに向かって、私はどなりたかった。「仕事のため、必要なのよ。カメラを返して」と私は叫んだ。私は怒ってテントを飛び出したが、どこに行くあてもなかった。戻ってみると、カメラは私の空いている椅子のそばに置いてあった。私は無言で拾い上げ、その場を離れた。

翌日の朝食のとき、ジャン＝ポール・ファヴェは私を手招きした。彼は新しい観測所の設計者で、棒のように痩せ、六〇代で雪のように白いひげを生やし、観測所のみなには「パピー（おじいちゃん）」として知られていた。彼はそばの空いている椅子をはたいて、私をそこにすわらせた。

「ゆうべは、すごく怒ったんだって？」

と、彼は尋ねた。私は頷いて、はにかんだ。

「あいつらはまだ子どもで、きみがここでやっている仕事が分かっていない。ボクは知ってるよ。だけど、ボクはもう年をとっている。ボクがあの子たちの年だったころは、やはりバカそのものだった」

笑うと、彼の歯は隙間だらけだった。

「でも、ここにいるために、人びとは環境に影響をされているということを知っておくといい。ここに来た以上、だれもが普通に振る舞うことを期待してはいけない。きみも含めてだ」

その付け足し部分に、私はおぞけた。私も？　私は、単なるオブザーバーのつもりだったのに！それでも、私が訪れたすべての基地、とくにここドームCでは、敵意が剝き出しになりがちだといわれるこの南極でも、同好の士を見つけて懇意になれ、無二の親友になったと思っていたのに。南極にいる人たちは、みな同じ状況にある。家族や子どもたち、あるいは実生活をともにする人はだれもいない。

これもおそらく、氷が感情を大げさにするためかもしれない。ここではいい日が一日だけあった、というわけではない。生涯で最善の日々を送れた。だれかが大バカをしでかしたことに、わずかに苛《いら》立つのではなく、激怒した。環境は、比較的バランスの取れた人でさえも、躁《そう》へと押しやった。私はジェイク・スピードが南極点で、最もうまくいく越冬者はものごとを受け流している人たちで、実社会では当然ながら最もリラックスして寛容な人たちだ、と言ったことを思い出した。ここは神経質な人向きの土地ではなく、少なくとも長期滞在向きではない。

文明社会に戻ると、その影響は次第《しだい》に薄れていきがちだ。私は、南極に何度も来て長期滞在することの危険性について、何回も警告を受けてきた。アメリカ人には、契約労働者がここへ仕事に来た理由に関するジョークがある。

「まず、彼らは冒険を求めてここにやってくる。次に、カネが目的だ。そして最後は、どこにも適合できずに、ここへやってくる」

ローランに、またここに来たくなるか、と私が尋ねたとき、彼はここを去る前に同じような警告を残した。

「いや。私はもう十分に氷冠で過ごしたので、もうこれで止めてもいいし、それで惜しいとも思わない。仕事は大好きだし、情熱も持っているが、執着はしない。ここでは、執着して雇われながら、ある意味で失望した人たちも見てきた。それは、彼らが現実を認識しないからだ」

「何が起きたんですか」

「彼らはそれまでの仕事を六か月離れるのだから、十分なカネをもらう。だから、喜んでやってくる。彼らは、なんらかの形で従来のシステムを離れているわけだが、その点に気づいていない。だれも、彼らに警告してやらない。自分で気づくには、かなりの時間がかかる。仲間もいる。ここでは、即興のパーティもできるし、みながここにいるのだから、人が集まるかどうかを心配する必要もない。だが故郷に帰ると何もないので、迷うのもよく分かる」

私はDDUでふた冬を過ごしたばかりのフランス人の医師から、同じようなことを聞いたことを思い出した。

「私は、何度も越冬した人を知っている。四回、五回、八回も越冬した人たちもいて、彼らは毎回、新しい生活を始める。年末には、二〇人しかいなくなる。一つの冒険が終わるとすべてが終わって、またもう一度、同じことを最初からやり直す。そんな人たちみたいには、なりたくない。それは、健全なこととはいえないから」

おそらく長く越冬しすぎた人たちは、ギリシャ神話のペルセポネみたいな人たちだ。この神話の女性は、最初はむりやり冥界への旅に出されたが、深入りしすぎたために、毎年、現世へ帰らざるを得ないよう運命づけられた。南極は、そこに関わった人びとを変化させてしまう。そしてもし、この氷の世界に深入りしようとするなら、一年ごとに帰国し、つねに同じ白紙状態からやり直しをするワナにはめ込まれるが、一方、実世界での生活は消え去っていく。

リチャード・ブラントはシアトルにあるワシントン大学から来たアメリカ人の雪の研究者だが、ふだんは、ニューヨーク州東北部のアディロンダックスの山のなかの小さな耕作農場で働いていた。私たちはマクマード基地から同じ便でやってきて、リチャードはここでは最初からの協力仲間だったし、基地では私を除けばただ一人の英語のネイティヴスピーカーだった。彼は、さまざまな祭りの「インターナショナルテーブル」で、私をイタリア人の大グループから何回も助け出してくれた。彼らは騒々しいし、食べものが飛び交うかもしれないと彼は忠告してくれた。確かに、文字通り食べものが飛び交った。

のちに、彼は雪上スクーターに乗り、基地からは目に入らないよう特別に配慮された小さな丘を飛び越える曲乗りのコツを教えてくれた。彼は雪上スクーターの前に、いつもワドルスという名の小さなおもちゃのペンギンを乗せていた。彼はそれをどこへでも連れて行き、この小さなマスコットの最新の冒険写真を、小学生たちが熱心に待ちわびているオンラインにアップした。彼は、とてもいい人だった。新しい観測所の後方、約八〇〇メートルのところにある雪に囲まれた立て坑とタワーで、彼自身の研究を私に見せてくれた。

きれいな青いドームCにいたとき、リチャードは私のためにスキーを見つけてくれ、これが外出する唯一の道具だと語った。しばらくして、彼は生まれながらのスキーヤーだと気づいた。彼はストックも使わずに丁寧に私に付き添って滑り、ペースを守っていたが、私は彼のそばでハアハアとあえいでいた。

私は自分の呼吸を整えるために、古くからのランナーのコツを活用することにした。つまり、一緒に滑っている人よりも息切れを減らすには、相手に長い答えが必要な短い質問をすることだ。

「雪の、どこが好き？」

と、私は尋ねた。

ある意味で、うまくいった。リチャードは、水が凍るとどうなるかについて、息切れすることなく話してくれた。水の状態では分子がはしゃぎ回り、互いの手を摑んだり放したり、ひねったり、跳ね返ったりしてもつれ、混乱状態に陥っているかをまず説明した。ところが凍ると、すべての威厳を取り戻す。分子は、細かい規則に従って、しかるべき場所に規則正しく並ぶ。

分子は、互いの腕を伸ばして手をつなぐ。したがって氷は水より密度が低く、そのために氷のキューブは水に浮く。私たちはほとんど気づかないほど馴れ切っているが、実際には信じられないほどあり得そうもないことだ。たいていの場合、きわめて硬い塊をそれ自体の液体のプールに入れると、その塊は沈む。氷が浮かぶことは私たちにとっては運のいいことで、もしそうでなければ、川や海は底から上に向かって凍り、私たちの地球でときに起こる氷河期が地上の生きものすべてを一掃してしまったはずだ。

次に彼は、分子が凍る際に、分子がぴったりはまるべきスペースに収まる単純な規則によって、あのようにすばらしい多様な結晶になるのだと話してくれた。

「雪が美しいから、それで好きなの？」

「そう。だけどそれは、また状況を変化させる。ボクが住んでいる小さな所有地では、どこを見てもやらなければならない仕事がヤマほどある。だが雪が降ると、仕事はすべてなくなる。雪は全世界を、遊び場に変えてくれるんだ」

私たちは雪の立て坑に着いたが、それは二つ並んだ四角い穴で、それぞれが三メートルの深さ、二つの間は薄い雪の壁で仕切られていた。私たちはスキーを物置に置いてなかに入り、リチャードは上にたどり着いて段ボールの「蓋」を私たちが立っていた穴の上に押し上げた。最初、私は状況が分からなかったが、彼が薄い雪の壁を指さしたときに、私は息を呑んだ。その雪の層は、反対側の立て坑からこぼれてきた日光が裏側に当たっていたのだった。年ごとの層をはっきり読み取ることができ、外皮のように突き出た岩棚が夏を示し、その下の柔らかい雪が冬を示していた。

次に、その色だ。上部に近い個所の光は青緑色に近い白、そこから薄い青、深い空色から紫へと目を見張るようなグラデーションが見られた。リチャードは立て坑の片側に置いてあったほうきの柄のような棒を取って、窪みを壁のなかへと押したが、突き通しはしなかった。底の穴は、ライラック色の壁と、きわめて濃い紫色のトンネルになっていた。リチャードは、言った。

「あれを見てごらん。自然のなかで見られる、最も純粋な色だ」

彼によると、雪が白く見えるのは、表面に当たる日光の大部分が、氷の結晶によって分散されるからだ。だがある光はこの最初のハードルを越え、雪の内部に滲《し》み通る。凍った水の分子は、虹のメロディに乗って踊る準備ができている。この雪の立て坑のなかで、私たちは次のような場面に遭遇した。

水の分子は好みがうるさい。彼らはよく震動するが、光のある特定の色にだけ反応して震動する。立て坑の最上部に近いところでは、水は赤い光を選り抜き、吸収して音叉のように共鳴する。

光がさらに下まで行くと、オレンジ色、そして紫色を排除し、青だけが生き残る。水はこの青の波長には共鳴せず、氷が止めることのできない唯一の色だ。一メートル、二メートル、三メートルと壁の下のほうに目を移すと、青はさらに濃くなり、それを止めることはできなくなった。

このため、海は青い。光が水面の下を突き抜けるとき、ほかのすべての色は、動き回る水の分子によって少しずつ脱色される。したがってクレバスや氷河の割れ目からは青い光が輝き、かなり小さな氷の塊でさえ青っぽい色をしている。

リチャードと彼のチームは、このあたりのすべての雪を標本として集め、探り針でさまざまな深さまで射し込み、きれいな青色の正確な波長を測定していた。それは虹の端にあって、光が紫外線になってすべてが暗くなる前の、人間の目に見える最後の色だ。それが目に届くときは純粋な色で、一つの波長は正確に三九〇ナノメーター（一万分の四ミリ）だ。

私はその色と、リチャードの説明の双方に引きつけられた。氷がその他の色をすべてフィルターで取り除くように、ここの生活は気の散る雑用を、すべて取り除いてくれる。——同じ食事に同じ衣服だし、子どもやペット、おカネ、銀行口座などに煩わされることがない。些細なことを省いて、絶対に必要なものだけに焦点を合わせられるのもメリットだ。だが、もしこの純粋な青が地上での唯一の色だったなら、満足できないだろう。南極のメッセージは、ここに来てとどまり、自分に何ができるかを学びなさい、と言っているように思えるが、もし賢ければ、ここで見つけたものを持ち帰ってそれは乱雑で複雑だが、カラフルな外界でそれをどのように理解するか、を見つけ出すことだ。

だが、話はこれで終わりではない。私たちは雪の立て坑を離れ、グルノーブルの氷河学研究所から来たフランス人共同研究者とともに数年前にリックが建てたタワーへ歩いて行った。それはシンプルなアルミの支柱に載った原始的な建造物に見えるが、金属製の階段が最上階まで続いている。私たちは、素肌が金属に触れないように気をつけながら登った。ここで、騙されてはいけない。風はほとんどなく、真昼の日差しのなかではマイナス二五度ということを忘れ、皮膚は凍った金属にくっついて皮がむけることを忘れがちだ。

最上階では、しもやけするほどの風があり、私は顔をパーカとスカーフで覆った。景色は、すばらしかった。新しい観測所、夏期のキャンプ、テントの列、それに重機類など、基地全体を見渡すことができた。それに平らな白い高原、無限に続く凍った海も見えた。タワーのてっぺんには、器具——小さなカップが風で回る風速計や、四方を撮影できるように照準されたカメラなどが備えられていた。だがリチャードが手入れをしにきたのは、太陽を追って向きを変える機械だ。これは太陽からどの程度のエネルギーが届き、雪の表面でどの程度、吸収され、どれだけが跳ね返されているのかを測定していた。

目的は、背景調査と地上調査だ。衛星は、上空の軌道上を周遊しながら宇宙から届く放射線を測定し、地表からどれだけ跳ね返っているかを測定している。これら二つのバランスを調べることは、私たちの気候が実際にどうなっているかを確定する助けになる。だがしばらく時間が経過すると、衛星はその焦点を見失い、測定値が不安定になり、機械の目玉が衛星から外れてしまう可能性もある。そこで研究者たちは、ここの例に見られるように、特定の場所で地上における数値を測定し、衛星が読み取ったものと照合する。

ドームCはきわめて平坦なため、この作業に向いている。風がほとんどないということは、表面が滑らかでどちらの方向を向いても似たような数字が表示される。リチャードの目的には、ぴったりだ。彼は、変化の兆しを調べるためにここに来たわけではない。彼は、衛星からの報告が正しいことを確かめたかっただけだ。

ここ大陸内部では、とりわけ南極東部の氷棚の上は古くて冷たく、乾燥していて、変化しているものはほとんどなく、あるいは長期にわたって変化しそうなものもない。私たちが地球に対して何をしようと、おそらく大陸のこの地域では、数千年、あるいは数万年にわたって氷は存続するだろう。

南極内陸部のこの地域は古くて寒く、それなりに安定しており、南極東部の氷床も同様だ。私たちがどのようなことを仕でかしても、これから何千年、何万年が経っても、それほどの変化は起こさないと思われる。だが、その他の場所では、混乱が始まりつつある。南極西側では氷床が薄くなりつつあり、海に接した部分が崩れかかっている。膨大な氷河が、氷としてはめまいがするほどの勢いで地面を疾走していく。海岸の特定の場所では波が打ち寄せ、浮かんでいる棚氷を食い荒らし、それらを根元から削り去りはじめている。そしてリチャードが補完作業をおこなっている衛星は、南極大陸西側の氷床のなかで、南米に向かって指をさしている形の大きな南極半島が、現在のところ地球上のどこよりも急速に温暖化していることを示している。

第Ⅲ部　南極半島は観光地

——南極西部

第六章　人間が残した指紋

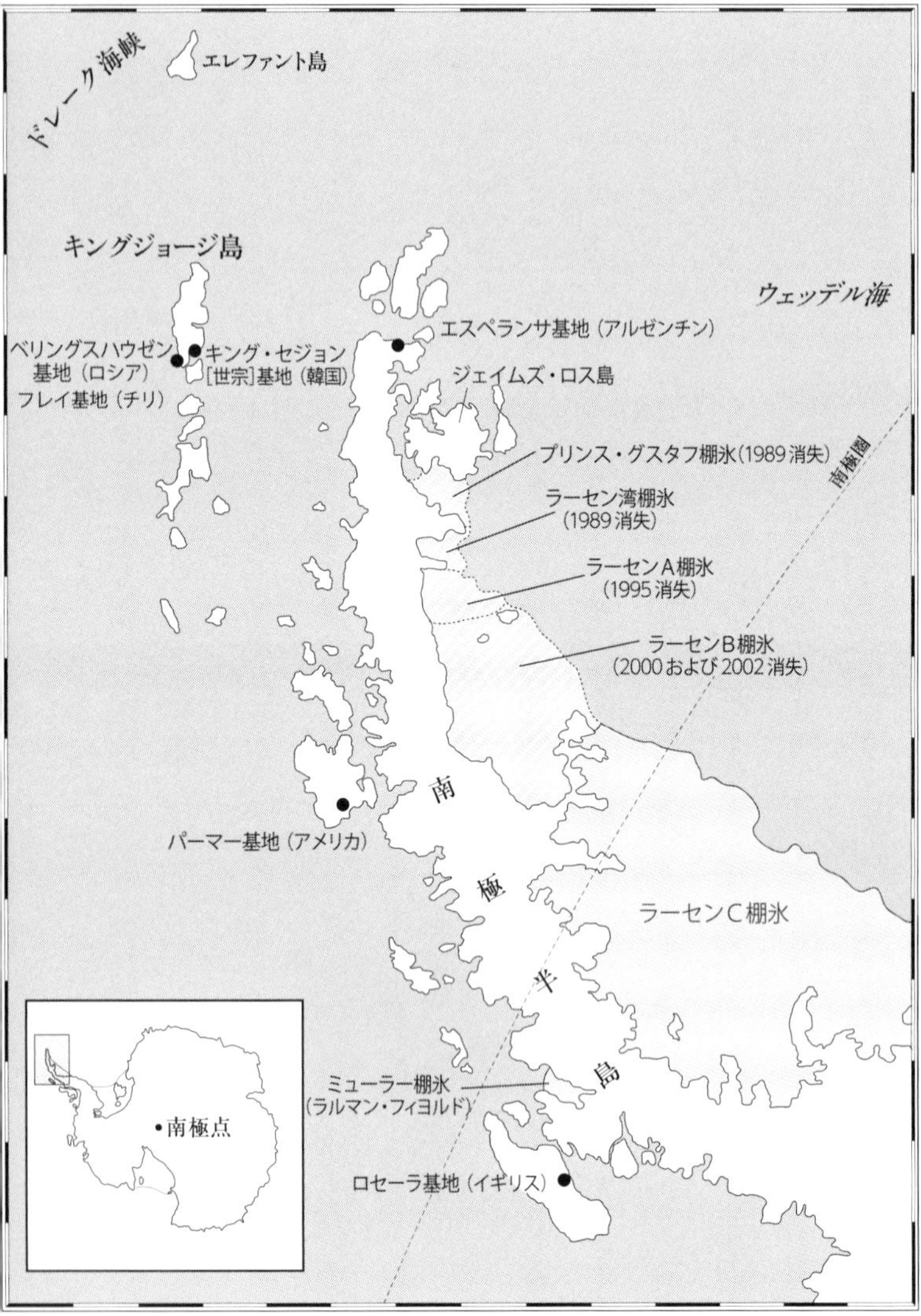
ドレーク海峡
エレファント島
キングジョージ島
ウェッデル海
エスペランサ基地（アルゼンチン）
ベリングスハウゼン
基地（ロシア）
キング・セジョン
[世宗]基地（韓国）
フレイ基地（チリ）
ジェイムズ・ロス島
プリンス・グスタフ棚氷（1989消失）
南極圏
ラーセン湾棚氷
（1989消失）
ラーセンA棚氷
（1995消失）
ラーセンB棚氷
（2000および2002消失）
南
極
半
島
パーマー基地（アメリカ）
ラーセンC棚氷
ミューラー棚氷
（ラルマン・フィヨルド）
ロセーラ基地（イギリス）
南極点

南極半島は、南極大陸の最北端に突き出ている。ここは、南極で最も景色がすばらしい場所だ。たとえて言えば、アルプスとグランドキャニオンの特性を合わせ持ったような感じ。それがさらに誇張されて極端になっているから、山脈はより高く、断崖はより切り立ち、氷河はより広くより長く、よりブルーに輝いている。これらの景観が、海や氷山と隣り合わせているため、コントラストが強まる。ペンギンやアザラシやクジラなども、群れている。これらの風物が、文明から船でわずか二日の至近距離にある。

例外的に海がきわめて穏やかな日に観光船で訪れれば、空は青く澄みわたっているか、たとえ灰色でも静寂だ。いくつもの狭い海峡を縫って航行できる日は、年に数週間ほどしかない。運がいいときには、船の両側に切り立った山や氷がそびえ、急峻なスロープが海に潜り込んでいる風景が見える。岸で野外調査をやっている研究者たちが、外界との接触を求めて、船に無線で呼びかけてくる。あるいは、手を振ったり踊ったりしてエールを交換する。

そのような状況だから、南極のなかではこの南極半島が最も観光客が多い場所であることはうなずける。人間が極度に少ない南極では、最も人間をたくさん見ることのできる地域だ。年間二万人あまりが訪れる。大部分が、海路でやってくる。それが平穏な船旅なのか、荒天に振り回されるのか、運を天に任すしかない。

南に向かう船旅の出発点は、次の三か所のいずれかだ。チリのプンタ・アレナス、アルゼンチンのウシュアイア、アルゼンチン沖フォークランド諸島のポート・スタンリー。いずれも南端にある小さな町で、ホテルにも「地の果て」のような名前が付いている。だが実際にはそれほどではなく、正確さに欠ける。そこからの船旅の行き先こそ、「地の果て」だ。

まず大西洋に南下しはじめる当初は、おそらくまだ海も平穏だ。右舷に見える南米大陸が、荒天から守ってくれる。だがたぶん半日ほどで大陸の先端から離れ、吹きっさらしのドレーク海峡にさしかかる。

これは三五〇〇万年ほど前に、南米大陸と南極が離れていったときにできた海峡で、海流は南極大陸に邪魔されず自由に流れられるようになった。西から東までをさえぎる陸地がなくなったため、海流は渦を巻き、南極大陸は北の暖かさから隔離され、極寒の地になった。

大陸が二つに割れたため、この広い海峡は世界で最もひどい嵐が吹き荒れる場所になった。風と波は、防壁となる陸地がないために荒れ放題で、太平洋と大西洋がもろにぶつかってせめぎ合い、ドレーク海峡は名だたる難所として、航海者に恐れられてきた。パナマ運河が開通（一九一四年）するまでは、大西洋から太平洋に出るためには南米の南端ホーン岬を回るのが最短距離だったが、最も危険で勇気を必要とする難コースだった。それまでの四世紀に、一〇〇〇隻あまりが難破した。したがって、これにまつわるミステリーやロマンにはこと欠かない。ホーン岬の先端に小さな軍事基地があり、そのそばに碑が建っている。飛び交うアホウドリがシルエットで描かれ、チリの詩人サラ・ビアルの次のような詩が記されている。

私はアホウドリ　あなたがやってくるのを、待ち構えていた、
この、地の果てで。
私は、亡くなった船員の亡霊。
百戦錬磨の船乗りが、こともあろうに、ここホーンに挑んだ。
猛烈な波浪には耐えた。
だが南極からの強風の前に斃《たお》れた。

船がドレーク海峡に入る前に、船客は動くものをすべてくくって、どこかに縛り付けておかなければいけない。船で警報が鳴ったときの対処の仕方も、心得ておく必要がある。備えられているゴム製の防水服を引っ張り出して、身につける。これは着心地が悪くて息が詰まるが、我慢しなければならない。いざというときまで膨らませないが、メロンのような格好をしたライフボートに乗るために集合すべき場所を確認しておく。できるだけ考えないほうがいいのだが、もしライフボートで荒海に乗り出すとなると、一隻に二〇人が詰め込まれ、サッカーボールのように揺すられ、揉まれる。

強風のとき船に乗り合わせると、家具や備品がなぜ床に埋め込まれているのか、テーブルの縁がどうして木製なのか、納得できる。すわっている椅子が固定されていなければ、宙を舞うかもしれない。高波は一八メートルもの高さまで跳ね上がるから、ブリッジの窓まで激しく洗う。翻弄される船内で移動するには、両手でドアや手すりにしがみつくしかない。部屋から外に出るのはお勧めできないし、出歩くことはほとんどできない。ベッドに弱々しく横たわり、両脇の木の柵をしっかり摑んで、揺れが収まることをひたすら祈るしかない。

この航海の難所を回避する方法は、行くのを断念する以外、ほぼ無理だ。迷信を信じる船乗りは（というよりすべての船員は）、やってはいけない、あるいは言うべきでない禁止条項を列挙している。たとえば、メガネの縁がガタガタ揺れはじめたら、すぐに揺れを止めること。乗船中は口笛を吹かないこと。嵐を目覚めさせてしまう恐れがあるから。そして、きわめつけの的外れ。だれかの幸運を願ってはいけない。言った本人に悪運が降りかかってくる恐れがあるから。

だが運がよければ、嵐に遭わずにすむ。その場合には、世界で最もすばらしい旅を体験できる。

太平洋からもたらされるゆったりしたうねりが、長時間ゆりかごのように心地よく揺すって子守歌を奏《かな》でてくれる。ときたま大波がやってきて、道路のでこぼこに出会ったように大きく揺れることもあるが、それは単発で終わってすぐゆりかごに戻る。いくらかグレーがかった白いアホウドリが、船に伴走して飛び交ってくれることもある。

このようにラッキーな船旅を体験できたら、幸福感に満たされ、たとえベッドのマットレスが薄くてスペースが狭くても、ぐっすり夢も見ずに熟睡できるに違いない*。

＊私は、アメリカ、ロシア、イギリスの船で南極まで三往復し、合わせて六回ドレーク海峡を渡ったが、いずれも海は鏡のように穏やかだった。私のお守りが効いたのかもしれない。私に同行を頼むのも、有効な方法だ。だが、荒れた航海もいい体験と思い出になる。その場合、私は乗船していない。

航海が二日目の終わりになるころ、氷にお目にかかるようになる。空気も、冷たく感じられはじめる。霧がかかっていたり、夜の帳《とばり》が降りると氷は見にくくなるが、船長が前方にサーチライトをつけるので、数メートル先の氷まではっきり見える。

氷のかけらといっても、船体にへこみを作るほどの威力がある。氷山級もあるし、航海にとって始末が悪いのは、ほとんど海中に潜っているグローラーと呼ばれる氷の塊で、なかなか発見しにくい。サーチライトをつけるのは、氷山を発見するためではない。これで見つけても、避けるのはとても間に合わない。それに氷山には船ぐらい、あるいは島ぐらいの大きさのものまである。

氷山を回避するためには、担当要員がレーダーを絶えず監視していて、光の腕が回転して異物があればグリーンの輝く点が所在を教えてくれる。霧に包まれた甲板《ブリッジ》の監視員に伝達されるが、目視では氷は確認できない。緊張が走り、目を凝らしてレーダースクリーンとサーチライトの先を交互に注視するが、冷静さを保たなければならず、あたふたしてはならない。

翌朝には霧が晴れ、本物の氷山にはじめてお目にかかれる。小さくて、噛んだパンみたいに不格好なものかもしれない。砕けた破片で、まもなく解けて消える類かもしれない。だがあるいは、花崗岩《かこうがん》の崖みたいに巨大な氷の一部が、顔を覗かせているかもしれない、このように大きな氷山が、南極には多い。大陸の端から分離した棚氷が、数多く漂っている。

これは純粋な天然現象で、長いこと繰り返されてきた。だが南極のなかで最も人間の多い南極半島では、いま大きな変化が進行している。このあたりは、地球全体に訪れる危険を先取りして警告する「鉱夫のカナリア」の役を果たしているのではないか、と見る者もいる。研究者も観光客も、いま南極半島に集中している。研究者は、どのような変化が起きつつあるのか、それが世界にとってどのような意味を持つのかを見きわめようとしているし、観光客はいまのうちにかけがえのない自然の風景を満喫しておこうと考える。

観光客が南極半島に来てまずびっくりするのは、動物がきわめて多いことだ。遠隔で不毛な南極大陸のほかの地域とは違って、このあたりの海辺は生きものでにぎわっている。ヒゲペンギンの小集団が、イルカの群れとともに船首の近くで整然と船に伴走する。空中にジャンプしては潜る行動を繰り返すが、ほとんどしぶきを上げない。イワトビペンギンは、頭の両脇から金色の羽を生やしている。ジェンツーペンギンはアデリーペンギンに似ているが、耳の近くから頭のてっぺんを回って向こう側の耳まで白い斑紋がつながっているので、まるで iPod のイヤホンをしているように見える。

もちろん、アザラシもいる。漂う氷山の上にごろりと寝そべって、微動だにしない。白い氷に黒い体だから、目立つ。ウェッデルアザラシに加えて、もっと体が大きくて獰猛《どうもう》なヒョウアザラシもいる。小ぶりのカニクイアザラシは間違って名づけられたようで、実際には甲殻類でも小さなエビのオキアミを食べる。

ザトウクジラにも、お目にかかれるかもしれない。ほかにもジャンプする動物を見かけたら、シャチの群れが、黒く突き出した背びれを誇示し、小さいながらもするどい眼光を放ちながら泳ぎ過ぎていく可能性がある。もっと心はずむ期待感はミンククジラに遭遇することで、このあたりの海域のクジラの仲間としては二番目に人なつこく、最も好奇心の強い動物だ。ザトウクジラのように遠くで潮を吹くのではなく、船に近づいてきて遊ぶ。

最も人なつこいのはミナミセミクジラで、「海洋哺乳動物界のゴールデンレトリーバー」といわれる。人間と遊ぶのが好きで、その性質がアダになって、二〇世紀のはじめには絶滅の危機に陥った。英名では right（正しい）という文字がクジラという名称の前に入っているのだが、なぜかというと、簡単に捕獲できて、鯨油や骨でひと儲けしやすいからだ。頭数は回復しつつあるが、目にできたらラッキーだと言わなければならない。

南極半島やその近隣の島々は比較的行きやすいし、クジラやアザラシがたくさんいたため、初期の探検家たちは長いことここを拠点にして開発に携わった。したがって人間の指紋も顕著に残っているし、がっかりする面もある。

南極で二〇年あまりもアザラシ捕りに従事していたアメリカ人は、一八九二年にアメリカ下院で次のように証言した。

われわれは、銃撃できる範囲の動物を、子どもも成獣も、殺しまくった。例外は黒い毛皮

ザトウクジラ
イルカ類
シャチ
ヒョウアザラシ
ジェンツーペンギン
カニクイアザラシ
イワトビ
ペンギン
ヒゲペンギン

の赤ん坊で、これは商品価値がないので残しておいた。これらの赤ん坊は生きる術《すべ》がないから、たいてい餓死した。……この界隈のアザラシは老いも若きも、オスもメスも殺したため、この付近ではほぼ絶滅した。もしこれらのアザラシが保護され、「いぬころ」（オスの赤ちゃんアザラシで、まだ上半身を起こすこともできない）の殺戮《さつりく》を制限すれば、沿岸地帯で頭数は増えてくるだろう。だが総体的には頭数は減少しておらず、毛皮は毎年、必要なだけつねに確保されている。だが見通しとしては、南極のアザラシは滅亡に向かっており、収益が上がりにくくなっているため、ここでの商売には見切りをつけた。

捕鯨やアザラシ狩りは、鉱山産業に似たところがある。採れるだけ採ったら、あとはほったらかし。現在の南極条約は、コマーシャル・ベースに沿った開発を禁じている。だが捕鯨とアザラシ狩りは、近視眼的な乱獲のため、国際条約ができる前に産業としては崩壊した。

現在、許されている唯一の産業はツーリズムで、南極大陸で最も観光客が多いのが南極半島だ。大型の観光船だと、港湾の受け入れ施設の限界を超えている。だが、一〇〇人ほどの観光客を乗せた船なら受け入れられる。クルーズというより、探検隊と呼ぶほうがふさわしい。カジノ施設はないし、お茶の時間のダンスもない。研究船にも転用できるような船舶で、乗客はすべての年齢に及び、このために貯金し、夢と冒険心を抱いてやってくる。

観光客が押し寄せれば南極の自然を汚染する危険がある、という意見もある。だがツアーの主催者も自己規制していて、南極の研究基地並みの厳格な規制を実行している。南緯六〇度より南の海に、船は何も投棄しないことになっている。観光客たちは下船する前に厳重な注意を受け、野生動物には近づかないこと、出かける前にブーツを消毒液に浸すこと、何も持ち帰ってはいけないし、置いてきてもダメだ。これらは、必須事項だ。かつての無差別なアザラシ、クジラ殺戮と比べると、ツアーの主催者ははるかに野生動物の棲息環境保護のための心配りをしている。

それに、南極は政府が支援する研究者たちが所有しているわけではない。観光客は邪魔だ、連中がここにやってくる権利はない、と文句を言う研究者もいる。マナーをよく心得たツアー客なら容認できる、という学者もいる。ある生物学者は、私にこう語ったものだ。

「ボク自身、ここでは観光客なんじゃないか、と思うことがあるよ」

実際、各自の研究対象と関係なく、南極にやってきた研究者たちは、まず自然の景観や歴史的な場所に感嘆し、畏敬の念を覚える。

南極大陸のなかで最も人の出入りが多い場所は、ポート・ロクロイの港だ。イギリスの元基地を改装したもので、何十年か前、イギリスが使っていたころの南極での生活ぶりが展示されている。通信室の短波無線で、雑音のなかで交信している状況が再現されている。台所やベッドも、当時のものが正確に復元されている(だが同時に現代ふうの部分も併設されていて、お土産を売っているし、簡易郵便局もある)。

ポート・ロクロイは、観光客の増加に眉をしかめる人びとにも反証を上げている。この元基地は、ジェンツーペンギンのコロニーと隣接している。何年か前、コロニーの半分ほどをロープで仕切って、ペンギンを隔離しようと試みたことがあった。残り半分の地域では、自由に行動させた。五年間の実績をもとに、研究者は二つのグループを比較研究した。たとえば、生殖パターンに変化が生じるか、食料に不足をきたさなかったか、子育てに影響があるか、などを調査したのだが、二つのグループには有意の差が認められなかった。

南極半島には、南極のどの地域よりも人間がたくさん暮らしている。込んでいるほどではないが、最もアクセスしやすいところだけに、南極に研究拠点を確保しておこうという国にとっては便利な場所だ。多くの国ぐにが競い合っているので、適地を早くに確保しておきたいという思惑から攻防戦も激しい。だが領有権を主張したい気持ちがあっても、やたらに張り合うのではなく、協調精神も発揮している。

ドレーク海峡を抜けた船が最初に目にする陸地は、半島先端の沖にあるキングジョージ島だ。火山岩でできた不毛な島だが、数多くの国の研究基地がひしめいている。ブラジル、エクアドル、アルゼンチン、ペルー、ウルグアイ、チリ、韓国、ポーランド、中国、ロシアが、それぞれの施設を持っている。

私は「ペレグリン・アドヴェンチャー」というプロジェクトの一環として、ベリングスハウゼンにあるロシアの基地を見るため、ロシア船「アカデミック・セルゲイ・ヴァヴィロフ」に乗ってこの島を訪れた。これは、旅行代理店「ペレグリン・アドヴェンチャーズ」の招待だった。この船は観光客のためにチャーターしたものだが、もともとはロシア科学アカデミーが所有していて、船員はロシア人だ。その前年、この船は教会の骨組みや建築木材や鐘をベリングスハウゼンに運んだ。教会はやがて建立《こんりゅう》されたので、船員たちは完成した姿を確認したいと思っていた。

南極には、あちこちに礼拝施設がたくさんある。どこの基地にも少なくともひと部屋は、居住者たちの希望に従って、ときになんらかの宗教行事がおこなえるよう、特別の一角が用意されている。もっと規模が大きい基地で敬虔《けいけん》な信者が多い場合には、別棟の専用施設があるが、間仕切れば多目的に使えるようにしてあるところもある。

ロシアの場合は、明らかに別の意図がある。つまり、荘厳さを賛美するという目的だ。船からも、偉容が眺められた。見逃すはずがない。カラマツとヒマラヤスギで造られ、シンボルであるネギボウズのドームが頂上に載っている。建物は太い鎖で岩に結び付けられていて、まるでそれがなければ天に登っていってしまう、とでもいわんばかりだ。南極大陸にはそぐわない、ミスマッチの違和感がある。

この教会には、専従の司祭がいる。私たちが乗ったモーターボートが近づくと、薄暗がりのなかに聖職者の姿が認められた。長くて黒い司祭の服の上に、グレーのパーカを着ていた。威厳のあるあごひげを蓄えているが、色は赤かった。大歓迎のしるしとして、両腕を大きく広げてくれた。彼はロシア正教のカリシュトラート司祭で、このような資格を持つ聖職者は南極では最初だし、史上ただ一人しかいない。二九歳で、おそらく長期滞在になる覚悟でやってきたと思われる。だがここに滞在するロシア人は、真夏でもたかだか二〇人ほどだ。

教会への道を歩みながら、師は語った。

「なかなか適任者が見つかりません。若者は精神的にあまりタフではないし、年配者には環境が過酷すぎる。家族持ちは派遣しにくいし」

では、あなたはどうしてここへ？

「教会の命令ですから」

南極のタテマエは科学研究の場で、施設は税金でまかなわれている。人件費などすべての経費は、合法的に認められたものでなければならない。南極に聖職者がいること自体が驚きだが、教会の建物自体が、またすごい。

この教会はロシアの一流建築家が設計し、氷の世界に入れ込んでいる有力者が寄進したらしい。使われている木材は、プロの森林技師が選んだものだという。いったんロシアで組み立てられてから解体され、ヴァヴィロフ号で運ばれてきた。船の船尾甲板、両側の船倉、メインデッキの半分を占領していたそうだ。カリシュトラート師は、船のロビーの木材を使って祭壇を造った。師は金縁の礼服で何時間にも及ぶミサを執りおこない、ベルやキャンドルを動員し、芳香も焚く。

空が曇ってきて、私たちが丘の頂上に到着したころには雪が舞いはじめ、やがてみぞれになった。だがその陰鬱な風景のなかでも、教会は異彩を放っている。時計塔やネギボウズのドームがなければ、エレガントなログキャビンに見える。鐘楼から、鐘の音が響いてきた。上の階の窓からだれかの頭が覗いたので、人間ハト時計かと錯覚した。観光客や教会に集まった人びとが、歓声を上げた。

教会の内部は、想像したより狭かった。同じ船でやってきたロシア人たちの顔も何人か見え、曲がった長い火付け棒でロウソクに灯をともしていた。イコン像はみごとに描かれたもので、カリシュトラート師は、ロシアの超一流画家たちの名前を耳打ちしてくれた。私も自分のロウソクに灯をつけ、集金箱にイギリスポンド札を入れた。私が教会から出てくると、私たちの遠征チームのリーダーであるデイヴィッド・マゴニガルが、皮肉な笑みをたたえながら、言った。

「あなたにしては、珍しいことですな」

ロシア基地に着くと、オレグ・サハロフ所長が私を待ってくれていた。彼は四〇代の後半、ハンサムだがやや無愛想で、この来訪を心からは歓迎していない様子を感じさせた。私たちのメンバーが海岸で一羽のペンギンを撮っている姿を眺めて、しかめっ面をした。

「観光客たちは、この基地にはやってきたがらない。連中が求めているのは、あくまで野生動物だけだから」

彼が南極に来るようになってからもう九年になるそうだが、今回は一八か月間ぶっ続けだという。本国ロシアに家族がいる。奥さんや子どもたちは、パパが長期不在で寂しかろう。彼は、肩をすくめて言った。

「でも、それがボクの人生だから」

彼は、基地のドアを開けて私たちを招じ入れた。すぐに鼻を突いたのは、焦げたキャベツと、重くよどんだタバコの臭いで、私は顔をしかめた。壁に貼られた写真は古ぼけているし、リノリウムは裂けている、通過したある部屋の壁にあるスチール棚には、古い映画フィルムを入れた八角形の缶がたくさん積んであった。缶の色はくすんだグリーン、茶色、銀色などさまざまで、白で数字が乱雑に打たれている。オレグによると、ここは試写室で、みなが集まってロシアの映画を見るのだという。

そこまでは、とくに変わったところはない。だが別棟で出くわしたロビーは、意外にすばらしいものだった。窓越しに見える岩場や海、雪景色などの風景が、絵画のようにうまく切り取られている。だがもっと目を見張ったのは、巨大なワイドスクリーンのテレビに映し出されたチリのホームドラマで、美しい女優が両手で顔をなで回し、何かのトラウマに取り憑かれているシーンだったが、ストーリーは分からなかった。

大きなテレビばかりでなく、最新の娯楽施設も整っていた。基地のほかの場所は陰気くさいロシアのムードなのに、ここだけは別世界だった。私がとまどっているのを察して、オレグが笑いながら説明してくれた。この大型テレビは、韓国政府からの贈りものだという。どういう意味だろう。びっくり仰天だ。この両国がそれほど親密だとは、夢にも思わなかった。

だが、次のような事情があったことが判明した。一年前、近くの韓国基地の五人が、嵐のなかで遭難した。彼らが乗ったボートが転覆し、一行は凍てつく海を泳いで無人の浜辺にたどり着いた。ベリングスハウゼンのロシア基地に滞在していた科学者たちが、身の危険もかえりみず、捜索に出かけて遭難者たちを発見し、五人のうち四人の韓国人を救出した（一人はすでに凍死していた）。やがてソウルの韓国政府から船で感謝の手紙が届き、合わせてこの娯楽受信機が送られてきたのだった。オレグの弁。

「なかなか、すばらしい。彼らの手紙には、もっと大きいのを贈れなくて申しわけない、と書かれていたがね」

これが、南極における国際協力活動の一つの具体例だ。生死の瀬戸際になると、国家間の障害などの垣根は吹っ飛んでしまうことを実感した。それでも私は、教会に関してはまだこだわっていた。なぜこれほどの苦労をしてまで、このような場所にこれほど豪華な教会を建てなければならなかったのか。オレグに尋ねると、ため息をつき、何回も聞かれてうんざりしたような様子で、差し障りなさそうな模範回答をした。

「南極では、ロシア人の同胞が数多く死んでいます。彼らの霊を敬うために、このような方法を採ったのです」

それは、よく分かる。だがそのために、どうしてこのように大がかりな方法を採ったのか。お隣にあるチリの基地は、南極のためにひとかたならない功績を上げている。だがこの基地が備えているのは、ステンレスの箱をブルーに塗り、その前面に木の十字架を貼って、霊を弔《とむら》っている。ロシアがベリングスハウゼンに弔いの場を作るにしても、他国と同じような方法が採れたはずだ。

オレグは振り返って私をじっと見つめ、こう言った。

「いいですか。この基地を閉鎖するとしたら、いろいろな理由が考えられますね、財政状態が厳しいとか。でも、教会は閉じられませんよ」

なるほど、これまでの五年間に、ロシアのいくつかの基地が財政難で閉鎖された。だがこれだけのすばらしい教会であれば、閉じるわけにはいくまい。これは南極大陸における権利を主張するための、かなり皮肉な帝国主義的手法だといえる。

いや、それほど皮肉だとはいえないのかもしれない。私がオレグの発言の意味を嚙みしめようとしている間に、彼はロマンチックな表現で追い討ちをかけて混乱させた。

「ですから、ロシア人の魂は永遠に南極に残されているのです」

その通り。教会はまさに「ロシアから愛をこめて」贈られたものだ。


ロシアがセンチメンタルな方法で南極における権利を主張するのに対して、アルゼンチンとチリはもっと情緒的で人間くさい感情に訴えた。一九七七年一一月、アルゼンチン当局は、シルビア・モレッジャ・デパルマを、半島の先端にあるエスペランサ（「希望」の意）基地まで空輸した。シルビアは基地の軍司令官の妻で、妊娠七か月だった。彼女は一九七八年一月七日、エミリオ・マルコス・パルマという男の子を出産した。知られている限り、南極で生まれた人類史上はじめての赤ちゃんだ。ここ南極大陸で生まれた市民がいるのだから、アルゼンチンが主権を主張するには強力な援軍だ。

それ以後、エスペランサ基地ではさらに七人の赤ちゃんが生まれた。ベリングスハウゼンの近くにあるキングジョージ島のチリ基地でも、三人が誕生した（チリはアルゼンチンのやり方を見ていて、何もコソコソやる必要などないことを悟った）。南極生まれは男女合わせて一一人に達し、彼らは生粋の「南極市民」を名乗れることになった。

その後の誕生はないが、この両国は「南極は子ども抜き」の原則を破って、子どもや家族の滞在を認めている。だがこの両国だけが例外で、南極のほかの地域では「子ども抜き」が守られている。「子ども同伴」だと、科学研究の基地というより、植民地という感じが強くなる。私は、エスペランサ基地を尋ねて、南極「植民地」の実態を自分の目で確かめたいと思った。そのチャンスは、二〇〇八年に訪れた。イギリス南極調査を支援するため、海軍の軍艦「エンデュアランス」が派遣され、私はそれに乗って南極に向かったが、それがエスペランサ基地の近くを通過する。艦長に相談したところ、船上からヘリで飛んで基地に行き、のちに合流する許可を得た。

だがまずエスペランサ基地と交信して、先方の許可をもらう必要がある。私はエンデュアランスからヘリに乗る際に義務づけられているオレンジ色のゴムの厚いスーツを着た状態で待機した（イギリス海軍のヘリで洋上を飛ぶ場合には、事前にイギリスで「ヘリダンク」コースと呼ばれる訓練を受けなければならない。受講者は模型のヘリに乗り、高いところからプールに落下させられ、緊急脱出口から抜け出て泳ぐ実習が含まれる。最初のときは明かりがついていて正座した状態だが、二度目では模型ヘリは回転し、上下逆さまになったりする。三度目のときは薄暗がりで、四度目では水中に潜ってひっくり返り、しかも暗闇のなかだ。いずれも、特定の時間内に脱出しなければならない。最後のは難関で、私は三度目までより不格好に、打撲も受けながら、なんとかパスした）。

私が軍の作戦行動に参加するのははじめてだったので、複雑な規則の通りにやろうとしたが、最初はとまどってぎごちなかった。将校は士官室に入れるが、下級船員の食堂には入れない。上級船員が下級船員の食堂に行くことはできるが、招待された場合に限られる。ただし研究者はこのような規則には拘束されず、私を含めてどこに行っても構わない。だが船長が指揮を出すブリッジ（船橋）に出向くと、問いただされる。だれもが当直《ワッチ》士官の許可を得なければならず、許可を与えないこともできるが、たいていは不承不承ながらであってもOKになる。

平和をモットーとしている南極に軍艦で乗りつける、というのにも違和感がある。もちろんこの軍艦はイギリスの科学的な貢献をサポートするものだし、南極に関わってきた国はどこでも、軍が加担してきた長い伝統がある。だが潜在的には、将来のイギリスの権益にも目を光らせておきたい、という下心がある。「エンデュアランス」の表向きの任務は、「南極の世界コミュニティ」を支援することだけではない。南極では、南極や南大西洋をパトロールして調査し、防衛外交を展開しながら独立国家としての存在感を示しておくことも重要な目的だ。

だが取材を重ねていくうちに、私はこの軍艦で働く男女に惹かれるようになった。たとえば、二四歳の航海士《ナヴィゲイター》。彼は私たちが眠っている間、この砕氷船の航海をつつがなく続け、翌朝マイクを通じて状況を報告してくれる。現在の船の位置ばかりでなく、朝食メニューまで教えてくれるし、この軍艦も現在の平和的な南極海域での任務を終えれば、また本来の任務である戦場に赴くかもしれない、という気が滅入るような話までする。水兵たちは、船首からロープを伝って降りる訓練を欠かさない（私もやってみたいと言ったところ、ご親切にも手ほどきしてくれた）。

午前七時に軍隊式の起床になるが、それが伝統式と現代ふうのミックス方式で、私は気に入った。甲板長《ボースン》が呼び子の笛を吹き、その鋭い音が各船室に拡声器で流れる。私は、それをやらせてもらった。自らは六時半に起き、みなを目覚めさせる。コツは、定時になったら指を曲げて笛の穴に当て、音を少し押さえる。最初のうち、スタッフは当惑ぎみだったが、南下してイギリスのロセーラ研究基地まで行き、また北上して戻るまでの間に、私たちは親しくなった。

さて、アルゼンチンのエスペランサ基地訪問の手はずが整ったので、私たちはヘルメットをかぶり、後方甲板のヘリに案内され、文字通り襟首を摑んで乗せられる（頭上のプロペラが回転しているとき、民間人は乗せてはいけない規則になっている）。私たちは、眼下の氷河や氷山、暗い海を眺め下ろしていたが、やがて小さな湾が見え、灰色の空から雪が落ちてきた。エスペランサ基地の建物は鋼鉄のコンテナを組み合わせたもので、おおむね鮮やかなサクランボのような赤に塗られている。三角の屋根だけは黒っぽい色で、全体はオモチャの町という感じだ。

私たちがヘリパッドに着陸すると、五人も出迎えてくれた。本部の建物に招じ入れられ、まずコーヒーとケーキが振る舞われた。だが彼らの英語も私たちのスペイン語も、自己紹介とＩＤの数字を言うくらいにしか役立たず、若い気象学者が通訳として呼ばれた。

みな愛想がよくて、ニコニコしている。だが、通訳の質問がなんとなくピント外れだ。彼は私たちの来訪目的を掴みきれず、ていねいながらとまどっている。そこで、私が発言した。

「私たちがお邪魔することを、船から連絡してあったでしょう？」

「なんの連絡もありませんでした」

なんですって？　私たちは飛行許可をもらっただけで、無線室が連絡をつけているという前提で飛び出したのだった。通信連絡面のどこかで、ボタンの掛け違えがある。私たちは事前の通告なしに、空からアルゼンチン植民地に舞い降りたのだった。イギリスとアルゼンチンは（フォークランド諸島の）領有権をめぐって戦争までしたのに、私たちはイギリス海軍のヘリで「敵地」に乗り込んだことになる。

イギリスとアルゼンチンは、さらにチリも加わって、南極大陸でも領有権争いをやってきた歴史的な経緯がある。幸い南極条約のおかげで、現在は棚上げになっている。だがそれ以前は、三つ巴《どもえ》の紛争があった。一九四三年、近くのデセプシオン島で、イギリスは掲げてあったアルゼンチンの国旗を引きずり下ろし、イギリス国旗を掲げた。一九五二年、イギリス南極調査隊がホープ湾でジョン・ビスコウ号から補給物資の荷下ろしをしていたところ、アルゼンチンの沿岸警備隊が頭上にマシンガンによる威嚇射撃をおこなった。両国政府とも、のちに外交的に和解した。だが私は、両国の科学者の間にはわだかまりが残っていると思う。

一九八二年には、イギリスとアルゼンチンの間でフォークランド戦争が勃発した。ノーベル文学賞を受賞したアルゼンチンの作家ホルヘ・ルイス・ボルヘスの表現によると、「一本の櫛をめぐって二人の勇ましい男がけんかしたようなもの」だった。だがこの両国も、いま南極では例外的に仲よくやっている。とはいうものの、イギリス海軍のヘリが、招待もしないのに予告なしにアルゼンチンの基地に人を送り込んでくるというのは、いかにも具合が悪い。

だが、アルゼンチン側は愛想よく迎えてくれた。思うに、以前は人間など住んでいなかった場所にいまや人間がひしめく状態になってきたためのマジックなのかもしれない。北極では長い間、対立が繰り返されてきた。世界中の砂漠や草原も、戦場になった。世界中のあらゆる場所で、勇猛な連中は櫛のようにつまらないものをめぐって戦ったりする。だが南極は、その一般原理が適応できない場所らしい。

コーヒーを飲みながら基本的な質問を終えたところで、基地の司令官ミゲル・モンテレオーネ中佐が基地内を案内してくれた。地面は岩場で、道や小石には雪が積もっている。風景が陰気なので、派手な建物は浮き立って見える（ミゲルはいかめしい軍服姿だが、ファーストネームのミゲルで呼んでくれと言った）。小さな礼拝堂や実験室、医務室などを回った。案内標識が完備していて、港やヘリパッド、食堂の位置や方角が矢印ではっきり示されている。ほかの基地では絶対に見られない、ユニークな標識にもお目にかかった。「学校《エスクエラ》」だ。

この建物が見たかった。エスペランサ基地の子どもたちに会える。いくつかのコンテナをつなぎ合わせた建物で、ミゲルはここも見せてくれたが、部屋はいくつもある。

「ここが、みんなで遊べるプレイルーム。次は、小学校最終学年七年生の教室。次に二年生が二人、三年生が一人、四年生二人が合同で一つの教室。そして、幼稚園。就学前の五歳前後が二人」

私は、最後の部屋の入り口で立ち止まった。大人用の椅子と机があるのは先生用だろうし、脇に私の膝くらいの高さの小さな四角い机があり、小さな椅子が二脚そろえてある。小さなというより、ミニチュアだ。この基地には赤ちゃんを含めて子どもたちが多い、とは聞いていた。でも、これちょっと悪ふざけじゃない？　南極には子どもは入れない、という原則があるんだし。そこで、私は尋ねた。

「子どもの総数は、何人ですか？」

「三月一二日には、家族がやってきます。お母さんが八人と、子どもが一四人。すると、子どもの総数は五一人になります」

「基地には、家族のための施設としては、ほかにどのようなものがあるんですか？」

「衛星放送を受信できるパラボラアンテナがあって、四局のデジタルチャンネルが見られます。別のアンテナで、インターネットにも接続できます。ソーシャルクラブでは、卓球、テーブルサッカーのゲーム機、ビリヤードでも遊べます。冬でも天候がよければ、戸外活動ができます」

子どもたちも、すばらしい幼年時代を過ごせそうに思えた。しかも、ごく少数の子どもたちに貴重な体験を与えられるだけではない。私は、ことばを選びながらこう発言した。

「エスペランサ基地は、南極ではきわめてユニークです。家族や子どもと一緒に暮らせるんですから。どうして、そのような制度にしたんですか？」

私は「植民地化」という用語は使わなかったが、ミゲルは別に後ろめたさは感じていないようだった。彼は、悪びれた様子も見せずに答えた。

「よろしい《ブエノ》。プハルト将軍が、軍のためにアルゼンチン南極活動計画を始めた。その一つが、家族とともにおこなう南極の植民地だ。それに基づいて、南極のアルゼンチン地区に、アルゼンチン国民のための小さな町を作る構想だった」

私は、目をぱちくりさせたに違いない。これほど率直な見解を聞けるとは、思いもしなかったからだ。エルナン・プハルト将軍は、一九五〇年代にペロン大統領の右腕だった将校だ。彼はアルゼンチン南極研究所を設立し、最南端の基地を建設した。彼は南極半島を植民地化する方針を進め、領有宣言をしたのだった。そこで私は、追い討ちをかけて確認した。

「すると、ここに家族を呼ぶことには、政治的な意図があるということですか？　科学研究よりも、植民地化が優先するんですか？」

ミゲルは答えた。

「この基地でも科学研究はやっています。ただし家族生活も同時にやっているわけで、これもきわめて重要です」

もちろん、その通りだ。ところがここの研究施設は小規模で、現在は五人の研究者が滞在しているだけ。私が訪れた南極基地のなかで、エスペランサほど植民地化、占領意識の強い場所はほかに見当たらない。そして科学研究はおざなりの名目で、きわめて説得力に欠ける。

だが、エスペランサの科学研究の話はこれで終わるわけではない。ミゲルも、口先だけで科学研究を唱えているわけではない。アルゼンチン政府の南極に対する取り組みのなかで、科学研究は最優先課題でないかもしれないが、アルゼンチンは南極の科学分野でも大きな足跡を残している。二人のアルゼンチン科学者が、この不毛な氷の世界が重要な意味を持っていることを発見したからだ。

一九八六年一月、地質学者のエドゥアルド・オリベイロとロベルト・スカッソは、ジェイムズ・ロス島の北部にあるエスペランサ基地から船に乗り、南極南島の先端にある地点に上陸した。一キロ半ほど歩いてサンタ・マルタ湾に到着し、化石を探しはじめた。夏の盛りだから表面の氷はいくらか解けて地面が露出するから、役に立ちそうな化石を探すには好適な時期だった。

このあたりはかつて浅い海で、土に半ば埋もれたアンモナイトやサメの歯などが発掘できる場所だ。だがそのとき、二人は驚くべきものを発見した。南極でははじめての、恐竜の頭蓋骨、平べったい葉っぱのような歯、脊椎、頭蓋骨や手足の骨の一部を見つけたのだった。

背中にギザギザのある、がっちりした四つ足草食恐竜アンキロサウルスの新種で、アンタークトペルタ・オリヴェロイという学名が付けられた。頭からしっぽの先まで、おそらく四メートルほど。この種の恐竜は外皮が堅く武装されていて、しっぽが棍棒のような武器になっている。だが、その部分はまだ発見されていない。目の上には、トゲ状の突起がある。一億年弱前の、白亜紀の末期に棲息していた。この個体はなぜか海辺で死に、海水に洗われて浅瀬に埋まった。

エドゥアルドとロベルトの発見は、多くの科学者たちの仮説を裏づけた。——南極大陸は、太古の時代から凍結した荒野ではなかった。現在、南極の大部分は氷の下だが、ごく一部の露出した部分の岩を調べると、太古にはいまより暖かかった証拠が数多く見て取れる。

アンタークトペルタの発見以後、南極周辺ではいくつもの恐竜の化石が見つかった。二番目はクリョロフォサウルス・エリオティ、体長六メートルの肉食恐竜で、最後の食事をした直後に死んだ。頭の部分を武装していて、スペインのフラメンコダンサーが前髪に付けている飾り櫛か、エルヴィス・プレスリーの前髪の巻き毛のように見える。その後も発見が続いた。南極の恐竜には大きいのも小さいのもあって、カモノハシに似た口をした恐竜もいる。だがいずれも、生存していたのは南極大陸が氷に覆われる以前のことだ。

そのころは植物も豊かにあった。ベアドモア氷河は、シャクルトンおよびスコットの探検隊も高原に登る際に通過した。その氷河の近くに、科学者たちは化石になった森を見つけた。これらの森林が、かつては南極の恐竜を養い、木陰を作っていたのだろう。いまでは、石になった切り株しか残っていない。幹はなくなっているが、年輪ははっきり読める。スコットが南極点からの帰途、ベアドモア氷河で拾った石には、太古のシダが化石のなかに埋もれていて、まるで指紋のように残っている。

スコットは大陸が移動することは知らなかったが、南極大陸は地殻変動によって動き、現在の南極点周辺に定着するまでに、長い地質年代を通じて、もっと暖かい場所をさ迷っていた時代があった。したがって、これらの化石は熱帯の暑さを体験しているのかもしれない。いまではそれが定説になっているから、これらの化石はかつて熱帯の太陽を浴びたものとも考えられる。

だが、そうとも断言できない。地質学者が南極大陸の漂流を跡づけてみた結果、一億年前から現在の場所にあったらしい。つまり、ジェイムズ・ロス島をアンキロサウルスが徘徊していたのも、その時期かもしれない。大陸は現在の南極点のあたりにすでに定着していたのだが、まだ緑があり、森林が豊かで、シダが繁茂し、恐竜が跋扈《ばっこ》していたと思われる。

恐竜の時代、地球は両極を含めてどこでも暖かかった。その主な原因は、大気中に温室効果ガスが充満していたためだ。何百万年にもわたって火山活動が盛んで、大量に排出された二酸化炭素が大気中に漂っていて、地球全体が温室だった。やがて樹木が厚い沼地に倒れ込み、腐る前に地中に埋まった。浅い海底には生きものが繁殖し、それらの死骸も泥と砂のなかに埋もれた。地中深くで、動植物の炭素分はやがて石炭や石油、天然ガスに変化した。地面は大気中の炭素も取り込んで、陽光が届かない地中に貯蔵した。

地球は冷却の方向に向かい、南極は寒くなってきて、ドレーク海峡が開けたために海流が変化し、寒冷化を促進した。恐竜はおそらく大隕石の衝突によって、六五〇〇万年前に絶滅した。続いて森林やヘゴ（木生シダ）も消滅し、冷気と氷が忍び寄ってきた。南極の寒冷化は、決定的になった。

過去二世紀、人類はこのように地中に眠っていたものを発掘し、化石燃料として利用してきた。それらを燃やして、大気中に大量の二酸化炭素を放出した。したがって当然ながら、地球はまた温暖化の方向に向かっている。過去一世紀の間に、平均気温は〇・八度も上がった。その影響は、どこよりもこの南極半島で強く感じられる。このあたりの温暖化は、異常なスピードで進んでいる――地球平均の、三倍もの早さだ。つまり、ここは地球のホットスポットで、科学者の目でも確認できるほど顕著で、計器の数字もそれを実証している。棚氷から氷山が剝落していく様子は、大艦隊が誕生して編成されていく過程を連想させる。動物たちも、気温の上昇を感じ取っている。

南極半島の様相は変わりつつあり、ロセーラ基地はその中心部にある。これはイギリス南極調査の拠点だ。南極半島のまんなかあたり、西海岸のアデレード島の岩場の岬に建つ。近隣の二つの湾には氷山があって、太陽が低い時間帯には光り輝く。岸辺には小さな氷の破片が絶えず打ち寄せ、波とあいまって風鈴のように軽やかな音を立てる。

ロセーラ基地の施設は、いまでは最先端をいくものになっている。部屋は立派だし、一級の研究施設も整っている。フォークランドとの間にはひんぱんに飛行便があるので、速やかに安い値段で物資の補給ができる。この基地では、過去の歴史および最近のできごとまで、きわめて密接なつながりを持っている。多くの人びとは、かつての探検家たちの英雄物語に触発されてここにやってくる。このイギリス基地には、その当時の偉大な探検家たちの面影がごく最近まで残っていたことを、年配の者ならいまでも覚えている。一九八〇年代の半ばまで、アムンゼン、シャクルトン、スコットらの仕事ぶりや生活していた雰囲気が、そこはかとなく感じ取れた。

たとえば、この基地では南極大陸で最後までハスキー犬を飼っていた。かつてはソリを引く重要な役割をイヌが担っていたが、いまでは機械が代行するようになった。そこでハスキーはペットとなり、日曜日には英雄探検時代を懐かしんでイヌと遊べた。だがこれはムダなぜいたくで、イヌを運動させ、エサをやり、互いにケンカしてケガをすれば治療してやらなければならない。

一九九四年にイヌは禁じられる取り決めができたのだが、アルゼンチン、オーストラリア、イギリスは、すぐにはイヌを撤収させず、いくぶん反抗姿勢を見せた。だがオーストラリア、アルゼンチンの順に、イヌを本国に引き揚げた。最後に一九九四年二月、南極大陸に残る最後の一四頭のハスキー犬が、特別に設計された犬小屋に入れられ、ダッシュ7型機でロセーラ基地を離れた。それ以来、南極に残る「非在来種」は人類だけになった。その時点で、英雄時代とは決別することになり、歴史のページに閉じ込められた。

だが現在でも、往時を懐かしむ声が聞かれる。ロセーラでは二四時間インターネットが使えるし、電話も無制限にかけられるが、越冬組は六月二一日にはラジオを囲み、BBCワールドサーヴィスの短波放送で、伝統的な「真冬放送《ミドウィンター・ブロードキャスト》」で、家族からの個人メッセージを聞く。

ノスタルジアの断片は、ロセータ基地から野外キャンプに送られる弁当にも感じられる。箱に入った「人間食」（「イヌ食」と区別するため）には、スコット隊が常用して分けて食べた食品が入っている。たとえば、粉ミルク、ポリッジ・オーツ（麦のおかゆ）、ティーとココア、「ビスケット・ブラウン」（軍隊では「ビスケット・フルーツ」と区別するため、そう呼んでいた）などだ。

だが英雄時代の代表的な食品で、隊員たちの命を支えた「ペミカン」（脂肪とドライミートのミックス）は、さすがに入っていない。ロセータ基地の人のなかには、ペミカンを懐かしむ声もあるのかもしれない。それのモダンバージョンとしては、ドライなインスタント食品、たとえば、カレー、シチュー、フランスふうのラグーなどがあり、袋に印刷されている食材は本来のものとは違うにしても、味はそれらしき感触を出している。南極に基地を持っているほかの主要国はどこでも、わびしげなキャンプ食はもう使っていない。高級弁当を用意する基地もあるし、大きいところでは、自家製のピザやパンを焼いている。

一九九〇年代のはじめに起こった変化のなかで、ロセーラ基地に女性が進出したことは、それほどのビッグニュースではなかった。夏のシーズンをここで過ごした最初の女性研究者は、リズ・モリスだった。彼女はイギリス科学振興会（BAS）の氷・気象部会の責任者だったが、役員たちは勝手に、彼女は南極に出向きたいなどと思っていないだろう、と推察していた。だが、見込み違いだった。南極にはヘアドレッサーなどいないし、ロセーラ基地には女性を受け入れる施設が整っていない、などと南極行きを断念させようとしたのだが、彼女は一九八七年から翌八八年にかけて、ロセーラ基地に滞在した。

イギリスにとっては恥ずかしいことに、アメリカなどと比べると女性の登場ははるかに遅かった。だが一九九〇年代のはじめになると、南極で夏のシーズンを過ごす女性の数は大幅に増えた。一九九四年には、北のシグニー研究施設で最初の越冬研究者が出たし、イギリスでは男女混成チームも普及して、イギリスは名誉を挽回した。初期にロセーラ基地に滞在した女性たちは、一九九〇年代の後半に再訪して、その変貌ぶりに驚いた。もの珍しそうに女性を眺める者などいなくなり、ふだん通りに行動できたという。

このような転換期にロセーラ基地に滞在していた者は、愛犬に会えない寂しさをグチるのはやめ、次の飛行便がいつ来るかを楽しみに待っていたという。だが当時の人たちに、基地や研究施設に女性がいるのはどんな感じだったかと尋ねると、しばらく困ったような顔をして考え、どんな気持ちだったかもう忘れた、かのような反応を見せる。ロセーラではマクマード基地ほど男女比は接近していないし、女性が南極行きを希望しても実現するまでに時間はかかるが、男女混成体制は定着した。

機会均等になれば、リスクも同じように等しくなってくる。ロセータ岬の先端に、イギリスのために貢献して南極で生涯を終えた人たちの十字架や記念碑があるが、最も新しくて目立つのが、カースティ・ブラウンという女性のものだ。

多くの科学者たちが、ロセーラ基地を拠点にして野外の氷や岩の研究に散っていく。基地の周辺は南極大陸の動物、とりわけ海洋生物が豊かだ。カースティの専門は、その海洋生物の研究だった。髪をショートにしていて、いつも笑みを絶やさなかった。知性もエネルギーもあふれていて、彼女のニックネームは「ビッグバン」。アデレード大学の博士課程を終えたばかりで、乗馬もダイビングも得意だった。二〇〇三年七月二二日、ロセータでは六週間に及ぶ冬期の暗闇が終わって、太陽が戻ってきた日だった。カースティは、シュノーケルを楽しんでいた。氷を縫って泳ぐのが大好きだった。毎日でも泳ぎたかった。この日も、仲間と一緒に泳いでいた（一人で泳ぐことは、規則で厳禁されていた）。さらに二人が、氷上で監視していた。

水中にヒョウアザラシが潜んでいることには、だれも気づかなかった。姿が見えた場合は、遊泳禁止だ。アザラシにチョッカイを出すことも、禁じられている。ヒョウアザラシは、巨大で獰猛《どうもう》だ。大きいのは、体長九メートルにもなる。首は太くて頑丈、突き出して角ばった鼻づらは攻撃的に見える。強力な捕食動物で、南極海の食物連鎖の頂点に立つ。ペンギンたちは遠くの氷の端にヒョウアザラシの姿を見かけただけでおびえ、無言で互いに追い立て合い、一羽が水に飛び込むと、仲間もいっせいに飛び込み、黒と白の滝に見えるほどだ。集団でいたほうが、安全だ。少なくとも、一羽でいるよりも捕らえられるリスクが少ない。ペンギンや魚がヒョウアザラシを恐れるのも当然だ。だが、人間を襲ったという記録はなかった。しかし、こいつは襲ってきた。

カースティはおそらく、ヒョウアザラシが近づいてきたことに気づかなかったに違いない。叫び声を上げる余裕もなかった。ヒョウアザラシの頭部は、人間の上半身くらいの大きさがある。体重はおそらく彼女の六、七倍はあるだろう。もし彼女が気づいてダイビングナイフを振り回したところで、大して役立たなかったと思われる。アザラシは彼女の頭からかぶりついて、深みに引っ張り込んだ。遊んでいたかに思える。アザラシはいったん海上に姿を見せたあと、仲間が救命ボートを出す間にふたたび消えた。とても、間に合わなかった。回収された彼女の潜水コンピューターは、海面下六九メートルまで引っ張り込まれたことを示していた。六分後に、彼女を口から放した。なぜ襲ったのか、だれにも分からない。彼女を、オットセイと間違えた可能性もある。あるいは意図的ではないにしても、彼女がアザラシを怒らせるようなことをやったのか。医師は、一時間にわたって人工呼吸を試みた。越冬隊員たちはショックを受け、緊急の飛行便が着陸して本国に搬送するのを待ちながら、彼女の遺体を数週間、冷凍保存しておいた。

カースティの記念碑は、ロセーラ岬の丘にある。岩場を整え、ケルンを積んだ上にさりげなく建てられている。金属製の円形盤が置かれ、三六〇度が見渡せる場所だから、周囲の氷河や山脈、海の名称が記されている。円盤の周囲には、こう彫られている。「カースティ・〝ビッグバン〟・ブラウン――短い生涯ながら、多くの仕事を成し遂げ、人生を十二分に生きた」。弱冠二八歳だった。

ロセーラ基地では、いまでも勇敢なダイバーたちが潜水を続けている。だれかが監視している状況は以前と同じだが、何か異変があれば、大きな音を出して警告する。人びとは捕まえた魚を基地に持ち帰り、寒いが明るい部屋にある丸いタンクの「水族館」に入れる。南極海の異様な海洋生物が、数多くたむろしている。

ロイド・ペックは、地球温暖化が南極で暮らす冷血動物にどのような影響を及ぼしているか、を研究している。イギリス船「エンデュアランス」が私をロセーラ基地まで運んでくれて、短期間ながら取材できることになり、ロイドは彼のお気に入りの動物たちを私に見せてくれることになった。彼は次つぎに、水槽を熱心に案内してくれた。マクマード基地でも見た一〇本の脚を持つヒトデ、血液が凍らない魚、巨大なウミグモなどもいたが、すべてこの冷たい海に適応した生物だ。

「南極で暮らしている動物といえば、だれもが思い出すのはペンギンとかアザラシ、クジラなどで、こんなヘンな生きものは連想しませんよ」

と私が言うと、彼の答えはこうだった。

「それは、南極の動物というと、動画映像ではそのようにカリスマ的な動物ばかりを撮るからだ。だが地球の生きもののなかで、温血動物の種はたった〇・〇〇〇一パーセントにすぎない。だから科学者にとって、統計上の比率ではなきに等しい。存在していないとみなしても、構わないほどだ」

そうか。人間を含めて、温血動物なんてなきに等しいのか。

ロイドは、笑って付け加えた。

「私たちが理解して、知っておくべきなのは、地上で大多数を占める種なんだ。つまり、冷血動物だ。たとえば、このタンクのなかにいる貝とか」

彼は水槽から二枚貝を掴み出して、私の目の前に差し出した。これほどまでに大きい二枚貝を、私は見たことがない。片手では、持ち切れないほどだ。彼は、これを研究していると言う。貝殻は真珠のように光り輝いていて、ちょうつがいで二枚がつながっていて、水管を備え、伸縮するしわの寄ったグレーの筋肉が見える。貝は突然、冷たい海水をこちらに向かって、子どものおしっこ飛ばし競争のような勢いで吹き出した。私は、思わず飛び退いた。彼は、笑った。

「失礼。ヤツがジェット噴射することを、言い忘れていた。

でも、こういうことをやるから面白いんだよ。予想外のことをしでかすから。二枚貝のなかで、ジェット噴射で前進するのは、こいつ（ホタテ貝）だけだ。ふだんは海底の泥のなかに潜っていて、見えるのは表面のでこぼこの部分だけだ。だが氷山の近くを掘って行くと、さらに下に潜っていく。その際に、ジェット噴射をして進むんだ。これができるのは、ビサラ貝やカキ、ムラサキガイのような二枚貝の仲間でも、これだけだ」

ロイドは、この貝をはじめ南極半島の生きものに興味を持っている。いまのところ、銛《もり》や棍棒を持った人間はそれほど怖くはないが、温暖化が忍び寄っているため、これが動物にとって新たな脅威になっていて、最悪の危険に発展しかねない。彼はその懸念を、次のように語っている。

「気温が上昇していったときに、生きものがどのように対応できるかに注目している。たとえばこの貝を沈殿物から引っ張り上げたら、また潜ろうとする。それが、通常の反応だから。だが気温が上がったら、それができなくなるかもしれない。たった二度の上昇でもね」

彼の研究チームはそのような実験をやってみた結果、危惧を感じている。彼らはこの貝を水槽に入れて、水温を上げてみた。南極の海洋動物は、動きが鈍い。じっと観察していると、退屈してしまう。だがロイドは、スピードを早めて一二時間を一分に縮めたビデオで見せてくれた。水温が零度のとき、貝はいつも通り、素早く殻をよじらせながら潜っていった。だが水温を何度か上げると、じっと横たわったままで動こうとしない。貝にとっては、暖かすぎるらしい。私は尋ねた。

「水温が上がると、どうして潜れなくなるんですか？」

「われわれのような温血動物は、外気温が変化したら、体温を調節できる。だが冷血動物は外気温と同じだから、水温が上がれば新陳代謝のスピードも上がる。それだけ、生きるためのつけが上がって、やりくりがしんどくなる。

もし僕があなたに階段を上るように言ったら、おそらく会話は中断するだろう。もし駆け上がるよう要求したら、新陳代謝はもっと促進され、会話はさらに困難になる。もしタラ腹食べたあとに駆け上がったら、気分が悪くなるに違いない。筋肉を動かすと同時に消化もするとなると、酸素が足りなくなるからだ。貝にとって温度が上がるということは、たくさんエサを与えたうえで二階に駆け上がれ、と命じているみたいなものだ。それは、能力を超えている」

「潜れなくなったら、どうなるんです？」

「捕食者の餌食になりやすい。それに、潜っていたほうが、水管を通して水分と栄養を補給し、子孫を残すことが楽にできる。貝にとって、潜っていけないことはきわめて悪い状況なんだ」

このほかにも、彼は温度を上げた環境での実験をおこなっていて、それらも見せてくれた。最も変わっているのは、黄色に輝くカタツムリで、レモンほどの大きさがあり、姿もレモンに似ている。殻が内側にあって、その外を柔らかい組織が覆い、それが不気味に光る。いくつもの水生カタツムリがアクリルの水槽に太い脚で張り付いていて、海水中の酸素を「呼吸」するたびに、触覚のツノが動く。

「驚くべきことに、このカタツムリはホヤを食べる。南極の特定の場所には、このカタツムリが大量にはびこっている。だが最近まで、ごく少数の生物学者しか知らなかった」

「温度の変化に弱いんですか？」

「水温が上がると、対応できなくなる。進化論的にいえば、このあたりの海域では、温度が低い状態が長いこと続いてきた。ヨーロッパの海域では、海洋生物は一年のうちに一〇度から一二度もの水温の変化に対応している。だがここでは、年間の水温の変化はせいぜい二度どまりだ。温度の大きな変化に慣れていない。だから、海水温度が上がると、たちまち参ってしまう」

温暖化の影響は南極半島の周辺ではすでに現れており、ロイドはこれまでは繁栄してきた海洋生物への新たな影響を憂慮している。彼の実験から推察すると、海水の温度がわずかに上がっただけで、取り返しのつかない事態に追い込んでしまいかねない懸念もある。ロイドは、こう続ける。

「私たちはこれまで八つの種について実験してきたが、いずれもわずかな水温の変化に対しても鋭敏な反応を見せる。種のなかには、私たちが存在に気づかないうちに消えてなくなってしまうものもあるかもしれない。これは、なんとも不名誉なことだ」

彼はそう言うと、これまでなかったことだが、顔を伏せた。もう笑っていない。

ロイドにとって、これらの生きものはかけがいのないものだ。だが、私たちはなぜそれほどまで気にかけなければならないのだろうか。いくつかの種が絶滅すれば、それだけで生態系に変化をもたらす可能性がある。たとえば、小型のエビのようなオキアミを例に上げよう。これは食物連鎖のなかで、重要な役割を果たしている。これが、ダメージを受けつつある。

オキアミが棲息するためには、海氷が不可欠だ。オキアミは氷の下に付いた藻を食べる。海氷はまた、若いオキアミを保育園のように守ってくれ、氷の下に大集団が発生する。だが温暖化に伴って、氷が解ける。九か国で調べたところによると、オキアミ漁は一万二〇〇〇網分も減少して一九二六年ごろの漁獲量に落ち込み、生息数も激減しているという。

アザラシやクジラ、ペンギンなどの動物たちにとってオキアミは重要な食料だから、これら人気のある動物たちにも深刻な打撃を与えている。すでにヒゲペンギンやアデリーペンギンの数は、南極半島のあたりでは減ってきている。主食であるオキアミが減っているのだから、それに頼るペンギンも必然的に減少する。

負けるものがいる一方で、勝つものも出てくる。この場合の勝者は生態系のなかで敗者に取って代わる存在だが、あまり好ましくないサルパ類のプランクトンだ。形が一定していないゼラチン状のホヤみたいなもので、食物連鎖の上位にある生物のなかで、これを好んで食べる生物はいない。ヒゲペンギンとアデリーペンギンは、幸いサルパ類を「代用食」として食べているようだし、場合によってはアザラシやクジラもサルパを食べているらしい。人間を含めて、その他の生物は、どうなのか。好みを聞いて回らなければ、分からない。

さらにほかにも、警告を発すべき事態が忍び寄っている。つい最近に至るまで、南極の海域は世界のほかの地域と最も隔絶されていた。南極大陸に氷が張りはじめたのは一億年あまりも前のことで、エビやカニのように重要な生物は絶滅してしまった。長い距離を泳いで北に逃れること

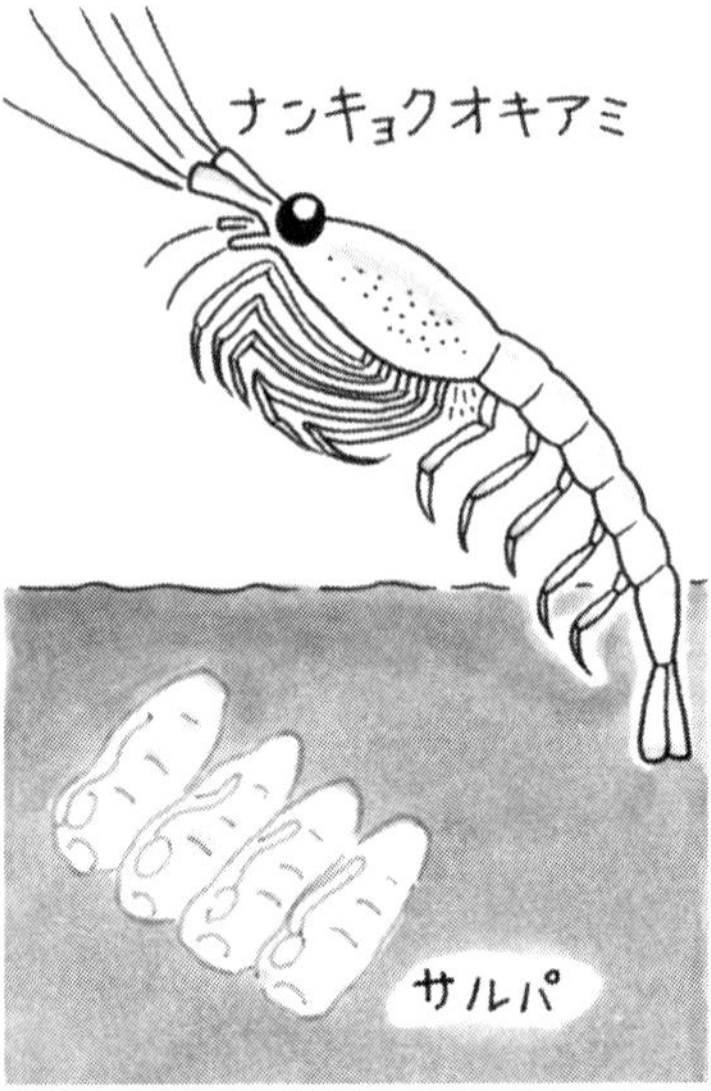

ができる生物は移住したが、それに変わって南下してくる生きものはいなかった。隠れ場所に潜んで進化を遂げられる生物だけが、うまく生き延びた。

だが最近、カニが戻ってきた。二〇一〇年に、科学者たちは南極半島西岸にリモコンで操作できる潜水艇を深い海底まで沈め、何か面白い生物はいないかどうか、探索した。驚いたことにタラバガニの大群落——おそらく一五〇〇万匹ほどがひしめいていた。ある論文によると、最初は南からの海流に流されてやってきたのだろうが、「骨砕き《ボーン・クラッシャー》」として悪名高いこの生きものに、いまや生態系が味方して、自ら進化して生き延びることのできなかったカニたちも、いまでは環境が味方したためにはびこるようになったらしい。

南極半島が温暖化している状況は、いまや寒暖計を見なくても分かる。大気の状態だけではなく、動物や氷の状態にも変化が現れている。ここ何十年かの間に、南極半島の周辺を漂う棚氷は、しだいに減ってきた。割れて氷山になって流れ去り、以前は見られなかった開水域が広がった。科学者たちが解明するように迫られているのは、この温暖化現象が本当に人間の活動によるものなのかどうか、そしてもしそうであるなら、次にどのようなことが起きるのかを予測することだ。

南極の棚氷は、まことに壮観だ。その大きさを実感し、堅さを確かめるためには、海から船で近づくのがベストだ。初期の探検者たちは、最初に出くわした巨大な棚氷に、定冠詞を付けて「ザ・バリア（大障害物）」と呼んだ。自分たちのちっぽけな船と比べて、あまりにも雄大だったからだ。その脇を通過することはできず、迂回することとさえ不可能だった。

　これは南極半島の反対側、マクマード基地の近くにあるロス棚氷で、フランスほどの面積がある。アムンゼンはこの上に基地を造ったし、スコットと仲間の隊員たちが絶命したのも、この棚氷の上だった。もう一つの巨大な棚氷は、大陸の反対側、南極半島の東側から南に向かって広がっていて、半島の親指、という感じだ。これはロン棚氷と呼ばれ、ロス棚氷と面積ではほぼ拮抗するが、もっと厚い。これも、南極西部の動きの早い氷河を載せて浮かんでいる。

　この怪物的な「厚切り氷」の端からは、ひんぱんに氷山が剝落しているが、最近はその頻度が増した。表面のクレバスが下まで深まって、割れるのだろう。潮の流れに伴って氷塊は上下動して揺さぶられ、新たなクレバスが生じて亀裂が深まる。やがて分離し、表面が平らな角ばった氷山として漂っていくが、一つの都市か国ほどの大きさのものもある。

　南極半島の周辺には、小さな棚氷もたくさん浮かんでいる。フィヨルドが海に接する内端部《インナー・エンド》には、氷山やその破片、沈んだグローラーなど、氷世界のゴミだめのような残滓《ざんし》が集まっている。ロスやロンの大棚氷と比べればささやかなものだが、ほかの世界の基準からいえば、かなりスケールは大きい。

　南極半島に載せている棚氷もしだいに割れて氷山になるのではないか、と科学者たちは警告を発している。一九八九年に、まずラーセン湾の棚氷が消滅した。次に一九九五年、半島北端のプリンス・グスタフ棚氷にも、同じことが起きた。ジェイムズ・ロス島との海峡にあったこの棚氷は、何十年にもわたって後退していたが、ついに「幽霊」を切り離した。

プリンス・グスタフの近くに残っていたラーセンAという棚氷が、それに続いた。四万九〇〇〇平方キロもあるこの棚氷は一九九五年一月に割れ、氷山はウェッデル海に流れた。科学者たちは、ドミノ式の連鎖反応が起きるのではないか、と不安を抱いている。ラーセンBは二倍も大きくてがっしりしているように見えるのだが、これも近く同じ運命をたどるのだろうか。

ラーセンB棚氷は、南極半島東側の付け根近くにあって、ここに近づくためには氷だらけの難所ウェッデル海を通過しなければならない。したがって、状況の推移を見守るには衛星で観察するのが最善だ。だが研究者たちは、時間がかかっても現場に出かけ、自らの目で確かめるのがベストだと考えている。

堆積学者で、ニューヨーク州クリントンにあるハミルトン大学のユージン（ジーン）・ドマックも、そのような実証主義者の一人だ。南極半島はいま大きな変化のまっただなかにある、とドマックは感じている。だが彼は同時に、長い目で事態を見守りたい、と考える。これは自然界の単純に局地的な温暖化現象である可能性も排除できないからだ。南極半島はこれまでにも突如、暖かい気候に見舞われたことがあったが、すぐ元に戻るリズムを繰り返してきたのかもしれない。私たちが多少なりとも知っているのは、この二世紀ほどにすぎない。人しれず、棚氷は崩れては再生するプロセスを何千年も繰り返してきた可能性もある。

現地で調べてみれば、棚氷はつねに崩れやすいものなのか、それともいま進行している状況が憂慮すべきものかどうかを判断できるのではないか。そこで彼はまず、接近しやすい半島西側の棚氷に目を付けた。ここでは、流氷がすし詰めになることはめったにない。ここでうまく研究できれば、次にはもっと調査がむずかしそうなウェッデル海で挑戦できる。

私は、彼のテスト航海に同行させてもらった。アメリカ国立科学財団が所有する二隻の研究船のうち、ナサニエル・B・パーマーだ。船はドレーク海峡を通過し、どこの基地にも寄らず、まっすぐ南極半島に向かった。半島にあるアメリカの同名の基地パーマーも、素通りした。この基地の周辺は南極のなかでも景色がすばらしいところだが、研究者たちのなかには、「絵はがきみたいなだけ」とバカにする者もいる。目指す目的地は、半島を三分の一ほど南下したラルマン・フィヨルドという湾で、ジーンが目を付けていた棚氷だ。

ジーンは、せっかちなところがある。パーマーは大きな船で、巻き上げウィンチやケーブルも太くて危険なので、後部甲板に行くときにはライフジャケットとヘルメットの着用が義務づけられている。だがジーンはペンとメモだけを持ち、だれかのヘルメットを失敬し(他人がかぶっていたヘルメットをかすめ取って行ったこともある)、背中に大きく「小」と書かれたライフジャケットが近くにあったので、それを引っ摑んで走って行ったこともある。

そうはいっても、彼は古くからの海軍のある伝統には一目を置いている。船は前夜、目には見えないが南極圏に入った。南極初体験の人たちは、私を含めて「通過儀礼」を受けなければならない。もともとこのような儀式は、赤道を横切るときにおこなわれたものだ。その時点で、オタマジャクシの青二才も、一人前の船乗りに変身したと認知された。ただし先輩からは辱《はずかし》めを受けて、顔面蒼白になる。この船は研究船でありながら、軍艦のしきたりをマジメに受け継いでいる。赤道祭りとは決別したものの、合理的な思考をするはずの研究者たちでも、パスポートを忘れるより身分証明書を忘れるほうが困るとか、海の神ネプチューンにはもう十分に忠節を尽くしてきたから、これ以上は服従しないよ、などとつぶやく。

幸いにも、南極圏に入った私たちオタマジャクシに対して、この船のネプチューンであるスタンフォード大学の生物学者ロブ・ダンバーは、それほど厳格な儀式は課さなかった。かつては散髪が義務づけられたり、指定されたひげを剃らなければならなかったり、生ゴミのバケツに放り込まれたりもしたらしいが、ネプチューンであるダンバーは、それぞれがネプチューンへの賛歌と服従を誓う詩を書くよう求めた。

私は散文詩みたいなものを一〇行ほどしたため、夜になってきれいな銅板の証明書を受け取り、初日の最初の見張り台の鐘を合図に、資格を与えられた。詩は、次のようなものだった。

やり遂げました。大胆に、それほどビビりもせずに。南緯六六度三三分、西経六七度三六分で、南極圏に入ったのです。ナサニエル・ブラウン・パーマーに乗船して、天候が不安定で容赦ない南極の海にやってきました。そのような行動を通して、ネプチューン王にはしかるべき忠誠心を示し、南方に出発する以前から従順なるしもべであるとのお墨付きをちょうだいしております。こちらは、南極の人びと、クジラ、アザラシ、ペンギン、サカナ、甲殻類、海綿、顕微鏡的な生きものなど、南極圏のすべての生物からしかるべき名誉と尊敬を得ております。

(ロブの専門は微生物なため、それも付け加えてある。)

いちばん下にネプチューンのサインがあるが、その上に次のような付記がある。

彼女は自意識過剰に自らを差別化しようと試みておるが、これは簡単には成就できないことを、心得るべし。

私はこの証明書を手にして、艦長がいるブリッジからしばらく海を眺めていた。単調な灰色の海が続くだけだが、レーダーにはときどき遠くの氷山が光って映る。やがて私はふらつきながら自室のベッドに戻った。翌朝、同室のメアリーに揺り起こされた。

「起きて！　これを見なくちゃ」

その通りだった。寝ている間に船はラルマン・フィヨルドの入り口を通過し、かなり奥まで入ってきていた。

景色は、すばらしかった。周りは氷だらけ。棚氷から分離したばかりの四角く大きな氷山もあるし、もう少し小ぶりで角の丸いのは、年期の入った氷山だ。自然の彫刻家が造り出した不思議な格好の浮氷もたくさんあって、見る人の受け取り方によってさまざまなものにたとえられる。人魚もあれば、ウマの頭もあり、首をねじ曲げたスワンやドラゴンなどなど。

氷からは、形の面白さばかりでなく、さまざまなことが読み取れる。観察を重ねてきた人であれば、どこから解け出してきたものなのか、どれくらい不安定な状態が続いていて、どのような状況でひっくり返ったのか、もう一度でんぐり返しするのか、見通せてしまう。棚氷の棚だけが中空に突き出していることもあり、古い水位の位置がはっきり線になって残っていたり、水面下の部分が解けたために浮き上がり、古い喫水線が空気の泡の線として記されている場合もある。

これらの氷はいずれも大陸から剝離したもので、もともとは雪が固まって凍ったものだ。それが氷河になり、海に注いで浮き、変形し、やがて解けて消える。だが、海水もまた凍る。ここには、油を含んだクリー状のフレイジルアイスと呼ばれる、おぞましい流氷がある。これが、船の脇に散見する。じっと動かずに、パンケーキのように平たく広がっていて、スイレンの花のようだ。そこに、雪が積もって飾りを付ける。南下するにつれて、浮氷が増えて厚くなっていく。「パーマー」は氷の海をスラロームのように突き進むので、船首はピストル発射音のようにするどい音を響かせる。頭上にはシロフルカモメが舞いはじめ、曇り空を背景にしてシルエットになり、ツバメのように優雅だ。

ついに停船。前方に二〇メートル近くもありそうな氷の壁が立ちはだかっていたから、水中にはもっと潜っているに違いない。ミュラー棚氷で、この近隣で遭遇した氷山すべての生みの親がこれだ。内陸に降り積もった雪が流れ落ちる最終処分場が、太古からここだった。

ジーンは、ここでテスト研究をする。これまでの資料から、この棚氷が後退したりふたたび前進したりを自然に繰り返していることが分かっている。彼はそのメカニズムの根幹が、ラルマン・フィヨルドの海底の土壌にあるとにらんでいる。

海水が持ち運んでくる堆積物は、時間とともに積み重なる。氷のコアを調べれば古い時代の大気の状態が分かるように、堆積物を分析すれば過去の状況が判断できる。積もった堆積物には、内陸から氷河が運んできたゴミや砕けた岩も混じってっているし、海に棲む小さな生きものの死骸や排泄物も含んでいる。堆積物のなかの陸海の残存物の比率を調べれば、棚氷がひさしのように突き出ていた時期なのか、まったく消えていた時期なのかが推察できる。

だがまず、古い時代の汚泥を採取しなければならない。研究チームは三メートルに及ぶ金属製の四角い筒を作り、上から押さえ込んで沈め、海底に達すると静かにねじ込み、船に引き上げた。貨物甲板に実験室があり、泥の筒はベンチに寝かされて「検死」を待った。ニューヨーク州ハミルトンにあるコルゲート大学のエイミー・ラヴェンターが、熱心に分析作業に取り組む。岩石の色見本チャートと見比べながら、各層を細心の注意を払いながら、比較していく。

「5Y、4／4オリーブ色がかった茶色」

などと読み上げ、大学院生がメモに記録していく。

（作業の担当者はみな色彩チャートに精通しているプロだから、門外漢にはちんぷんかんぷんな符丁のような専門用語を駆使し、手当たりしだい、なんの色でもこれに当てはめようとする。ロブ・ダンバーは、私がベージュと呼んでいるコートの色は、「明るいオリーブグレーで、5Y、5／2」だと認定していた）。

素人の私の目から見ると、コアの上のほうは「どろどろのグレー」としか表現できない。下のほうに行くにつれて沈殿物は古くなり、色は明らかにモスグリーンに変化してくる。コアのある層に来ると氷が認められるようになり、グレーより微生物のグリーンが優勢になる。つまり氷河が徐々に流れていって海中に没し、海底に沈殿しはじめたことを示している。そのあたりから、「どろどろのグレー」は生物を含んだグリーンの色彩を加味してくる。

言い換えれば、地球史が語られる。何千年か前の時点で、このあたりに棚氷はなかった。だが一七世紀ごろから地球は小氷河期に入って気温が下がった。ロンドンではテムズ川が凍り、市場やお祭りではかがり火が焚かれた。南極では、だれも目撃者はいないが、ミュラー棚氷が形成され、ラルマン・フィヨルドに流れ込んだ。

もう一つ、確かめるべきことがある。海底の汚泥は海水を通過して落下・沈殿したものだから、歴史を忠実に記録している。前年、ジーンのチームはフィヨルドに鮮やかな黄色の三角袋を四つ、紐で結び、おもりを付けて海底に放置しておいた。口は上を向いているから、落下してくるゴミなどをキャッチできる。それらを回収して、中身を吟味する。

固定網に付けた長い紐の位置は、高周波の音波探知ソーナーで簡単に分かるのだが、引っぱり上げるのは容易ではない。大きな氷山が三角袋の上まで流れてきてしまったため、船長は頭を抱えた。私たち不要な人間は後部甲板から撤去させられ、ときどき進行状況を垣間見るだけだ。ぼたん雪が降りはじめた、作業員たちは潜水服を身に付け、命綱を巻いて、極寒のフィヨルドに落下しても大丈夫なように準備をして身構えている。係留地点の上を何回も行き来しながら様子を観察し、船腹に備えた大型の「景品吊り」のような機械で、引っかけるチャンスを狙う。

一度、二度と引っかけ損なって空振りが続き、摑んだのは氷のかけらだけだった。何回もトライしたあげく、ついにやった。ウィンチで巻き上げ、固定網は引き上げられた。信じがたいことだが、これほど苦労したのに、成果といえばiの字の点くらいちっぽけなもので、グラフ上の点をいくつか付け足すほどにすぎない。

だが、地道な努力こそが貴重だといえる。南極で起こったことを調べるのが、太古からの状況を知る唯一の手がかりだからだ。ジーンは、その任務を担うのだと自負している。そして、彼の努力は、ラルマン・フィヨルドにおける実験で実を結ぼうとしている。これは意味のあることで、彼は、半島の反対側も調べるつもりだ。西側にも大きな棚氷があるが、この増減は単なる自然現象にすぎないのか、それがいま後退している原因にはもっと不気味な要素が考えられるのか、追究する構えだ。しかし実地検証するとなると、ウェッデル海を通過しなければならない。ここは南極海域のなかでは最も寒冷な場所だし、危険も伴う。現在でも、この名だたる流氷域の難所を無事に通過できる船はごくわずかしかない。初期の探検時代に挑戦した船が「エンデュアランス」で、その名の通り「忍耐」した。これは、いまだにすさまじい体験として伝えられる冒険譚になっている。

一九一四年のこと。アーネスト・シャクルトンは、新たな計画に着手した。五年前、南極点に到達できなかった彼は、こんどこそはの意気込みで再挑戦を図った。新たな冒険は、だれもやったことのない南極大陸の横断だ。

これほどスケールの大きい探検となれば、船が二隻は必要だ。「オーロラ」は、なじみのある大陸のロス海側に赴き、シャクルトン自身はエンデュアランスで遠征隊の指揮を執る。悪名高いウェッデル海の浮氷地域を通過することになり、漂っているロン棚氷のどこかに上陸する計画だ。これは、バリアと呼ばれる巨大な棚氷と並び称せられる大棚氷の双璧だ。シャクルトン隊はそこから横断を開始し、ロス海隊が設置していた貯蔵庫を訪ね歩きながら進む。シャクルトンの遠征隊名も気宇壮大で、「英国王室南極横断遠征隊」と称した。

「エンデュアランス」のほうが、航行は難儀が予想された。ウェッデル海はロス海より浮氷がびっしり詰まっているし、それまでにも探検隊の一隻が沈没していた。シャクルトン隊は、最初のうち順調に進んだ。浮氷にも出会ったが海面も開けていて、小型船は氷の海を突き進んだ。目標地点に近づくにつれて氷の量が増え、船に忍び寄ってきた。一九一五年一月の時点で、船は沿岸まで一三〇キロ弱まで接近して、遠くに陸地が望め、やがて指呼《しこ》の間にまで迫った。隊員たちはもう航海にうんざりしていたから、上陸したらどのような基地を建設するか、これからの遠征をどのように進めるか、期待を込めて熱心に語り合っていた。

弱ったことに、浮氷が船に迫ってきた。もはや、海面は見えなくなった。船が、氷を砕いて進むことは不可能になった。言い換えれば、氷に閉じ込められた。一九一五年一月二〇日、エンデュアランスはがんじがらめに氷の虜《とりこ》になって北に向かって流されはじめ、岸は遠のいていってやがて見えなくなった。シャクルトンは前にも南極点から一六〇キロの地点まで迫りながら断念した経験があったが、今回もゴールが遠のいていった。

二月が過ぎ、三月に入った。船を取り巻く氷は厚くなって地面のようにびくともしなくなり、ソリ運搬の訓練ができたし、イヌに運動させたり、氷の圧力で盛り上がった氷丘脈に登って遊んだりした。たいていの者は、いずれ氷の呪縛から解き放たれると信じていた。だがシャクルトンは、もっと深刻に憂慮していた。エンデュアランスの船長フランク・ウォースリーとの密室会談では、こう告白していた。

「きみも、もはや決心しておいたほうがいい。もう、時間の問題だ。……氷は、捕まえたものは放さないから」

氷は圧力を強め、船を周囲から締め上げた。船の各所が、きしんだ。あちこちで悲鳴が上がり、ついにひびが入った。一〇月二七日に、一行は船を放棄せざるを得なくなった。シャクルトンは一同をエンデュアランスの前に集めて宣言した。

「船と糧食は尽きた。これから、帰国する」

それを聞いた船員の一人ハントフォードは、こう記している。

「シャクルトンが言っている意味が、理解できなかった。そのときの状況は、船は見渡す限りの氷原に閉じ込められ、船を救出させるあらゆる努力は実らず、運命がどうなるのか見当もつかない。そこへ、『これから、帰国する』と言われても……」

各人が持てるのは、一キロ弱の衣類だけ。例外として認められたのは船員の一人が持っていたバンジョーで、シャクルトンは「貴重な精神のクスリ」として持って行けと命じた。このような状況では、世間一般の常識は通用しない。それぞれにとって最も意味のあるものだけを選ぶとなると、カネは捨てても写真は持っていく。シャクルトンは自らの権威は雪のなかに捨て、船に常備してあった聖書のヨブ記の次の一節が書かれたページをちぎり取った。

だれの腹から氷は出てくるのか。
天から降る霜は、だれが生むのか。
水は凍って石のようになり、
深淵の面《おもて》は固く閉ざされてしまう。

一同はそびえ立つ氷の間を縫って、二つのライフボートを引っ張って進みはじめた。だが氷の峰は高く、困難をきわめた。シャクルトンは、日誌に書いている。

「凍った浮氷はやたらにとがっていて、それがいくつもの大きな峰を作っており、次から次へと無情にも行く手を阻む。人間の努力は無意味ではないが、自然の力の前では無力で、むなしさを感じる」

そこで一行は、翌一九一六年四月まで行動を中断することにしてキャンプを張り、「我慢《ペイシェンス》」と名づけた。幸い開水面があったので、ライフボートで近隣の陸地まで行くことができた。エレファント島という小さい無人島で、半島の先端にある火山岩がゴロゴロした、荒涼とした島だった。魅力はない場所だが、ここにキャンプを移して将来をにらむことにした。だれかが救出に来てくれる可能性はなかった。彼らがどこにいるのか、どこを探せばいいのか、だれも知らなかったからだ。シャクルトンが考えた唯一の方法は、「ジェイムズ・ケアド」と名づけた全長七・五メートルほどのライフボートで荒天の南大西洋に漕ぎ出し、救難を要請する伝令を送り出すことだった。人間がいる至近の場所はホーン岬で、九六〇キロほど離れている。しかも、向から方角が悪い。強い西風が吹き荒れているから、向かい風で進むことは不可能に近い。そこでシャクルトンは、自分と同行する五人を選び、目的地を変更した。広い海域に出て、北東一三三〇キロにあるサウスジョージア島にある捕鯨基地に向かう。だがこれはちっぽけな島で、見つけることも容易ではない。もし発見できなければ、運命は尽きる。次の陸地は、何千キロも先だ。

島に残った二二人から見ると、小さなボートで大海に乗り出した六人の行動は自殺的に思えたし、ボートの六人自身もそう思ったかもしれない。しかしだれも、口にはしなかった。シャクルトンにとっては、悲観論は許しがたい罪だったし、楽観論こそが「本当の道徳的な勇気」だと語っていた。努力の成果を心から信じていれば、到達に至る道のりの半ば以上は達成できたことになる、と彼は信じていた。彼が成し遂げたことを見ると、彼の持論は正しかったのではないかと思える。

シャクルトンは、次のように書き残している。

「私たちは、海および風と闘った。ときには、本当に危険な状態に陥った。……自然の力にもてあそばれて前後に揺さぶられた。……われわれのボートは小さく、海は巨大だった。私たちはときに二つの波の間でいたずらにもがくだけで、なかなか前に進めない。波頭に乗ったときには嵐をもろに受け、周りでは波しぶきが白い歯をむく」

一行のうちだれが見張りをやるとか、ボートのなかにたまった水をだれが掻き出す係だとかいう役割分担があるわけではなく、大工が工夫した屋根らしき囲いの下の「船室」で濡れた寝袋に入って交代で眠った。仮設の屋根は、快適さを提供するわけではなかった。シャクルトンは、こう書いている。

「寝袋や屋根もどきは、休息を必要としている体に安息を与えるものではなく、なんとか楽な姿勢を取りたいと模索する。やっと快適な体位が取れたかなと思うと、無理をしているためすぐに筋肉や骨が痛む」

「船室」は、息も詰まった。ある船員の手記によると、彼は目覚めたときに一度ならず、生き埋めになった悪夢にうなされたという。

だがシャクルトンが選んだ五人の精鋭は、さすがに選り抜きだった。ウォースリーが航海日誌に書いているところによると、アイルランド人の船員マッカーシーは「これまで会ったこともないほど根っからの楽観主義者で、ボートが揺れて凍てつく水が首に入ってもにっこり笑って、『今日はよいお日和で』とぬかすのだった」

シャクルトンは、エンデュアランスの船長で航海のベテランであるウォースリーと似たところがあって、荒れる海上でサウスジョージア島を見つけるという任務を負っていた。船乗りは通常、航路を決めて距離を計算するに際して、かなりカンを働かせるものだ、とウォースリーは書く。ところがウォースリーは、まれに太陽が顔を覗かせると、仲間に両脇を支えてもらって船腹から身を乗り出して六分儀《ろくぶんぎ》で太陽の高さを測定する。その間、ボート「ジェイムズ・ケアド」は波にもまれて、上下左右に激しくもて遊ばれている。

ほとんど不可能に見えるし実際にほぼ不可能なのだが、エレファント島を出発して一四日後に、一行はサウスジョージア島の崖を見た。ウォースリーの六分儀観測が、不可能を可能にしたのだった。彼らは、類を見ないボート航海を成し遂げた。

だが彼らの試練は、これで終わったわけではない。上陸しようとした寸前に激しい嵐が襲ってきて、あわれなボート「ジェイムズ・ケアド」は粉砕されそうになった。ようやく二日後にヨタヨタと上陸できたが、海図にもないこの島で、人が住んでいるのは島の反対側だった。仲間の救出に協力を求められるかもしれない捕鯨基地は山を越えたところにあり、海岸を回ると一五〇キロもある。ボートは破損しているし、全員が疲労困憊していた。

シャクルトンは山越えに同行する二人を選び、三六時間ぶっ通しで歩いた。シャクルトンは、いつものように先頭に立った。同行の二人には一度に五分ずつ眠らせて起こしたが、心理面を考えて、三〇分は眠ったよ、と言った。ただし、自分は寝なかった。

三人がグリトヴィケンにある捕鯨基地で出会ったのが、この三週間ではじめて見た仲間以外の人間だった。それは二人の幼い子どもで、薄汚れてよれよれの三人を見て、逃げて行ってしまった。しかし、基地所長の反応は、もちろん違った。シャクルトンの名前を聞くと、彼の名声と業績を知っていたから、握手して基地に案内し、風呂に入れて食事を供し、歓待した。三人は生き返ったが、エレファント島では、冬は終わりに近づいたものの、仲間がまだ救出を待っている。

シャクルトンはイギリス海軍に電報を打って救出船を要請したが、受け入れてもらえなかった。彼が民間の乗組員だという理由だったし、一〇月になるまで手が空かないという言いわけだった。それでは遅すぎる。そのときまでには、何人か、あるいは全員が死んでしまう。シャクルトンは孤島に残してきた残留組の一人一人に個人的な責任を感じた。彼は急ぎ南米に行き、援軍の船を派遣してくれるよう、二つの筋に要請した。まずウルグアイに行き、政府に掛け合い、次にイギリスの船主と交渉した。どちらからも冷たくあしらわれた。

三回目の試みで、やっと色よい返事がもらえた。八月の半ばに、シャクルトンはやっとエレファント島に戻ることができた。チリ政府が貸してくれた、ジェルチョという名の小型蒸気タグボートだった。船が島に近づくと、残留組の面々は狂わんばかりに歓迎し、火を燃やして旗を立てようとした。滑車がうまく回らないうえ、旗も凍ってゴワゴワだった。そこでバーバリのコートを上げられる高さまでせいいっぱいに上げた。

ジェルチョ船上のシャクルトンは、「半旗」を見て不吉な予感を持った。しかし岸で手を振る人びとの数を野戦用の双眼鏡で見ながら慎重に勘定してみると、ちゃんと二二人の全員がそろっていることが確認できた。ウォースリーは、次のように記述している。

「双眼鏡をケースに戻すと、彼は私を見た。その表情は情感にあふれていて、私はこのような彼の顔をそれまで見たことがなかった」

岸辺に集まった面々も、合点がいかなかった。なぜ、蒸気タグボートが救出に来てくれたのか。それにどうして、チリの国旗を掲げているのか。ジェルチョはボートを降ろした。ワイルドは、ボートの舳先《へさき》に見えるのが間違いなくシャクルトンの姿であることを認めて、ほとんど泣き出しそうだった。

一時間のうち、全員がエレファント島を撤収し、やがてイギリスに帰国した。シャクルトンはプンタ・アレナスに帰着すると、妻に宛てた手紙で、「やったぞ」と記した。手紙の続きには、こうあった。

「イギリス海軍省は、頼りにならん。……一人の命も失わずにすんだが、えらい目に遭った」

シャクルトンの探検を最後に、英雄の時代は終わった。帰国した隊員たちは、エドワード七世時代（一九〇一〜一〇）の平和な時代から、狂気の第一次世界大戦に巻き込まれることになり、ソンムの戦いなどに狩り出された。シャクルトンはウェッデル海でいったん望みは絶たれたものの、さらに南極へのチャレンジを続けた。

スコットの最も忠実な部下だったオスプリー・チェリー＝ガラードは、南極の三大英雄の長所を、次のようにまとめている。

「科学的・地理的な目的のためとあれば、私はスコットを推す。彼は南極点への到達を究極の目標に掲げ、ほかのことは眼中になかった。そして、アムンゼンがいる。だがもし私が地獄の落とし穴にはまり込んで脱出に苦慮しているところだったら、私はいつのときでもシャクルトンに助けを求める」

シャクルトンは帰国する前、地元名士の訪問客名簿に、次のような詩をしたためた。その骨子は、氷の世界に取り憑かれた人びとの心理を描いていて、いまでも共感を呼ぶ。

われわれは、休むことを潔《いさぎよ》しとしないトンマ野郎だ
この冴えない地球のなかで、われわれは落ちこぼれだ。
だが、南極には情熱を燃やしている。
暴風からは、熱狂という奇妙な飲みものを得る。
悠然と憩いをむさぼる賢人は、われらが目にはおぼろげにしか映らず、
われわれは取り組んだ探検に邁進し、海図もなき海をよろめき、さ迷う。

＊　＊　＊

ジーン・ドマックは、ラルマン・フィヨルドにおける自らの調査手法がうまく運んだことに満足している。以前の棚氷の下にある汚泥を研究し、棚氷が割れるのは古来からの天然現象なのか、それとも最近の事態の展開には警鐘を鳴らすべきかどうか、を突き止めたいと考えている。

彼が次の研究対象に選んだのは、引き続いて分解するのではないかと懸念されているラーセンB棚氷だ。これはほかの棚氷よりかなり大きいが、最近は縮小傾向が見られる。面積にして

二六〇〇平方キロ、厚さが二〇〇メートルも減った。いまはまだ堅固に見えるが、最近は大きな氷山がいくつも欠け落ちている。ジーンは、最近になって剥離した場所の海底を調べる予定だ。

　氷は、まだ復元能力を持っているのかもしれない。研究船パーマーがラルマン・フィヨルドで調査に当たったあと、氷河学者キャロル・パドシーらイギリス南極調査チームは、対象をラーセンB棚氷に移したが、流氷が取り囲んでしまった。したがって、南極半島の先端にあった、かつてのプリンス・グスタフ棚氷のあたりまでしか進めなかった。彼らはかつて氷に覆われていた場所の海底で汚泥を採取したが、それを分析したところ、氷棚は疑いもなく何千年か前にも消滅していたことが判明した。つまり、消滅したり再生したりという天然現象の繰り返しは、これまでにも起こっていたに違いない。つまりプリンス・グスタフ棚氷の崩壊は、人間が起こした気候変動だとは断定できない。

　これは、いいニュースであるかのように思える。プリンス・グスタフは小さな棚氷だし、かなり北のほう（つまり暖かい地域）にある。出現したり消えたりしても、それほど驚くには当たらない。ラーセンBはもっと大きくて、もっと南にある。もしこのラーセンBもかつて消滅した時期があったのだとしたら、人間は少なくとも南極半島の温暖化については、犯人だという罪を着せられないですむかもしれない。だがそれが打ち消されれば、きわめて悪いニュースになる。

　ジーン、エイミーらは、幸運に恵まれた。ナサニエル・B・パーマーに乗船した彼らは、浮氷の間を縫って、ウェッデル海まで進むことができた。さらにエレファント島やジェイムズ・ロス島、シャクルトンが苦難した「我慢《ペイシェンス》」キャンプなどを通り過ぎた。二〇〇二年一月、船はラーセン棚氷に到達した。一九九五年に、ここから大きな氷山が分離した。彼らは氷に穴をうがってサンプルを採取し、ラルマン・フィヨルドの場合と同じように、割れそうな予兆——棚氷が存在したときには、海底にはどろどろした灰色の汚泥がたまる。棚氷が存在しないときには岩が粉々に割れたり、藻などの死骸を含む緑がかった泥になる——がここでも見られるのかどうか、確かめたいと考えた。ジーンらはたっぷり標本を採取して満足し、ドレーク海峡を渡ってプンタ・アレナスに戻った。

次に起こった事態は、だれも予期しなかったことだった。ジーンとパーマー船がこの海域を去って数週間が過ぎたころ、ラーセンBは突然、崩壊した。亀裂が入って深まり、割れて細かい氷の破片が飛び散った。新たに生まれた氷山群は、競い合うように遠くにまで漂いはじめた。それらが新たに開けた湾の水面に寄り集まり、固まって大きな塊になって流れはじめた。三月のはじめには、アメリカ・ロードアイランド州ほどの大きさで、五億トンもの氷の塊はふたたび砕けた。

気候変動の惨劇を描いたハリウッド映画『デイ・アフター・トゥモロー』の冒頭に出てくるシーンは、ラーセンB氷棚の分裂をモデルにしている。映画のヒーローは南極で働いていて、漂流する棚氷の上に研究施設を造っている。彼はドリルで穴を空けて、サンプルを採取する。この棚氷にも亀裂が入りはじめ、研究施設にも割れ目が迫る。主人公は貴重な氷の標本を守りながら、なんとか生き延びる。

映画は、科学的な見地から見ればナンセンスなところもある。ハリケーン、竜巻、津波などは、視覚効果を高めるためにきわめてオーバーに描かれている。だが、ラーセンBの崩壊は、かなりリアルっぽい。もし主人公がその瞬間、棚氷の上にいたとしたら、なんとか生き延びようとして、必死の努力をせざるを得なかったに違いない。ラーセンBの崩壊は、ハリウッドのホラー映画としては最も現実に近いものだったといえるかもしれない。

ジーンをはじめ、氷を研究している世界中の科学者たちも、びっくりした。ラーセンBがやがて崩壊するだろうという見方では一致していたが、このように早く、激しく爆発するような結末は予想していなかった。これは、最近の温暖化による新たな展開なのだろうか。それとも、過去にもこのような事例があったのだろうか。

ジーンは、回収した汚泥標本の分析を急いだ。その結果は、ラーセンBの爆発と同じくらい衝撃的なものだった。歴史を振り返り、最後の氷河期である一万年あまり前までさかのぼっても、氷棚はしっかり生き延びていて、崩壊した痕跡は見つからなかった。

つまりラーセンBの崩壊は、前例のない新しい事態だった。

これは、新たな難題だ。多くの気象学者が危惧していた点を裏づけることなのかもしれない。つまり南極半島の温暖化が、具合的な形で露呈された証拠なのではないか。ジーンの見るところ、棚氷が消失した原因は、人間が南極半島に教会や学校を建て、捕鯨をする以上のことをやった報いだ。私たちの日常生活のすべて、クルマを運転し、発電し、森林を伐採することなどが、南極半島にも影響を及ぼしたことになる。

「一つだけ、ほっとする面がある。浮氷は、もともとの水が固体になったものだから、棚氷が分解しても海水の水位が上がるわけではない、という点だ。しかしこれは、すでに矢が放たれてしまった温暖化の具体的な結果で、見過ごせない証拠だ。ジーンは、こうたとえる。「南極半島の棚氷は、炭鉱に持ち込んだカナリアみたいなもので、危険性をいち早く教えてくれる。もし繊細なカナリアが死ねば、警告は急を告げる」

棚氷はさらに、巨大な防壁という重要な役割も果たし、海になだれ落ちる氷や雪を防いできた。これまで落下を阻止されていた氷河の一部は、ラーセンBがなくなったために速度を上げて海に向かっている。もしほかの巨大棚氷にも同じようなことが起これば、氷河は大挙して海になだれ落ち、想定以上の水位上昇を招く恐れもある。

南極大陸の上に載っている棚氷のかなりの部分が崩落すれば、沿岸に集まっている世界文明の中心地は、軒並み水びたしになってしまう。南極半島が気候変動の指標となるのであれば、浮氷の動きが棚氷に引き続く警戒指標になるのではなかろうか。

第七章　だれも知らない南極西部

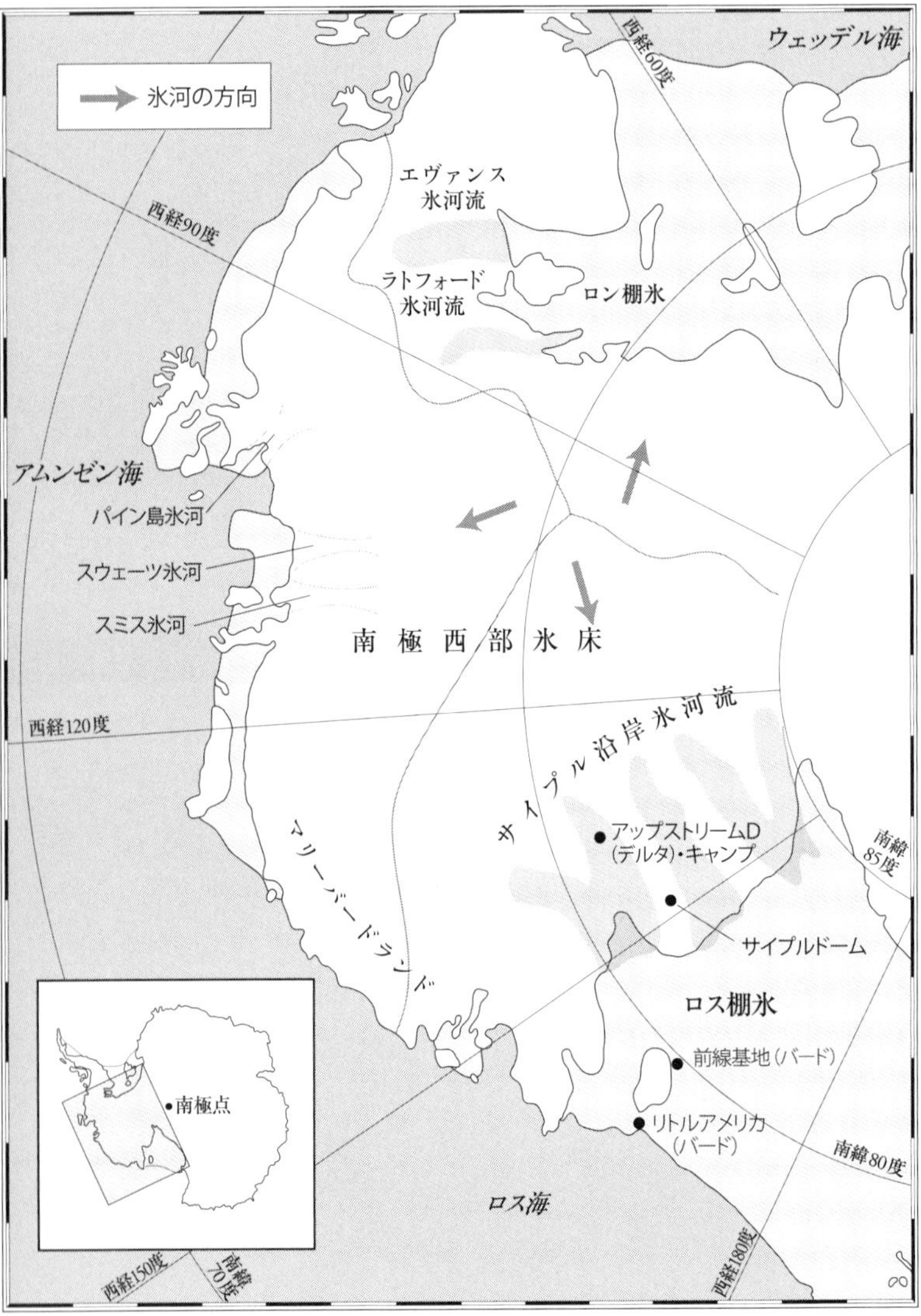

氷河の方向
ウェッデル海
西経60度
エヴァンス
氷河流
ラトフォード
氷河流
ロン棚氷
西経90度
アムンゼン海
パイン島氷河
スウェーツ氷河
スミス氷河
南極西部氷床
西経120度
サイプル沿岸氷河流
マリーバードランド
アップストリームD
(デルタ)・キャンプ
サイプルドーム
南緯
85度
ロス棚氷
前線基地(バード)
リトルアメリカ
(バード)
南緯80度
南極点
ロス海
西経150度
南緯
70度
西経180度

南極の大きな氷床は二つあって、一つは古くて寒い場所にあるが、比較的、安定している。もう一つは面積のうえでは小さいが、海に面していて早く動き、変化しやすい。二つの氷床を広げたチョウの羽に見立てると、大きさはアンバランスだ。胴体部分は大陸を縦に貫き、雪に埋もれている。

南極東部の東側にある氷床は二つのなかではるかに大きく、東部の氷の八割を占める。厚さは平均一・六キロあまりで、しっかり地面にへばりついている。中心部から海への移動はきわめてゆっくりで、何千万年もかかる。

南極東部の氷床はインド洋と大西洋に面しているから、船にしても航空機にしても、ニュージーランド、オーストラリア、南アフリカ、南米のいずれからでも接近しやすい。したがって沿岸には、科学研究の基地が集まっている。気象条件が厳しい内陸部にも、アメリカの南極基地、ロシアのヴォストーク基地、フランスとイタリア合同のコンコーディア基地がある。

だが南極西部には、……何もない。この地域の沿岸は太平洋に面しているものの、ひたすら海が広がっているだけで、船で到達するのも容易ではなく、どの国も研究のための恒久的な施設は設置していない。氷床に関しても、どの国も研究していないから、南極西部は地球上で最後のフロンティアだと言って差し支えない。

南極西部は東部と比べると面積は五分の一しかなく、環境の影響を強く受けて破壊されやすいもろさを抱えている。西部で氷床が載っている岩盤は、東部ほど標高が高くない。それどころか、海面下三キロという場所さえある。つまり氷がなければ一面の海原で、南極西部などという大陸は存在せず、小さな列島が並ぶにすぎない。

割れて漂流しないのは、まだ氷が十分に厚くて海の餌食になっていないためだ。氷河の流れが速まって氷床が薄くなれば、海に浸食されていくに違いない。氷が大規模なメルトダウンを起こせば、世界中で水位が上がる。

南極でこれまでも気候変動があった証拠は、たくさん残されている。現在より気温が高かった時期もある。最後にいつ棚氷が大崩壊したのかは、だれにも分からない。現在のような間氷期が最後にあったわずか一〇万年ほど前のことだったのかもしれないが、妥当な推測としては一〇〇万年くらい前のことだろう。地球史の尺度でいえば、「ごく最近」のことだ。

科学者たちは、何十年も前からこの事実を摑んでいる。地球が自然の成り行きを超える勢いで温暖化している現在、いま問われる疑問は、「どれぐらい早く、次の崩壊が起きるのか」という点に集約される。南極東部はバランスが取れて安定しているが、南極西部では氷の解け方が異常に速い。科学者たちは、東部の高原で過去を探っている。宇宙に目を向けて宇宙の起源を突き止めようとしているし、歴史の詰まった氷床コアを掘削中だ。だが西部は、将来を示す指針になるのではないか、として注目されている。

＊　＊　＊

南極西部は、行きにくい場所にある。私は一度しか行ったことがないし、それもあやうく行きそびれるところだった。

南極西部は、三つに分けられる。それぞれの地域に大きな氷河があり、内陸から海に向かう。私は、そのうちの一つをたどりたかった。もし変化があるとすれば、氷河だろうと思われるからだ。

三つのうち二つは、きわめて近寄りがたい。北端のロン棚氷をいくらか探索したのはイギリスとドイツのチームだが、補給物資の余裕などないから、私のような部外者が野外調査に加わったら邪魔になるだけだ。氷床の中央にあってアムンゼン海になだれ込む氷河は、どこの補給基地からも遠く、つねに霧に閉ざされているので、調べた者はいない。

残った一つには、なんとかアクセスが可能かもしれない。南のほうのサイプル海岸は、マクマード基地からハーキュリーズ輸送機なら数時間で飛べるし、アメリカの研究者たちは何十年にもわたって調査を続けている。五つの大きな氷河が合わさって、「氷舌」とも呼ばれる氷河流を作り、ロス棚氷の末端に結集している。したがって地球規模で見ても、氷河のなかでは厚みも幅も格段に巨大で、流れるスピードも速い。いま、カリフォルニア工科大学のチームがその一つに穴をうがって、氷河を動かしている原動力の個所にまで到達することを目指している。

確かに遠い場所だ。これほどの遠距離になると、アメリカ国立科学財団の補給ラインもほぼ限界に達している。前線基地の建設は途中まで順調に進んでいるかに見えたが、悲劇が襲って頓挫した。私が現地に向かう予定の二か月前、研究者と支援チームの一行を乗せたハーキュリーズ輸送機が雪上をゆっくり走行していたとき、クレバスにはまってしまった。最初は大した事故ではないと思えたのだが、機体は右に左に揺れ、やがて動けなくなった。パイロットは、機体が穴の上にかかる雪橋を広げ、機体が履いているスキーの片方が幅三メートルほどの穴に突っ込んでいることを突き止めた。穴は、暗く深い。

乗員たちは天井の非常脱出ハッチを開けて、なんとか這い出た。登山家の女性が、全員の体をロープで縛り合わせた。機体からまだ煙が出ていたので、操縦室に潜り込んでアドバイスもできなかった。ツインオッター機が救助に駆けつけて、科学者たちを連れ戻した。新たな救助要員が投入され、複数の除雪車を動員するとともに、大きな空気袋や強力なクレーンも用意された。

救出チームは四五〇〇万ドルもする輸送機をなんとか引き上げようと、懸命な努力を続けた。研究者たちはいったんマクマード基地に戻り、今シーズンはあきらめざるを得ないのか、それとも計画の一部は実行できるのか、事態を静観するしかなかった。彼らは、ダンスや編みものを習って時間を潰すとともに、氷の彫刻やコンサート、芝居にも興じた。ハーキュリーズの模型を作り、トイレットペーパーの芯をエンジンに見立て、ダンボールを切って翼にし、飴の棒をプロペラに仕立てた。そのうえで、野外活動を阻んだ邪悪な悪魔を追い払うおまじないの儀式をした。

一月の二週目に電話が入り、やや時間は遅すぎる感じはあったものの、飛行再開が可能になったという知らせが入った。科学者たちはまた急いで準備を整え、最初は一二週だった予定を二週間に縮めて実行することになった。

私はその間もずっと科学者チームと連絡を取っていたので、同行を承認してもらえた。ところが、別の難題が持ち上がった。マクタウンでアメリカ国立科学財団の代表を務めているディヴ・ブレネイハンが、訪問客は認めない、と決めてしまった。すでに大きな事故を起こしているのだから、これ以上の上塗りはごめんこうむる、というわけだ。研究者以外の同行も全面的に禁止されたため、私は参加できない。

私は甘言を弄《ろう》したり、頭を下げたり、抗弁したり、あらゆる手を尽くしてみたが、そこで浮かんできた便法は、私をサイプルドームに招待するという形にしてもらうことだった。ここは南極西部氷床の先端にある仮設基地で、マクマード基地からは数時間の飛行距離だ。だがこの妥協案でも、私の当初の目的には合致しない。サイプルドームに行けば、いくつかの研究は見ることができる。たとえば、過去の気象状況を調査するために、氷のコア回収が完了している。それはそれなりに、重要なことだ。私が見たいのは「アップストリームD（略称アップD）」と呼ばれる場所で、ここで氷舌が海に落ちる。研究者たちは、南極西部の氷床がどれほど危殆《きたい》に瀕《ひん》しているのかを、現地で調査している。この氷床はまだ消え失せてはいないが、次はここが危ないと言われていて、早晩、崩壊するかもしれない。

しかも……サイプルドームからアップDまでは、ツインオッター機でひとっ飛びの距離だ。ひょっとすると、現地に行けば道が開けるかもしれない。

サイプルドームに着くとまず、私は所長のセイラ・グランドロックに会いに行った。私は、マクマード基地で私の取材をサポートしてくれている友人たちのメッセージも携えていった。私の計画を実現させてくれる人がいるとすれば、セイラ以外には考えられない、とだれもが異口同音に言っていたからだ。それは、当たっていた。私が友人のメーセージを携えて目的を話すと、彼女は私をジェイムズウェイ・テントに連れて行った。ここは食堂を兼ねているが、そこのテーブルにすわっていた、ツインオッター機のチーフパイロットであるヘンリー・パークを紹介してくれた。彼は物資を補給するため、定期的にアップDとの間を往復していて、翌日に飛ぶ予定だという。彼はカラフルな時計バンドを売っていて、セイラはこうささやいた。

「彼の時計バンドを買えば、それが搭乗券になるの」

それから二時間ほど経って、私は新しい時計バンドを手首に巻き、サイプルドームの通信テントにいた。マクタウンのブレネイハンと無線で交信するつもりだったが、彼は私の声を聞き取れなかったので、マクタウンの通信センターを経由して伝言してもらうことにした。

「アップストリームDに、連れて行ってもらうことになりました。ヘンリーから、OKをもらいました。あなたの許可は、いただけますか?」

しばし、返事を待った。雑音混じりの答えが届いた。

「ヘンリーが即日、連れ戻してくれるのか、それとも滞在するつもりか？」

「できれば、泊まりたいです」

しばらく、沈黙。

「そうなると、数日は滞在することになる。次に飛ぶのは、五日あまり先になる」

「私は、結構です」

こんどは、もっと長い間《ま》があった。私は、気を揉みながら待った。通信センターからの、返事がきた。

「旅を楽しむように、と彼は言っている」


翌朝早く、ヘンリーと私は飛び立った。地形は最初のうち平坦で白一色、なんの特色もなかった。だが、にわかに氷の上にクレバスが目立ちはじめた。巨人の爪跡のように見える。あちこちで雪橋が崩れ、おなじみのブルーの穴が眼下で光っている。規則正しく並んでいたクレバスが、やがて重なり合い、ねじれてゆがみ、からまり合うようになり、穴が深くなる。ヘンリーが、コックピットから叫んだ。

「このあたりが境界線だよ」

つまり、これから氷河流ないし氷舌の地帯に入ってくるという意味だ。ある個所では、一年に一メートルほどしか進まないかもしれないが、一日のうちにそれぐらい動く個所もある。この境界線の外側では氷がほとんど流れを止めているが、内側では動きが活発だ。したがってその境界線では摩擦が大きくなって裂かれる状態になり、おびただしいクレバスができる。ツインオッター機のパイロットは、ユニークなクレバスに付いているニックネームを教えてくれた。

「ヘビ」、「ドラゴン」、「ヴァルハラ（戦死した英雄の記念堂）」……。

それまでに私が見た最大の氷河は、ベアドモアだった。シャクルトンやスコットが、南極点の高原に向かって進軍した際によじ登った大氷河だ。私は極点に向かうときに、空から眺めた。線条に流れる、強烈な印象を与える氷の川だった。だがいま眼下に見える氷河流ははるかに大きく、上空からでも全貌が俯瞰《ふかん》できない。幅が四八キロ、厚さ八〇〇メートル、内陸に向かって何百メートルもさかのぼる。この巨大さと速度は、壮大な氷のスーパーハイウェーで、猛烈なスピードで氷を内陸から海に向かっている。研究者たちは、この氷河流が安定しているかどうかがカギだと見ている。もし安定さを欠くような事態が起きれば、南極西部の氷床には大変動が……。

この氷河流は、大きくて流れが早いだけではない。歴史上きわめてダイナミックな動きをしていて、止まったり、流れを再開したり、場所を移動したりして、長期にわたって人類にも影響を与えてきた。この近くにある氷河流のなかには、ほとんど動かないものもある。境界線にこれだけクレバスが多いということは、レーダーで計ってみると、この一三〇年間はほかの氷河と同じスピードで動いていることが確認できた。

この氷河流には、ほかにも不思議な点がある。境界線付近ではやたらにクレバスが多かったが、その個所を過ぎると、氷が覆っている部分はまた完全に滑らかになる。私が見た氷河のなかでは、最も流れが早い。つまり考えられるのは、氷の流れがクレバスを埋めてしまうのではなかろうか。しかし流れが線になってはっきり見えるわけではなく、流れていることも定かには分からない。だが研究者たちが見つけ出したところでは、氷河の流れが早いのは底の地面と接する部分で、流れに伴って氷が裂けたり、ねじれたり、ゆがむことはないという。

氷河の流れが速くてスムーズな理由については、いくつもの仮説がある。この分野では、カリフォルニア工科大学のバークリー・カンプが研究の先頭に立っている。彼はサイプル海岸にある六つの氷河流を一つずつ訪ね歩き、ドリルで穴をうがって地面との接点を探り、どのように滑っていくのかを研究している。

私はまだ彼にはお目にかかっていないが、彼の論文はたくさん読んだ。彼は「疑い深い〔使徒〕トマス」と自称していて、実際に自分の目で見、触ってみなければ信じない。この場合は、「ドリルによる実証」だ。彼は、こう書いている。

「遠隔探査データは得られるし、最深部の状況の解釈や論理も解明できる。だが実際にドリルで最深部にまで達し、実際にモノを回収しない限り、本質が分かったことにはならない」

私たちは、南極の朝の明るいブルーの空に迎えられて、現地に到着した。前線キャンプのスティーヴ・ゼブロウスキー所長が出迎えてくれ、私たちは急いで挨拶を交わした。彼は寝不足のためか顔色が青白く、目が充血していた。夏の時間を有効に使うために、みな二四時間体制で仕事に励んでいるからだ。私たちは、食堂のテントに入った。ここも二四時間オープンしているが、ちょうど焼き上がったばかりのパンのおいしそうな香りが鼻孔をくすぐった。ここのコックであるレスリーが、オーブンからロールパンを引き出した。彼女は焼きたてのパンを、紅茶とともに振る舞ってくれた。だがスティーヴが口添えして、あと一五分もしないうちに、新しい場所でドリルによる穴空け作業をしている連中が休憩に入るという。そこで私は、紅茶は遠慮し、パンだけパーカのポケットにしまってスティーヴと一緒にまた外に出た。

「この雪上スクーターを使うといいよ」

と彼は言ったが、「クラレンス」と書かれたテープが貼ってあった。バークリーのチームでは、毎年ニックネームを変える。この年は映画『素晴らしき哉、人生』（一九四六年）に出てくる天使の名前が採用されていた。事業がうまく運ばない主人公（ジェイムズ・スチュアート）に、クラレンスは「あなたの人生は捨てたもんじゃない」と諭す。この映画はやや感傷的で私はあまり好きではないのだが、いまここに天使が現れてくれたのはうれしかった。

「ドリルをやっている場所は、どこにあるんですか？」

スティーヴは、冷めた調子で答えた。

「いくつも、道があるわけじゃない。黒い旗が立っているところには近づかないことだ」

気を付けます。ハーキュリーズ輸送機の事故があって以来、登山の専門家チームがこの付近のクレバスを踏査し、危険そうな何か所かに旗を立てた。スティーヴの言うように、除雪した道は一本しかない。私はエンジンをかけ、ゴーグルをかけてスタート準備を整えた。

バークリーが、私の雪上スクーターの様子を見にきた。彼は背が高く、ひげをきちんと剃っている。野外活動をする男性としては、むしろ珍しい。この前線基地はシャワーまで備えていることを、のちに知った。自らシャベルで雪をすくってお湯を沸かさなくてはならないが、十分に熱くてホテル並みに気持ちがよかった（指示された通り、シャワーを使ったあとは雪を足しておく。そうすれば雪が溶けるので、次の人はすぐに使える。体が暖まったので外気温は確かめなかったが、何やらゴワゴワ音がしたのは、自分の濡れた髪の毛が固く凍ったためだった）。

氷に穴を空ける機械は私がほかで見たのと同じで、クレーンとウィンチを使う。だが氷のコアを採取する場合と違って、バークリーは氷床に穴を開け、その下に何があるのかを探りたいだけだ。したがって、精巧な金属ドリルやするどい刃は必要ない。カリフォルニア工科大学の手法はもっと手早くでき、それほど汚れないですむ。つまり、消火用のホースを縦に潜らせたようなものだ。ポイントは、大量の雪を溶かすところにある。そこで除雪車が集めた雪を三人がかりで容器に入れて九三度くらいまで熱し、高圧をかけて押し込む。先端は、槍《やり》のようにとがっている。ボタンを押せば、あとはお湯と重力が仕事をやってくれる。

それでも氷は相当に厚いから、貫通させるには二四時間もかかる。いま進行中の作業はきのう始めたもので、まもなく底辺に達する。穴の周辺に合板を敷き、大学院生や助手たちが膝をついて待機している。クレーンがホースを垂直に保ち、一人の女性が両手でお湯を注ぎ込みながら、感触を探っている。彼女が叫ぶ。

「やったわ。貫通よ」

カリフォルニア工科大学のバークリーの仲間ハーマン・エンゲルハートが、ジェイムズウェイ・テントから飛び出してきた。長身のバークリーに対して、彼は背が低い。バークリーはきちんとひげを剃っているのに、ハーマンはひげもじゃだ。彼はずっとモニター画面を監視していて、ホースがちゃんと伸びていることを確認していた。

「よし、引き上げるぞ」

と、彼は叫ぶ。二人がホースを引き上げる機械を作動させたが、ほかの者たちも人力で引っ張って加勢する。私も走って行って、手を貸した。

「いいぞ、うまくいっている」

だれかがそう叫び、ドリルがどこにも引っかかっていないことが確認されたらしいが、どうしてそれが確認できたのか私には分からない。あとはウィンチ任せで、地表まで引き上げる。

バークリーはハーマンとともに足早にテントに戻ったので、私もついて行った。二人ともラップトップパソコンの画面を覗き込んでいて、グラフの山が移動していく様子を観察している。バークリーがつぶやく。

「いいぞ、すべて順調。うまくいってる」

彼によると穴空け作業はこれが四つ目で、連続しておこなっているという。テストの眼目は、氷河流がなぜこれほど早く、なんの障害もなく流れていくのかを突き止めることにある。水と泥の混合具合によるものだが、通常、厚さ一キロもの氷河の下ではこのようなコンビネーションは考えられない。

これまでほかの氷河流で実際にドリルしてみた結果では、厚い氷のカーペットは、解け出した水の上を滑っていた。驚くべきことに、ここでは氷床の上でかなりたっぷり水ができていた。どこにおいても、地殻の中心から地熱が伝わってくる。これも、氷を解かす一因だ。さらに、これだけ氷が厚くて重いと、地面との摩擦熱もかなりのものになる。この二つの作用によって水ができると、滑りやすくなる。

この水の存在を実証することが、かなりむずかしい。穴からお湯を注入しているために氷が解けたのか、もともと水があったのか、区別がつかない。そこでバークリーらは最初の実験で、水を高圧で注入するのをやめ、ごく低圧にしてみた。もし重い氷を押し上げて滑らすのだとすれば、相当な圧力があるはずだ。そこへ低圧の水を注入すれば、押し戻されるか噴出してくると思われる。事実、その通りの状況になった。

最初の穴では、氷床の圧力が急上昇することもあった。底辺に水があることが分かったし、それが氷を押し上げていることも判明した。二回目以後の実験では、地下の水路がどのようにつながり合っているのかが調べられた。パイプ内の水が水圧の変化で上がったり下がったりするのに伴って、複数の穴の注入水圧をさまざまに変化させてみた。バークリーのパソコンにはそれがグラフになって示され、彼の予想通りに地下水路は連結していたことが分かって、彼はニンマリした。

氷河流がこれほど早く、しかもスムーズに流れる理由は、ほかにもある。地面が岩ではなく、泥だからだ。海底の砂地と同じような感じだ。南極西部が氷で覆われるようになる前、このあたり一帯は海だったためかもしれない。研究チームは、二番目の穴が氷結する前に、その砂地をすくい取った。バークリーは、棚から小さな容器を取り出して見せてくれた。入っているのは黒っぽいがグレーめいた泥で、小さな砂利も混じってねばねばしている。彼は指で少しすくって私の指先につけたので、こすり合わせてみた。彼の説明によると、足元八〇〇メートルで水に浸かっていたときは、もっと柔らかくてさらさらしていたという。この泥が水を含んだときには、重い氷床を支えて運ぶ力は持っているが、氷を変形させて滑らせるほどの力があるわけではない。

翌日、私は雪上スクーターに乗って、ハーキュリーズ輸送機に惨事をもたらしたクレバスを見に行った。マクタウンからやってきた救出隊は、半ば雪に埋もれた機体を回収しようと試みて失敗した。用心してスロープを下って行けば、胴体に触れて感慨にふけることもできる。内部は外気よりも冷えていて、私のまつげもたちどころに凍りついた。ドアの付近には、ディナープレートの大皿ほどの大きさがある葉っぱ模様の霜葉がついていて、サンゴのように突き出ている。もう少し機内まで入って行くと、さらに冷え込んでブルーがかった色に輝いて見える。しだいに機体の幅が狭まってきて、体をねじ込めないほど狭くなる。私は自分が落下して閉じ込められたら、と想像して身震いした。氷河のなかにどうしてクレバスがあったのか、だれにも説明できなかった。氷河流との境界線からはかなり離れた内側にあるので、氷の表面はスムーズだと思われていた。地肌になんらかの障害物があって、氷が盛り上がり、やがて割れたのかもしれない。これはしつらえられた罠ではないのだが、南極の自然は人間を考慮して創られたものでないことを、思い知らされる一例だ。人間は南極をわがもの顔で占領して調べることはできるが、南極が人間をすべて許してくれるわけではない。

その晩は、適度な明るさで美しかった。私はスキーを借りて、キャンプから何キロか離れたところまで遠征した。このところ、あまり風は吹いていなかった。氷の彫刻サスツルギはそれほどとがっていないし、背も低い。南極東部の高原地帯でおなじみの「フラットホワイト」状態だ。気温はマイナス一五度くらい、肌にかゆみを感じるほど乾燥してはいるが、東部にある砂漠のようなドライさではなく、ロープに白霜がつく程度の湿気はある。表面につく氷の結晶は大きくて派手、大胆な模様だ。斜めの太陽光を受けて、キラキラ輝いている。まるで、だれかが雪の上にダイヤモンドの粉をばらまいたかのようだ。

道などないのに自分で好きなところに行けるなんて、なんの束縛感もなくてすばらしい。この日の朝早く、「雪上車で裏手を回ってみたらどうだ?」と、提案してくれた人がいた。「何かにぶつけちゃったら、どうしましょう」と愚問を発すると、「いったい、何にぶつけるっていうんだ?」と反問され、彼は平らで何もない白い大地の上をぐるりとひと回りしてみせた。

近隣のクレバスに近づきさえしなければなんの危険もないし、無線を持ち歩き、目に入る範囲内で動いている分にはなんら問題はない、と諭された。それでも、不安が完全に払拭されたわけではない。突然ガタンという音とともに、自分が落下したような感じを受けて私は地面に倒れ、助けを求めて口をパクつかせた。「積雪振動《ファーン・クウェイク》」と呼ばれるもので、太陽熱を受けて氷がゆるみ、数センチほど沈下するのだそうだ。そういえば、数日前にスティーヴから注意を受けていたのだが、すっかり忘れていた。

「最初は、びっくりするよ。八センチほど、死に近づいた感じを受けるから」

クレバスに落下したら凍死する危険性が高いが、南極ではありがちな災難で、いくぶんロマンチックに感じられる面もある。南極の偉大な探検家たちも、断固たる決意とともに探検行に挑むが、この危険性については用心をおこたらなかった。それでもいつ、薄い雪橋を突き破って大きく口を開けたブルーの穴に転落し、装具で宙づりになってしまうかもしれず、その怖さとはつねに隣り合わせだ。あるいは奈落の底に転落したまま、永久に忘れ去られてしまう可能性もある。私は積雪振動についてはいくらか心構えができたものの、一見するとのどかに見えるこの風景が、危険をはらんでいる状況を十分に把握できていない。クレバスの本当の怖さを、まだ体験していないので。

翌朝、調査チームは作業を終了した。目的は達成し、施設を撤収する第一便のフライトがまもなくやってくる。研究班は、八日間で六つの穴を空けるという成果を上げて、充実した開放感に浸っている。熱い風呂を沸かすために、シャベルで雪をボイラー設備に放り込んでいる者もいるし、愛《め》でてやまない雪の光景を満喫するために、バナナソリと呼ばれるトボガンで遊びに出かける者もいる。バークリーも、思わず叫ぶ。

「あの山を、見てごらんよ。南極西部氷床のなかでは、唯一の山だ」

彼がアップストリームDでおこなった調査は、これまで彼のチームが積み重ねてきたデータや仮説を裏づけるものだった。——氷河流の下にある水と泥の組み合わせが、ここサイプル沿岸の氷河の速度を早め、これがロス棚氷の中核になり、大陸の反対側になだれ落ち、ロン棚氷も形づくっている。

氷河流の動きは速くてダイナミックだが、これには歓迎すべき面もある。研究者たちによると、この傾向は氷床の状態をむしろ安定させるようだという。

そのメカニズムは、次のように働く。氷河流のスピードが速まれば、氷河の厚みは薄くなり、それだけ重さが減る。すると摩擦が減って氷が解けてできる水も少なくなる。すると、流れはゆるやかになる。堆積物がない場所では、動きが止まる可能性もある。サイプル沿岸の上空を飛ぶ航空機のレーダーで確認したところでは、氷の総量は減っていない。むしろ、やや厚くなった個所さえある。大陸の反対側、北方のロン棚氷に流れ込む氷河流は、もっと安定している。氷も厚い。もっともここでは溝を流れているため、幅を広げることはできないし、あふれ出ることも不可能だ。世界最大級のラトフォード氷河流は、標高の高い地点であまり動かず、将来の研究を待っている。

要するに、これまで何十年間かにわたって二つの氷河流が研究されてきたが、大陸の南北に位置する南のロス棚氷と北のロン棚氷はともに、警戒警報は発していない。予見できる未来のうちであれば、南極西部の三分の二を占める氷床は、かなり安定しているように思える。これから二、三世紀のうちに大気の温度が上がることがあっても、蛇行する氷河流がスピードを速めて大量の氷床を海に流し込む可能性は低いと思える。

もちろん、急変はあり得る。南極で研究している学者たちは、南極西部の表と裏のドア（南北）の棚氷とその危険性についてはよく調べているが、「横のドア」についてはだれも調べていない。西側にあるアムンゼン海入り江が、南極西部にある三番目の氷床だ。このあたりの氷河は南太平洋に注ぐが、近寄りがたい場所にある。どこの研究基地からも離れているし、天候がすさまじい。したがって、だれも観測していない。南極西部の三分の一を占めるこのあたりが、ジグソーパズルの欠けた部分だ。だが、ここだけが急速に動いている。

まったく、予測されていなかったわけではない。一部の氷河学者たちは、何十年も前からアムンゼン海入り江に着目している。ここに、棚氷はない。ほかの二個所では、氷河はロス棚氷とロン棚氷に注ぎ込む。アムンゼン海では、棚氷を支えるほど大量の浮氷はない。海に注ぐ三〇キロも手前で、それぞれがミニチュア棚氷でもあるかのように割れて浮氷になる。つまり氷河自体が海にきわめて接近しているわけで、だれも氷河の崩落を押しとどめることはできない。

さらに、一九五〇年代に遠征隊が調べたところによると、アムンゼン海の深海では、氷山が不思議な格好をしている。沿岸から内陸にかけて、地形がボウルの内側をなぞるような曲線になっているためだ。

凍っていない海水が氷山の先端を舐《な》める氷河と海の接点、それに海底の半円形の地形が、難題を起こしているようだ。氷河から砕け落ちて浮氷になる際に、この部分が「ちょうつがい」のような役割を果たす。「ちょうつがい」部分は、しだいに内陸に向けて退行していく。海水と浮氷も内陸方向に進むが、浮氷は氷河のボウル状曲線の下に潜り、波の上下動に伴って揺れる（それに、海水面レベルの変化も加わる）。「ちょうつがい」は後退していき、海水が内陸にまで入り込む。氷が解けた水は、海底の半円形地形に入り込んでえぐり、氷河はもろくなり、浸食・崩壊を促進し、「ちょうつがい」は後退を続ける。このフィードバックは、止められない。一九八〇年代のはじめごろから、アムンゼン海入り江の「柔らかい下腹の弱点」が指摘されていた。

だがこの実態さえも、詳しくは把握されていない。南極西部のなかで、きわめて調査しにくい場所にあるためだ。科学研究を拒否するような、難所の地勢だ。距離的にいえば、アムンゼン海入り江は、南極半島にあるイギリスの研究基地から一〇〇〇キロほどだが、南極研究組織が保有するツインオッター機の航続距離をやや超える。スキー履きのアメリカのハーキュリーズ輸送機なら飛行できる距離だが、マクマード基地からではかなり困難だ。

距離だけの問題ではなく、ここが近づきがたい場所であることは間違いない。この地域で流れの速い氷河は、パイン島のスウェーツ氷河だ。湾内を氷山が埋め尽くし、一年のうち一一か月は氷に閉ざされている。したがって、船で接近するには、かなり勇敢な船長でも尻込みする。しかも氷河の生みの親である積雪量が多く、ほとんど一年中、降り止まないため、航空機のパイロットも敬遠したがる。霧が覆っていることが多いため、晴天なら威力を発揮する衛星写真にも期待できない。

したがって南極西部氷床の三分の一を占めるこの地域は、科学的な光が当てられないままだ。一九九〇年代に、ヨーロッパ宇宙機関は、二つの探査衛星ERS-1と2を打ち上げた。それまでの衛星と違ってこれらはレーダー装置を搭載しており、雲を通してでも電波を発信して跳ね返りを受信し、地表の氷の状況を観測できる。また一か月の間隔をおいて同じ軌道に戻ってきたときにふたたび観測し、その間の変化も捉えられる。氷の厚さが変わるとか、「ちょうつがい」の位置が後退すれば、それも正確に把握できる。

その成果は、次のように報告された。一九九〇年代の末、NASAのジェット推進研究所（カリフォルニア州）の科学者エリック・リグノーは、一九九二年から九六年におけるパイン島の氷河の変貌ぶりを、次のようにまとめた。——浮氷は海面の動きに伴って上下動するが、「ちょうつがい」の平均的な位置は特定できるので、氷河から浮氷が分離する状況は衛星で把握できる。「ちょうつがい」の位置は、この四年間、年平均で八〇〇メートルあまりも後退している。

一九九八年七月に発表した彼の論文は、かなりのセンセーションを巻き起こした。ほかの科学者たちもこぞって衛星のデータを検証し、一流の専門誌に次つぎと論文を掲載した。どれも、アムンゼン海に異変が起きていることを指摘していた。パイン島氷河の浮かぶ「ちょうつがい」は、明らかに内陸に後退していて、氷河全体も縮小している。一年で厚さが一八〇センチも減った。しかも、それが年ごとに加速している。スウェーツ氷河の「ちょうつがい」部分も、内陸に向かって後退していて、しかも細くなっている。アムンゼン海に注ぐ氷河は、すべて細まっている。だがスウェーツ氷河の幅は広がりつつあり、南極西部氷床は、だれも観測していない「勝手口（横のドア）」からどんどん流れ出て、アムンゼン海の水量を増やしている。

もし一つの氷河だけが影響を受けているのであれば、地域限定の要因だといえるかもしれない。たとえば、地面が柔らかくなって滑りやすくなったとか、地熱が高まったということも考えられる。しかし、いくつもの氷河が同時に細くなってきたとなると、共通した要因、しかも外部要因が考えられる。エリックは、海が原因ではないかと考えた。彼はイギリス人の科学者アンディ・シェファードおよびダンカン・ウィンガムと手を組んで、沖に浮かぶ二つの小さな棚氷に関する衛星データを調べた。そして分かったことは、湾内にある三つの棚氷はすべて縮小していて、一〇年間で厚さが五・四メートルも減っていた（棚氷は浮いているので、海面上の高さは水位の変化によっても変わるが、その変動も調整ずみ）。

海洋地質学者のスタン・ジェイコブズには、思い当たる原因がある。南極周辺の水温は、とても冷たい。大気も冷えていて、海面の温かさを奪う。したがって表面温度はマイナス二・二度で、塩水でも凍る限界温度だ。ところが深いところでは大気が遮断されているため、一・一度くらいある。

深海のやや温かい海水は、氷と接触することがまずない。南極大陸をぐるりと取り巻く、巨大な海面下の棚に保護されている。ところがアムンゼン海には、この天然の保護がもろい個所がある。かつて海流の道筋でえぐられて溝を作っていた時代があり、その当時は現在より棚氷がもっと大きく、氷河はもっと沖まで張り出していた。スタンは一九九四年に船で勇猛果敢にパイン島湾で浮遊している棚氷に接近した。そこで彼が発見したのは、いくらか温かめの海水が海流の溝を通って、本来はあり得ないことだが、表面の棚氷を洗っている状況だった。

この温かめの海水が、棚氷の崩壊を促進している可能性もある。だが一九九四年の調査は、一つの例証でしかない。スタンは二〇〇九年一月に、再度チャレンジした。アメリカ国立科学財団の砕氷船ナサニエル・B・パーマーが動員された。この調査でも温かめの海水は検出され、棚氷の崩壊はかなりの勢いで進行していた。スタンの計算によると、氷の解け具合は一五年間で五〇パーセントも増えている。なぜか。

この砕氷船には、イギリス南極調査のエイドリアン・ジェンキンズも同乗していた。彼はそれまでも数回、パイン島湾を訪れていた。彼は遠隔操作の特殊な無人潜水艇「オートサブ3」で、氷の裏面を調べたいと熱望していた。このマシンは全長六メートル、紐でつながっていないリモコン方式で、連続して三〇時間あまりも稼働できる。頭上の氷と下の海底の双方の状況を、音波で探査する。暗闇でも、泥水で視界が悪くても、通常は接近しにくい氷の下の場所でも、ほかのどのような機器も探れない難所でも、ちゃんと情報を得て、指令を出せば戻ってくる。これは、潜水艦世界の猟犬だ。有人ではないが、これもうれしいことにイエロー・サブマリンだ。

リモコン機器には弱点もある。「紐付き」ではないから、操縦可能の圏外に出てしまうことがある。だがオートサブ3は、小さな棚氷の下部を調べるうえで、それまでの機器と比べると革命的に進歩している。

棚氷の下でどのようなことが進行しているのかを正確に知るためには、ある程度の危険が伴うことも覚悟しなければならない。イギリスのサウサンプトンにある国立海洋学センターの技術陣は、画期的な発想に基づいてこの機械を開発したのだが、その発想の原点は「母船から切り離せ」というもので、そこに期待が寄せられた。

最初のうちは、うまく進んだ。小さなイエロー・サブマリンは波間に沈み、パイン島の棚氷の下に潜って行った。往路は海底の状況を舐《な》め、復路は氷の裏面の下腹を探った。一回に計三〇キロあまりをカバーし、これを三回も繰り返した。棚氷の半分は精査したことになる。

一月二四日、最後の調査には大きな計画が組み込まれていた。オートサブ3は、氷山になって漂いはじめる「ちょうつがい」の個所までさかのぼって、棚氷のほぼすべてをカバーすることになっていた。だがこれには、危険も伴う。サブは、緊急事態を察知したら——たとえば、浅瀬に入って身動きが取れなくなりそうだとか——、その時点で引き返すことになっていた。研究者たちはサブを放ち、三六時間、待機する。

オートサブ3は、低いうなり声を立てながら、薄暗がりのなかを進んだ。音波を発してはその反響を受信しながら、上部の氷と海底との距離をつねに安全な範囲で保つ。やがて三二キロを過ぎ、まだ海図ができていない「ちょうつがい」部分に近づく。このあたりでは、氷と海水と汚泥が出会う。本部と船体との交信が、盛んになる。やがて水深が一九五メートルと浅くなり、引き返すべき環境条件になった。サブは向きを変え、やや浮上して帰路に就く。航路に当たった部分は、海底の地図ができる。氷の下部についての探査がもう一つの課題だが、これもうまく運んだ。氷の下九〇メートルを潜行していれば、問題ないことが明らかになった。

だが、まだ万事ＯＫとはいかなかった。衝突防止装置が、前方に障害物を探知した。サブは、対処方法を心得ている。一キロほど後退し、方向を少しずらしてふたたび前進を始め、衝突を回避する。ところが、後退の途中で何かにぶつかった。またもや、衝突回避の方法を採らなければならない。前方に進む。またもや、ドカン。前進と後退を繰り返すが、身動きが取れない。ソーナーによる音で探知できなかった氷の割れ目が、前後にあるらしい。こうなると、サブの頭脳では解決できない。ファイバーグラスの船体に引っ掻き傷ができたし、アルミ製の翼は曲がり、よじれた。前後ピストン運動による衝突が、止まらない。

さらに、もう一つの不具合が重なった。幸い、技術者たちはオートサブ3に対する最後の決めの手の指令を持っている。「うまくいかないのであれば、努力は放棄せよ」だ。サブの、衝突回避の作戦は失敗に終わった。そのため、深く潜水して帰港することになった。

研究者たちがこのドラマの全貌を知ったのは、サブを陸揚げしてからだった。船体はひどく破損して、満身創痍《そうい》だった。だが取得したデータは、無事だった。パイン島氷河棚氷について、ほかの情報を加えて総合判断すると、ここの氷がなぜこれほど早く解けていくのかについて、興味深い事実が明らかになってきた。

棚氷までの距離のまんなかあたりの海底に大きく盛り上がった海嶺《かいれい》があり、棚氷の先端と平行して走っている。海嶺は、棚氷の下二〇〇メートルくらいまでの高さがある。スタンが一九七〇年代の衛星写真と現在のものを比較すると、前にはあった氷の塊が、完全に消えている。推察できることは、棚氷は海嶺にさえぎられて動きを止められ、深海の暖かい海水が湾に入り込んで棚氷を解かし、浮氷として流れ出たのではなかろうか。温かい海水は自由に入ってこられるようになり、棚氷は「ちょうつがい」のところまで解けてしまった。そのため、虫歯の穴のように大きな空洞ができた。氷の解け方が速まり、「ちょうつがい」が後退していくのも納得がいく。

これは、かなりやっかいな事態だ。世界のほかの場所で進行している気候変動が南極にも及んで、氷の解け方が加速していることが判明したからだ。海水の水温が上がれば、アムンゼン海に注ぐ氷河の「ちょうつがい」は後退していき、棚氷は持ちこたえられなくなる。そして背後にある陸地の氷も、加速度的に海になだれ込むようになる。

　言い換えれば、海水がアムンゼン海に注ぎ込む氷河を、沿岸から解かしている。これから突き止めなければならないのは、この傾向がどこまで続くのか、という点だ。そのポイントは、氷河の下で何が起こっているのかを調べることにある。もし地面が原因で南極西部の氷河が海に滑り落ちていくのであれば、打つ手がない。

　イギリスとアメリカの研究グループがこの問題に取り組んでいるが、研究成果から判断すると、期待が持てそうな面と望み薄の両面が見えている。南極氷河研究の第一人者であるBAC（イギリス南極調査）のデイヴィッド・ヴォーンと、アメリカ・テキサス州オースチンにあるテキサス大学のドン・ブランケンシップは、南極西部の異なった棚氷を長年にわたって研究してきた。デイヴィッドはおそらくだれよりも、ロン棚氷の氷流にくわしい。ドンは、サイプル海岸で何十年も研究を続けている。二人はアムンゼン海入り江の特殊な状況に気づき、共同作業することになった。ともに偵察機を動員し、さまざまな機材を運び込み、氷の大きさや高さ、厚さ、氷の下の状況などを多角的に計測している。二人が次に計画しているのは、スウェーツ氷河とパイン島の上空に二機の飛行機を飛ばして研究を進めることだ。デイヴィッドがパイン島氷河を調べ、ドンがスウェーツ氷河を調査し、データを突き合わせて探究を深める。

　二人のキャンプ地は海岸からかなり離れているが、天候はそれほどひどくはない。ロセーラとマクマードの両基地はかなり離れていているが、データの擦り合わせは実を結んだ。いいニュースは、パイン島から流れてきた。デイヴィッドの研究で明らかになったことは、氷河の下の地面は内陸に向かって低くなっている。したがって、海になだれ落ちにくい地形だ。ある地点まで行くと盛り上がった海嶺があり、氷河が解けても沿岸に向かうのが妨げられる。彼の計算では、氷河がすべて解けたときに世界中の水位上昇は二七・五センチ。これはかなり大きな数字だが、大災害を引き起こさないですむ範囲だ。また、氷河の本流は溝のなかを移動していて、広がりようがない。

一方、ドンが調べたスウェーツ運河のほうは、見通しがそれほど明るくない。こちらのほうは、海になだれ込むまでになんの障害物もない。溝もないから、閉じ込める要因もない。氷が解けたらすべて流れ出して海に向かい、パイン島氷河の水源のほうまで水浸しにしかねない。場合によっては、サイプル沿岸の氷河流まで冠水するかもしれない。

この地域の氷がすべて解けた場合、水位は一・五メートル上昇するものと見られている。当初は三・六メートルと見込まれていた時期もあったから、それに比べればましだ。さらに南極以外でも、グリーンランドの氷も解けつつあり、これも水位の上昇に寄与する。したがって、開発途上国の低地デルタに住んでいる何百万人もが死んだり、大災害をこうむる恐れがある。*

*海流と地球の自転の関係で、南極の氷が解けても世界中の海の水位が等しく上昇するわけではない。研究者によると、南極西部の氷が解けて大きな影響を受けるのはインド洋だが、アメリカの東西両岸にもかなり影響が及ぶ。

これは新たな研究成果だが、今後もさらに新事実が出てくることだろう。それに、氷が解けるのにどれくらいの期間を要するのかも、基本的な要因だ。これから数十年の間に一・五メートル上昇するとなれば、それは壊滅的な被害をもたらしかねない。だが何世紀もかかって上昇するのなら、適応できるかもしれない。しかし南極の打撃を受けやすい柔らかい下腹のあたりでは変化が急激で、保守的であまりあわてない研究者でも、警告を発したくなるほどだ。

アムンゼン海に注ぐ氷河の現状は、南極研究者の間では最もホットな話題で、私たちすべての運命に影響を及ぼしかねない。私たちはその意味合いを噛みしめると同時に、対処の仕方も学ばなければならない。この空白の地域の上空を七〇年あまり前に飛び、地名に名を残した人物についても、知っておく必要がある。彼は自らの冒険の意義を巧みに要約しているが、それを引用しておこう。

「南極から、できる限りのものを学ばなければならない。だが、決して南極をなめてかかってはいけない」

リチャード・バード（一八八八～一九五七）はアメリカの海軍提督で、軍人で飛行士にして探検家。一九三四年一月一七日に南極にやってきたころ、彼はすでに名高い英雄だった。彼はヴァージニア州の名家出身で、一二歳のときに一人で世界を一周し、遠隔の地に住む親類を訪ね歩いた。第一次世界大戦では勇猛に戦い、飛行機による大西洋横断も果たし、北極点も上空を通過したものの、わずかの差でチャールズ・リンドバーグに先を越された。

そこで南極に焦点を移し、すでに南極点の上空を通過していた。南極西部の上も飛行した（彼は氷床に妻のマリーの名を採って、マリーバードランドと名づけた。南極条約が締結される前は、多くの国が領土を取得しようと争ったが、南極西部はあまりにも不便な場所だったため、どの国も領有宣言しなかった。そのため、世界で最も広い「所有者なし」の土地だった）。

バードのこのときの目的は、ロス棚氷の上で越冬することだった。彼は船で物資を運び込んだが、ここから南極西部までは飛行できる距離だ。夏がやってきたら、ブランクになっている西部氷床を探検するつもりだった。

バードの隊員たちが越冬の基地にしたのはリトルアメリカと呼ばれるかなり堅固な施設で、沿岸に位置していた。バードは、直線距離で一六〇キロほど内陸の、現在サイプル海岸と呼ばれている場所に、小さな前線基地を造りたいと熱望していた。氷河流が、棚氷に集まってくる地域だ。バードは、南極の冬の内陸における気象状況を科学的に調べたいと考えた。それが沿岸の気候にどのような影響を与えるのかを、知りたかったからだ。彼は、南極で最初の内陸越冬基地を建設したい、と密かに狙っていた。

そこで彼はトラクターを連ねて、リトルアメリカから南方へゆっくり進んだ。クレバスの多い個所を避けながら、バリア大流氷の中心まで進むつもりだった。リトルアメリカから二〇〇キロあまり進んだ地点で大きな穴を掘り、雪の谷間に半ば埋もれる感じのプレハブ小屋を建てた。だが日程が遅れたため、追加の資材を運んでくることができず、当初、予定していた三人で越冬する設備が準備できなくなった。そこでバードは、必要な品々だけを空中から投下してもらい、単独で越冬することにした。

現在でも、南極での冬をただ一人で過ごすことは容易ではない。私が訪れたどの国の基地でも、基地から目の届かない遠くに出かけるときには、だれかが同伴することを義務づけられていた。バードの時代、長い暗闇の時期にもし何か具合の悪いことが起きても、救助に駆けつけることは不可能だ。バードの決意は、異常なものだった。おそらく当時の彼は、資金集めのために頭を下げることにうんざりしていたが、借りを返して次の計画を立てる必要もあったのではなかろうか。

彼は、次のように書いている。

南極のバリア大浮氷でひと冬を過ごし、寒くて暗いなか……私は勉強し、考えにふけり、蓄音機《フォノグラフ》で音楽を聴く時間が十分にあるはずだった。七か月も、このような状態が続く。……私は、思い通りの生活ができるはずだった。資金を請い歩く必要はないし、風と夜と寒さのなかで、だれにも媚びることなく、自己流に過ごせばいいのだから。

最初の数日間、彼は料理の本を持ってこなかったことを後悔した。彼はそれまで、自分で料理をしたことなどなかったことを悔んだ。彼は日記のなかで、「コーンミール騒動記」について書いている。フライパンにコーンミールを入れすぎたため、「火山爆発」を起こしてしまったのだった。「ストーブの上からあふれ出し、天井まで跳ねた。私も頭から足まで、コーンミールだらけになった。断固として迅速な行動を取らないでいたら、私はコーンミールのなかで溺れていたことだろう」

彼はフライパンを摑むと貯蔵庫のトンネルのところまで走り、ぶちまけた。しばらくブツブツ音を立てていたが、やがて凍って騒ぎは収まった。

バードはこのような話を、週に三回リトルアメリカの仲間たちと無線で交信する際に、淡々と伝えた。彼のほうでは仲間の声を聞くことができたが、彼のほうからはモールス信号で一語一語、苦労して打たなければならなかった。仲間たちは、バードの打ちミスを笑いものにしていた。バードのメッセージはシカゴで開催中だった世界博覧会(一九三三年)でリトルアメリカを経由して、ときどきライブの花火文字の形で公表された。仲間のチャーリー・マーフィーは、無線でバードにこう伝えたものだ。

「あなたのメッセージをそのまま流したら、シカゴは大火(一八七一年)以来の混乱に巻き込まれてしまいます」

バードとリトルアメリカ基地との間には、取り決めがあった。定期交信に二回も応じないことがあれば、以後は毎日、交信を試みる。それでも交信できないようであれば、心配は募る。しかし、それは杞憂《きゆう》に終わった。彼は毎朝、小屋の木のハッチを押し開けてバリアの戸外に出、気温と風の具合を観測していた。連続する暗黒が訪れ、やがてそれが終わった。星とオーロラの時期が来て、それも消えて陽光が戻った。日没が再開された五月五日に、バードはこう記した。「私は長いこと空を見つめ、こう結論づけた。『このように美しい光景は、どこか遠くのもっと危険性の高い場所のためにとっておいたほうがいい。そしてこれをぜひとも見るんだ、と決意している人のために、自然は優遇して犠牲を払わせないよう取り計らってしかるべきだ』」。

この時点では、彼は自分がそのような犠牲を払わなければならなくなろうとは知る由もなかった。

最初のうち、彼はニアミス程度だとたかをくくっていたのだが、やがて彼もおおごとになりそうな気配を感じはじめた。気づいたきっかけは、無線のアンテナ近くにある雪橋に足を載せたときだった。隠れたクレバスにはまりかけたが、奇跡的に落下の難を逃れた。次はスキーを楽しんでいたときだが、無意識のうちに旗を立てた一線を越えてしまった。だが、なんとか帰り道を見失わずに戻ってくることができた。また、吹雪のときに外に出たところ、ハッチがバタンと閉まってしまい、なんとかこじ開けて暖かい室内に戻るまでに一時間も苦闘した。

何か具合の悪いことが起きたら助けにきてもらえない、という懸念は強かったものの、これらのように無線連絡がつけられない状況でトラブルが起きれば、手の打ちようがない。さらに、極寒の暗闇のなかでトラクターが動けたとしても、時間的に間に合わない可能性もある。それまでも彼は、仲間の命を危うくするような行動は慎しむよう、強く諭していた。

だがバードは、運や神が自分に味方してくれると信じていた気配がある。ところがしだいに、気分の落ち込みが容赦なく襲ってきた。そのために目の奥が絶えず痛むようになり、絶望感を払いのけることがむずかしくなってきた。文明がもたらしてくれる気分転換が何一つないことが苦痛だ、と彼は改めて痛切に感じ、そう書き記した。日課の仕事はこなしていたが、のんきな気分は消え去っていた。

バードはまだ気づいていなかったが、彼は毒に冒されていた。越冬計画の最終段階で、彼はストーブを石炭から石油に変更した。このストーブは少しずつ致死性の一酸化炭素を排出したが、無色無臭なために気づかない。外気温はマイナス五六・七度まで下がるから、断熱空間のなかでストーブを焚き続けなければならない。ストーブは敵でもあるが、必需品だ。

やがて彼は意識を失い、温かいミルクをすることもできなくなった。いくらか口に入れても、吐いてしまう。ベッドに横になっているしかない。後始末もできないが、無線連絡だけはなんとか続けた。リトルアメリカの仲間に心配をかけまいとして、モールス信号でジョークを交えて文章を打ち、状況を隠した。

まだ、冬は半ばも過ぎていなかった。あと三か月は、太陽が顔を出さない。バードはこれまで、病の床に伏せるときは一人でいたかった。だがこのときは、だれかがそばにいて慰めて欲しかった。それでも、泣き言を言って、仲間が危険を冒してまで救出に駆けつけてくれることは望まなかった。オーストラリアの地質学者ダグラス・モーソンは、予測できなかった夏の事故で一人死の恐怖と闘ったが、バードは自ら志願して南極の暗黒のなかで単独越冬することを選んだ。彼はその点を、痛いほど自覚している。彼は、こう書き残している。

「これは私自身が言い出したことで、私自身の声がか細く聞こえる。『自業自得だよ』」

バード自身、これが科学の世界に大きな貢献ができるのかどうか、それほど自信を持っていたわけではない。巻き紙に記録された気温などの気象データにどれほどの価値があるのか、だれにも分からない。彼も遅ればせながら、自分の過剰な自尊心を自戒した。六月の半ばになると、ヴァージニア生まれで気位の高いバードも、ベッドのなかで人しれず涙した。意欲も希望も潰《つい》え、壁に顔を押しつけて泣いた。彼の心残りは、リトルアメリカに駐留する隊員たちや郷里の家族のことだった。彼は、遺書をしたためた。

彼は自らに鞭打って計測を続け、食べものもなんとか飲み下した。彼はストーブが体調不良の原因であることに気づいたため、毎日できる限り使わずにすませるよう頑張った。床に吐き戻した反吐《へど》は、凍り付いている。霜が、小屋の壁の内部を這い上がっている。交信では相変わらず心配をかけまいとして弱音は吐かなかったが、かなり参っていた。

隊員たちはバードの性格を知っていたから、だまされていたわけではなかった。六月の末、隊員の一人が告げた。何台かのトラクターの整備が完了したので、気温が少し上がれば、隕石の調査に出かける、とさりげなく陽気な調子で伝えた。太陽が覗くようになると、風景の条件が悪くなる。帰途に就く前に、そちらに寄って体制を整えたい、とのことだ。バードは、動揺した。これはつまり、救出に違いない。だが自分の命を救うために、隊員の命を危うくするようなことを承認するわけにはいかない。

しかし最終的にはこの行動にOKを出し、時期は七月半ばと指定した。ただし道中、道に迷うなどの困難が生じるとか、天候が悪化すれば引き返す、という条件つきだ。バードの心には希望の灯がともったが、その希望は二度にわたって潰えそうになった。彼は大儀な体に鞭打って、やってくる連中のためにビーコンの赤い標識灯を高い位置に掲げた。地平線の彼方に彼らが近づいてきた光が見えたかのように何回も感じたが、いずれも星の光か幻想だった。二度このような体験をしたあと、彼が日誌に記しているところによると、マグネシウムの曳光灯《えいこうとう》も燃やした。「闇のなかに一〇分ほど青い空間が浮かび上がったが、それが消えるとまた漆黒《しっこく》の闇で、孤独感がいっそう募った」。重い気分で小屋に戻り、交信の際に確かめると、彼らは途中であきらめて引き返さざるを得なかったという。

三度目の試みで、リトルアメリカからの連絡によると天候は上々で、トラクターも走行できそうだという。ところがあと四八キロの地点からバードは交信できなくなった。それとともに、希望も消えた。しかし、ビーコンののろしは灯《とも》し続けた。そしてついに、やっとのことで、応答する明かりが見えた。こんどは、明かりは消えなかった。南極の闇の静寂を破って、クルマの大きな音が聞こえた。やがて、一台のトラクターと三人の姿がシルエットで見えた。一人がトラクターに登った。バードは、手を振って叫んだ。

「やってこい。温かいスープを用意してるぞ」

ところが彼は、はしごを下りたところで昏倒してしまった。

バードが体力を回復してリトルアメリカに戻るまでに、二か月を要した。それからしばらく経って自信を回復した彼は、南極西部の未知の土地を空から偵察・測量する仕事を再開した。だがこのあたりは現在でも謎が多く、相変わらず脅威が支配している。

バードは、厳しい教訓を得た。――彼はそれ以後、南極を過小評価することはなかった。だが、私たちも正しい教訓を得たかどうかは、定かではない。私たちは遅まきながら南極西部における氷河の複雑なメカニズムを最近になってわずかに分析しはじめたばかりだ。南極大陸は、もう一つのワイルドカードをテーブルの上に放り投げた。それは氷ではなく、解けて水になり、噴出しそうな貯水池である氷底湖だ。

氷河学者のスラウェク・トゥラチャイクは、氷河流を目の当たりにしたことはなかった。したがって、その上に立ったこともない。彼はカリフォルニア大学サンタクルーズ校の研究室で、ひたすら分析を続けてきた。彼は大氷河からはるかに離れたところで一〇年も研究してきたから、その性質については熟知していた。しかし、大きな思い違いもあった。サイプル海岸の氷河流を上空から計測した、一九九八年と二〇〇〇年のデータがある。航空機からレーザー光線を照射して、氷の厚さを測る。ところが二〇〇〇年のデータによると、二年前と比べて四メートル近くも厚くなっていた。新たにそれだけ雪が降り積もったとは考えにくい。何か下からの力が加わって、持ち上げられたと考えなければ、説明がつかない。

衛星によるデータが入手できた。衛星は、一九九七年にこの地域の上空を何回か通過している。九月二六日と二四日後のデータを比較すると、その間に氷の高さが五〇センチも低くなっている個所があることをスラウェクは発見した。氷河流の周辺では、ほかにも高くなったり低くなったりの個所が散見する。

「これらの数字を、どう解釈すべきなのか。氷の表面の高さが、それほど短期間に大きく変化するのは不思議だ」

と、彼は考えた。彼もほかの専門家も、考えられる要因は一つしかない、と推論した。

水だ。氷河流の下に水が流れているに違いない。空洞を水が埋めて膨らんだり、水が引いてしぼむというリズムを繰り返しているのではないか。そのために、ジャッキでクルマを持ち上げるように、氷の高さを上げ下げして変えているのではないか。

しかし、どのような状況でそのようなことが起こり得るのだろうか。氷の表面温度はマイナス五〇度以下だ。この固い氷の鎧《よろい》の下に水が流れていて、氷を上下動させることなどあり得るのだろうか。

　スラウェクの仮説は、ナンセンスに思えるかもしれない。一九六〇年代以降、似たような発見資料が存在した。だれも目にしていないし触ったこともないが、南極の地殻《マントル》の下、暗黒の氷と岩盤の接点付近に、水をたたえた隠れた湖がいくつもあるらしい、という。これは氷の下、何キロもの場所に存在していて、何十万年、あるいは何百万年も陽の目を見ていない。不思議な現象だが、研究者たちは氷底湖の存在を是認している。

　氷の下は凸凹だから、氷の表面にも高低ができる。下に山があれば、その形に盛り上げる。谷があれば、引っ込む。下に湖があれば湖面は平らだから、上の氷も平たくなる。したがって、隠れた湖を見つけるには、平らな地形を探せばいい。

現在では、何百もの氷底湖が見つかっている。別に、驚くには当たらないのかもしれない。上部には厚い氷の蓋がかぶさっているし、下からは地熱で温められるから、容易に融点に達する。その近辺に窪地があれば、水がたまって湖になる。これほど数が多いとなると、研究者たちの南極観も変わらざるを得なくなった。

いま確認されているところでは、氷底湖の数はおよそ四〇〇個（正確にいえば、二〇一一年の時点で、三九七個）。最初に見つかったのは一九六〇年代で、かつては苦労して上空を飛行して発見したのだが、いまでは衛星のデータで次つぎに見つかっている。コンコーディア基地（フランス・イタリア）の地下にはいくつかの氷底湖があるし、南極点の地下には少なくとも一つが確認されている。有名なのは、ヴォストーク基地（ロシア）の下のものだ。オンタリオ湖（アメリカ・カナダ）ほどの面積があるが、深さは倍もある。真水の湖としては、世界で七番目の大きさになる。

これは、かなり興味を引く話題だ。科学者たちも、穴を開けて、何か生物がいるかどうかを確かめたいと考えている。だがこれらの湖が互いに連結しているとは、思いもしなかった。ごく、最近までは。

この点に関しては、疑問もあった。しかし、ダンカン・ウィンガムが突破口を開いた。彼は衛星のデータを使って、パイン島棚氷の高さを計測していた。その過程で、南極東部の氷の一部分が三メートルも窪んでいることに気づいた。同時に、近くのいくつかの湖では、それぞれ一メートルほど水量が増えている気配だった。ダンカンが衛星データを一年あまりさかのぼって調べてみると、目には見えないがテムズ川ほどの川につながる一つの湖が干上がり、二つが満水になっていた。

ダンカンの論文が発表された直後の二〇〇六年五月、スクリップス海洋研究所のヘレン・アマンダ・フリッカーが、新たな発見をした。サイプル海岸では、この二年間に九メートルも沈下した場所があるという。さらに、沈下したのは平らな地形で、新たな氷底湖も一つ見つけた。だが、水はたたえていなかった。サイプル海岸の地図を作ってみると、地面が陥没したり隆起している個所が一四も見つかり、地下で水が移動していることが分かった。

このような変化は、あちこちで起きていた。南極大陸の各地に隠れた湖があるようで、水が満ちたり枯渇したりを繰り返している。空になりっぱなしのものもある。地上を流れる川と同じように、地下を移動している。ある湖がいっぱいになってあふれると、別の湖に移る。だが、「流れ落ちる」という表現は、ここでは適切でない。天井の氷床からかなりの圧力を受けているため、地上の山や谷における水の流れとは違った動き方をする。具体的にいえば、南極の地下という不思議な世界では、山の斜面を湖が流れ落ちることもあるが、滝が上に向かって崖を登り、逆流することさえある。

しかも氷河学者を驚かせたのは、水の流れの速度だ。氷の下では、流れを阻止するものは何もない。ドン・ブランケンシップは、研究の現状を次のように要約した。

「何百万年もかかって作られてきた法則なんだから、数か月で解明しろ、といっても無理な話だ。この意味合いは、まだだれも理解できていない」

つまり、疑問点は氷底湖だけではない。ドンの教え子であるサーシャ・カーターは、先生が沼や湿地かもしれないと考えていたタイプもすべて湖に該当すると考えて、新たな氷底湖を数多く発見した。水面は平らで静かなのかというと、かなり波だっている。ドンは「波騒ぐ湖《ファジー・レイク》」と名づけたが、近接する地面の揺れが伝わって静かではいられないのだろう、と推測している。これらの湖は一定の周期で満杯になっては、水路を伝って別の湖に流れていく。

　最新の研究では、南極の氷の下にある水量は、地下のものでは世界最大だと見られている。いま把握されている数字が正しいとすれば、南極地下の水量は、地上のすべての河川、湖沼、池を合わせた総量を上回る。

　これは、驚嘆すべきことだ。同時に、恐るべきことかもしれない。ドンは、こう危惧する。

「これは、移動する潤滑油のような役割を果たしている。このおかげで滑りやすくなり、氷床がくすぐられないとも限らない」

　たとえば、メイン大学のリー・スターンズは、南極東部のバード氷河は年単位の流速が速まっていることを確認している。そのスピードアップに伴って、近くの氷底湖は枯渇した。ニューヨークにあるラモント・ドハティ地球観測所のロビン・ベルが突き止めたところによると、南極東部でウェッデル海に注ぐリカヴァリー氷河の流れが速まった段階で、いくつもの氷底湖を見つけ出した。氷底湖の存在が潤滑油の効果を発揮し、氷河の下にある沈殿物が流れを加速したものと、ロビンも解釈している。彼女は、こう評している。

「南極は、二つの顔を持っているみたい。一つは外の世界に向けた顔、もう一つは内向きの顔。この後者のほうが、重要性を秘めている感じ」

　私は、まだ決定的な結論は出しかねている。南極大陸は人を寄せつけない厳しさを持っていて、寒いしドライだし、万事ゆっくりだ。それなのに、心だけは暖かいのだろうか。外見的にはまったく変化がないのに、地面が高くなったり低くなったり、地下では水が増したり減ったり、流れが絶えない。それに伴って、氷も動く。それが私たちにも大きな影響を及ぼしそうだ。氷は、私たちが考えている以上に壊れやすいのかもしれない。地下の活発な活動が、私たちの南極における研究活動を促進し、それが氷の動きを活性化して、氷河をどんどん海に落としている可能性もある。

とにかく、思わしくない状況だ。だが、興味津々だ。隠れた顔を覗いたら、どのような印象を受けるのだろうか。暗黒のなかに湖や湿地があって、洪水のような奔流があり、上に向かって滝が登る風景の素顔とは？

だが一か所だけ、南極の氷のお面が剝がれている個所があることが分かった。南極のドライヴァレーで、ホー湖やビーコンヴァレー、バトルシップ・プロモントリーなどがある場所だ。この世のものとも思えない風景のため、NASAの科学者たちはここで火星の風景を思い起こした。そこでは、特異な生命体が特異な方法で生き延びている。湖の氷のなかにも、岩の隙間にも、氷河の上部にある穴のなかにも。それらの研究をもとに、生物学者たちは地球外の生命体はどのようなものであるか、にも思いをめぐらす。このドライで古代の面影を残す地形も、私たちに身近なものを合わせ持っている。

メイン大学のジョージ・デントンは、南極の大ベテランだ。彼は、情景をこう説明する。

「流れの跡が見えるだろう？　あそこにむかし大きな滝があって、えぐられた波食棚がある。水が流れ出た個所には、さざ波が立っていた。いまでは、巨大な空滝だ。いまわれわれは、いわばナイアガラの滝が落ちはじめる場所に立っているわけだ」

彼の巧みな解説によって、過去にどのようなことが起こったのかがよく分かる。彼は、もう何十年もこの研究を続けている。ドライヴァレーを彼は知悉《ちしつ》していて、おそらく自分の手よりよく知っているのではなかろうか。

私は前にビーコンヴァレーでデイヴマーチャントに会ったことがあり、彼は古代からの氷の層について説明してくれた。ジョージは、そのデイヴとも共同研究したことがある。実はジョージはデイヴが大学新入生のころに教えた学生で、博士号を取る際の担任教授だった。二人とも、ドライヴァレーもむかしはいまほど乾燥していなかったことを承知している。一月末のある晩遅く、ジョージは私をドライヴァレーにヘリで案内して解説してくれた。太陽が低くて長い影を引く時期で、マクマード基地のまともな面々はベッドに入っている時間だった。

思い出に残る旅だった。マクマード基地から湾を横切ったマーブル岬で給油し、グレーになったフリクセル湖の上を通過し、新雪をかぶったカナダ氷河をまたぎ、青色のクレバスをいくつも眼下に見た。さらにアスガード山脈を越える際には、チョコレート色の峰々の頂上を縫った。ジョージは副操縦士の席にすわり、丸く出っぱった窓から盛んに写真を撮っていた。私は後部座席にすわり、パイロットのグレッグ・レイバートの説明を、ヘッドフォンで聞いていた。

「大丈夫、山には突っ込まないから」

「そう願うわ」

「それは、ごめんこうむりたいもんね」

そんなやりとりをしながら、ヘリはセピア色に染まった壮大な山や渓谷や氷の上を飛び続けた。さらにオリンパス山脈を越え、広大なマッケイ氷河を通過し、バトルシップ・プロモントリーの壮大な砂岩の崖の近くに着陸した。

クリス・マッケイは、このあたりの岩の間で、緑色の細い筋状の微生物を発見した。岩の表面には、もう一つのもっと大きな秘密が隠されていた。ジョージが連れて行ってくれたのは、巨大で想像を絶する氷の下の奔流だった。

私たちが立っている淡い色の砂岩の崖は、ほんの数メートル先で急峻な断崖になる。私は、乾いた小石が九〇〇メートルも落下する崖っぷちの様子を探りたいと、首を伸ばした。

「樽に入っても、転げ落ちたくはないわね」

ジョージはジョークには取り合わず、熱心に説明した。

「ここにも、滝があったんだ。分かるかな。崖の端まで行けば、確認できる。下に滝壺が見えるだろう？ そこから凸凹の地形が続く。三角錐のように尖ったのが、ずっと連なっている。すごい景観だろう？ まるで、B52爆撃機でじゅうたん爆撃されたみたいだ」

確かに息を呑む光景だ。私の素人目にも、これは刮目《かつもく》させられる乾いた滝壺であることが、はっきりと分かる。私は、尋ねた。

「どのようにして、このようなものができたんでしょう？」

ジョージが、説明してくれた。

「水の力だよ。ヘリが駐機している裏のあたりから流れがここにつながり、滝になって落下し、岩が摩滅して滝が後退するにつれて、滝壺が広がった。この周辺には、似たような涸《か》れ滝が何千もある」

崖の別の場所に回ると、瓦礫《がれき》の斜面があった。へこみや滝壺が、もっと大きい。ジョージは、こう評した。

「ワシントン州のスカブランドにある涸れ滝や、氷河に削られたグランド・クーリーを連想させる」

スカブランドに行ったことはないが、写真では見た。荒涼とした広大な景観が、地質学者たちを何十年にもわたって魅了してきた。巨人がしゃにむに地面を掘り起こしてそのへんにぶちまけた、という感じだ。スカブランドは最後の氷河期にできたもので、当時は氷床がカナダの大部分を覆い、やがて氷が解けていくつもの大きな湖を作った。それが、洪水ももたらした。ジョージによると、それに似た状況がここでも起きていた。

「ここも、洪水によって土地が浸食された。あちこち、地面がひっくり返されたような感じだろう？　表面がかさぶた状で、窪みもたくさんある。水流の跡が枝分かれして、遠くには突起も連なる。これは決して氷河跡の典型的な風景ではなく、別の要因によるものだ」

「分かります。水が造ったものだ、と思えますね。でも、どうして氷の下に水があることが分かったんでしょう？」

「水流の元を、ずっとたどってみた。ヘリでも追い駆けてみたが、必ずしも地下に潜っているとは限らない。二〇〇〇メートル級の、山頂に行き着くんだ。氷だけが、水を山頂まで押し上げる要因ではない」

そのメカニズムは、こうだ。私が間近に見た涸れ滝は、単なる「元ナイアガラ」ではない。氷床の重さと圧力で、上向きの滝が生じる。つまり間欠泉《かんけつせん》のように吹き上がり、特異な風景が現出する。この現象は、南極の隠れた顔が、たまたま表面に現れたものだ。

私たち三人は、三〇分ほどこのような風景のなかに身を置いていた。そのあと瓦礫を踏みしめ、涸れ滝の斜面を下って行った。南極ではよくあることだが、距離感が摑みにくい。この滝壺にしても、深さ三〇メートル、それが逆円錐状にすぼまっていく。水流が、ここに収斂《しゅうれん》していることが分かる。合流地点では渦巻きができ、水のエネルギーが岩を割る。

この水流の速さを、デイヴ・マーチャントは水路の大きさや岩の摩滅具合から、秒速一・六メートルと推定した。水量は豊富だ。数年前まで、この水はいったいどこから来たんだろう、という疑問を口にする人が多かったに違いない。現在では、南極の凍った表面の地下には、ふんだんに水があることが知られている。ヴォストーク湖があふれただけで洪水が起きるし、氷底湖の一つ半もあれば、地下水路は満ちあふれる。

別の兆候も見て取れる。このあたりに水が流れていたころには、上部には氷の蓋があった。ところがいまでは、水流が枯渇したかのように、流れが消えてしまった。岩盤に氷が密着していれば、水流は妨げられる。だが完全にブロックされるとは限らず、氷にひびが入り、頭上の氷河に到達することもある。「空中支流」ができて浸透していったり、周囲を解かすこともある。とにかくこの情景は、私が見たなかでも指折りの絶景だった。

帰途は別のルートをたどり、こちらでも過去の大洪水の名残《なごり》を見た。ライトヴァレーという渓谷の先端にある「ラビリンス（迷路）」と呼ばれる場所だ。南側には、白い極点高原の端が見え、周囲はほぼ崖が取り巻いている。一か所だけ氷の帯がつらら状に垂れ下がっているところがあって、その裾が広がってライトアッパー氷河になっている。その端が光っていて、岩盤の茶色い玄《げん》武岩《ぶがん》の引っ掻き傷のように見える。その先に複雑な地形をしたラビリンスが広がり、流れも四方八方に延びている。高い個所を流れる水面は、夜中の太陽を受けて金茶色に光っている。窪んだ部分は、影になって黒い。ジョージが、ヘッドフォンを通して大声で言った。

「下を見てごらん。滝と、滝壺が見えるだろう？　水が落ちてると想像すればいいんだ」

指摘されるまでもなく、私も気がついて眺め下ろしていた。

デイヴ・マーチャントが、ラビリンスを熱心に研究していた。複雑な水路をたどるとともに、重なる地層をもとに歴史をさかのぼって調べた。彼はジョージと共同でドライヴァレーの水路地図を作成していた。二人は噴火の灰によって地層の年代を割り出し、何がいつ起こったのかを特定しようと試みている。この地形はきわめて古いものだという点で、二人は一致している。おそらく何回も洪水が起こったが、最後のものは一二〇〇万年か一四〇〇万年前のことだと思われる。その後は、なんの変化も起きていない。

その推定年代は、ここの頑健な氷床の年代と合致する。地上ではツンドラが消えて氷がはびこり、暖かくて湿った温帯気候から、岩場に氷が付着する気候に変動した。氷の面積は、おそらくいまより広かったはずで、いまは減少している。ただし氷が岩盤に張りついたため、閉じ込められた水流が、脱獄したかのように激しく噴出する状況が生まれた。

洪水はそれほどひんぱんに起こったとは思われないが、起こったときには大規模なものだったに違いない。岩を削るほどの勢いはあったとしても、ロス海の水位を大幅に上げるほどのものではなかったはずで、せいぜい一、二センチくらいのものだったと思われる。だがディヴは、微妙な気候変動はもたらしただろう、と推理している。

なぜかといえば、ロス海はいくつもの海流が混じり合う個所で、熱帯の温かい水温と南極の冷たい水温をミックスして中和し、世界中に運ぶ複雑で重要なベルトコンベアの役割を果たしているからだ。ここで氷が作られるから、残った海水は塩分濃度が高く、比重が重い。したがって深くに沈み、ベルトコンベアは動きやすくなる。しかしその表面に真水を注ぐと、混乱が起きる。ディヴはまだ証明はできていないが、ドライヴァレーで滝ができたころ、好ましくない気候変動の下地ができた、と感じている。

幸い、一二〇〇万年かは、好ましくない気候変動は起きていない、今後もしばらく起きる気配はない。だがこの話には、さらに別のひねりがつく。海軍の地質学者ジョン・アンダスンは、海底でもラビリンスのような地形を見つけた。その場所がなんと、パイン島湾のまんなかだ。これは、脆弱な場所なのだろうか。人間が活動してエネルギーを使い、水温を上げたためなのか、氷が浸食されつつある。やがて水門が開かれて、洪水が起きるのだろうか。

南極というミステリアスな大陸の沿岸で、いつの日かまた大洪水が起こり得るのかどうか、だれにも分からない。研究者たちは日々データを集めて研究を重ね、解明に一歩ずつ近づきつつある。いまだに断定できないのは、私たち人類は氷を解かす方向に加担しているのか、それとも守るほうに加勢しているのか、という点だ。はっきりしていることは、この氷だらけの光景は決して永劫不滅ではなく、いつまでも生物がいない状態が続くわけではあるまい、という予測だ。現時点では、暖かさが戻りつつある。もちろん、もし南極が熱帯に戻ることがあるにしても、膨大な年月が必要だ。だが、そちらの方向に向かいはじめている。すでに南極半島では、想定範囲をはるかに超えるスピードで温暖化が進んでいる。南極のほかの地域でも温暖化現象が現れていて、研究者たちは天然現象だとは考えにくく、人為的なものだという懸念を強めている。

科学のおかげで、私たちは南極大陸の現状をかなり把握できるようになった。もしこの本を北半球の夏にお読みであれば、南極のペンギンのオスたちは、氷の崖でブリザードと闘いながら、互いに身を寄せ合ってゆっくり回転しながら、抱卵を続けていることだろう。貴重な卵を微妙なバランスで脚の上に載せ、太陽が上がる季節を待ち、パートナーのメスが戻ってくるのをひたすら待ち焦がれ、自分がエサにありつける日々を待って堪え忍んでいる。

もし読者が北半球の冬に読んでおいでなら、南極大陸には陽光が降り注いでいる。シロフルマカモメが岩場の巣をめぐって争奪戦を展開し、アデリーペンギンは短い夏の間に出産・育児を終えるためにハッスルし、科学者たちも広大な南極大陸のめぼしい地点に焦点を定めて、氷からさまざまな断片情報を得ようと活動している。

南極半島では氷の解け方が加速していて、棚氷がゆるんでいる。南極西部では、水温の上がった海水が、絶えず棚氷の柔らかい下腹をくすぐっている。

将来は、どうなっていくのだろうか。そのカギの一部は、私たち人類が握っている。捕鯨産業が復活することは、もう考えられない。だが南極大陸の資源開発が問題になったとき、南極条約がそれを防ぎ、だれもが手を引いてくれるという期待感はある。

しかし、そのようなシナリオはあり得るのだろうか。南極における資源開発には、大きな困難を伴うからだ。大陸のなかで氷に覆われていないのは、面積の一パーセント以下だ。石油資源が枯渇してくれれば、南極の資源探査が魅力的になるだろう。沖合で採掘することは可能かもしれないが、氷山の脅威がつねにつきまとう。陸上における採掘には、計り知れない困難が伴う。

もしここで掘削が可能だとしても、南極の魔力が人びとの気持ちを変えてしまう状況は、いまでも払拭できない。イギリスの科学者たちは、南極の上空でオゾンホールを発見した。最初は疑問視されたが、真実であることが分かると、たちまち国際協力のコンセンサスができ、原因物資であるフロンガスの使用が禁じられた。そのおかげで、オゾン層は復活しつつある。

人類が常住していないこの大陸は、いいことも悪いことも、私たちにいろいろ教え続け、人類の連帯感を深めてくれるのではないだろうか。私は、そう願っている。もし私たちが温室効果ガスを放出し続ければ、地球は温暖化し、氷はどんどん解け、水位は上昇する。放出をやめれば、おそらく悪循環は避けられるか、少なくとも軽減される。私たちの選択にかかっている。

二人の人間を、氷は極限にまで追い詰めた。彼らは体験を記録し、最終的な分析で重要な教訓を会得した。リチャード・バードがベッドで涙をこぼしながら、妻に最後の手紙と考えて書き綴った一文のなかで、彼はスコットの最後の日記を思い出した。ほかの文章の上に、彼はこう記していた。「神さま、どうかわれわれ人類をお救いください」。バードも以前は同じことを考えたが、もう少し理性的に表現した。せっぱ詰まったときに、彼はこう書いた。

「人類は単純な真理を理解するために、これほどの艱難辛苦を堪え忍ばなければならないのは、なんとも哀れなことだ」

南極点で何回も冬を過ごしたジェイク・スピードも、同じようなことを書いている。私が彼に会ったあと、ジェイクはグリーンランドの北部で冬を過ごし、サバイバル用の衣類がない状態で嵐に遭遇した。救出されるまでの三日間、彼は地獄のなかで死闘し、両足と片腕も失った。彼は苦境のなかで、新しい妻や家族、友人たちのことを思い続けた。最終的に重要なのは、仲間だ。地の果てに行って見つけるのは鏡に映った自分であり、自明の理であり、すでに知っていたはずの事実や道理の確認だ。リチャード・バードは、インテリらしくそれらをわきまえていた。そして南極を体験したあとには、それが勇気や決断力として血肉になる。

南極の現地で私が体験者たちから聞いた話を総括すると、人びとは大きく他人に依存しなければならないために、周囲の人はもちろん、たとえ遠くの基地で会ったこともない人とも、それぞれの国に戻ったあとも、緊密な連帯感を保つ。純粋で何もない場所で暮らせば、人間のおごりや傲慢《ごうまん》さは消える。自然の力に阻まれる経験を積めば、自分たちの存在がいかにちっぽけなものであることを学ぶから、人間などはかないもので、とても威張れたものではないことを悟る。

怖いところだ、という印象を持つ人もいるだろうが、私は一種の安らぎを覚えた。南極大陸のしつこさや執念深さは、私たちの言動の常識を超えている。私たちが探し求めれば、警告は発してくれる。それに基づいて行動すれば、惨劇は避けられる。南極自体は、決して脅威ではない。

私は、その点がとても気に入っている。南極は、とにかくでっかい。面積ばかりでなく、テクノロジーのうえでも人間の力の面でも、建設するにしても破壊するにしても、まことに手強い。氷がどんどん解けていけば、南極西部は列島になってしまうかもしれない。すべての氷が解けなくても、水位が上がれば世界の沿岸諸都市は水没の危機にさらされる。

たとえ氷が解け切っても、南極大陸がなくなってしまうわけではない。太陽は、長い年月が経てば自然に過熱していく。何百万年か先には、人間がどうあがいたところで、白い大陸はふたたび緑の大地になるのかもしれない。人類は、その姿を見られない公算が大きい。だがその光景を目にする生物は、きっといるに違いない。

訳者あとがき

むかし私が日本旅行作家協会で活動していたころ、仲間の一人に何回も南極に行った男がいた。うらやましかった。「ボクも南極に行って、ペンギンと握手するのが夢だよ」と言ったところ、彼はこう答えた。「ペンギンに接触することは禁じられてる。でも連中は好奇心が強いから、向こうから近づいてくるよ」

この本にも、著者にどこまでも歩いてついてくるペンギンの話が出てくる。

私の南極に対する憧れと関心は、よくあるように、初期探検家たちの物語にも向けられ、シャクルトンの伝記を読んで感動した。スコットの悲劇を描いた『世界最悪の旅』(朝日文庫)は、いまも手元にある。そのような素地があるので、この原著のイギリス版が二〇一二年の三月に出たとき、早い時点で読んだ。

Gabrielle Walker: *ANTARCTICA: An Intimate Portrait of a Mysterious Continent.*

メインタイトルは「南極」だけで、分かりやすいけれど、素っ気ない。ただし、サブタイトルに「親密なる肖像画《ポートレイト》」とあるのがいい。どれぐらい親しいのかというと、著者は五回も南極に取材に行っている。ゲイブリエル・ウォーカーは、化学の先生からジャーナリストに転じた女性で、理系の思考ができるし、おびただしい論文も読んでいる。私もジャーナリスト出身だから、彼女のルポの姿勢に共感を持つ。体験談の聞き書きのまとめがうまいし、好奇心も旺盛だし、「何でもやってみよう」という意欲にも満ちている。つまり、私はこの本に惚れてしまい、自分で日本語化したくて、レジュメを書き、試訳もやって売り込み、柏書房が賛同してくれた。

本書は、二〇一三年一月に出た後発のアメリカ版に基づいて訳出している。イギリス版の重複した個所をいくらか削って、すっきりした。英米とも、アマゾンのカスタマー・レビューでは好評で、ともに五つ星が多い。イギリスの読者で、「終わっちゃうのが惜しい。もっと読んでいたかった」というのがあって、同感。「翻訳が終わっちゃうのが寂しい」。アメリカの読者には、「ナショナルジオグラフィック誌の超ワイド版」というのがあって、これまた同感。とても優れた、ルポ文学になっている。訳出に当たっては、第Ⅱ部を妻の怜子に頼み、私が文章や表現を統一した。

南極は北極と違って、南極条約があるおかげで、「どの国の領土でもない」し、資源の開発も禁じられている。認められているのは科学研究だけだ。いまのところ、この原則は守られている。人類が定住したことのない唯一の大陸で、最後のフロンティアであるとともに、地球温暖化の兆候が顕著に現れている先端的な場所だし、地球の過去・未来を探るホットスポットでもある。この本にはペンギンやアザラシなど、なじみのある生きものの話も出てくるし、生物多様性の興味ある話も紹介されている。私はこのドキュメンタリーの邦訳に関われて、爽快感を感じている。柏書房編集部の山崎孝泰氏に、感謝したい。山崎氏とは、私の前の訳書『いま地球には不気味な変化が起きている』に引き続いてコンビを組むことになった。この二作には、共通項があって、グローバルな人類の未来を多角的に考えさせてくれる。

なお、アメリカではキンドル版が出ているし、イギリスではペーパーバックも発売された。

著者が要望に応えて、「日本の読者のみなさんへ」を寄せてくれたことに感謝する。

二〇一三年初夏

仙名　紀

2004	ヨーロッパのコンソーシアムEPICA（南極における氷の円筒形標本採集）が、ドームCで続けていた氷床コアの採集を中断。長さの点ではヴォストーク基地のものにはやや及ばないが、8回の氷河期を経たものを採取。太古の小さな気泡から、温室効果ガスの濃度が高い時代には温暖化が進んでいて、相関関係が深いことが確認された。現在の二酸化炭素の濃度は、ここ80万年間には見られないほど上昇している。この年で、契約雇員のジェイク・スピードは南極で5回の越冬をして、新記録を作った。この記録は後に破られたが、連続5年の記録はただ一人で、破られていない。
2005	フランス=イタリア合同のコンコーディア基地で、初の越冬がおこなわれた。南極高原では、新規の越冬施設はおよそ50年ぶり。この年、アメリカの研究者が、南極の隠れた顔を発見。多くの氷底湖が互いにつながり合っていて、流れや滝を生んでいる。湖の水は満杯になったり枯渇したりを繰り返し、それにしたがって氷床は上下動する。 南極半島の各基地の観測によると、気温は5年間で2.8度も上昇し、世界平均の3倍ほどの速度で温暖化が進んでいる。
2009	中国が、夏だけの施設「崑崙」を、大陸内部のドームAに建設。ドリルによる、さらに深い氷床コアの採取に意欲的。
2011	氷床コアを採取している南極西部氷床のワイス・ディヴァイド・プロジェクトでは、大陸で最深の個所からコアを採取。このあたりの氷床はかなり脆弱だが、この分析によって地球史がさらに明らかになり、今後の方向性も示唆されるのではないかと期待される。

1961	12か国が調印した南極条約が発効。それまでの各国の領有宣言を凍結し、南極における活動を、科学研究と平和目的のものに限定した。
1969	南極の魚のなかに、不凍血液を持つ種があることを、アメリカの研究者が発見。この年、アメリカのプログラムによって6人の女性がはじめて南極点に立ち、腕を組んで記念撮影。
1978	南極半島にあるアルゼンチンのエスペランサ基地で、初の赤ちゃんエミリオ・マルコス・パルマが誕生。
1979	南極大陸ではじめて、火星の隕石を発見。ただし、即座に断定できたわけではない。
1981	世界で最初の月の隕石を、南極大陸で発見。このときまで、ほかの大きな惑星や衛星から隕石が降ってくるはずはないと考えられていたが、これをきっかけに過去の隕石も見直され、原産地が不明とされてきた隕石も、火星からのものと断定された。
1985	ロン棚氷にあるイギリスのハリー基地で、イギリス人科学者たちが、南極上空でオゾン層が破壊されていることを発見。
1986	アルゼンチンの科学者たちが、ジェイムズ・ロス島で、南極大陸ではじめて恐竜の化石を発見。
1994	最後のイヌが、南極大陸から撤収。以後、南極条約にもとづいて持ち込みが禁じられたため、南極に移住してきた非原生生物で残っているのは、人類だけになった。
1995	アメリカの研究者たちの報告によると、ドライヴァレーの埋もれた氷は少なくとも800万年前のもので、しっかり凍結している。
1996	ロシアのヴォストーク基地で3600メートルの深さにある氷床コアが採取される。氷底湖を汚染させないよう配慮して、作業が進められた。長さの記録は2010年に南極西部で破られたが、ヴォストークのコアは、4つの氷河期にまたがっている。このサンプルは、気温の変化と温室効果ガス（二酸化炭素など）との密接な関係を明示している。
1998	人工衛星のデータに基づき、アメリカの研究者たちは、南極西部でアムンゼン海に注ぐ氷床が、驚くべき速さで後退していることを突き止めた。多くの論文が発表され、「南極の脆弱な下腹」が危殆に瀕していることが明らかにされた。
2002	アメリカ・ロードアイランド州ほどの大きさがあるラーセンB棚氷が劇的に崩壊し、地球温暖化の影響ではないかと議論を呼んだ。アメリカの研究者たちは、過去1万年に起きたことのない現象だと発表。

1909	シャクルトンと3人の隊員が南極高原に初登頂し、さらに南方まで進んだが、食料不足のため、南極点まで160キロの地点で断念して引き返す。
1911	12月、アムンゼンと4人の探検隊員が、人類としてはじめて南極点に到達。
1912	1月、スコットと3人の隊員が南極点に到達し、2番目の成功者になった。
	2-3月、スコット隊の極点探検の5人全員が、沿岸への帰路で命を落とす。
	オーストラリアの地質学者で探検家のダグラス・モーソンが、アデリーランドを探検し、はじめてほかの大陸と無線交信に成功。南極ではじめて、隕石を発見。東部へのソリ旅行でクレバスに落下。仲間の2人に加えて食料や装具も失うが、モーソンは生還。だが船の出航に間に合わず、海岸でひと冬を過ごす。
1915-16	シャクルトンが、徒歩による南極横断を試みるが、ウェッデル海で乗船した「エンデュアランス」が氷に閉じ込められて破壊され、隊員はエレファント島で野営。シャクルトンは5人の乗組員とともにボートで荒れた海にさ迷い出て、サウスジョージア島にたどり着き、救出を依頼。シャクルトンは救援隊を率いて、全員の救出に成功。
1929	アメリカのリチャード・バード提督が、3人の仲間とともに、はじめて南極点上空を飛行。
1934	バードが、ロス棚氷近くの小島に、天候観測のため一人で越冬。一酸化炭素中毒で命を落としかけたが、沿岸の仲間には告げず、太陽がふたたび顔を出す直前に救出される。
1935	ノルウェー捕鯨船長の妻カロリーネ・ミッケルセン、女性としてはじめて南極に足跡を残す。
1947-48	探検隊員の妻であるジェニー・ダーリントンとイーディス（ジャッキー）・ロンが、女性としてはじめて南極で越冬。
1954	オーストラリアが、モーソン基地を建設。南極圏で、現在まで持続している最も歴史の長い基地。
1956	スコットが最初の小屋を建てたロス島に、アメリカがマクマード基地を建設。
1957-58	国際地球観測年。中国を除く世界の主要国が、こぞって南極の科学的な調査に乗り出し、国際的な関心が高まる。南極大陸の科学探査元年、ともいえる。南極東部の高原に、ソ連のヴォストーク基地とアメリカの南極点基地が建設される。ヴィヴィアン・フックスが率いるイギリス連邦の南極横断探検隊が、ウェッデル海から南極点を経てロス海に達して横断踏破に成功。シャクルトンが果たせなかった大陸横断の夢を、40年後に達成。

南極の歩み

1億年前	南極大陸が南極点に漂着し、定着。超大陸が分裂した一部。温室効果ガスは現在より多く、気温も10度ほど高かった。
6600年前	巨大な小惑星の衝突により、恐竜が絶滅。南極の豊かな森林では、哺乳類が主役となる。大気中の温室効果ガスは減少し、地球は次第に冷却。
4000万-3500万年前	南極大陸が、オーストラリアおよび南米と分離。南極大陸は海洋の循環海流から切り離され、寒冷化が進む。
3400万年前	南極に、最初の大きな氷床が誕生。
1400万年前	さらに寒冷化が進行し、氷床が広がって定着。それ以後、ドライヴァレーの状況は不変。
1773	ジェイムズ・クックと彼の船員たちが、南極圏を航行。
1820	ロシア海軍の将校ファビアン・ゴトリープ・フォン・ベリングスハウゼンが率いる探検隊の「ヴォストーク（東方）」と「ミールヌイ（平和）」が、はじめて南極の土地を確認。
1821	イギリス人でアザラシ・ハンターのジョン・デイヴィスが、南極大陸にはじめて足跡を印す。
1898	ベルギーの海軍士官エイドリアン・デ・ジュルラッシ男爵と船員たちは、乗船「ベルジカ」が航行不能になり、南極洋上で初の越冬。乗員のなかに若いノルウェー人ロアルド・アムンゼンがいて、のち南極点到達の一番乗りを果たす。
1899	イギリス人とノルウェー人の血を引いた探検家カーステン・エゲベルグ・ボルフグレヴィンクは、はじめて南極大陸で越冬した。だが張り切りすぎて隊員たちの不満がつのり、うまく統率が取れず、あまり高くは評価されていない。
1901-02	イギリスのロバート・スコット、エドワード・ウィルソン、アイルランド系のアーネスト・シャクルトンは、徒歩で南極点を目指したが、南緯82度17分で挫折した。

[著　者]
ゲイブリエル・ウォーカー（Gabrielle Walker）
イギリスのノンフィクション・ライター。『ニュー・サイエンティスト』誌のコンサルタントを務め、BBCラジオの番組も持っている。ケンブリッジ大学で化学の博士号を取り、ケンブリッジ大学やプリンストン大学で教鞭を取った。ジャーナリストに転じ、エネルギー問題や気候変動のテーマを追求している。邦訳のある著作としては、『スノーボール・アース』『大気の海』（ともに早川書房）がある。

[訳　者]
仙名　紀（せんな・おさむ）
翻訳家。1936年東京都生まれ。上智大学新聞学科卒業後、朝日新聞社に入社、主として出版局で雑誌編集に携わった。最近の訳書に、『地球温暖化の現場から』（E・コルバート、オープンナレッジ）、『地球の論点』（S・ブランド、英治出版）、『文明』（N・ファーガソン、勁草書房）、『いま地球には不気味な変化が起きている』（クライメート・セントラル、柏書房）など。

命《いのち》がけで南極《なんきょく》に住《す》んでみた

2013年10月10日　第1刷発行

著　者　ゲイブリエル・ウォーカー
訳　者　仙名　紀

発行者　富澤凡子
発行所　柏書房株式会社
東京都文京区本郷2-15-13（〒113-0033）
電話 (03) 3830-1891［営業］
(03) 3830-1894［編集］

印刷・製本　中央精版印刷株式会社

©Osamu Senna 2013, Printed in Japan
ISBN978-4-7601-4296-5